超越文献计量学

——利用多维度指标评估学术影响力

［美］布莱斯·克罗宁（Blaise Cronin）
［美］卡茜迪·R. 杉本（Cassidy R. Sugimoto）　编

王传毅　郑　湘　储　晗　等　译

中国科学技术出版社

·北　京·

图书在版编目（CIP）数据

超越文献计量学：利用多维度指标评估学术影响力 /（美）布莱斯·克罗宁(Blaise Cronin)，（美）卡茜迪·R. 杉本 (Cassidy R. Sugimoto) 编；王传毅等译 . --北京：中国科学技术出版社，2022.7

书名原文：Beyond Bibliometrics：Harnessing Multidimensional Indicators of Scholarly Impact

ISBN 978-7-5046-9407-2

Ⅰ. ①超… Ⅱ. ①布… ②卡… ③王… Ⅲ. ①文献计量学—研究 Ⅳ. ① G250.252

中国版本图书馆 CIP 数据核字（2021）第 263307 号

著作版权合同登记号：

王传毅　郑　湘　储　晗　李伊明　译

责任编辑	王晓义
正文设计	中文天地
责任校对	邓雪梅　张晓莉
责任印制	徐　飞

出　　版	中国科学技术出版社
发　　行	中国科学技术出版社有限公司发行部
地　　址	北京市海淀区中关村南大街 16 号
邮　　编	100081
发行电话	010-62173865
传　　真	010-62173081
网　　址	http://www.cspbooks.com.cn

开　　本	720mm × 1000mm　1/16
字　　数	452 千字
印　　张	27
版　　次	2022 年 7 月第 1 版
印　　次	2022 年 7 月第 1 次印刷
印　　刷	北京长宁印刷有限公司
书　　号	ISBN 978-7-5046-9407-2 / G·934
定　　价	99.00 元

（凡购买本社图书，如有缺页、倒页、脱页者，本社发行部负责调换）

国家自然科学基金项目“基于海量数据的博士生科研网络对学术生产力影响的混合研究”（项目编号：71904100）阶段性成果

编者与译者简介

布莱斯·克罗宁（Blaise Cronin） 印第安纳大学伯明顿分校信息科学名誉教授、伦敦大学城市学院和爱丁堡龙比亚大学荣誉客座教授。曾担任《美国信息科学与技术学会会刊》主编和《信息科学与技术年鉴》编辑，共编著 300 余篇研究论文、专著、学术报告、会议论文。曾获科学计量学与信息计量学最高奖项普赖斯奖、美国信息科学与技术学会最高荣誉奖等。

卡茜迪·R. 杉本（Cassidy R. Sugimoto） 现任佐治亚理工学院公共政策学院院长、印第安纳大学伯明顿分校信息学教授、国际科学计量学与信息计量学学会主席、美国国家科学基金会科学与创新政策科学项目主任等职务。共编著 100 余篇研究论文、专著、会议论文。曾获美国信息科学与技术学会 James M. Cretsos 领导力奖、印第安纳大学理事教学奖等。

王传毅 清华大学教育研究院副教授，教育部 – 清华大学教育战略决策与国家规划研究中心副主任，清华大学研究生教育研究中心副主任，兼任中国学位与研究生教育学会理事、高级会员及学术委员会副秘书长。主持国家发展和改革委员会社会领域重大委托课题、教育部多项重要委托课题及国家自然科学基金青年项目。在《教育研究》《中国高教研究》《学位与研究生教育》*Scientometrics* 等期刊发表 100 余篇论文。

郑　湘 美国威斯康星大学麦迪逊分校信息科学学院博士研究生，曾在日本东北大学交换留学，在《清华大学教育研究》《中国高教研究》等期刊发表多篇学术论文。

译者序

超越文献计量：科研评价的方法反思

王传毅　郑　湘

当今世界正经历百年未有之大变局，新一轮科技革命和产业变革方兴未艾，创新成为引领发展的第一动力。坚持正确的评价导向对于科技创新至关重要。有什么样的评价“指挥棒”，就有什么样的科研导向。然而，当前我国高校科研工作在一定程度出现了过度追求文献计量学指标表现，唯SCI论文发表数量、唯高影响因子论文、高被引论文等异化现象，引起学风浮躁，科研急功近利等问题。

2020年10月，中共中央、国务院印发的《深化新时代教育评价改革总体方案》，对高校教师科研评价提出了新的要求：突出质量导向，重点评价学术贡献、社会贡献以及支撑人才培养情况，不得将论文数、项目数、课题经费等科研量化指标与绩效工资分配、奖励挂钩。2020年2月，教育部、科技部印发的《关于规范高等学校SCI论文相关指标使用 树立正确评价导向的若干意见》指出：要引导评价工作突出科学精神、创新质量、服务贡献。这对于遵循科研规律，推动高等学校回归学术初心、净化学术风气、优化学术生态具有重要意义。

西方学者长期以来也在不断深入研究科研评价，反思作为评价方法基础的文献计量学。由布莱斯·克罗宁教授和卡西迪·R.杉本教授主编的本书便是集中回顾、反思、展望文献计量学在科研评价中应用的经典之作。在两位学者的邀请与主持下，20多名深耕文献计量学和科研评价领域的专家共同执笔，跨越学科樊篱，集思广益，一方面还原文献计量学原初面目，追溯科研评价基本规律，反思既有评价理论实践；另一方面为更加科学的评价研究探索方向，提出了大量新颖的前沿方法和指标，反映了科研评价研究最新动向，具有重要理论价值和实践价值。

问题：计量，仅限于计量

以文献计量学为方法论的科研评价将客观性和可比性作为自身的合法性基础，这似乎比依靠感觉和常识的主观评价更精确，更符合科学主义和实证主义的观点。但是，假设科技创新是一个不可测度、不可计量的事物，是否意味着看似精准的测量，实质却“南辕北辙”？例如，任何人都能精准数出获得诺贝尔奖的人数，但即使是最明察秋毫的专家，也很难对其中任意两项获奖成果的科研价值做出令人信服的比较评价。当然，事实也没有如此悲观，即使是不具有专业背景的公众，也知道在《科学》《自然》等高影响因子期刊所发表的论文，大概率比发表在低影响因子期刊的学术贡献要大。这一判断，通常能以第三方指标加以佐证，如刊载论文获得业界的关注程度或所获的重要奖项。

据此，我们认为：第一，计量出的“学术贡献”并非贡献本身，只是贡献的代理变量；第二，计量指标可视为学术贡献在数量维度上的投影，这一投影面积有可测量、可比较的优势；第三，单一维度的投影在无其他投影补充、印证的情况下，往往容易掩盖大量信息，存在一定的误判概率。《超越文献计量学》与上述三个观点不谋而合，尖锐而鲜明地提出了以下六大问题。

问题 1：将复杂的研究贡献局限为计量指标与数学模型的“科学主义”做法往往过度简化学术研究过程，难以反映科技创新的复杂性。

文献计量学指标成为评价科研绩效以及管理科学生产过程的手段并不是偶然的。它植根于历史上实证主义和功能主义流派对还原复杂科学研究活动、定量刻画社会事实的尝试，而来自数学、信息学等学科的知识和引文索引等数据库建设将文献计量学指标进一步精确化、严格化，或者称“科学化”。然而，“思想不会留下好的痕迹”，对实证主义和量化的极端追求往往容易根据过少的“痕迹”过度简化社会事实，忽略对科学知识生产和传播的社会条件约束和更丰富、更多元的个体差异，从而削弱评价结果的解释力和可推广性。[①]另外，简化的计量指标往往被过度复杂化推演，得“形”而不得“本”。文献计量学从来不是用来衡量科研贡献或绩效的唯一尺度，而只是方便科研人员定量分析科技文献的工具。其方法必须在承认其局限性的前提下解释、讨论结果，并且方法和指标也不是在任何情况下都适用。应根据特定应用情景，有限度地推广数字所支撑的结论。

问题 2：科研评价指标通过“目标置换”可能促使研究人员功利地提高指标绩效，并潜移默化地重塑知识生产方式。

本书第 4 章的作者戴伊援引马克思的术语，指出当今学者的科研生产与传播成为“一般智力”转化为符号社会资本的媒介之一，而将智力的生产成果价值化、商品化的关键要素就是绩效评价指标。因此，各类评价指标变为学者将个人生产资料转化为符号社会资本，并塑造身份认同的工具，科研活动不得已受困于评价算法的囚笼之中。这引出了评价指标的悖论：评价指标的初衷是服务科学探究的终极目的，然而实践中指标本身却成了目的，这导致了科研活动的“目标置换”。对指标绩效的追逐根本上是对其代表的社会价值的追逐，容易诱导科研人员陷入短视的功利主义倾向。正如本书第 3 章对学者在评价指标上的热情和流行的引文文化所进行的严厉批判，警告了“香肠发表”“引用卡特尔”等粉饰指标表现的舞弊策略。这些策略若不加遏制，势必削弱评价指标的评价效度，让损害科研质量的“灌水”“抢热点”等无效学术研究大行其道，最终使“劣币驱逐良币”。本书第 5 章构建的评价性文献计量学伦理框架为规范科研评价制度和评价实践、遏制评价不端确立了若干“伦理守则”，包括：应竭尽所能地收集和分析高质量数据，提醒潜在用户注意结果可靠性和适用性的界限；保持分析评价的客观、公正、公开和参与性；根据实证检验过的、有效的和可靠的证据评价；要与被评价对象相适应，产生可用的结果；数据应从各种来源相互验证，方法论应明确地处理性别问题和群体代表性不足的问题；评价应在对评估对象给予应有尊重和考虑的情况下进行，评价者本身应对信仰、举止和习俗保持敏感，在与利益相关方的关系中保持中立，减少评价

① 见本书第 14 章。

带来的负面影响等。但原则的执行在迎合计量指标所带来的巨大利益面前，仍是一个取决于学术道德水准的“良心活”。

问题 3：外行对指标的热情，压制了评价专家对指标的反思之音。

有效的评价依赖于合适的指标。本书第 6 章对科研评价指标的规范性作了反思性分析，认为好的指标即有明确意义、并能有效测度目标对象的指标，应该尽可能充分表征被测量的目标对象的某一固有属性，与测量对象的惯性保持一致，同时避免指标相互之间的异质性。然而，诸如大学排名等滥觞于评价研究之外的指标却流行全球，这种“自发”或“原始”的评价方法缺乏理论的指导，不适用或甚至无法解释测量对象，有时甚至缺少透明度，一定程度导致了学术界的混乱状态，也通过影响科研资源配置政策，对国家发展产生了负面影响。虽然“唯论文”“唯被引”的缺陷显而易见，但是操作快捷、结果简洁、高度标准化的特点充分满足了科研绩效管理的需要。这种将“粗略的分数”附加至科研成果，将其作为科学价值代理的做法长时间主导着科研评价领域。

问题 4：目前多数评价指标偏于静态和孤立，难以反映动态、灵活的科研合作与学科交叉融合进程。

当今科学知识生产从学科逻辑驱动的模式 1 转变为问题驱动的模式 2，新知识不再单纯产生于单一学科的知识架构，而更多来源自多元学科的交叉与跨学科学者的合作互动。相对于活泼生动的科研融合图景，文献计量所嵌入的学科场域却相对机械和僵化，不利于推动知识前沿的融合与交叉。目前流行的只计算以“第一作者”“通讯作者”发表论文篇数的计量办法从某种意义上讲，更是与鼓励科研合作、团队研究的主流方向背道而驰。

问题 5：文献计量难以突破文献，基于海量信息的替代计量学指标普遍面临稳定性和可靠性上的困难，难以普及应用。

互联网的兴起孕育了替代计量学这一新兴领域，这些利用互联网广阔覆盖面和可达性的计量指标有望从不同的侧面反映学者科研成果对教学实践和社会的贡献与影响力，帮助学者更快地向评价人员和公众展示他们作品内蕴的价值，并且依托互联网平台进行数据分析和可视化。然而，当前替代计量学指标仍存在较多亟待弥补的缺陷，阻碍其进入正式科研评价指标集合之中。第 14 章的作者普里姆在对替代计量学的综述中认为，替代计量学指标仍然缺乏理论基础，仅仅停留于数字本身含义，容易被操纵，并且可能存在系统性偏误。就国内而言，目前对学者社会影响的测量偏向关注在主流媒体、传统媒体、学术会议上的发声，缺乏系统性的数据采集分析手段汇集学者在更大众化的互联网平台（如微信、微博、抖音、知乎等）所作的总体贡献，特别是科普贡献。

问题 6：缺乏统合的“数据孤岛”现象使得计量的数据基础不仅是有限的事实，更是残缺的事实。

全面评价科研成果与效益需要以整合或引用多个数据来源后形成的综合数据库作为依托和基础，这要求不同的数据提供者能开放共享，且以唯一可识别的标识符统合链接多源异构的数据。然而，实际情况中，由于行业竞争、隐私安全、手续繁复等问题，不同的数据拥有者往往各自为政，形成“数据孤岛”，数据整合面临着重重阻力。从国别维度来看，本土期刊与国外期刊的数据库往往差异较大，承载大量本土学者学术成果的数据库在计量评价中囿于可比性，往往让位于各类国际性的数据库。从学科维度来看，不同学科也具有不同的发表载体，如人文学科可能倾向于以书籍形式系统总结研究，而计算机科学常常以会议论文形式发表最新研究成果，不同形式的成果散见于不同的存储载体。从时间维度来看，正如本书第 16 章所述的，不能保证为评价指标提供数据的互联网平台将来还会存在，也不能保证未来会出现更先进的参考文献管理工具，现在的数据库将来可能失去参考意义，历时性比较可能也无法进行。

超越：计量，不仅是计量

超越文献计量学，不是不计量，更不是强调以主观评价或质性评价来完全替代基于文献计量学的科研评价，而是以建设性态度思考，如何在量的领域进行优化，使计量更精准、评价更全面、决策更科学。

一是超越文献，将计量拓展至更多可量之处。传统的评价指标往往将科研成果范围狭义地局限于被 SCI 等若干引文索引检索的出版物之中，然而吊诡的是，大约 90% 发表在期刊上的科学成果是通过非正式交流领域的渠道传播的[①]，若忽略这部分非正式交流，仅关注正式的学术研究关系，未免主次不分。如何有效度量非正式交流？学者们将目光投向了科研课题申请书中回顾已有重要文献的综述部分，以及期刊专刊围绕某一热点组稿的前沿探索类文献，这些特殊形式的研究文档往往预示新知识、新领域的萌发，其引用的文档一定程度上为孕育新知识提供了养分。此外，学者还挖掘文献中的致谢信息以追踪学术谱系，识别知识的纵向传承，便于评价导师指导的影响力（本书第 19 章）。随着计算机技术和互联网在学术研究领域的流行，大量研究在互联网的各个角落留下了痕迹，学者出版、发帖、写博客、扫描、阅读、下载、润色、链接、引用、推荐、致谢等交流行为均有可能由互联网获取相关数据，形成科学生产模型。如今，人们浏览信息的习惯显著变化，科学传播媒介也从“纸媒”迁移至“网媒”，推荐度、浏览量、评论量、转发量等烙有互联网印记的指标成为检验媒体传播影响的新度量，需要与时俱进地纳入科研评价指标的考虑范围。若加以适当筛选和组合，部分指标有望评价科研成果的教学影响力（如作为教学大纲中的参考读物）乃至科普影响力（如科普视频的介绍及视频的点击量和评论量等）。此外，类似文档的引文关系，一种衡量网络对象间新型影响关系的网络影响分析开始兴起。本书第 15 章讨论了利用网络影响分析，生成新型影响指标的尝试，其中影响力主要由网络超链接、文本提及和 URL 引用等文档间关系刻画。网络超链接相对显性，表示某网络对象嵌入了通往另一对象的超链接，可以直接通过点击前往。文本提及和 URL 引用则是在文本中提及了相关线上或线下对象的标题、作者或网址。这三种关系将学术论文的参考引用关系映射到互联网中，构筑了更广大的社会网络，节点类型更加丰富多元，乃至涵盖几乎一切网络可编辑对象，如视频、博客、图片、参考文献管理器等。通过对这张“大网”的信息分析和提取，可挖掘更加多元的科研成果形态与联结关系。

二是超越计量，将重心放置于科学生产的结构描绘。正在蓬勃发展的网络分析方法在描述科学生产网络上效果显著。第 8 章、第 9 章介绍的网络分析方法以关系的视角，可视化地刻画行动者结构、知识结构及其动态演化，凸显其中的关键节点。若将网络分析方法应用到期刊和学科层级，可以通过提取共

① 见本书第 15 章。

现词，在“科学地图”上描绘出学科领域的研究热点、哪些有影响力的学者在共同研究这些热点，以及哪些研究领域正在被核心学者关注。不同时期的科学地图可借助计算机软件“串联”为动画，帮助我们识别具有成长性的节点。构成节点间联系的数据来源有多种形式，除了引用、合作等关系，还可以考虑纳入网络链接等新兴指标，还有根据被引语境为引用关系加权等方式来全面衡量影响力。此外，交叉学科的测量方法也是文献计量学评价的热点之一。依照学科性质不同，有的学科可能呈现同学科多种研究方向的交叉，有的则横跨学科界限进行交叉研究。判断现有研究的学科交叉程度，有利于测算学科交叉融合进程，进一步鼓励科研合作。本书第 10 章介绍的学科交叉程度测度方法利用参考文献的学科归属，初步识别了交叉学科的现实表征及其与传统学科的关联与区别。此外，在学科目录的管理方式下，各级各类学科多为泾渭分明的单一学科，而实际存在的处于学科交汇地带的交叉学科往往难以归属，制约了学科发展。第 12 章介绍的细分市场法将院校与研究机构按照其论文发表分类，在数千乃至数万聚类之中，各聚类又集中为若干主干学科，通过计算相应领导力指标，识别各院校具有的研究优势。这一方法有助于发现传统学科分类难以捕捉的跨学科活动，帮助评估院校在交叉学科上的表现。

创新：为了更加科学的计量

创新评价机制，若没有坚实的数据基础设施支撑，推动科研评价的“范式转换”可能难以获得足够的支持。放眼未来，我们必须重视基础能力建设，共同开发支撑创新型科学评价所需的数据基础设施，为开发评价的新方法、新思路奠定基础。例如，汤森路透社开发的科学引文索引等知识基础设施引发了引文分析革命。

一是打通观念壁垒，促进各主体通力合作。学术是“天下之公器”，作为学术研究基础的文献和数据库在完全共享、流通情形下才能匹配到最适合挖掘其价值的研究者，实现物尽其用。然而，科学研究虽然常常由公共投资支持，但只有在特定条件下才与其他科学家分享。这并不利于知识生产。长期来看，我们需要促进国内和国际各大科学机构相互合作，跨越地域的限制实现数据共享与开放访问，在相同的框架下从事高质量、同标准的指标开发，支持科技政策的有效运行，帮助了解知识增长的社会影响与国际影响。这一方面需要政府、学术出版商和研究人员等利益相关者通力合作，贡献各自的经验和技术，共同致力于科学发展事业；另一方面，需要有计划地构筑跨语种、跨学科、跨国界的数据基础设施，将各国本土数据库联通整合为全球数据库。第 21 章“科学计量与科学政策”综述了国际科学机构相互合作，资助高质量指标开发，支持科技政策有效运行的实践，其经验可资借鉴。正如作者所强调：“科学家和科学基金机构需要在最初的基础上设计一个科学测量体系……要建立这样一个高质量的体系，国际社会必须齐心协力。”

二是打通制度壁垒，将来源各异的数据标准化、同构化。正如前文所述，单一的评价指标某种角度上只是科学贡献在某一维度上的投影，它并不能反映全貌，内部也往往充斥噪声。我们往往需要汇合多方面的评价数据来源，如专利数据、引证文献数据、替代计量学数据等，根据不同的蛛丝马迹描画全貌，构成第 2 章所谓的“商业智能仪表盘”。第 14 章表明，通过 Web API 结构化自动获取数据，并且通过专门设计的软件进行汇总呈现。然而，这些异质性数据需要经过充分标准化，才能成为更为稳定的指标，并且拥有满足国际普遍承认的黄金标准。例如，第 17 章读者群指标综述了研究访问量、参考文献管理器书签量等互联网指标和被引次数之间相关性的文献，表明这些数据确实测量了不同的影响，但也存在数据难以获取、标准不一致、可重复性低等问题。为了减少内耗，推动科研评价全球化，应尝试打破制度隔阂，规范数据采集标准，整合数据来源，建构同一平台处理好多源异构数据的融合问题。这将是一项基础性的长期工程。

三是打通技术壁垒，整合描述统计与内容挖掘的技术手段。第 2 章在分析引文指标时，用“罐子里的鹅卵石”这一比喻形象地指出，使用被引次数评定论文科学价值的前提是假设每次被引的权重一致，能毫无差异地体现学术价值，可无差别地统计为一个总数。但是，实际可能并非如此。被引的目的可能大相径庭，被引语境也有天壤之别；发表在同等级期刊的论文也不可能总蕴含相同的科学价值。为了确保评价的科学性和准确性，除了对文献数量和结构关系等传统度量对象进行计量分析，对内容的挖掘和定量评价手段也需要进行进一步研究和开发。在这一方面，第 9 章介绍的共词分析和科学地图绘制，第 13 章介绍的文本相似度计算、用户群体生成数据等方法或许能对识别内容关键词，初步判断内容原创性与创新性提供一定启发，更长远的技术发展方向仍待有识之士共同讨论。

本书得以译介出版，离不开原书两位编撰者和麻省理工学院出版社的大力支持，也得益于中国科学技术出版社及相关编辑的鼎力相助。在此，谨向支持本书出版的每一位同人表示感谢！本书翻译由王传毅组织人员共同协作完成，由王传毅、郑湘和李伊明初译，储晗、杨佳乐、程哲、李福林、辜刘建、俞寅威、李诗慧等分工校对，王传毅和郑湘完成最终统稿。书中错漏之处，恳请不吝指正。

中文版序

非常荣幸为中国科学技术出版社出版的中文译本《超越文献计量学——利用多维度指标评估学术影响力》(*Beyond Bibliometrics: Harnessing Multidimensional Indicators of Scholarly Impact*)撰写序言。原著于2014年由麻省理工大学出版社出版，原著的编撰出版对我而言是一次脱胎换骨的经历，如今此中文译本的出版则可视为又一次飞跃性的经历。

我的导师，也是原著的合作主编，时任印第安纳大学伯明顿分校图书馆与信息科学学院院长布莱斯·克罗宁(Blaise Cronin)教授提出了编撰该书的构想。当时，我怀着与克罗宁教授合作的愿望才来本院不久，还只是一名助理教授。能有机会同他共同合作参与此项目，推动该领域的发展，我感到万分欣喜。原著自编撰出版以来已转瞬十年，如今回顾该书的影响，畅想未来，亦是乐此不疲。

自原著出版以来，不断被引用，表明人们对书中关键论题兴趣不减。大部分被引来自直接相关的领域，但也有其他领域，如生物医学、管理学、社会学、化学等。作为一部元科学作品，得到广泛关注也在情理之中：文献计量学影响着所有从事学术职业和科研管理工作的工作者。因此，原著与学术共同体中的所有成员息息相关。

原著具有较大的全球影响力。其中美国对该书的引用最多，其次是德国、加拿大、英国和荷兰。这可能是由于原著作者主要来自上述地区。希望原著译成中文后，能带来更多新读者参与到学术影响话题的全球对话之中。

原著编撰者呼吁，学术共同体不要将影响力局限在被引次数上。无独有偶，2010年出版的《替代计量学宣言》(*Almetrics Manifesto*)也认为要

“拓宽我们对影响力究竟是什么的看法”。2012年制定的《研究评估宣言》(*Declaration on Research Assessment*，*DORA*)也致力于“呼吁关注研究评估的新工具和新流程，以及负责任地使用指标”[①]。《莱顿宣言》[②]在原著出版一年后发表，倡导学者多加反思科研评价中量化指标的应用实践。

自原著出版以来，“我们需要新的影响力衡量指标”这一核心思想彰显了强烈的吸引力。因此，原著中被引次数最多的章节毫无悬念地是杰森·普里姆(Jason Priem)的“替代计量学”。序图1清楚地显示了这一领域的影响中心性。其中“替代计量学”是共同关键词分析中的主要知识枢纽之一。过去十年里，“替代计量学”一直是学术研究、社会倡议和技术发展的热点。关于社交媒体指标的文章已有数百篇[③]。英国2014年的卓越研究评估框架(Research Excellence Framework)开始评估学术界以外的研究影响[④]，并开发了一些工具，

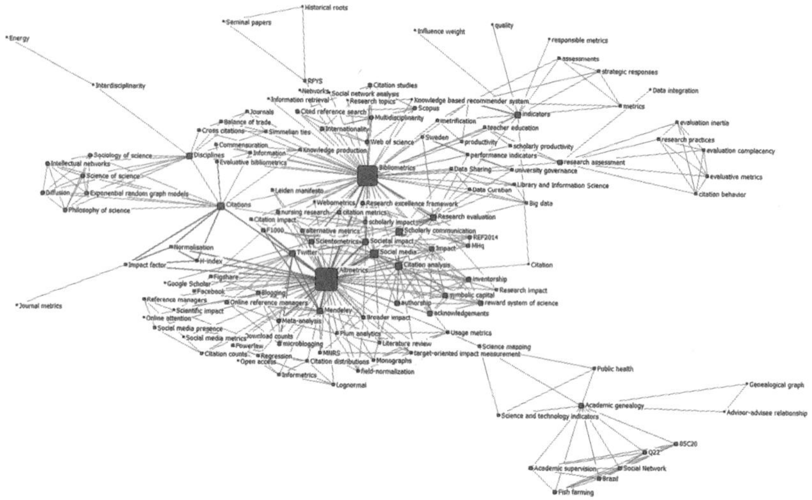

序图1　引用《超越文献计量学》的论文的共现关键词网络。节点大小表示关键词的度中心性，连接线长度表示关键词之间的关系强度（该网络只显示出现2次及以上的共现关键词）

---

① https://sfdora.org/about-dora/。

② https://www.nature.com/articles/520429a。

③ https://asistdl.onlinelibrary.wiley.com/doi/abs/10.1002/asi.23833。

④ https://www.ukri.org/about-us/research-england/research-excellence/ref-impact/#:~:text=The%20Research%20Excellence%20Framework%20(REF,of%20life%2C%20beyond%20academia'。

如2017年爱思唯尔（Elsevier）收购的Plum Analytics分析工具。然而，尽管人们越来越多地使用社交媒体来讨论和传播科学作品，替代计量学却并没有在严格意义上应用到科研评估活动中。

随后被引次数最多的两章来自布莱斯·克罗宁和保罗·沃特斯(Paul Wouters)。这两章都着眼于该领域的理论基础。针对引用理论，我主编的另一部专著《信息计量学和学术传播》[①]专门研究了该领域的核心内容。对于引用的批判早已是老生常谈——几十年来，人们恨不得拿显微镜研究各种计量标准[②]。然而，真正让人眼前一亮的是该领域内部的重大转变。科学计量学家们越来越乐于用批判性视角看待我们自身的实践和指标，观察所有层次的评价。例如，2017年举办的一场研讨会就考察了一系列可以替代影响因子的广泛指标[③]。学术共同体对学术批判和理论构建的兴趣可以说是该领域成熟的可喜标志。

批判也增加了指标的多样性和情境性。值得注意的是，原著中没有提到如何通过扩大指标适用性使指标变得稳健，同时致力于缩小文献计量学指标所显示的社会差异。近年来，人们一直在关注这一话题。一些人主张完全废除指标。然而，也许更务实的方法是通过设计指标，使之更准确地符合组织的价值与使命。为此，莱顿大学的排名机制采用了两项"社会公益指标"[④]，即开放获取率和作者的性别分布。我希望未来能有更多新方法、新思想推出更创新的指标，用于支持科学组织中基于价值的决策。

由我本人撰写的章节主要关注学术谱系，即通过指导博士研究生构建的知识传承关系。这一指标的基本理论在于，人力资本的发展是科学影响力的关键机制。科学本质上是人类和社会的活动。每一位为学术印记做出贡献的学者都曾得到过导师的指导，这对他们学术能力的发展具有显著影响。因此，我十分乐意在此写明，清华大学王传毅教授委托我撰写这份序言，他的硕士研究生郑湘现在我的首位博士生倪超群教授（现任教于威斯康星大学麦迪逊分校信息

---

① https://www.degruyter.com/document/doi/10.1515/9783110308464/html?lang=en。

② https://books.infotoday.com/asist/Scholarly-Metrics.shtml。

③ https://media.nature.com/original/magazine-assets/d41586-019-01643-3/d41586-019-01643-3.pdf。

④ https://www.cwts.nl/blog?article=n-r2w2c4。

科学学院）的指导下攻读博士学位。文献计量学的学术共同体超越了语言和地理的界限，在全球范围内建立了一个紧密联系的学术大家庭。《超越文献计量学》一书的中文译本则进一步打破了彼此间的隔阂。我真诚地希望，该译本能赋予原著新的光彩，助力全球的研究与合作。

国际科学计量学与信息计量学学会主席
美国佐治亚理工大学公共管理学院院长
卡茜迪·R. 杉本（Cassidy R. Sugimoto）

编者序

“文献计量学”（bibliometrics）一词源自希腊语的“书”（βίβλος，biblos）和“量度”（μέτρον，metron）。在最近的几十年中，文献计量学家关注的主题已经远远超出了书籍本身，涵盖学术期刊和期刊论文、作者和机构、参考书目、引文、致谢、专利等。随着互联网、电子期刊、数字图书馆、引文数据库和社交媒体的出现，我们现在能更好地了解学者在生产什么［从专著到视频，从数据集到推文（tweet）[①]］，他们在哪里发表，他们如何与不同的受众沟通，他们的作品如何被接受、评论和使用，他们在多方面的贡献是否得到承认，以何种方式得到承认，他们在不同知识社群内外的影响力有多大，他们的作品是否随时间推移而产生影响，以及有何影响。当然，上述的“我们”可包括任何利益相关方，例如独立学者、大学行政人员、预算主管、联邦资助机构或国家研究委员会。无论研究属于个人性质还是机构性质，也无论该研究是否获得资助，这些利益相关方都希望能更多地了解该研究近期或长期的成果和影响。

由于我们可以使用现代工具和平台跟踪测量如此多的数字微量元素，当与“网络计量学”和“科学计量学”等较年轻的“表亲词汇”放在一起时，“文献计量学”一词就显得有点过时了。但是，为捍卫“文献计量学”这一术语，我们须注意到，上述两个新词的指称都相当具体且有限。因此，我们决定在本书的标题中继续使用“文献计量学”（虽然在前面添加了“超越”），这是一个既源远流长又流行的术语。我们把它看作是讨论任何新指标的逻辑起点。这些新指标通常被归类为替代性指标（alternative metrics），目前在科研评估、教师评估或资源分配实践的情景下设想，或已得到开发与测试。

---

① 指在知名社交网站推特（Twitter）发送的帖子。——译者注

文献计量学曾经是少数信息科学家和数学家的专属领域，现在却是一个庞大的、仍在快速增长的学科，是方法学家、概念学家、政策分析师、软件开发人员、评估人员、应用专家以及少数批判性理论家的多学科融合的研究领域。然而，这一领域时而呈现的热度不应使我们忽视其基本原理。如果所讨论的指标不能测度它们声称所测度的内容，或被不恰当地应用，算法和统计分析上的优化就将失去意义：指标之于测量目标的适用性不可被假定，只能被证明。尽管文献记录了许多技术上的进步——过去五年中有许多关于乔治·赫希（Jorge Hirsch）的 h 指数及其衍生指标的论文——但指标的有效性（及可靠性）问题仍然困扰着文献计量学。

我们使用的工具和我们青睐的指标是否能衡量我们声称所要衡量的内容？如果可以，这些衡量方法是否可靠？换句话说，能否产生理想的、一致的且透明的结果？我们是否经常被越来越复杂的流程（数据抓取和清理、加权、归一化、多元分析、建模、可视化）束缚，以至于在技术和学科的关系上本末倒置、因小失大？可以预见，意见分歧将会持续，围绕评价性文献计量学优缺点的争论将比以往更加激烈。但随着风险增加——即基于指标的评估在学术界和科学政策界逐步地制度化已经成为一种不可避免的趋势——我们更有必要探索依靠不同指标获取有关科研质量、学者影响力和学术影响的推定性证据导致的悬殊伦理文化后果。

本书展示了计量研究在理论和应用方面的最新进展，并且提供了许多对该主题的深刻评论。本书中各章节反映了（文献）计量研究的两面性：一方面，技术与应用的激增表明该领域正在蓬勃发展；另一方面，批评家们强调了误用和滥用的潜在危害。我们希望本书能促进对该研究领域的批判性反思，并对实际应用中的计量评估的利弊形成更开明的认识。

致谢

感谢吉丽莎·多妮（Jylisa Doney）和安德鲁·邹（Andrew Tsou）在著录检查方面的协助。

目 录
Contents

第一篇　历史

第 10 章 测量交叉学科

第 11 章 评价自然科学研究机构的文献计量标准

第四篇 替代的计量指标

第五篇 视角

第 20 章 文献计量学的出版视角

第 21 章 科学计量与科学政策

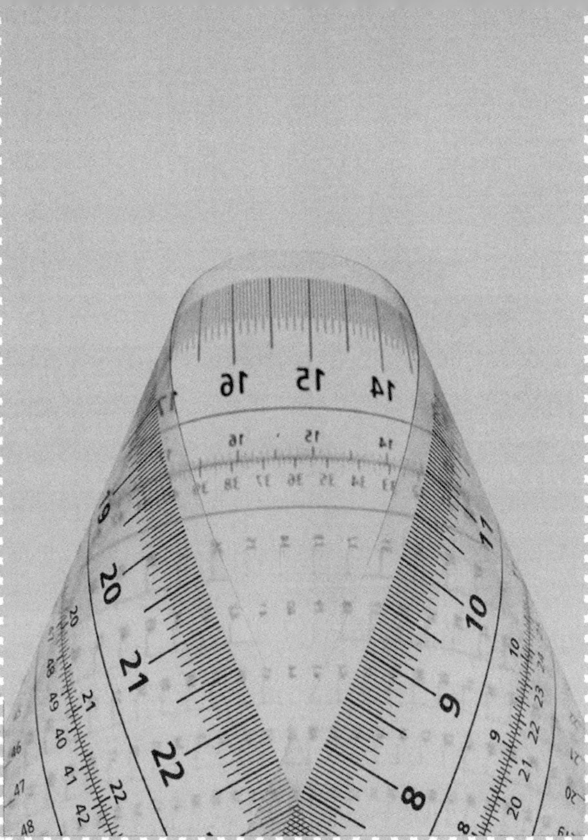

第一篇　历史

第1章 学者和手稿　足迹和分数

布莱斯·克罗宁
Blaise Cronin

凡事都有量度。

——贺拉斯（Horace），《讽喻诗》（Satires）1.1.106

传播科学

在中世纪的欧洲，科学新闻的传播速度是有章可循的，与在各学习中心往复流动的漫游学者同样缓慢，抑或同样快速。当时的媒介是信使。随着邮政服务在16—17世纪的引进，科学新闻的传播速度开始加快。写信逐渐成为上流阶层科学家交流的主要形式，如化学家罗伯特·波义耳（Robert Boyle）、统计学家威廉·配第（William Petty）等早期科学革命的先驱。他们的信件通常通过如今称为信息交换所（clearinghouse）的渠道传递，为进一步在当地的科学集会上分发阅读而在该处印制。巴黎的修道士马林·梅森（Marin Mersenne）有时被称为"欧洲的信箱"（Hatch，2000）或"同时代的首席哲学智囊"（Dear，2000）。他是通信枢纽的活力象征，并与许多欧洲大陆的领军人物通过信，包括笛卡尔、伽利略、惠更斯、帕斯卡等。在伦敦，亨利·奥尔登堡（Henry Oldenburg）也扮演了类似勤奋、杰出的角色。

这些"无形学院"——指不隶属于正式学习机构的非正式网络（如Crane，

1972；Lomas，2002；Wagner，2008）——的成员往往聚集在私人住宅、咖啡馆或酒馆开展活动，交流关于最新科学发现的新闻。17 世纪的国家科学院，如伦敦的英国皇家学会（Royal Society）和巴黎的法国皇家科学院（Acad é mie Royale des Sciences），都是从这种松散组织演变而来的。这两个机构在成立后很快分别创建了内部期刊《哲学汇刊》（*Philosophical Transactions*）和《学者杂志》（*Journal des Sçavans*）。这些科学期刊的雏形——考虑到最初的学科覆盖范围，“博学的”（learned）可能是一个更准确的限定词（Waterman，n.d.）——取代了以通信交换实验报告的传播形式，从而使先前依赖于个体代理与私人动机的过程逐渐正规化。前述的亨利 · 奥尔登堡被任命为皇家学会秘书，成为《哲学汇刊》的首席编辑，整理、编辑从四面八方汇集的报道。在巴黎，最初为周刊的《学者杂志》的创刊编辑德尼 · 德 · 萨洛（Denis de Sallo）的表现却不甚理想。由于他的书评备受争议，他在短短几个月后即被免职（Waterman，n.d.）。

这两大科学院不仅推动发展了我们今天所熟知的学术期刊，而且还引入并系统化了第三方同行评议制度。随着时间的推移，启蒙的业余主义逐渐让位于这样一种制度：博学的学会、学会成员、期刊编辑和外部专家通过分布式的集体行动，赋予实验报告以合法性，并保证个体作者提出的真理主张的完整性。该制度虽然有所修正，但至今仍然存续。

不言而喻，自 17 世纪中叶以来，学术交流领域发生了许多变化。但是，将邮政系统“空灵化”（Koku，Nazer，& Wellman，2001）的关键组件——科学论文（当今在实验结果展示中已非常正式与结构化）、记录期刊（现在可能是商业性质，也可能是社会性质）、同行评议过程（比奥尔登堡时代规模更大、更加复杂）——仍然是科学有效开展的核心。几个世纪以来，学术期刊论文的话语特征和总体结构都发生了很大变化。格罗斯、哈蒙和雷迪（Gross，Harmon，& Reidy，2002）在他们细致全面的传记中呈现了这一严肃的出版物类别。

参考文献逐渐纳入学术论文的过程很好地说明了这种文本性变化。引用对作者思想产生实质影响的学者的作品，是学术写作的一项规范性要求，但这在不同的学科领域却迟迟没有以统一的方式确立。另外，“致谢”部分现在也几乎成为学术期刊论文的特征之一（Costas & Van Leeuwen，2012；Cronin &

Franks，2007）。这种容易被忽视的微观归属（microattribution）通常位于论文末尾，集中感谢了值得信赖的同事、技术人员等做出的各类次级贡献。总之，参考文献和致谢——赫夫纳（Heffner，1981）恰当地称之为表征“子作者合作”的指标——提供了一本累积的账簿，记录了学者和科研人员对知识财富所作的主要贡献和次要贡献。因此，它们（尤其是参考文献）已成为文献计量学家的重要原材料，允许我们超越生产力指标（出版物计数），跃入传统的影响力指标（被引次数），以及最近出现的新影响力指标（致谢计数）。

为了追求商业利益［见爱思唯尔（Elsevier）的“未来论文项目（Article of the Future project）”[①]］，科学团体［见 Force 11（学术交流与电子学术的未来，The Future of Research Communications and e-Scholarship）宣言[②]］正充分利用数字技术和网络化基础设施能力，努力提高耗资数十亿美元的通信系统的透明度、效率和整体效力，传统期刊论文乃至学术专著的形式、内容及其与读者的互动性即将迎来变革。

贡献分配的影响

文献参考行为的逐步制度化，连同 20 世纪 50 年代中期科学文献中第一个实验性引文索引的发展，为支持大规模多维引文和共引分析创造了必要的前提条件（Cronin & Atkins，2000）。随着商用引文数据库（如 Web of Science、Scopus）的规模、深度和可靠性的增长，用于监测、测度和可视化学术交流过程的技术的复杂程度也日益提高。文献计量学——可简略定义为对出版物、作者和书目参考文献的定量分析——逐渐成为一个独立进行实验和研究活动的重要领域，远远不止是少数偏好定量分析的信息学家使用的一套方法。

毫不夸张地说，互联网的出现极大地推动了该领域的发展。例如，海量数据集的可获得性和使用情况统计的易操作性，极大提高了文献计量学的吸引力，并扩展了定量技术应用于科学和学术的投入、产出和过程的方式。如今，该领域已成为多个领域相互交错的万花筒——信息计量学、科学计量学、网络计量学、影响计量学、数字计量学等只是其中一些新词。研究者几乎具有各类

① http://www.articleofthefuture.com。

② http://www.force11.org。

学科背景。它还拥有所有成熟学科所对应的配套建制（期刊、专业协会、会议、奖项、课程、研究中心等）。人们对广义上的文献计量学的兴趣从未如此高涨，因为当前公司、大学和资助机构都在寻求从宏观（国家）、中观（学科）或微观（学位项目）层面找寻稳健的研究绩效指标。

举例来说，在英国，政府的卓越研究框架（Research Excellence Framework，REF）是 20 世纪 80 年代中期开始的研究评估活动（Research Assessment Exercise，RAE）的延续，关注点将比以往更广泛：与 RAE 不同，REF 不仅将寻找研究产生的科学 / 学术影响的证据，而且还寻找与之相关的社会、经济和文化利益的证据。[①] 正如塞尔瓦尔（Thelwall，2012）所指出的那样，学者们现在或许能证明，他们“对世界的影响不能充分地被出版物反映”。例如，通过使用揭示、量化学术谱系的工具，为博士生花费大量时间提供咨询指导服务的学者应该能很快展现他们取得的长远成果，这些成果背后的劳动往往鲜为人知（Russell & Sugimoto，2009；另见 Sugimoto，本书第 19 章）。具有商业意义想法的研究者可以利用从专利引用数据到贸易和行业新闻报道等各种影响指标。例如，刘易森（Lewison，2005）描述了五项常规引文索引的替代 / 补充性指标，这些指标可用于跟踪生物医学研究的整体扩散和影响，即对出现在国际标准、国家政策文件、临床指南、教科书和报纸上的研究的被引用情况。这似乎表明，Web of Science 和 Scopus 并不能说明全部情况。

互联网已经产生了各种各样的语料库、数据类型，以及有点不太具体的“调用类型（genres of invocation）”（Cronin，Snyder，Rosenbaum，Martinson，& Callahan，1998），这些都可以挖掘出来，揭示迄今为止基本上消失的互动和影响的痕迹。关于学者想法的博客文章和推文——这是被称为“多形态提及（polymorphous mentioning）”的两例事物（Cronin et al.，1998）——现在可以与已确立的指标一同纳入个人或团体的影响力展示集。Total Impact 网络应用程序是此类系统的早期原型。[②] 我们不再局限于捕获正式出版物和引用的数据（分别对应本章标题中的手稿和足迹）。相反，评估者可以更广泛地搜寻在数字通信环境中自动产生的、表征学术参与和影响的、新型或被忽视的指标——若使用艺术化的术语，即替代计量学（Altmetrics）（Priem，2010；另见 Priem，

① http://www.ref.ac.uk。

② http://impactstory.it。

Haustein 和 Bar-Ilan 等，本书第 14 章、第 17 章和第 16 章）。

我们正在摆脱对基于被引指标的单纯依赖，开始采用基于“使用”的多维指标（Kurtz & Bollen，2010）。数据采集越容易，性能和使用的图景就越丰富，这不仅适用于学术。举例来说，竞争激烈的职业足球界通常使用信息管理和数据挖掘工具评估赛季中每场比赛每个团队成员的贡献和增值：“地面上的摄像机网络不会漏掉任何一个瞬间；每一个动作、每一步都会被跟踪并转化为频率、均值、比率和相关性。指标开始取代神秘感。”（Cronin，2009）在学术界也可以观察到类似的趋势。

在线出版和开放获取出版的发展正在使学术交流过程的每个阶段更加透明。传统科学出版的黑匣子正在被打开以接受检视，匿名同行评议（无论单盲或双盲）和基于被引的评价等正统评价方式正受到越来越多具有不同时代价值观的科学家和学者的质疑（Kravitz & Baker，2011），对现状的幻想日渐破灭。摘自《Force 11 宣言》（Bourne et al.，2011）的节选至少在某些方面反映了当下的思潮：“我们看到的未来是，科学信息和学术交流更普遍地成为一个全球性、普遍、外显的知识网络的一部分；在这个网络中，每一个主张、假设、论点，每一个重要的话语元素都可以得到明确表达，同时还伴随着支持数据、软件、工作流程、多媒体、外部评论和关于出处的信息。”Force 11 是一个由学者、图书管理员、档案管理员、出版商和研究资助者组成的自我描述的社群。它为改变学术交流过程而生，目的之一是更加显著地呈现学者的全部贡献，以抵制所谓“对无声证据的忽视（neglect of silent evidence）”趋势（Taleb，2010）。

评估绩效、分配贡献、支付金钱报酬将变得更加复杂，因为引用现在只是学术影响力、显示度和影响力的众多指标（包括潜在指标）中的一个。如何将学者在指导学生上的成功、课程大纲对学者作品的融汇、研究者被同行认可的频率等因素纳入学术奖励系统的数据中？另外，举一个虚构的例子，人们如何确定 Faculty of 1000（F1000）上的 1 条正面评价、6 条赞赏的推文、4 次文档下载和《自然》（*Nature*）的 2 次施引之间的等价程度？这并不是一个新问题，实际上，这是一个旧问题的变体。诺贝尔奖获得者的施引是否应该与博士生的施引具有同等权重？《科学美国人》（*Scientific American*）的施引是否应该与小型期刊的施引具有同等权重？它突出了依赖不可通约指标的问题——这是哈德利·阿克斯（Hadley Arkes）称为“空洞精度的仪式（the ritual of empty exactitude）”的普遍现象的又一例证（Arkes，2010）。

将货币汇率应用于符号资本市场的想法可能并不像听上去那么荒谬。可以想象，下一代学者会更容易接受网络化参与式学术研究（networked participatory scholarship）这一概念（Veletsianos & Kimmons，2012），也更乐于接受基于正式出版物之外的评估。教师评价和研究评估活动可能包含学术出版物总体使用情况的数据（例如，广播媒体提及的次数、一部作品被列入阅读名单的次数），或基于社交媒体的社群参与和同行互动交流的证据（例如，讨论想法、辩论问题、共享资源）。皮埃尔·布迪厄（Bourdieu，1988）在谈到“新闻学者（journalist-academics）”时，似乎预见了当前的思维方式：“尽管学术上更成功的人对他们会有所轻视，但他们却被赋予了赞美和批评的权力，这种权力源自他们享有的日刊或周刊媒体渠道的特权，因此能在这一领域本身发挥相当真切的作用。”如果他当下还在写作，布迪厄可能不会局限于《新观察家报》（*Le Nouvel Observateur*）这一他所原创的例子。当代的公共知识分子不亚于勤勉的自我推销者，他们拥有一系列的交流选项，无论是机构的还是个人的，无论是传统的广播报纸还是各类社交媒体，全部任其随意选择。人们只能希望这不会导致道尔林普（Dalrymple，2005）在写到英国当代艺术时所告诫的“对那些以自我宣传和庸俗为手段的人给予杰出奖励”的文化。

浩如烟海的种类

在过去的几年中，学术刊物的种类相对较少，专著、期刊论文和会议论文是其中的典型。每一种典型形式都与一个可识别的（对应的）作者（偶尔由一个或多个合著者协助）相关联；每一种典型形式都以字符固定，文本不变地印刷在纸面上；除了通过静态的书目参考文献，每一种形式都处于孤立状态，与之前或同时期的著作无关联。今天的情况有所不同。在互联网或混合期刊上发表的论文与无数其他论文和一群可能相关的数字对象（从数据集到同行评论）共同存放在网络空间，通过超链接实时连接，这种方式在几十年前是不可想象的。除了历史上占主导地位的学术载体类型，我们现在有一系列新兴的出版形式：微型、大型、分子型、可变型和移动型稿件。曾经固定的现在是可变的；曾经静态的现在是可移动的；曾经大块头的现在是模块化的。今天，学术传播系统不再像以前那样线性化、死板、不透明；过程和最终产品都在发生变革，虽然缓慢但却不可阻挡。

这一总体趋势的有力例证就是所谓的数据爆炸或数据革命，简言之就是大数据（Blatecky，2012）。不仅高能物理学家、天文学家、火山学家、遗传学家和气候学家在努力获取、清理、管理、分析、共享和重新利用大规模数据集，人文学家和社会学家也在试图找出管理和利用急剧增长的大数据集的方法，这已经成为 21 世纪学术界引人注目的现象。在某些领域，数据的重要性甚至超过了文本，这一点由伯恩（Bourne，2005）以反问句的形式简洁地提出："生物数据库会与生物期刊不同吗？"如果这一界限确实模糊不清，一些领域正朝着后叙事的未来发展，那么我们需要系统地思考我们引用数据的方式，以便于：①读者能访问原始数据，并根据需要验证、复制或扩展原始工作；②数据创建者能凭借他们的努力得到充分认可和应有的评价。为了使数据是可引用的，也为了公平地将贡献分配给个人、团体或机构，数据元素必须是唯一可识别的。用博格曼的话说（Borgman，2012）："对于那些为使数据可发现而做出投资的人来说，他们应该因创建、清理、分析、共享，以及以其他方式使数据可用、有用而获得赞誉。"这是数据挑战的一部分。其他重要问题还包括存档和维护、隐私保护和数据许可。

多作者署名现在已经司空见惯，在某些领域（如生物医学研究），单作者的论文事实上已经很少了。多作者署名引发了一系列问题：①成为作者意味着什么；②如何在论文的不同作者之间分配贡献；③如何确定集体作品的责任或所有权（Cronin，2002，2012）。当合著者达 3—4 人时，就已经很难确定一个公平的权重 / 贡献分配公式；当合著者的数量数以百计时，给每个署名的人分配各自的贡献将变得非常困难。贡献分配的另一面是被引次数。当有多个作者时，我们如何公平地分配符号资本？几十年来，这个问题一直是争论的焦点，人们提出了各种方法，如完全计数法和分数计数法（Long & McGinnis，1982），而且几乎所有的学术和科学领域都出现了合著的增加，这使问题更加复杂（Gazni，Sugimoto，& Didegah，2011）。定义贡献者并不比定义贡献容易，事实上，它几乎和“在针头上数天使”一样困难。[①]

文本通常会经历多个版本，在此过程中会变成准有机对象（quasi-organic objects）。这些对象链接到相关材料（如补充性在线数据），关联其他资源（如实验视频），并在现在更加透明的创作－传播价值链（动态版本控制）的各个节点上，通过同事在创作前后的反馈和（或）开放的同行评论进行持续改进。换句话说，它们在本质上是可变的、可移动的，能转型为“收集了目前所有已被采集但保存在不同系统中的稿件编写阶段”的大型稿件（Davenport，1993）。文本可以简而美：一条推文就是一篇微型稿件。

最近，“纳米出版物（nanopublication）”一词被用来指代传统上完整科学论文中提出的任何核心的、细粒度的科学主张（例如，“疟疾是由蚊子传播的”）（Groth，Gibson，& Velterop）。我们可以收集、开采和评估与同一主张相关的纳米出版物，以确定学界对任何给定主题的共识程度。因此，科学 / 学术论文不必成为主要或唯一的关注焦点；相反，其中包含的特定主张将成为分析单位。总而言之，期刊论文能以奥尔登堡无法想象的方式被解构、重组，并与其他有亲缘关系、主题或功能联系的数字对象联接成网络。

正是这种思想推动了 LiquidPub 项目[②]的开展。该项目的名称来源于社会学家齐格蒙特 · 鲍曼（Zygmunt Bauman）在《液态之爱》（*Liquid Love*）（Bauman，2003）和《液态时代》（*Liquid Times*）（Bauman，2007）等书中提出的液态现代性概念。他说，我们生活在一个社会、结构和情感纽带都很松懈的时代，因此我们需要变得灵活，能在不确定和无常的条件下运作。用他的比喻来说，液态出版物被认为是“进化的、协作的、可组合的科学贡献”（LiquidPub，2012）。它们超出了常规期刊论文的范围，包括了“写满有趣想法的博客、科学实验、对他人论文的评论、回顾、幻灯片、视频、演示，甚至数据”（Baez & Casati）。这一概念也被应用到专著中：液态书籍在本质上是“协作的、进化的，可能是开源的和多方面的”（Casati & Ragone，2009）。变革的倡导者越来越多，学术交流的新模式［如博客、社交书签（social bookmarking）网站、维基］在学术界越来越受欢迎。

---

① 来自中世纪意大利哲学家、神学家托马斯 · 阿奎那提出的经院哲学问题：“一根针尖上能站立几个天使？”——译者注

② https://dev.liquidpub.org/svn/liquidpub/papers/deliverables/LiquidPub%20paperlatest.pdf。

符号资本主义

随着数字系统和可提供服务数量的不断增加，所产生的大量微量元素越来越适合于自动实时采集和系统分析。政策制定者、科学家、学者、出版商、科研管理人员和资助机构现在掌握着前所未有的海量数据。这些数据的颗粒度各不相同，涉及：①人类信息搜索和交流行为；②数字资产和服务的使用；③评估专业贡献和建立声誉的方法。数字分析使公司和高等教育机构能根据媒体提及的频率来跟踪其品牌或声誉随时间的变化。如果我们将个体学者（或研究团队）视为微品牌，没有任何原则上的理由能反对通过媒体提及来追踪学者存在——俗称“热度（buzz）”——的做法（Hoover，2012）。当然，被引等传统的影响力指标也能起到这一作用（Cronin & Shaw，2002）。在商业界，这已经成为现实。一个人的 Klout 分数[①]基于：①真实影响范围（你影响的人数）；②扩大幅度（你产生影响的程度）；③网络（你真实影响范围内的人的影响力）。个人的评分等级为 1 到 100，正如公司指出的，这基本上是你的社会信用评分。不难看出这一指标对营销人员的潜在好处；同样，也不难看出这种系统可以如何被滥用或仅成为一种耗时的分心之物。

有人认为，我们正在从一种“盲目迷恋被引的论文单一文化（citation-fetishizing article monoculture）”转变为多元文化（Priem，引自 Howard，2012）。比如从社交媒体（如推特、ResearchGate、CiteULike、F1000、Academic.edu 和 Mendeley）衍生的计量矩阵（频率、评分等）。勘探者的工具和评价者的设备无疑将在今后几年变得更加强大，但是有关各种文献计量和后文献计量指标的有效性和可靠性的问题将继续被提出并展开激烈辩论。阿尔伯特·爱因斯坦（Albert Einstein）的格言说道：“不是所有可以计算的东西都是重要的，也不是所有重要的东西都可以被计算。”在评价性文献计量学的背景下，这句格言无疑是正确的。单独或组合的“替代计量学事件”（例如，下载文件、社交书签）究竟证明什么样的影响（Haustein & Siebenlist，2011；Priem，Piwowar & Hemminger，2012）？被引和新型的提及形式是否相互关联，是否与已建立

① http://klout.com/home。

的文献计量学指标相关？如果是，关联程度如何，在什么条件下关联（Bollen，Van de Sompel，Smith，Luce，2005；Shuai，Pepe，Bollen，2012）？是否如一些早期的经验证据所显示的那样，替代计量学指标“大部分与被引次数正交（互不相关）”（Priem，Piwowar，Hemminger，2012）？下载次数是否可以预测被引次数（Watson，2009）？推文是引用的先兆吗（Eysenbach，2011）？我们可以满怀信心地期待一系列相关分析。

新的计量指标

支持学术交流和出版的工具和平台的变化塑造了新的计量指标，这些指标或多或少地可以与（如果仍有争议）相对更被承认的指标共同用于科研评估活动。正如我所预测的，“很快，基于网络的数字对象和使用统计数据将达到临界量，这些数据用以对学者的交流行为进行建模，如出版、发帖、写博客、扫描、阅读、下载、润色、链接、引用、推荐、致谢，以此追踪被广泛关注、感受到的学术影响”（Cronin，2005）。依此类推，联想到20世纪50年代法国的年鉴学派（Annales school），它致力于总体史（histoire totale）的概念。今天，我们看到在绩效评估领域出现了一些类似的东西：总体文献计量学（total bibliometrics）。然而，在原型测试和效度测试方面，仍有许多工作要做，以更接近于创建一套具有全面适用性的、类似绩效指标标准集的东西，就像在商业领域所使用的那样。

激增的替代性指标应该能将控制型和自恋型人格服务得同样出色（Wouters & Costas，2012）。想象一个商业智能仪表盘可以从多个来源实时提取数据，将研究团队和学术院系的一系列关键绩效指标可视化。与市场份额、产量、区域销售量和收入目标等数据不同，这一案例中的指标可能包括以下类别：学术产出（论文、会议报告、博士生毕业人数、出版的数据集、专利等）；好评程度（获奖、奖学金、教学奖励荣誉）；受资助的研究活动（数量、金额和资助来源）；被引指标（学者发表期刊的影响因子；作者论文被引频次、被引位置和施引者；数据引用率）；致谢频率；浏览 / 下载次数；被添加书签的频率；新闻报道和社交媒体提及。这一系统能生产所有来源的比较绩效数据，以用来计算个人或群体的复合影响因子，这肯定会吸引特定阶层的行政精英。欢迎来到“认知资本主义（cognitive capitalism）”的世界（De Angelis & Harvie，2009）；欢迎来到测量界的官方网站。

出于同样的原因，具有高度竞争力或自恋倾向的学者——热衷于枚举自己的成就，建立衡量他们相对市场价值的指标，提高自己的专业显示度，或者只是让自己感觉良好——很可能会乐于掌控能体现生产力、影响力和专业突出程度的多元指标，类似于增值的“活的个人简历（live CV）”（Priem，Piwowar，Hemminger，2012），或者更进一步，类似于传媒和市场营销行业使用的 Q 评分[①]。因此，声誉管理或职业培养可能会成为学术生活中不可避免但没有积极意义的结果，因为研究者试图积极操纵这一体系，为自己谋取利益。这种关于引证行为的担忧已经反复出现（Corbyn，2008；Davis，2011），其中最有先见之明的也许是弗朗克（Franck，1999），他表达了对“引用卡特尔（citation cartel）”的恐惧。这种担忧将随着当代学术界对学术表现越来越复杂的测绘、衡量和监测再次出现。事实上，在这一不正常的价值观倒转中，显示度可能成了目的本身。如詹森（Jensen，2007）提到的：“学术上的不可见阻碍了通向学术权威的道路。”这对于日益开放和互动的 Web 2.0 及更高版本的世界来说尤为真实。但是，有人可能会问，为什么研究者不能更有效地继续他们的职业奋斗以对同行社群和整个社会产生有利的影响呢？在一个公共问责和政府开放的时代，联邦资助机构想要跟踪他们资助的项目的直接及长期影响，这难道不是很自然吗（关于这个主题的更多信息，请参阅 Lane 及其同事们的著述，本书第 21 章）？

早在其他指标出现之前，人们就开始担心将引文分析用作控制手段和规范学术话语的方法。在社交媒体出现的之前的一场激烈争论中，索斯特里奇（Sosteric，1999）预见了“一个奥威尔式的监控网”和“学术界的自动控制化”——这一言论在一定程度上是由克罗宁和奥弗菲特（Cronin & Overfelt，1994）的论断引发的，即引证和其他绩效指标可以用于诊断“帮助塑造教师个人的生产力档案”。索斯特里奇并不是唯一预见到使用数字分析评估研究绩效和学术影响造成意外社会后果的人。例如，希克斯和波特（Hicks & Potter，1991）指出，“产生差异分层和正常 / 非正常科学行为类别的新可能性”是自动

① http://www.qscores.com/Web/Index.aspx。

引文分析发展的副产品。从社会学的角度来说，新媒体塑造了新的计量指标，而后者同时也塑造了媒体的使用方式。简而言之，媒体和计量指标是共同建构（co-constitutive）的。

出版物数量、被引分数和影响因子不一定能说明全部情况，也不应该期望它们能说明。随着时间的推移，学者的作品可能会在不同的背景、不同的受众、不同的原因下产生一系列的影响，而传统的文献计量指标可能无法充分反映这些多种意义的贡献。但随着新计量指标的到来，原有的关于这些平台特性和功能［从 Mendeley 到谷歌学术（Google Scholar）］的担忧依然存在，这些平台生成的原始数据被用来确定学者们的“真实贡献”（Bourne et al., 2011）。需要解决的问题包括：①不同平台和工具集的寿命；②起支撑作用的算法和假设的透明度；③数据在一致性和完整性方面的可靠性；④开发指标的有效性（在最基本的水平上，确定他们是否测量了声称要测量的对象；请参阅 Day、Furner 和 Gingras 撰写的章节）；⑤这些工具对舞弊（gaming）的敏感性——“强迫引用”是一个恰当的例子（WiHelt & Fon，2012）——无论是个别学者，还是意图在各种媒体和环境中最大限度地提升其专业显示度的小集团。此外，还存在着一般的时间问题。研究者和学者只有有限的时间来管理他们的在线状态，也只有有限的时间来关注他人的工作。如前文所述，“只有一定数量的研究可以说是有影响的，不会让影响这一概念失去意义”（Schroeder，Power，& Meyer，2011）。学术界不是沃比根湖（Lake Wobegon）[①]，尽管有时我们希望它是。

自从商业引文索引出现以来，广大学术界就用于研究评估目的的引文索引的实用性、可用性、伦理、可靠性和效度等问题一直存在着持续的争论，其中对最后一项的争论最为特别，也最为持久（MacRoberts & MacRoberts，1989；Seglen，1992）。Force 11 宣言的摘录清楚地表明，许多人对作者、编辑和出版商使用和依赖期刊影响因子的做法感到不信任：

“我们需要承认这样一个事实：像期刊影响因子这样的概念，在衡量学术的真正影响时，并不是很好的替代品……我们需要建立新的机制，使我们能更准确地衡量真实贡献。”（Bourne et al.，2011）随着指标的局限性得到更广泛的

① 沃比根湖是美国作家盖瑞森·凯勒虚构的草原小镇，该镇所有儿童都非常优秀，高于平均水平。——译者注

认可（Lozano，Larivi è re & Gingras，2012），我们可以预期会有更多关于“真实贡献”确切含义的讨论，以及在科研评估实践中对使用期刊影响因子的持续抵制，如万克莱（Vanclay，2012）将期刊影响因子与颅相学进行比较。在互联网 3.0 世界中，将有更多的元素可用于建立描述影响、声誉和权威的指标，正如詹森（Jensen，2007）起草的详细而有前瞻性的列表（下文）所示。相比之下，影响因子看起来像是非常迟钝的工具。

- 出版商的声望（如有）。
- 同行评议者的声望（如有）。
- 评论者和其他参与者的声望。
- 其他文件引用该文件的百分比。
- 文档的原始链接。
- 有价值的链接，其中还考虑了链接人及其链接的价值。
- 明显的关注：博客空间的讨论、帖子中的评论、反复澄清和持续的讨论。
- 评论中的语言性质：积极的、消极的、互相连接的、扩大的、澄清的、重新解释的。
- 情境质量：保存该文档的网站上还有什么，其权威地位如何？
- 学科共同体常用的词组百分比。
- 作者所属机构的质量。
- 作者其他作品的重要性。
- 作者作为评论者、编辑等参与其他有价值项目的数量。
- 参考文献网络：作者接触、浏览、阅读的所有文本的重要性评分。
- 文件存在的时间长度。
- 文档出现在“最佳（best of）”列表、教学大纲、索引和其他人工选择的集锦中的情况。
- 分配的标签（tag）类型、使用的术语、标记人的权威性、标签系统的权威性。（Jensen，2007）

事实上，不难想象一系列雷达图，它们描绘了一些学者或研究团队在一系列传统的和新的绩效指标（例如，同行评议的出版物数量、引用排名、主流媒体显示度、社交媒体凸显性、指导能力）上的相对优势：一目了然的绩效跟踪。

结论

综上所述，我们该如何着手创建“一个细致入微的、多维度的、多时域的多重研究影响视角”（Priem，Piwowar，Hemminger，2012）？考虑到多数人反感学术界被强加的问责制、计量化和货币化，共识是否可能达成（Burrows，2012；Cronin，2000）？“真实贡献”在不同的学科和认知文化中存在多大程度的差异？随着政策强制性和行政期望的变化，或者随着科学本身行为和过程的变化，这些贡献是否也会随时间而有所不同？科学家对“真实贡献”的定义是否与资助机构和决策者相同？学者们自己在多大程度上同意同行评议和项目评估中替代指标的有效性、实用性和适当性？在评估个人或研究团队时，可以或者应该使用多少种不同类型的替代性指标，使用何种权重和归一化方式？是否存在一个上限，或者说，一个评估过程因不堪重负而崩溃的临界点，使各种细枝末节淹没了透明度？更具体地说，在“计量指标集合（metric assemblages）”的易用性（Burrows，2012）与开发、微调和管理一项计量指标丰富的评估工作的开销和机会成本（Thelwall，2012）之间存在什么取舍？

潘多拉的盒子已经打开，面临的挑战将是如何智慧地利用激增的替代性指标来评估学术影响，同时防止对指标系统的滥用，无论是无意的、投机取巧的，还是故意设计的，也无论是学者们自己，还是那些批准和监督越来越复杂的绩效评估过程的人，这都已经成为高等教育领域不可避免的特征。

参考文献

Arkes, H. (2010). Pornography: Settling the question in principle. In J. R. Stoner & D. M. Hughes (Eds.), *The social costs of pornography* (pp. 127–142). Princeton, NJ: Witherspoon Institute.

Baez, M., & Casati, F. (n. d.). Liquid journals: Knowledge dissemination in the Web era. Retrieved from http://wiki. liquidpub. org/mediawiki/upload/9/9b/Liquid- journal-proposal_v0. 13. pdf.

Bauman, Z. (2003). *Liquid love: On the frailty of human bonds*. Cambridge: Polity Press.

Bauman, Z. (2007). *Liquid times: Living in an age of uncertainty*. Cambridge: Polity Press.

Blatecky, A. (2012). Opening remarks by project sponsors. In National Research Council of the National Academies, *The future of scientific knowledge discovery in open networked environments* (pp. 3–5). Washington, DC: National Academies Press.

Bollen, J., Van de Sompel, H., Smith, J. A., & Luce, R. (2005). Toward alternative metrics of journal impact: A comparison of download and citation data. *Information Processing & Management*, 41 (6), 1419–1440.

Borgman, C. L. (2012). Why are the attribution and citation of scientific data important?In National Research Council of the National Academies, For attribution: Developing data attribution and citation practices and standards (pp. 1– 8). Washington, DC: National Academies Press.

Bourdieu, P. (1988). *Homo academicus*. Cambridge: Polity Press.

Bourne, P. (2005). Will a biological database be different from a biological journal? *PLoS Computational Biology*, 1 (3), e34. doi: 10. 1371/journal. pcbi. 0010034

Bourne, P. E., Clark, T., Dale, R., De Waard, A., Herman, I., Hovy, E., et al. (Eds.). (2011). *Improving future research communication and e-scholarship*. Retrieved from http://www. force11. org/white_paper.

Burrows, R. (2012). Living with the h-index?Metric assemblages in the contemporary academy. *Sociological Review*, 60 (2), 355–372.

Casati, F., & Ragone, A. (2009). Liquid book: Reuse and sharing of multifacet content for evolving books. Retrieved from http://wiki. liquidpub. org/mediawiki/upload/f/f2/LiquidBook. pdf.

Corbyn, Z. (2008). Researchers play dirty to beat REF. *Times Higher Education*. Retrieved from http://www. timeshighereducation. co. uk/story. asp? storycode=400516.

Costas, R., & Van Leeuwen, T. (2012). Approaching the "reward triangle": General analysis of the presence of funding acknowledgments and "peer interactive communication" in scientific publications. *Journal of the American Society for Information Science and Technology*, 63 (8), 1647–1661.

Crane, D. (1972). *Invisible colleges: Diffusion of knowledge in scientific communities*. Chicago: University of Chicago Press.

Cronin, B. (2000). Knowledge management, organizational culture and Anglo- American higher education. *Journal of Information Science*, 27 (3), 129–137.

Cronin, B. (2002). Hyperauthorship: A postmodern perversion or evidence of a structural shift in scholarly communication practices?*Journal of the American Society for Information Science and Technology*, 52 (7), 558–569.

Cronin, B. (2005). *The hand of science: Academic writing and its rewards*. Lanham, MD: Scarecrow Press.

Cronin, B. (2009). *Stickmen: Reflections on the goalie's eccentric art*. Bloomington, IN: AuthorHouse.

Cronin, B. (2012). Collaboration in art and science: Approaches to attribution, authorship, and acknowledgment. *Information & Culture*, 47 (1), 18–37.

Cronin, B., & Atkins, H. B. (Eds.). (2000). *The web of knowledge: A Festschrift in honor of Eugene Garfield*. Medford, NJ: Information Today & American Society for Information Science.

Cronin, B., & Franks, S. (2007). Trading cultures: Resource mobilization and service rendering in the life sciences as revealed in the journal article's paratext. *Journal of the American Society for Information Science and Technology*, 57 (14), 1909–1918.

Cronin, B., & Overfelt, K. (1994). Citation-based auditing of academic performance. *Journal of the American Society for Information Science*, 45 (2), 61– 72.

Cronin, B., & Shaw, D. (2002). Banking (on) different forms of symbolic capital. *Journal of the American Society for Information Science and Technology*, 53 (13), 1267–1270.

Cronin, B., Snyder, H. W., Rosenbaum, H., Martinson, A., & Callahan, E. (1998). Invoked on the Web. *Journal of the American Society for Information Science*, 49 (14), 1319–1328.

Dalrymple, T. (2005). *Our culture, what's left of it: The mandarins and the masses*. Chicago: Ivan Dee.

Davenport, E. (1993). *Risks and rewards and electronic publishing: A case study of information science in the United Kingdom using a qualitative methodology*. Unpublished doctoral dissertation, University of Strathclyde, UK.

Davis, P. (2011). Gaming the impact factor puts journal in time-out. Retrieved from http:// scholarlykitchen. sspnet. org/2011/10/17/gaming-the-impact-factor-puts- journal-in-time-out.

De Angelis, M., & Harvie, D. (2009). "Cognitive capitalism" and the rat-race: How capital measures immaterial labour in British universities. *Historical Materialism*, 17 (3), 3–30.

Dear, P. R. (2000). Marin Mersenne. In W. Applebaum (Ed.), *Encyclopedia of the scientific revolution: From Copernicus to Newton* (pp. 668–670). New York: Garland Publishing. http://mey. homelinux. org/companions/Wilbur%20Applebaum%20 (edt) /ENCYCLO PEDIA%20OF%20 THE%20SCIENTIFIC%20REVOLUTIO%20 (714) /ENCYCL OPEDIA%20OF%20THE%20 SCIENTIFIC%20REVOLUTIO%20-%20Wilbur%20Applebaum%20 (edt). pdf.

Eysenbach, G. (2011). Can tweets predict citations?Metrics of social impact based on Twitter and correlation with traditional metrics of scientific impact. *Journal of Medical Internet Research*, 13 (4). http://www. jmir. org/2011/4/e123.

Franck, G. (1999). Scientific communication—a vanity fair?*Science*, 286 (5437), 53–55.

Gazni, A., Sugimoto, C. R., & Didegah, F. (2011). Mapping world scientific collaboration: Authors, institutions, and countries. *Journal of the American Society for Information Science and Technology*, 63 (2), 323–335.

Gross, A. G., Harmon, J. E., & Reidy, M. (2002). *Communicating science: The scientific article from the 17th century to the present*. Oxford: Oxford University Press.

Groth, P., Gibson, A., & Velterop, J. (n. d.). The anatomy of a nano publication. Retrieved from http://www. w3. org/wiki/images/c/c0/HCLSIG$$SWANSIOC$$Actions$$Rhetoric alStructure$$ meetings$$20100215$cwa-anatomy-nanopub-v3. pdf.

Hatch, R. A. (2000). Correspondence networks. In W. Applebaum (Ed.), *Encyclopedia of the scientific revolution: From Copernicus to Newton* (pp. 263– 267). New York: Garland Publishing. Retrieved from http://mey. homelinux. org/companions/Wilbur%20Applebaum%20 (edt) /ENCYCLO PEDIA%20OF%20THE%20SCIENTIFIC%20REVOLUTIO%20 (714) / ENCYCL OPEDIA%20OF%20THE%20SCIENTIFIC%20REVOLUTIO%20-%20Wilbur%20

Applebaum%20 (edt). pdf.

Haustein, S., & Siebenlist, T. (2011). Applying social bookmarking data to evaluate journal usage. *Journal of Informetrics*, 5 (3), 446–457.

Heffner, A. G. (1981). Funded research, multiple authorship, and subauthorship collaboration in four disciplines. *Scientometrics*, 3 (1), 5–12.

Hicks, D., & Potter, J. (1991). Sociology of scientific knowledge: A reflexive citation analysis *or* science disciplines and disciplining science. *Social Studies of Science*, 21 (3), 459–501.

Hoover, E. (2012). Colleges, ranked by "media buzz. " *Chronicle of Higher Education*. Retrieved from http://chronicle. com/blogs/headcount/colleges-ranked- by-media-buzz/29880?sid=pm&utm_source=pm&utm_medium=en.

Howard, J. (2012). Scholars seek better ways to track impact online. *Chronicle of Higher Education*. Retrieved from http://chronicle. com/article/As-Scholarship- Goes-Digital/130482/#disqus_thread.

Jensen, M. (2007). The new metrics of scholarly authority. *Chronicle of Higher Education*. Retrieved from http://chronicle. com/article/The-New-Metrics-of- Scholarly/5449.

Koku, E., Nazer, N., & Wellman, B. (2001). Netting scholars: Online and offline. *American Behavioral Scientist*, 44 (10), 1752–1774.

Kravitz, D. J., & Baker, C. I. (2011). Toward a new model of scientific publishing: Discussion and a proposal. *Frontiers in Computational Neuroscience,* 5 (55). Retrieved from http://www. frontiersin. org/Computational_Neuroscience/10. 3389/fncom. 2011. 0005 5/abstract.

Kurtz, M. J., & Bollen, J. (2010). Usage bibliometrics. *Annual Review of Information Science & Technology*, 44, 3–64.

Lewison, G. (2005). Beyond SCI citations—new ways to evaluate research. *Current Science*, 89 (9), 1524–1530.

LiquidPub. (2012). Liquid publications: Scientific publications meet the web. Retrieved from http://project. liquidpub. org/liquid-publications-scientific- publications-meet-the-web-1.

Lomas, R. (2002). *The invisible college: The Royal Society, freemasonry and the birth of modern science*. London: Headline.

Long, J. S., & McGinnis, R. (1982). On adjusting productivity measures for multiple authorship. *Scientometrics*, 4 (5), 379–387.

Lozano, G. A., Larivière, V., & Gingras, Y. (in 2012s). The weakening relationship between the impact factor and papers' citations in the digital age. *Journal of the American Society for Information Science and Technology*, 63 (11), 2140–2145.

MacRoberts, M. H., & MacRoberts, B. R. (1989). Problems of citation analysis: A critical review. *Journal of the American Society for Information Science*, 40 (5), 342–349.

Manten, A. A. (1980). The growth of European scientific journal publishing before 1850. In A. J. Meadows (Ed.), *Development of scientific publishing in Europe* (pp. 1–22). New York: Elsevier.

Priem, J. (2010). Alt-metrics: A manifesto. Retrieved from http://altmetrics. org/manifesto.

Priem, J., Piwowar, H. A., & Hemminger, B. M. (2012). Altmetrics in the wild: Using social media to explore scholarly impact. *arXiv:* 1203. *4745v1*.

Russell, T., & Sugimoto, C. R. (2009). MPACT family trees: Quantifying genealogy in library and information science. *Journal of Education for Library and Information Science*, 50 (4), 248–262.

Schroeder, R., Power, L., & Meyer, E. T. (2011). Putting scientometrics in its place [v0] . Retrieved from http://altmetrics. org/workshop2011/schroeder-v0.

Seglen, P. O. (1992). The skewness of science. *Journal of the American Society for Information Science*, 43 (9), 628–638.

Shuai, X., Pepe, A., & Bollen, J. (2012). How the scientific community reacts to newly submitted preprints: Article downloads, Twitter mentions, and citations. *PLoS ONE*, 7 (11), e47523. Retrieved from http://www. plosone. org/article/info%3Adoi%2F10. 1371%2Fjournal. pone. 0047523.

Sosteric, M. (1999). Endowing mediocrity: Neoliberalism, information technology, and the decline of radical pedagogy. *Radical Pedagogy*, 1 (1). Retrieved from http://www. radicalpedagogy. org/Radical_Pedagogy/Endowing_Mediocrity Neoli beralism, _Information_Technology_and_the_Decline_of_Radical_Pedagogy. html.

Taleb, N. N. (2010). *The black swan: The impact of the highly improbable*. New York: Random House.

Thelwall, M. (2012). Journal impact evaluation: A webometric perspective. *Scientometrics*, 92 (2), 429–441.

Vanclay, J. K. (2012). Impact factor: Outdated artefact or stepping-stone to journal certification?*Scientometrics*, 92 (2), 211–238.

Veletsianos, G., & Kimmons, R. (2012). Networked participatory scholarship: Emergent techno-cultural pressures toward open and digital scholarship in online networks. *Computers & Education*, 58, 766–774.

Wagner, C. S. (2008). *The new invisible college: Science for development*. Washington, DC: Brookings Institution.

Waterman, S. (n. d.). Literary journals. In *Encyclopedia of Life Support Systems*. Retrieved from http://www. eolss. net/Sample-Chapters/C04/E6-87-04-03. pdf.

Watson, A. B. (2009). Comparing citations and downloads for individual articles at the Journal of Vision. *Journal of Vision* (*Charlottesville, Va.),* 9 (4). Retrieved from http://www. journalofvision. org/content/9/4/i.

Wilhite, A. W., & Fong, E. A. (2012). Coercive citation in academic publishing. *Science*, 335 (6068), 542–543.

Wouters, P., & Costas, R. (2012). *Users, narcissism and control—tracking the impact of scholarly publications in the 21st century*. Amsterdam: SURFfoundation.

第2章 文献计量学的历史与发展

尼古拉·德·贝利斯
Nicola De Bellis

引言

长期以来，文献计量学和同源领域已经有了标准的定义。

> 文献计量学：数学和统计方法在书籍和其他传播媒介中的应用。（Pritchard，1969）
>
> 科学计量学：将科学发展作为信息性过程进行研究的定量方法。（Nalimov & Mulchenko，1971）
>
> 信息计量学：研究数学方法在信息科学中的应用，以描述和分析现象，发现规律并支持决策。（Nacke，1979）[①]

这些定义指出了这样一个事实：即文献/科学/信息计量学是关于数学和统计工具的应用，用于一组越来越难以捉摸的对象——书籍、科学、信息。如果让我们举出什么算是一本书的具体例子，我们可能会达成一致，但在科学或信息方面，要达成类似的共识却是很困难的。什么才算是科学，取决于是否符合科学与非科学划界的公认标准；同时，由于信息无处不在，因此若声称某物可视为信息，这显然并未给人新信息。令人欣喜的是，尽管定义的畛域宽泛，

① 所有非英语来源的翻译均由原作者完成。——译者注

但我们不必担心资料来源的不确定性，因为该领域当前最新研究的真正对象可以归结为对已发表学术文献的定量分析，特别是期刊论文及其文献关系网络。这是有一定道理的。从 17 世纪中叶开始，至少在自然科学和生物医学领域，同行评议期刊是最有效的获取可信赖、被认证的知识的渠道。此外，从 20 世纪上半叶开始，期刊论文在结构、格式和风格上经历了标准化的过程，使其成为进行任何定量分析之前自动提取元数据的理想对象。

当代文献计量学是一个高度专业化和广泛制度化的研究领域，在科学政策领域具有很强的实践意义。文献计量指标，如出版物和被引次数，被广泛用作研究绩效的指标（Lane 等，本书第 21 章）。当涉及晋升、资助、任期等问题时，这些测量指标可能会使权力天平偏向某一特定科学家或机构。此外，还可以绘制复杂的文献计量地图（bibliometric map），以很高的分辨率描绘科学领域的结构和动态。文献计量学并非植根于特定的知识领域。它掌握着打开科学隐藏结构的钥匙，通过处理一般属于知识转移过程的信息模式，“指向”任何潜在学术领域中知识价值的存在：最有生产力的、最多被引用的、最善于合作的、最……的作者、团体、机构，乃至国家。

我们是如何达到如此地步的：科学信息是一个可测量的实体，而测量标准本身成了管理参与生产新的（或许更好的）科学信息的社会力量的工具？后面各节对文献计量学的知识背景进行了批判性概述，涉及三个相互关联的历史领域：①早期实证主义和功能主义哲学对社会事实的“客观”研究的出现；②引文索引和引文分析的产生和兴起，这为社会学家和技术官僚提供了证据收集手段，以获取毫不起眼的研究绩效指标；③信息过程的数学结构的发现和公式化——即所谓的文献计量学法则——它们随后融入确定性和概率论模型的主流，使文献计量学家能根据普遍遵从的数学规则游玩文献计数游戏。

基本假设是直截了当的，尽管其结果并非如此：文献计量学不仅仅是应用数学，还是一门社会科学，与其他的社会科学领域共同拥有“与人打交道”的工作部分和使用概念工具的倾向。这些概念工具通过修改他们应该调查的对象，使这些工具在理论和实践中有广泛的应用，比如为政治辩论和为决策辩护。下文重点将放在三项基本操作上，早在文献计量学作为一个研究领域出现之前，这三个操作就为将科学作为可数单位的反思性研究奠定了话语基础：定义研究对象、产生证据和建立游戏规则。

定义研究对象：在实证主义和功能主义传统中，科学作为“本善”的社会系统

在不方便时，我们很容易会通过描述性和推论性的数据处理技术，将文献计量学的历史简化为统计数据的历史以及对科学领域的逐步殖民化：彩票、掷骰子、天文位置、作物产量、人口普查和死亡率表，直至最终的书籍和期刊论文。但整体的图景需要的远不止于此。首先，它涉及对科学的还原论（reductionism）态度的出现。在这种态度下，支持新知识生成的各种社会和心理活动最终在可观察的、容易收集的和可数的单位之间的正式关系中被提炼出来。这样的历史不能追溯到其确切起点，这是一个没有任何专业史学寻求的虚无起源。尽管如此，可以结合特定的情节或数字来识别一些观点的汇合线。让我们划定一个常规界限：在 16—17 世纪科学革命之后，学者们越来越认同伽利略的“自然之书是用数学文字写成的”的观点。当时，数学和物理学是其他科学的榜样，但还原论可以采取多种形式，其中最相关的是那些取决于人体概率和生物学功能的计算。

18 世纪的法国科学家和哲学家很快就认识到，由布莱斯 · 帕斯卡（Blaise Pascal）和皮埃尔 · 德 · 费马（Pierre de Fermat）在 17 世纪 50 年代通信建立的不确定性数学，可能比掌握机会游戏更能用于关键用途。在医学上，一旦医生面临着用无可辩驳的论证来确定两种替代疗法有效性的任务，有利结果次数和科学价值之间的联系就需要以概率为根基：在完全相同的条件下对相同的患者组应用不同的疗法，更有效的结果将以有利结果的数量显现出来。道德和政治科学也有望从概率的计算中获益，在道德崩溃和政治动荡时期更是如此。在法国大革命期间，一位热衷于政治的法国科学院成员尼古拉斯 · 德 · 孔多塞（Nicolas de Condorcet）着手在物理数学学科的模型上塑造社会科学。他的项目围绕着数学社会（math é matique sociale）展开。这是一种人类事务的量化方法，旨在根据有争议的任务（如确定选举方法的优点 / 缺点，或权衡我们相信 / 不相信某事的理由的强度），为价值判断制定可靠规则。他坚持认为，为了使确定这种规则成为可能，必须从观察中推断出行为的一般规律，用数学上可处理的平均值代替个别值（Condorcet，1793，1994）。这种数学还原论遭到了

认为人类激情不可测量的学者的反对：对于本体论作家德斯塔特·德·特雷西（Destutt De Tracy）和皮埃尔·卡巴尼斯（Pierre Cabanis）来说，个人和人类整体行为的主要驱动力不能用数学公式表达，如果要找到解释社会现象的基本原理，人类生理学是寻找它们的正确地方。

数学还原论和生理还原论都因社会学的后续发展而受到质疑，但它们并没有在寻求新的研究途径的学者中失去诱惑力。在 19 世纪上半叶，在比利时天文学家阿道夫·奎特莱特（Adolphe Quetelet）所设想的物理社会（physique sociale）的伪装下，前者很快重新浮出水面。在后拿破仑时代，国家开始收集关于民众及其习惯的各种统计数据：根据统计目的清点分类个人群体，特别是与异常情况（犯罪、自杀、疾病等）有关的个人群体，以此对他们实施更有效的社会控制。在一定程度上，统计分类助长了虚构创造群体的做法，对平均数和离散度的坚持使人物事物的“正常”状态概念得到客体化（Hacking，1990）。对奎特莱特来说，对社会的科学研究从天文学的误差定律机械地延伸到了身体、道德和智力素质上。事实上，体格、体重的经验频率与人群精神倾向的经验频率均揭示了钟形高斯分布（正态分布）的普遍存在。在给定社会状态下，在确定原因的影响下，有规律的结果是可以预期的，它会在一个固定的平均值附近振荡。因此，在奎特莱特看来，通过计算大量人口的平均值，就有可能勾勒出“平均人（average man）”的真实形象，任何政治干预都应以此为基础：平均人之于一个国家如身体中的重心一般，是“社会因素震荡的中心”（Quetelet，1842）。然而令人惊讶的是，即使在奎特莱特的平均化理论中，犯罪倾向、勇气和智力突出程度等道德和智力素质并不容易“标准化”，因为它们需要间接评估与这些素质相关的影响，即犯罪行为、勇敢行为或智力行为的数量。但是，任何道德计算都不可能达到与几何学相媲美的精度，“我们怎么能荒谬地认为，一个人的勇气比另一个人的勇气等于五比六，就像我们谈论他们的身高一样？”或者说“荷马的天分比维吉尔的天分等于三比二？”（Quetelet，1842）。

与奎特莱特关于“平均人”的虚拟概念类似，人类行为生理模型的运作很像一个具有科学生产力的非科学构造。首先，奥古斯特·孔德（August Comte）和赫伯特·斯宾塞（Herbert Spencer）等共同做出了一个假设，即社会就像一个活生生的有机体，其各个部分之间的功能关系构成了复杂的网络，并通过一定的生长和分化阶段进行了必然的进化。在孔德的哲学体系中，在摒弃了神学和形而上学的知识模式之后，人类的心智终于达到了真正的“实证精神（positive spirit）”，即“用对现象永恒规律的研究取代对所谓原因的研究……一言以蔽之，研究‘如何’而不是‘为什么’”（Comte，1880）。他认为，人的思想不能成为观察的直接对象。我们不能观察别人的内心思想，正如我们不能从外部观察自己一样。因此，我们能做的最好的事情就是分析思想的产物，即将思想转化为行动之后的具体成就。具体来讲，隐藏在不同科学领域中发现科学真理之下的心理活动，反映在其研究方法的具体部署上。因此，一般的科学哲学，即卓越科学之科学（science of science par excellence），是在综合各类研究方法的基础上产生的，这些方法应在每一个研究领域都证明是成功的。它是一门经验主义的科学之科学，与数学和生理还原论的态度截然不同。埃米尔·涂尔干（Émile Durkheim）将孔德和斯宾塞的功能主义方法完美地结合了起来。他声称，社会现象是——或者说应该作为——可以像自然事件一样观察和测量的“客观事实”，只要给予适当的抽象。因此，这些研究应通过实证数据收集和统计推理进行，其解释必须参考其他社会事实，而不是局限于心理或生物决定因素。统计分类使观察者能将社会事实，如观念倾向，从现实世界现象中的个别表现中分离出来。例如，某种程度上能归因于某种观念倾向的高出生率或自杀率。因此，统计平均值——而不是对个体事件的描述——提供了“集体灵魂”的某种状态，也可以说是指标（Durkheim，1895，1964）。

临近 20 世纪时，一种观点被不同渊源的学者们认为是理所当然的：心理活动的最高形式之一（如从事科学研究）是一种结构合理的“本善（good as it is）”社会系统的自然表达，可以通过其存在的有形痕迹方便地加以处理。关于科学家是什么、如何探测科学卓越性的正式定义，达尔文进化论的理论已经提供了答案。弗朗西斯·高尔顿（Francis Galton）认为，辨别“科学人（man of science）”最可靠的方法是“依照科学界以确定的语言表达的裁定”（Galton，1874）。因此，同行之间的声誉是关键指标，因为“高声誉是对高能力的相当准确的检验”（Galton，1869）。然而，在相当长的一段时间里，获得高声誉的唯一实质性证据仅限于个人被任命为享有盛誉的学术职位，或被列入传记辞典和百科全书。继高尔顿之后，阿尔方斯·德·康多尔（Alphonse de Candolle）和詹姆斯·麦基恩·卡特尔（James McKeen Cattell）发表了早期的杰出学者即定性和定量数据汇编，杰出学者即由声誉确定。与高尔顿一样，康多尔（Candolle，1873）希望在先天基因和后天培养的争论中强调天才出现的环境条件，反对所谓的遗传因素占主导地位的论调。卡特尔（Cattell，1906）进一步推陈出新，利用专家对同行评级的统计分析，对其目录中列出的大约1000名学者进行了排名。然而，随着科学领域的规模和分支越来越超出可管理的范围，旧声誉标准的不足已经显而易见，转向使用已发表的科学发现记录自然而然成了下一步的内容。在此基础上，19世纪下半叶的学者和图书馆员根据不同的目的和不同的理论框架进行了开创性的科学计量分析。

在业余时间，自然科学家开始回顾他们的研究领域在出版物增长模式方面取得的进展。他们要么运用简单的描述性工具，如科尔和伊尔斯（Cole & Eales，1917）绘制的比较解剖学历史的里程碑图景，要么探索进行曲线拟合实践，如威尔逊和弗雷德（Wilson & Fred，1935）对植物固氮文献“生物学特性”的查阅。图书馆员则是以实用性为目标，进行了早期的文献中心定量分析。他们脱离了学术界扮演的角色，受到预算紧缩和物理空间限制的压力，拥有最佳条件巩固出版文献和客体化质量标准之间的联系，使用引用率作为期刊质量的表征（Gross & Gross，1927）。排除争议，保罗·奥特莱（Paul Otlet）预见到未来的图书馆员将深入参与适用于所有类型文档的计量方法的系统收集和分类之中。这些不仅是产出估算，还是与内容有关的计量方法，旨在确定“文本被阅读的地点、时间，以及就目前读者而言的概率，从而对社会施加作用”（Otlet，1934）。

到19世纪末期，科学作为一个社会机构的基本要素已经准备就绪，可以对其参与者和产品进行事实分析。大约在同一时期，其反对立场也开始萌芽，即赞成人类科学与自然科学的认知方式不可还原的反还原主义论争。在历史和文献学研究的发源地德国，一场关于人文科学（Geisteswissenschaften）的性质和方法论的激烈争论爆发了。约翰·斯图亚特·密尔（John Stuart Mill）的观点认为，人文科学可以在个体心理学的坚实基础上达到自然科学同样的确定性和一般性水平，但他遭到了反实证主义阵营的强烈反对。在人文科学的独特特征是其对象的唯一性及方法的特殊性这一主题上，形成了几种不同的观点。为了正确地进行研究，人文研究需要某种“艺术性归纳（Hermann von Helmoltz）”，移情理解生活经验的内在世界的能力（Wilhelm Dilthey），或者先验概念框架的部署（Wilhelm Windelband，Heinrich Rickert，Georg Simmel，Max Weber）。对于心理在基础过程中应发挥的作用存在着尖锐的分歧，但最终新康德主义思想在竞争中胜出，马克斯 · 韦伯（Max Weber）坚持将阐释性理解（Verstehen）视为对人类行为中主观意义评估的关键，这一点标志着未来几年社会科学和自然科学之间的认识边界（Anderson，2003）。

文献计量学为自己选择了数学和硬科学这一令人安心的靠山，从而避免了任何可能的身份危机。孔德对“如何”而非“为什么”的渴求指明了前进方向。在某一方向上，涂尔干的形态分析（morphological analysis）模型，以及他对社会学分析至关重要的部分的本质、数量和相互关系的强调，催生出许多不同的研究项目。这里最相关的是英国的结构主义路线，这一路线通过阿尔弗雷德 · 拉德克利夫 – 布朗（Alfred Radcliffe-Brown）和齐格弗里德 · 纳德尔（Siegfried Nadel）的研究，发展成为社会网络分析，这是最近定量研究中非常流行的方法。涂尔干和塔尔科特 · 帕森斯（Talcott Parsons）坚持将内化规范视为社会制度平衡的关键，罗伯特 · 默顿（Robert Merton）也从科学计量学家一致拥护的功能性要求方面，探索了科学的规范结构：只有当科学家或多或少有意识地遵守一套规则，认同什么可以被接受为真正的科学行为，什么不能被接受时，科学进步才是可能的。这些规范意味着科学家通过对照逻辑有效性和经验可验证性的共同标准来追求普遍知识。他们从事科学研究是为了科学研究自身，而不是为了追求个人利益。最重要的是，他们对外宣布了研究结果：同行评议的科学文献中的交流对于系统的功能平衡是不可或缺的，以引用文献的形式承认先前相关技术的实践也是不可或缺的。具体到引用，它和同行评议是一样的，只是规模更小。因此，文献引用是科学传播的认知和奖励系统的基本组成部分（Merton，1942，1973）。把科学家定义为发表论文的专业人士，其声誉依赖于已发表文献中的相互引用网络链接，这是社会研究对新兴的科学计量学领域所做的最好（或最坏）的服务。

证据的产生：引文索引和数量 – 质量联系

许多文献计量实践和排名都像数罐子里的鹅卵石一样计算被引：在完美的实证主义风格中，每一次被引都是坚实而不可分割的认可体现。被引次数越多，罐子越重；罐子越重，它的影响潜力就越大。这种特殊的证据形式是不受语境限制并独立于理论的，当代认识论不会将这种特权给予在任何科学理论的论证或证伪过程中收集的事实证据。为了收集这种特权形式的证据，有必要建立一个引文索引，列出选定文献（主要是期刊文献）的参考部分中被引用的文献，同时给出施引文献的来源。科学引文索引（Science Citation Index，SCI）是第一个可用于大规模科学计量研究的期刊文献跨学科引文索引，它是由尤金·加菲尔德（Eugene Garfield）在20世纪50年代设计的，自1964年起由他创办的科学信息研究所（Institute for Scientific Information，ISI）定期出版，也就是现在位于费城的汤森路透社（Thomson Reuters）。[①]

SCI最初的任务不是统计引用，而是改进文献检索。事实上，该索引的诞生依赖于计算机和信息科学家在20世纪50年代为寻找解决一个老问题所提出的新方法：如何从大型文本语料库中自动、快速、高效地提取出合适的索引词，用于检索满足用户搜索条件的特定文档。彼得·卢恩（Peter Luhn）、杰拉德·索尔顿（Gerard Salton）和卡伦·斯派克·琼斯（Karen Spärck Jones）对这一问题的里程碑式的解决方案来自对语言统计特性的分析，产生了向量空间模型（vector-space model）和词频－逆文档频率（term frequency-inverse document frequency）测度等有效方案。加菲尔德的开箱即用的解决方案来自他对结构主义语言学的了解，特别是他认为科学语言的复杂性可以简化为一组可管理的结构单元。问题的关键在于从哪里寻找这些基本单元。结构语言学强调元文本在书面交际中的重要性，即文字的功能不是传达概念性内容，而是介绍和定位概念性内容。一种特殊的元关系也同样存在于期刊论文的文本中，这些概念没有被话语式地暴露出来，而是由包含它们的文档的文献引用暗示或总结。另外，在特定类型的期刊论文中——自然科学和生命科学中的综述论文——文本和引文之间的元文本关系占主导地位，因为综述中的几乎每一句话都有参考文献支持，并且句子本身通过“异常明确的索引声明”引入并部分预测了被引文档的概念性内容（Garfield，1983）。因此，文献引文凭借其“概念符号”的地位（Small，1978），可以有效地补充，有时甚至可以取代或胜过作为文献检索系统索引单元的词和主题标目。更重要的是，它们可以揭示文献和

① 现在SCI由科睿唯安（Clarivate Analytics，原汤森路透知识产权与科技事业部）负责管理。——译者注

作者之间完整的文献关系网络，有利于社会学家和历史学家定量或定性地追踪某一思想的起源（Garfield，1955）。

尽管其最初使命并非如此，SCI 的光荣之路从一开始就从文献这条高速公路急转直下，走向科学政策领域。在第二次世界大战后的科学领域几乎没有业余人士或普通爱好者的一席之地。“大科学”，即“曼哈顿计划”、哈勃太空望远镜、抗生素产业等类似事物背后的科学，在很大程度上是全社会共同努力的成果，超越了传统的学术和机构界限，也得到了政府和私人资本的大量资助。由于研究领域高度专业化，资助机构有义务对公共投资负责，主要由地方一级的学术研究团队开展的“中”和“小”科学也面临着新的管理挑战。在苏联发射“斯普特尼克号”人造卫星[①]之后，西方国家清楚地认识到，科学技术事关国家命运，不能听之任之。他们需要监控和进行战略规划，这些目标可以通过沿袭苏联走过的道路，由科学研究（science studies）来帮助实现。在苏联“赫鲁晓夫解冻”[②]期间，基辅的根纳季·多布罗夫（Gennady Dobrov）和莫斯科的瓦西里·纳利莫夫（Vassily Nalimov）建立了两所颇具影响力的科学计量学校。英国科学家约翰·德斯蒙德·贝纳尔（John Desmond Bernal）在将东方“红色”的科学政策理念引入西方时发挥了关键作用，他的工作引发了“冷战”对立双方的科学计量学传统之间交流融合的连锁反应。

直到 20 世纪后期，SCI 在科学管理方面的潜力才得以发展。被其他作者引用并不仅仅是一个知识谱系的问题。分数越高，被引文档就越可能对施引源产生影响。就科学被视为一项积累性事业而言，其影响力等于积极的影响，有助于知识的进步。反过来，这种向前推进的潜力是科学质量的标志。因此，在默顿关于科学奖励结构的假设支持下，通过 SCI 检索和统计的被引构成了科研评价中量化质量的来源。

然而不幸的是，这种身份授予的特权起到了相反的作用。引用可以快速、粗略地评估文献和作者的相对地位，而且市场领先的私营数据库以机械方式提供信息的方式，将数据库的地位提升至额外滤筛设备——即在期刊订阅推荐

① 1957 年，苏联宣布成功发射世界上第一颗绕地球运行的人造卫星“斯普特尼克号（Sputnik）”，震惊了全世界。——译者注

② 指时任苏联领导人尼基塔·赫鲁晓夫在 20 世纪 50 年代中期到 60 年代实行去斯大林化政策后，苏联的文化思想短暂恢复自由化的时期。——译者注

和个人出版战略层面与同行评议并驾齐驱。被列为 SCI 来源将增强期刊的符号力量和改善财务状况，因为图书馆会订阅这些期刊。因此，科学家们开始向经 ISI 处理的期刊投稿。加菲尔德和欧文 · 谢（Irving Sher）在 20 世纪 70 年代中期提出的期刊影响因子进一步巩固了这一趋势。它原本是为了归一化期刊一级的被引次数，以支持 SCI 来源选择过程，但它却变成了一种被广泛误用的捷径，将粗略的分数附加到期刊，甚至论文和作者个体的科学价值上。

接下来发生的事情仍然过于“鲜活”，此处无法保证使用纯粹的历史视角。SCI 引文数据从被列入 1972 年美国国家科学基金会（National Science Foundation）的《科学指标报告》起，正式进入评估序列。最初，由于学者们试图理解文献计量指标的理论背景（Elkana，Lederberg，Merton，Thackray，& Zuckerman，1978），理论落后于实践。然而，在几年内，情况发生了巨大的变化。自 1978 年《科学计量学》（*Scientometrics*）杂志创刊，匈牙利科学院在布达佩斯成立信息科学和科学计量学研究中心（the Information Science and Scientometric Research Unit，ISSRU）后，科学计量学发展成为一门成熟的学科，拥有自己的研究设施，包括科学会议和学会、专门综述和专著，以及美国和欧洲的专业研究中心和项目。从 20 世纪 70 年代中期开始，引文分析在以下五个主要方向上的发展，进一步巩固了引文与科学计量学之间的联系。

实证基础的扩展和分裂

ISI 的引文数据充满了噪声，尤其是在机构隶属关系方面。因此，自 20 世纪 70 年代以来，领先的科学计量机构一直倾向使用组织内部的、丰富的和清理后的 SCI 版本开展工作。每一个版本都为用户的研究提供了一个略有不同的实证基础。在过去 20 年间，局势逐渐恶化。1992 年，汤森公司（Thomson Corporation）的子公司收购 ISI 后，SCI 和其姊妹索引被合并到了 Web of Science 的门户网站上。它们一直统治着这个市场，直到 2004 年爱思唯尔的 Scopus 和谷歌学术等多学科引文搜索的竞争工具发布。超文本技术和标记语言极大地促进了学术文献商业数据库和开放获取数据库中被引次数设施的创建和扩张。在过去的十年中，就连引文索引对英文科学论文的传统选择偏好也引发了质疑，因为引文索引扩展到了不同语言来源（如俄罗斯科学引文索引、印度科学引文索引），除期刊论文外存在书籍和科学数据集等文档类型（如汤森路透的图书引文索引和数据引文索引）。但证据并不一定越多越好：由于来源选择和索引编制方法的差异，根据其所属的学科或研究领域，使用不同的引文索引可能导致同一文档集的文献计量档案截然不同。

基于被引的研究影响指标体系的构建与完善

在这方面，发展的逻辑是由以下假设驱动的：基本的代数运算能“标准化”原始被引次数，以便从混杂因素中提取纯粹的被引。例如，数量、年龄、自引、多作者署名，以及最为重要的、与领域相关的引用态度。此外，如果引入马尔可夫链模型，就可以从施引源的声望解释文档、作者和期刊的相对地位。在过去的 30 年里，掌握无偏比较“同类事物”的条件一直是支撑评价性文献计量学范式的内部解谜活动。该问题的早期示例性解决方案包括弗朗西斯 · 纳林（Francis Narin）和加布里埃尔 · 平斯基（Gabriel Pinski）的类 PageRank 算法，该算法根据施引源的权重对被引价值进行加权（Narin，1976）；蒂博尔 · 布劳恩（Tibor Braun）及其同事的跨领域、跨国家比较的标准化输出和引文影响指标（Schubert & Braun，1986）；本 · 马丁（Ben Martin）和约翰 · 欧文（John Irvine）的局部趋同指标（Martin & Irvine，1983）；以及安东尼 · 范 · 拉恩（Anthony van Raan）和同事在研究团队或机构的中层层面对文献计量指标进行的实证和方法学改进（Moed，Burger，Frankfort，& van Raan，1985）。

从施引文本和施引行为的情境中调查引文意义

科学史学家、哲学家和信息科学家早就意识到，引文远不止是建立一个知识账户。默顿自己也指出了规范结构中可能存在的一些缺陷。例如，富人越来越富有的现象，使得精英科学家凭借其获得的社会地位积累了不成比例的赞誉（“马太效应”）。建构主义社会学家强调了已发表论文正式叙述的虚构性和被引文献修辞性的、本质上由权力驱动的使命（Latour，1987）。因此，施引行为被概念化为一个嵌入科学研究社会动力的过程，引用被降级为私人倾向和社会约束之间相互作用的复杂的、不可预测的结果，这种状态不符合单一的宏大理论（Cronin，1984）。对这种意识的反应主要有三种形式。一些人试图在选定的作者和文本样本中确定施引者的动机（Bornmann & Daniel，2008）。其他人一直在通过某种形式的回归分析来寻找被引分数的最佳预测因子，这一做法由斯图尔特（Stewart，1983）和巴尔迪（Baldi，1998）首创。其他人则完全否认了基于施引行为的引文理论的可能性和实用性（van Raan，1998；Wouters，1999）。不幸的是，少量的微观层次的研究似乎不再大量吸引原创贡献："引文分析"在科学政策目的语境中还不存在。

日益完善的绘制科学文献计量地图的技术发展

加菲尔德最初的想法是调查"谱系图（historiograph）"（通过 SCI 检索的节点论文之间的文献关系图）是否、且在多大程度上能支持科学史学家重建重要发现的知识背景的工作（Garfield，Sher，& Thorpie，1964）。接下来是共引分析，这是斯莫尔（Small）和格里菲斯（Griffith）在 20 世纪 70 年代在 ISI 的开创性工作。从浅层表面到深度结构的道路已经建立：这不再是肉眼可见的文档间细微的文献关联，而是应用多变量技术进行降维分析（如因子分析、多维标度分类）和分类（如聚类分析）到高共被引论文组产生的文档聚类（Small，1973）。事实上，高共被引文档的稳定关联被解释为知识领域边界的标志。在接下来的几十年里，该领域取得了不小的进步。共引分析被扩展到其他测绘单元（作者、期刊、学科门类）；网络分析技术被应用于期刊交互引文网络，进一步丰富了测绘工具库；依靠引文和全文数据的混合方法被应用于实验；计算机可视化的巨大进步、更先进和可扩展的数据分析算法，使地图成为从新兴研究领域到全球科学体系等动态科学领域的，细粒度、色彩丰富和便于浏览的表现形式（Börner，2010）。20 世纪 80 年代，法国巴黎国立高等矿业学校（the École Nationale Sup é rieure des Mines）的社会学家开始了一项关于科学地图的补充研究：共词分析，即对科学文献标题、摘要或全文中的词对（word pair）进行统计分析。受拉图尔（Latour）的行动者网络理论（Actor-Network theory）的启发，共词分析人员试图找出词与词之间的一般联系模式，以便揭示控制文献文本产生的机制（Callon，Law，Rip，1986）。他们认为，反复出现的词汇聚类反映了参与科学交流的行动者之间的权力关系。奇怪的是，文献引用和科学论文文本开始讲述截然不同的文献计量故事：前者以功能主义 / 实证主义的风格出现，后者从建构主义的角度出发。尽管洛埃特 · 雷迭斯多夫（Loet Leydesdorff，2001）在熵统计和信息论的框架内进行了一次复杂数学的优化尝试，但实际上这两个极点永远不会调和。

文献计量技术在网络空间的延伸

随着互联网和万维网的出现，被引文献成了数字化科学文献网络中的连接节点。网络本身表现出一种类似于引用的组织，网页之间的超链接形式上类似于期刊论文中的文献引用，这表明了文献计量技术对其传播结构的自然延伸（Thelwall，Vaughan，Björneborn，2005）。在网络计量学的新领域，商业或公司内部构建的网络引擎被用作引文索引的替代工具，用以检索相关数据；网络服务器日志文件是学者访问在线文档时所留足迹的宝贵资料。最终，影响力（网络）计量指标得到了设计，这与影响因子和标准化被引分数类似。通过超链接网络分析，特定领域超链接网络的认知和社会结构得到了研究。互联网和万维网都被视为异质自组织网络的特例，需要利用复杂网络分析的先进数学工具进行建模。此外，在 Web 2.0 发展的最新阶段，科学家比以往任何时候都更频繁地在互联网上公开披露出版前后的活动。他们通过专门的社交网络共享数据、实验工作流程和文献记录，形成了有形学院；他们发表实时评论，在博客和推特上进行对话；他们脱离引用序列，为其他科学家的作品评分（Priem，本书第 14 章）。所有这些活动都是可追溯的，并提供独特的公开信息，以补充同行评议、从私营数据库检索被引次数等传统非公开程序。从长远来看，文献计量学的真正飞跃还将取决于下一代计量学能否利用这一扩大化的实证基础的能力，为科学传播的黑暗领域带来新的曙光。

建立游戏规则：偏态分布世界中的数学生活

> “我的方法是用一种不太数学的方式，用统计学的方法来处理科学的形状和规模的一般问题，以及支配大科学发展和行为的基本规

则……使用的方法与热力学相似……一个人不会将目光锁定一个叫乔治的特定分子，以特定的速度移动，并在某个特定的瞬间处于特定的位置；人们只考虑整个集合的平均，这一集合中会有一些分子比另一些分子快。”（Price，1963）

当英国科学史学家德里克·约翰·德·索拉·普赖斯（Derek John de Solla Price）宣布他的科学计量研究计划的目标和方法时，已经发布了他著名的指数定律：从 17 世纪中期开始，无论人们认为科学发展的指标是发表数量、大学数量还是其他，它的正常增长率都是指数级的，也就是在相等时长内乘以一个恒定的因子。指数模式并非在所有研究领域都是同质的，也不会永远持续下去，但它似乎是科学研究中首次对物理定律具体化，与马尔萨斯人口增长模型在人口统计学中的成功相似。同时，普赖斯还获得了 1961 年版 SCI 数据的机器打印件，这些数据揭示了大量科学文献中的引文链接网络。他认为引用是真正的知识链接标志，它将新知识编织在一起。与出版物的分布不同，引文的分布反映了科学的价值结构，事实证明，科学的价值结构同样不够民主（Price，1965）。普赖斯制定了这些分布的细节，为解决科学计量学家在未来几年面临的三个关键问题奠定了基础：绘制出由非正式联系的、高被引的科学家组成的“无形学院”，这些科学家在“研究前沿”推动创新（这项任务后来通过共著网络分析和共引分析来执行）；在出版行业中追求数量和质量之间的相关性——更多产的科学家也是被引最多的（这一想法后来被纳入 h 类指数）；调查学科层面的引用实践深层规律，如物理和生物医学科学中的“即时效应（immediacy effect）”（将基于被引的指标进行基于领域的归一化的前提条件）。

然而，对引文网络的放大缩小，揭示了对科学进行定量研究的悖论性。你可以由上而下观察系统，仅观察随机移动的参与者的整体行为，来发现有意义的统计模式，但是你无法掌握科学进步背后的主要驱动力，即“一个叫乔治的特定分子，以特定的速度移动，并在某个特定的瞬间处于特定的位置”。在这种不可能性的核心，除了解释个人行为不可预测性的心理学和社会学因素，还有一个基本的数学鸿沟，即文献计量质量分布的结构性不平衡破坏了标准统计工具在真实科学情况下的朴素应用。这个故事可以追溯到 20 世纪初，当时阿尔弗雷德·洛特卡（Alfred Lotka），塞缪尔·布拉德福（Samuel Bradford）和乔治·齐普夫（George Zipf）揭示了信息科学领域的三个基本经验规律。

洛特卡（Lotka，1926）、布拉德福（Bradford，1934）和齐普夫（Zipf，1936）使用粗略的数学公式（通常称为“定律”），来表达来源和在三个领域中提供的项目之间的实证关系：在特定领域撰写论文的作者、以特定主题发表论文的期刊、以特定频率生产文字的文本。它们的共同点是信息处理模式的显著不平等：少数作者贡献了某一特定研究领域的大多数科学文献；少数科学期刊发表与任何特定主题相关的大多数论文；科学交流中，个体语言行为受控于少数反复出现的词单元。在这三种情况下，个人生产力值分布的基本图形结构会产生一个双曲线、J 型或幂律函数，其中分散值的长尾会朝着高度集中的区域下降。在实际情况中也出现了类似的规律。唐纳德·厄克特（Donald Urquhart）在 1956 年对伦敦科学博物馆图书馆（Science Museum Library）期刊馆际互借的分析显示，不到 10% 的书名约占受请求书名的 80%；同样，在 20 世纪 60 年代末，对 SCI 期刊引用模式的研究指向了加菲尔德的“集中定律（Law of Concentration）”，这是对布拉德福定律的一般化，指出所有科学学科的核心文献涉及一个包含不超过 1 000 种期刊的基本集。这两种情况似乎都在使用相同的选择机制，这一机制使期刊和图书馆使用的现象对应更一般的累积优势过程，反映了学术的社会分层（Bensman，1985）。

偏态（skewness）在自然和社会现象中都普遍存在。统计学家早在洛特卡、布拉德福和齐普夫之前就知道这一点。确实，与奎特莱特的理论相反，在实证数据集中，偏斜而非钟形的事件模式是常态，这一认识是 19 世纪下半叶引起巨大思维转变的核心，导致了现代推理统计学工具和概念的发展。革命的第一阶段始于英国，当时高尔顿和英国数学家的工作围绕着《生物统计学》（*Biometrika*）杂志的圈子进行，包括沃尔特·韦尔登（Walter Weldon，）、卡尔·皮尔逊（Karl Pearson）、威廉·戈塞特（William Gosset，以笔名“学生”而闻名）和乔治·乌德尼·尤尔（George Udny Yule）。他们的技术成就标志着从机械论到概率论的实验科学观的转变：不管大多数实证数据集看来离“正常”有多远，研究它们结构的真正意义并不是由必然不准确的测量结果所产生的一组数字，而是根据以数学形式表示的理论概率分布所离散的值。正是方程将每一个体的结果与其发生的概率联系起来，使测量变得有意义，而这个方程是由抽象的、不可观察的“参数”明确标识的。皮尔逊计算出了一整套这样的“偏态分布”，这些分布被推测符合任何可想象到的实证数据集。他的解决方案结果在有些方面不准确，但提出了随机性对于观测现象不可或缺的观点。解决这一问题的唯一方法，是让不确定性从一开始就以数学模型的形式出现（Salsburg，2001）。

洛特卡、布拉德福和齐普夫的经验规律赋予了偏态在图书馆和信息科学领域的公民权，并为许多信息现象的数学处理奠定了基础。一些学者从 20 世纪 50 年代开始——从 20 世纪 70 年代起更加坚定——试图对原始陈述做出更严格的数学版本，以测试它们与在几个不同学科领域收集的数据的拟合度。然而，当由这些规律所描述的事件模式的结构相似性变得明显，以及它们与邻近领域中类似模式（如经济学中的帕累托定律）的关系得到进一步探索时，有趣的发展发生了。结果证明，在适当的假设下，三个文献计量的“定律”以及自然界和社会中出现的其他双曲线分布在数学上是等价的，并且可以通过一般随机性（Price，1976）或确定性（Egghe，2005）原则在数学上得到充分的解释（或简化）。

与此同时，从经济学、社会学到语言学，社会科学的许多领域出现了洛特卡、布拉德福和齐普夫类型的数据集，人们开始怀疑，正态分布和双曲线分布掩盖了事件结构基本的、不可还原的差异。前者似乎更能代表大量随机独立的行为模式的集合所产生的自然现象；后者则更符合这一社会过程，即随机性受到异常值的限制，这些异常值不能简单地消除或驯化（domesticate），而是必须在一个合适的数学框架中加以解释。根据伯努瓦·曼德尔布罗（Benoît Mandelbrot）的早期建议，一些作者甚至得出结论，认为幂律分布不能在高斯范式中得到恰当的管理，需要一个新的框架来处理不稳定的均值、无穷大的方差和不稳定的置信区间等奇怪的对象。例如，贝特拉姆·布鲁克斯（Bertram Brookes）非常关注布拉德福定律的数学含义，他提出了一种新的“个体演算（calculus of individuality）”理论，它能在社会科学的新统计理论的基础上与标准阶级演算相竞争（Brookes，1979）。不过，总的来说，文献计量学家借助中心极限定理来恢复标准统计程序的有效性，借助这一程序，只要不使用平均值来表示个体观测值，偏态数据集也可以进行有意义的分析和比较（Glänzel，2010）。

具有讽刺意味的是，在本节开头引用的普赖斯宣言的两个条件——“不太数学的方式”和“不关注具体个人（乔治）”——都被该领域随后的演变抛弃了，这也要归功于普赖斯对具体文献计量难题的示范性解决方案。世界上越来越多的“乔治”个体将面临以简单的研究绩效指标进行的评估，并且越来越复杂的数学模型将被采用，来解释信息计量数据集的结构。特别是在后一种情况下，演变一直是稳定但不规则的，因为几乎所有来自其他学科的、可用的数学模型都已经找到了某种形式，进入文献计量学相关实践。通常，此类模型以分离实验的形式应用于科学系统的一个子集或整个系统，而未参考任何通用的理论框架（Scharnhorst，Börner & Van den Besselaar，2012）。然而，自 20 世纪 70 年代后期以来，时间维度的出现和其重要性的日益增加成为一种明显的模式：信息流的动态模型承载着预测未来发展进程的，或者更为恰当地说，帮助准确表述原本模糊不清的科学变革概念的隐匿前景。然而，鉴于引发科学和技术创新的创造性过程的复杂性，在文献计量学中真正预测概率是不可能的。影响新科学知识生产和传播的社会条件不符合用于建立模型方程的程式化构造。这在一定程度上解释了为什么数学模型与科学管理的应用领域格格不入。在该领域，尽管过于简单化的排名和研究绩效指标被纯粹数学认为有偏差，但它们仍占据主导地位。

结论

文献计量学家根据文献引用建立研究影响的指标，推广色彩丰富的地图，来捕捉科学的结构，或以实证方式显现传统上难以捉摸的构造，如库恩的“范式”概念。一方面，文献计量范式本身并不适用于文献计量地图。原因很简单：文献计量学的历史不能简化为“谁先提出正确答案”的辉格党式[①]编年史。相反，在实践、哲学、数学和政治维度上大相径庭且仅部分交叉的历史脉络，也才偶尔触及正式文献联系的表层。这也是一个长期相互作用的事情，作用的双方是相信不可测量之物可衡量性的信念，与通往这一远大目标中固有的

① 英国史学家赫伯特·巴特菲尔德指出 19 世纪初期辉格党部分历史学家从自身利益出发，以历史为工具论证辉格党政见，以现在解释过去和历史。——译者注

挫折。在某种极端情况下，永远会有忠实的信徒声称文献计量学因为（或仅仅是因为）有数学参与，所以是科学的。从开尔文勋爵（Lord Kelvin）到约瑟夫·熊彼特（Joseph Schumpeter），历史上关于数学知识内在优越性的论述不胜枚举，而文献计量学家只是排在长队中的新人。另一方面，非信徒将捍卫任何涉及人文因素的科学的方法论的特殊性。这种分歧一直存在：两个极端之间的开放空间为政治决策留出了余地，这一决策取决于哪一方在特定时刻更适合当地的权力关系网络。

不过，新事物正在涌现。数字网络革命具有扩展和普及用于交流、评估、计数科学的工具技术的潜力。此外，它还可以显示文本片段、文献关联及围绕它们的语境。那么，原则上，现在社会学家和信息科学家比以往任何时候都更容易用新的眼光审视研究扩散的局部动态。但是，更坚实的实证基础和更丰富的分析技巧并不会仅仅靠自身的力量改善评价性文献计量学领域。至少在文献计量学报告被理解为仅仅是一份味同嚼蜡的（并或多或少有些复杂的）、脱节于真实科学工作环境图景的指标清单之前，不会出现这种情况。因此，完全接受科学计量学史上固有的模糊性，可能只是迈向下一代研究评估的谦卑的第一步，这反映了广泛的学者和利益相关方的共识，而不仅仅是文献计量学家。

参考文献

Anderson, R. L. (2003). The debate over the *Geisteswissenschaften* in German philosophy. In T. Baldwin (Ed.), *The Cambridge history of philosophy*, 1870–1945 (pp. 221–246). Cambridge, UK: Cambridge University Press.

Baldi, S. (1998). Normative versus social constructivist processes in the allocation of citations: A network analytic model. *American Sociological Review*, 63 (6), 829– 846.

Bensman, S. J. (1985). Journal collection management as a cumulative advantage process. *College & Research Libraries*, 46 (1), 13–29.

Bernal, J. D. (1967). *The social function of science*. Cambridge, MA: MIT Press. (Original work published 1939)

Börner, K. (2010). *Atlas of science: Visualizing what we know*. Cambridge, MA: MIT Press.

Bornmann, L., & Daniel, H. D. (2008). What do citation counts measure?A review of studies on citing behavior. *Journal of Documentation*, 64 (1), 45–80.

Bradford, S. C. (1934). Sources of information on specific subjects. *Engineering*, 137 (3550), 85–86.

Brookes, B. C. (1979). The Bradford law: A new calculus for the social sciences? *Journal of the American Society for Information Science*, 30 (4), 233–234.

Callon, M., Law, J., & Rip, A. (Eds.). (1986). *Mapping the dynamics of science and technology: Sociology of science in the real world*. Basingstoke: Macmillan.

Candolle, A. P. de (1873). *Histoire des sciences et des savants depuis deux siècles*. Geneva: H. Georg.

Cattell, J. M. (Ed.). (1906). *American men of science: A biographical directory*. New York: Science Press.

Cole, F. J., & Eales, N. B. (1917). The history of comparative anatomy. Part I: A statistical analysis of the literature. *Science Progress*, 11 (43), 578–596.

Comte, A. (1880). *A general view of positivism* (2nd ed.). London: Reeves & Turner.

Condorcet, J. A. N. de Caritat, Marquis de (1994). A general survey of science— concerning the application of calculus to the political and moral sciences. In I. McLean & F. Hewitt (Eds.), *Condorcet: Foundations of social choice and political theory* (pp. 93–110). Aldershot: Elgar. (Original work published 1793)

Cronin, B. (1984). *The citation process: The role and significance of citations in scientific communication*. London: Taylor Graham.

Durkheim, E. (1964). *The rules of sociological method*. New York: Free Press. (Original work published 1895)

Egghe, L. (2005). *Power laws in the information production process: Lotkaian informetrics*. Amsterdam: Elsevier Academic Press.

Elkana, Y., Lederberg, J., Merton, R. K., Thackray, A., & Zuckerman, H. (Eds.). (1978). *Toward a metric of science: The advent of science indicators*. New York: Wiley.

Galton, F. (1869). *Hereditary genius: An inquiry into its laws and consequences*. London: Macmillan.

Galton, F. (1874). *English men of science: Their nature and nurture*. London: Macmillan.

Garfield, E. (1955). Citation indexes for science: A new dimension in documentation through association of ideas. *Science*, 122 (3159), 108–111.

Garfield, E. (1983). *Citation indexing: Its theory and application in science, technology, and humanities*. Philadelphia, PA: ISI Press.

Garfield, E., Sher, I. H., & Thorpie, R. J. (1964). *The use of citation data in writing the history of science*. Philadelphia, PA: Institute for Scientific Information.

Glänzel, W. (2010). On reliability and robustness of scientometrics indicators based on stochastic models. An evidence-based opinion paper. *Journal of Informetrics*, 4 (3), 313–319.

Gross, P. L. K., & Gross, E. (1927). College libraries and chemical education. *Science*, 66 (1713), 385–389.

Hacking, I. (1990). *The taming of chance*. Cambridge: Cambridge University Press.

Latour, B. (1987). *Science in action: How to follow scientists and engineers through society*. Cambridge, MA: Harvard University Press.

Leydesdorff, L. (2001). *The challenge of scientometrics: The development, measurement, and self-organization of scientific communications* (2nd ed.). Parkland, FL: Universal Publishers.

Lotka, A. J. (1926). Statistics—the frequency distribution of scientific productivity. *Journal of the Washington Academy of Sciences*, 16 (12), 317–325.

Martin, B. R., & Irvine, J. (1983). Assessing basic research: Some partial indicators of scientific progress in radio astronomy. *Research Policy*, 12 (2), 61–90.

Merton, R. K. (1973). The normative structure of science. In R. K. Merton (Ed.), *The sociology of science: Theoretical and empirical investigations* (pp. 267–278). Chicago: University of Chicago Press. (Original work published 1942)

Moed, H. F., Burger, W. J. M., Frankfort, J. G., & Van Raan, A. F. J. (1985). The use of bibliometric data for the measurement of university research performance. *Research Policy*, 14 (3), 131–149.

Nacke, O. (1979). Informetrie: Ein neuer Name für eine neue Disziplin. *Nachrichten für Dokumentation*, 30 (6), 219–226.

Nalimov, V. V., & Mulchenko, B. M. (1971). *Measurement of science: Study of the development of science as an information process*. Washington, DC: Foreign Technology Division.

Narin, F. (1976). *Evaluative bibliometrics: The use of publication and citation analysis in the evaluation of scientific activity*. Cherry Hill, NJ: Computer Horizons.

Otlet, P. (1934). *Traité de documentation: Le livre sur le livre*. Brussels: Editiones Mundaneum.

Price, D. J. de Solla (1963). *Little science, big science*. New York: Columbia University Press.

Price, D. J. de Solla (1965). Networks of scientific papers. *Science*, 149 (3683), 510–515.

Price, D. J. de Solla (1976). A general theory of bibliometric and other cumulative advantage processes. *Journal of the American Society for Information Science*, 27 (2), 292–306.

Pritchard, A. (1969). Statistical bibliography or bibliometrics?*Journal of Documentation*, 25 (4), 348–349.

Quetelet, A. (1842). *A treatise on man and the development of his faculties*. Edinburgh: William and Robert Chambers.

Salsburg, D. (2001). *The lady tasting tea: How statistics revolutionized science in the twentieth century*. New York: W. H. Freeman.

Scharnhorst, A., Börner, K., & Van den Besselaar, P. (Eds.). (2012). *Models of science dynamics: Encounters between complexity theory and information sciences*. Berlin: Springer.

Schubert, A., & Braun, T. (1986). Relative indicators and relational charts for comparative assessment of publication output and citation impact. *Scientometrics*, 9 (5–6), 281–291.

Small, H. G. (1973). Co-citation in the scientific literature: A new measure of the relationship between two documents. *Journal of the American Society for Information Science*, 24 (4), 265–269.

Small, H. G. (1978). Cited documents as concept symbols. *Social Studies of Science*, 8 (3), 327–340.

Stewart, J. A. (1983). Achievement and ascriptive processes in the recognition of scientific articles. *Social Forces*, 62 (1), 166–189.

Thelwall, M., Vaughan, L., & Björneborn, L. (2005). Webometrics. *Annual Review of*

Information Science & Technology, 39, 81–135.

van Raan, A. F. J. (1998). In matters of quantitative studies of science the fault of theorists is offering too little and asking too much. *Scientometrics*, 43 (1), 129–139.

Wilson, P. W., & Fred, E. B. (1935). The growth curve of a scientific literature: Nitrogen fixation by plants. *Scientific Monthly*, 41 (3), 240–250.

Wouters, P. (1999). The citation culture. Unpublished doctoral dissertation, University of Amsterdam. Retrieved from http://garfield. library. upenn. edu/wouters/wouters. pdf.

Zipf, G. K. (1936). *The psycho-biology of language: An introduction to dynamic philology*. London: Routledge.

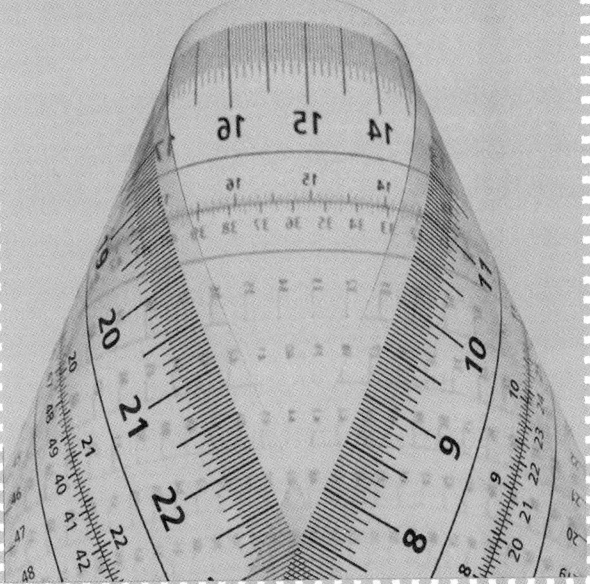

第二篇　批 判

第3章 引文：从文化到基础设施

保罗·沃特斯
Paul Wouters

引言

在年轻科研人员的职业生涯中，绩效考核已成为理所当然的事情。他们被教导在选择研究主题和出版渠道时，采取有策略的行动（如果他们有这种自由）。博士学位研究越来越多地以期刊论文或编辑过的书籍章节为形式，而非学术专著，甚至在几十年前专著还是标准形式的领域也是如此。对于许多有抱负的研究领导者来说，基于被引的指标是很自然的。他们可能会在简历中提到 h 指数，而且根据所处领域不同，他们中的许多人都会熟知汤森路透（正式来讲是 ISI）的期刊影响因子。

学术出版的在线化进一步强化了学者的绩效意识。大多数新一代的研究者都有丰富的社交媒体经验，并且熟知愈加丰富的注释形式，如脸书（Facebook）上的“点赞”按钮、LastFM 中的音乐排行榜、领英（LinkedIn）中工作关系的统计分析，以及许多其他基于互联网的指标。科学中的在线绩效评估与这一代人可能熟悉的热门游戏［如“龙与地下城（Dungeons and Dragons）”“魔兽世界（World of Warcraft）”］计分方式相似，并且在许多方面与长于技术的西方和亚洲生活方式保持一致。因此，年轻的学者参与基于互联网的绩效分析，以挖掘研究者之间、学术界和大众之间各种形式的正式和非正式交流中蕴含指标的巨大潜力，这似乎并不矛盾。

在线跟踪工具呈现了超越基于被引的传统绩效分析的前景——这一前景在《替代计量学宣言》(*Altmetrics Manifesto*)(Priem，Taraborelli，Groth，& Neylon，2010)中得到了最好的表达。该宣言呼吁对未来的信息过滤器进行研究和技术开发，指出在现行的期刊和图书体系中，传统的出版形式越来越多地被其他形式的科学传播补充。其中包括共享“原始科学(raw science)”(如数据集、代码和实验设计)、新的出版格式(如“纳米出版物”这一基本上是数据元素的出版格式；Groth，Gibson，& Velterop，2010)，以及通过博客、微博、对现有工作的评论或注释广泛进行自我发布(Priemet，2010)。关于替代计量学的文献概述了支持这些新跟踪工具的四个基本论点：多样性、速度性、开放性和非正式性(Wouters & Costas，2012)。更多种类的出版物格式被支持，并可以进行实时监控，不过一份文档可能需要数年才能获得大量的被引次数。许多跟踪工具都可以在网上免费获得，其中一些是开源的。它们还可以测量引文分析未涵盖的科学和学术维度，如此类研究的社会影响。

这些新的数据来源和潜在指标的前景是巨大的。事实上，这种热情与德里克·德·索拉·普赖斯和罗伯特·默顿领导的早期科学计量学家对尤金·加菲尔德、戈登·艾伦(Gordon Allen)和乔舒亚·莱德伯格(Joshua Lederberg)在20世纪50年代创建新引文数据库前景的热情类似(Wouters，1999b)。引文数据库是一种新型信息工具，有望帮助研究者更快地找到所需的科学信息，并使他们能追踪到自己的研究成果被使用的方式。而且，它促成了新的科学实证主义社会学。对科学管理的评价并不是重点工作，但正是这种应用成了主流，尽管先进的文献计量学还可以实现更具前瞻性的应用，如检测研究前沿和确定新的研究领域。

为什么会是这样？本章旨在将新型评估工具的潜力与近年“引文文化”的发展进行比较，为在网络情境下进行绩效衡量的研究和争论做出贡献(Wouters，1999b)。本研究项目的长期目标是建立社会学引文理论的理论基础，帮助分析绩效评估与知识创造主要过程之间的相互作用。这一目标源于我们迫切需要有关此相互作用的更多知识。大多数引文理论并不关注这个问题，而是试图从研究者的施引行为来理解引文意义(Nicolaisen，2007)。本章向这一目标迈出了一小步，在问责制度和沟通形式方面为这样一种理论勾勒了可能的框架。

首先，我审查了绩效指标激增的证据。这并不是要质疑是否存在大量的此类指标，而是要指出我们缺乏有关研究评估过程多方面的可靠知识。这些指标对知识创造过程的影响尤其明显。

其次，我讨论了研究社群如何回应应用于他们的绩效标准，并讨论了策略行为的特征。

最后，我把这一行为放在研究者对被引次数矛盾态度的背景下，借鉴了“大众引文理论（folk citation theories）”的研究。在此基础上，我提出“将引文作为基础设施”的概念作为社会学引文理论的关键要素，并引入基础设施的概念来解释科学学术作品引文表征的透明性。这为以下建议奠定了基础：今后对替代性指标的分析应考虑到基于互联网的监测如何促进新知识基础设施的发展，而这些基础设施可能无意中改变未来科学和学术表现的标准。这并不是要阻止新指标的发展，而是要通过了解基础设施与学术实践之间的相互作用方式来指导新指标的发展。

绩效指标的激增

20 世纪 90 年代以来，引文分析在科研管理和评价中应用的规模和多样性迅速增长。就像蘑菇在地下生长一样，这种发展很大一部分是在科学政策分析人员眼皮底下发生的，也许是因为他们不愿意或不能跟上科学计量学的最新发展，或者干脆不知道。科学政策研究中，关于研究评估发展的文献倾向于关注评估的正式工具和国家评估体系（Lane，Fealing，Marburger，& Shipp，2011；另见 Lane，本书第 21 章）。在大多数系统中，甚至在澳大利亚评价系统这类基于指标的系统中，引文分析并没有发挥重要作用（Gläser，Lange，Laudel，& Schimank，2010）。在大多数公式化系统中，关于成功资助的指标似乎比基于被引的指标更重要。确实，为下一系列的项目、书籍或研究获得资金也许是许多领域研究团队负责人更迫切关注的问题之一。

尽管如此，如果认为基于被引的绩效指标只起到边缘作用，那就大错特错了。在短短的几十年里，基于被引的绩效指标已经在几乎所有竞争最激烈的领域，包括人文科学和社会科学领域（尽管速度稍慢一些）的研究团队的日常工作中占据了一席之地。这得益于新的引文数据库的创建。这些数据库试图涵盖更广泛的研究成果，包括国家期刊和书籍、受控的研究数据集和基于互联网的数据。我们如何理解引文及其衍生物势如破竹的增长趋势？我们如何以科学质量通常被理解和定义的方式，来描述计量的引入？在一个基于数量必然有限的客体化绩效维度的永久自监控制度中，知识生产过程的含义是什么？基于指标的评价、评估和监测是否指引了研究的发展方向，如果是，是如何指引的？

这些问题已经成为多个学科工作的焦点。从 20 世纪 60 年代初开始，引用的意义一直是图书馆和情报学领域引文理论的焦点（Bornmann & Daniel，2008；Elkana，Lederberg，Merton，Thackray，& Zuckerman，1978；Leydesdorff & Wouters，1999；Nicolaisen，2007）。科学治理已经从科学政策、管理研究（Lane et al.，2011；Schimank，2005）和科学社会学（Whitley，2000，2011；Whitley & Gläser，2007；Whitley，Gläser，& Engwall，2010）的角度得到了研究。下一项工作开始分析研究者如何应对问责制的需求，这一领域的许多新项目可能会在未来几年内对评价与知识生产之间的互动产生深刻的影响。然而，不同的观点很少会相互融合（Gläser，2010；Gläser & Laudel，2001；Gläser，Laudel，Hinze，& Butler，2002）。这部分是因为这是一个相对较新的研究议题，也可以归因于评估（通常是保密的）和知识创造（通常在于研究者日常生活领域）之间的密切互动。因此，我们知道这些问题的部分答案，但并非全部（Gläser et al.，2002；Lamont，2009）。

加拿大科学绩效和研究资助专家小组最近对国际评估实践的一项综述得出结论，尽管“关于衡量什么、如何衡量仍然存在很大争议”，基于指标的科学工作评估“越来越普遍”（Colwell et al.，2012）。这种指标和评价的持续扩散是基于数量有限的案例研究或轶事证据（Moed，2007），因为在个体研究者和研究组的水平上，并不能做到对全球评价实践的系统调查。

考虑到千差万别的应用类型，可以有把握地假设，我们确实看到了各个级别和几乎所有领域的绩效指标都在增长。《自然》和《科学》杂志或许是该系统中最好的趋势观察者，它们定期报道指标前沿的新发展，并经常指出我们正面临着指标和测量的泛滥。2010 年，《自然》杂志报道了“指标的激增”：“在过去的十年中，随着汤森路透的 Web of Science、爱思唯尔的 Scopus 和谷歌学术等在线数据库的开放，愈加复杂的计量正迅速发展”（Van Noorden，2010）。

同样，博伦（Bollen）的话得到了引用：我们正在经历“寒武纪式的指标爆炸式增长”（Van Noorden，2010）。根据范 · 诺顿（Van Noorden，2010）所提到的，情况已经变得“几乎不可能计算当下指标的数量”。这改变了被引指标的地位，它不再是一项小型文献计量学社群的专利，而发展为被行政人员、分析师、编辑、图书馆员和个人研究者广泛使用和讨论（Pringle，2008）。“全球大学排名”进一步鼓励了在全球大学中使用基于指标的评估和排名（Hazelkorn，2011）。

高等教育系统中有关管理和劳资关系的研究已证实了指标的扩散。罗杰 · 巴罗斯（Roger Burrows，2012）将英国的“计量指标时刻”放在 1996 年和 2001 年开展的研究评估活动（RAE）之间。的确，尽管基于绩效的资助系统于 1984 年就在英国首次出现，但其国际吸引力却是最近才出现。到 2010 年年底，已有 14 个国家采用了研究经费由研究绩效来决定的制度（Hicks，2012）。此外，绩效指标在资助受到更间接影响的系统中发挥着越来越大的作用。例如，荷兰的标准评价协议（Standard Evaluation Protocol）。20 世纪 90 年代，荷兰的学科评估委员会使用被引指标已经是“惯例”了（Meulen，1997）。

第二次世界大战后大学的学术报告证实，具有物质性后果的绩效评估相对较新（Halsey，1995；Slaught & Leslie，1997）：“正如我们现在所认识到的那样，战后的大学或理工学院根本不存在这种计量。”（de Angelis & Harvie，2009）学者“再也无法避免测量体系的不断发展所带来的后果，人们正变得越来越受约束”（Burrows，2012）。在最近对研究者就期刊影响因子的态度进行的全球调查中，近 90% 的参与者报告说，这一指标对于评估本国的科学绩效“重要或非常重要”（Buela-Casal & Zych，2012）。2005 年引入赫希指数（h 指数）后（Hirsch，2005），人们对该指数的兴趣大增，这本身就是一个指标激增的指标。安妮威尔 · 哈金（Anne-Wil Harzing）开发了一个基于谷歌学术的网络服务，用以计算一系列被引指数，其中包括 h 指数（Harzing，2010）。该指数似乎相当受欢迎，尤其是在 Web of Science 覆盖效果较差的社会科学领域（Klandermans，2009）。

期刊影响因子和 h 指数被广泛认为是两个最受欢迎的文献计量指标，可能也是最滥用的指标。它们也表明了这种激增是如何相对独立于正式协议的。例如，荷兰国家协议不建议使用这两种方法中的任何一种，而是主张在基于同行评议的判断范围内，对研究小组进行更系统的文献计量评估。然而，这两种计量方法都是院长、研究团队负责人、大学教务和出版商通常使用的，这些都没有记录在案。因此，我们并不真正了解个别评价者在试图使用容易获得但可能具有误导性的指标时是如何受到影响的。我们更不知道这些个人的评价行为是如何累积起来，指导研究议程、资助决策和职业轨迹的。我们所知道的是，我们需要超越评价的官方政治，去努力理解被引指标的微观政治。

策略行为

为了理解这种激增的绩效指标应用的含义，我们首先需要了解研究者和学者对评估和指标的反应方式。由于科学家在这些测量系统中发挥了积极作用，因此这一点尤其重要。由于科学体系是一个竞争激烈的社会结构，高分数研究者出于利益积极展示自己的分数，从而推动指标体系的进一步发展。正如阿库纳、阿列西那和康拉德（Acuna，Allesina，& Konrad，2012）指出的那样，医学科学研究者将 h 指数放在简历和个人网站的显著位置已经成为惯例：“一份典型的研究简历包含了出版物数量、知名期刊、h 指数和合作者的信息。”h 指数的优点也得到了编辑们的赞誉，例如《ACS 化学生物学》（*ACS Chemical Biology*）的克拉克森（Clackson，2009）说道：“h 指数的卓越之处在于，它提供了一个单一的、易于计算的量化指标来衡量你的累积影响力。你想让你的影响力提高！因此，在你的职业生涯中，所有的决定都应该考虑到它们提升你的 h 指数的潜力，这是直接而容易的。”

根据巴特勒（Butler，2007）的研究，任何涉及金钱或声誉的、用于评估研究的系统，无论是基于同行评议还是指标的，都将倾向于影响研究者的行为。两种不同类型的策略行为可以得到识别。第一种是目标置换（goal displacement），即将计量中的高分数当作目标本身，而不是当作衡量是否达到目标（或绩效水平）的手段（Colwell，2012）。第二种是研究过程为应对评估标准做出的更深刻的变化，这可能更难以识别（Butler，2007）。

研究表明，资金和评估制度对科学论文生产的影响确实产生了目标置换。

科尔威尔等（Colwell et al.，2012）得出的结论是：明确地将资金与研究产出（以出版物数量计算）联系起来，可能会导致研究者以牺牲出版物质量为代价，生产出更多的出版物。一项对澳大利亚经验的分析表明，在资助是基于出版物总数而很少关注产出的影响或质量的年份中，期刊出版物的增长是以影响下降为代价的（Butler，2003）。对英国科学近 20 年的跟踪文献计量研究也显示了研究界的策略反应。1992 年，出版物总数受到标准要求，英国的科学的产量随之大幅度增加。1996 年，当标准从“数量”转变为“质量”时，英国作家逐渐增加了影响因子相对较高的期刊论文数量（Moed，2007）。另一项关于英国 RAE 影响的研究得出结论，随着时间的推移，个人的累积研究生产率有所提高，但对不同部门、不同个人的影响有所不同，这显示出相当精确的策略反应。

> 专业排名较高的人倾向于通过增加高质量期刊上的研究成果来做出回应，而其他专业排名的个人倾向于增加在其他渠道的出版物。这一生产力反应主要发生在那些前 RAE 时期产出低于 RAE 所要求出版物数量的个体上。（Newman，Sloane，& Steely，2002）

在 20 世纪 90 年代末对期刊编辑进行的一项调查也显示，RAE 影响了作者期刊的发表。然而，人们对 RAE 会导致“香肠发表（salami publishing）”的普遍担心——即在尽可能多的细分论文中发表同一个项目的做法——并未得到证实（Georghiou，2000）。

有迹象表明，评估和绩效指标还可能导致研究过程发生根本性的变化。但有时得到的证据是矛盾的。例如，在英国未发现提交的论文质量下降（Georghiou et al.，2000）的现象。然而，在中国，基于出版物的经济奖励疑似引发了欺诈行为（Colwell et al.，2012）。一项对澳大利亚研究者对资助标准回应的分析，探讨了研究者在多大程度上被迫专注于他们的任务和出版形式（Laudel & Gläser，2006）。这种内在的紧张关系存在于无处不在的评价要求和研究、学术交流的复杂性之间。在 21 个学科中，10 个学科的评估所使用的四种出版物类型不完全等同于研究者认为最重要的四种出版物类型。这可能导致特定类型的作品被放弃。正如该研究的一位历史学家如下所言。

> 我的意思是，我们现在的资金来源是政府、全体教师、大学，他们不鼓励我们写书评，也不鼓励我们写参考文章和百科全书章节。如果有人要我现在这样做，我经常拒绝。(Laudel & Gläser, 2006)

这项研究的结论是，由于以期刊为导向的学科是评估的参考原型，因此艺术和人文学科必将承受更大的损失。

社会科学也报告过任务的缩减。在发达国家和发展中国家的人口统计学家中进行的一项全球调查表明，学者和科学界成员的传统任务，如撰写评议报告或为公众或决策者传递研究成果，均受到“个人生产力的驱动力”的负面影响（Van Dalen & Henkens，2012）。类似地，1996 年 RAE 研究报告称，一些管理人员“不鼓励”在专业期刊上发表论文（McNay，1998）。在科学和技术研究中，越来越多的博士生被建议根据期刊论文，而非专著来选择学位论文主题，因为鉴于基于期刊的被引指数（与博士生的个人交流）的存在，会让他们在劳动力市场上更引人注目。

一个相关的问题是学科评估对跨学科研究的潜在影响。人口统计学家在阅读或出版活动方面没有集中于单一学科研究的倾向（Van Dalen & Henkens，2012）。然而，在经济学和商业研究的许多院系中，期刊排名的普遍使用极大地影响了出版生产力。这些榜单并非基于被引，而是基于主流经济学和商业研究对顶级期刊的定性共识。对这些排名在商业和创新研究中的影响进行比较分析后发现，它们对跨学科工作有偏差（Rafols，Leydesdorff，O'Hare，Nightingale，& Stirling，2012）。这项研究得出的结论是，对于跨学科工作来说，被引指标可能比同行评议更适合，因为其评判卓越的根据基本上是基于学科标准的。对 1996 年英国 RAE 影响的一项调查也报告了跨学科工作受到负面影响的证据。几乎一半的管理人员认为 RAE“曾妨碍”了跨学科工作（McNay，1998）。澳大利亚研究委员会（Australian Research Council）决定在其评估系统中取消已有的期刊排名，因为研究管理人员开始根据名单上的前两大类别设定发表目标（Colwell，2012）。

除了可能减少任务复杂性和跨学科工作，评估也被认为会影响机构人事。科尔威尔等（Colwell et al.，2012）认为，RAE 无意中为英国的教师创造了一个“转移市场”:“RAE 已导致一些大学专注于雇佣具有研究潜力的年轻员工，而其他大学则采取更为保守的方法，专注于聘用成熟的研究者”。（Colwell et al.，2012）在澳大利亚，大学对基于公式的资助的反应或多或少效仿了这种做法（Gläser et al.，2002）。由于大学组织倾向于转移责任，这种效仿效应可能是一种更普遍的现象。这种机构层面的策略行为可能会对研究议程的制定、高校和科研院所的定位产生长期的影响。

总而言之，有证据表明，基于绩效的资助（无论绩效与资金之间是否有正式联系）确实增加了研究者和机构满足绩效标准的压力，无论绩效标准是基于同行评议还是基于被引。这显然是一种故意的效果。毕竟，绩效指标在科学治理中变得举足轻重，以改变科学生产的动力并使之更符合当前的科学和创新政策的重点（Whitley & Gläser，2007）。研究界从策略上做出反应，而这反过来又可能通过目标置换机制，或通过研究优先级、出版活动、研究能力和组织结构上的更多结构性变化，产生意想不到的效果。

我们还应注意到，证据是零散的、不完整的，有时是相互矛盾的。最明显的策略行为类型可能掩盖了知识生产中更根本的转变。基于绩效的系统被研究得最为频繁，但值得怀疑的是，是否有必要在资金和绩效之间建立直接联系来产生这些影响。这些影响并非主要基于因绩效差异而变化的资助金额，而是基于其对研究者声誉的影响（Hicks，2012）。因此，公开报告绩效但与资助没有直接联系的系统可能会产生类似或一致的影响。

目前基于评价的资助（evaluation-based funding，EBF）对所创造知识性质的长期影响还是一个巨大的未知数。

> 虽然已经有一些明确的证据表明，研究者确实会根据资源的可用性调整他们的知识生产实践，但迄今为止没有人种志的观察提供足够的数据，来说明研究者在如何适应 EBF，以及这种适应如何改变所产生的知识。（Gläser et al.，2002）

这仍然是一项准确的观察。

矛盾的态度

研究者的策略反应不仅取决于绩效标准，还取决于研究者对研究系统和一般科学所持的理论，以及研究者在学科和机构矩阵中所处的位置（Whitley，2010）。我们可以推测，研究者对他们自己的学科和制度很了解，但这并不意味着他们能系统地评估他们的科学理论。因此，这些理论和猜想最好作为"大众理论"来分析——这些理论有经验支撑，但不是科学创造的。研究者通常对绩效和被引指标持矛盾态度（Hargens & Schuman，1990）。一方面，研究者在积极使他们的绩效分数可视化，从而促进了计量指标的激增；另一方面，他们往往通过指出局外人数字导向评价的局限性，从而保护自己的专家地位。

因此，被引在竞争性斗争中被抽象化，同时因没有反映实际的科学贡献而受到批评（Aksnes & Rip，2009）。如阿克尼斯和里普（Aksnes & Rip，2009）如下所述。

> 为了进一步发展自己的事业，获取足以调动资源的资历，科学家们致力于发表和提高他们获得被引的机会。当这些没有实现时，他们会寻找与显示度动态相关的借口，显示度会导致被引次数和对科学的贡献（自我评估）之间的差异。

换句话说，科学家对被引指标的矛盾情绪表现在对被引分数的不对称或矛盾性阐释上。哈根斯和舒曼（Hargens & Schuman，1990）指出，研究者会产生在阐释被引分数时保护他们自己工作价值的想法。然而，科学家对被引的阐释的复杂性不应被低估。阿克尼斯和里普（Aksnes & Rip，2009）观察到，他们的受访者似乎"相当了解被引"。例如，科学家们会经常提出为什么被引次数与科学贡献不一致的原因："这是基于他们自己的经验，以及他们对一套关于被引的、有点自私的共享知识库的参考。"（Aksnes & Rip，2009）研究者也认识到"过度被引"，而这些案例通常是根据及时性和与更大受众的相关性来理解的："换句话说，科学家对被引过程及其结果有深刻的理解，在没有直接利害关系的情况下，他们可以解释这种理解，就像在一份问卷中询问他们之

前的论文一样。”（Aksnes & Rip，2009）

学者们在评估和绩效指标方面的矛盾不能用简单的基于利益的常识性论据来解释，而应该用个体因素和结构因素之间的相互作用来解释。根据哈根斯和舒曼（Hargens & Schuman，1990）的研究，被引次数的使用和评估因学者学科的共识程度、实证数据价值的定位以及院系声望而异。在他们的研究中，定量社会学家比定性社会学家对被引次数态度更为积极。高被引的研究者往往比不常被引用的研究者更积极。同时，在质量标准上达成共识的领域，研究者对被引分数的依赖性也较低。因此，哈根斯和舒曼发现生物化学家出于评估目的而参考 SCI 的可能性较小。因此，当质量上的不确定性阻碍了相关科学界的共识时，研究者才倾向于使用被引（Porter，1995）。否则，同行判断就足够了。

尚不清楚这种情况在多大程度上存在。文献计量学已成为大型研究机构、学院型医院（academic hospital）和大学的管理分析工具的常规组成部分。例如，荷兰的学院型医院多年来一直借助先进的文献计量学和研究信息系统来监测其科学成果，而不考虑相关专业的理论方法的共识水平如何（Van Kammen，Van Lier，& Gunning Scherpers，2009）。位于斯堪的纳维亚半岛的国家和德国，图书馆越来越多地被定位为组织内部文献计量专业知识的场所（Åström & Hansson，2012；Ball & Tunger，2006）。这种趋势在荷兰和英国也很明显。这一发展并不局限于欧洲。美国国家科学基金会通过发展“科技政策学”彻底扭转了这一局面，从而恢复了“科学之科学”的古老传统（Lane et al.，2011）。

在亚洲，统计和文献计量学更受欢迎。在国际大学排行榜上得分更高，吸引更多高被引的科学家，是许多亚洲科学政策的重要组成部分。新的澳大利亚研究卓越计划（Excellence for Research in Australia，ERA）（于 2009 年启动）也基于指标和同行评议的结合（ARC，2012 年）。文献计量学发展的这一新阶段与“知情同行评议（informed peer review）”（Butler，2007；Colwell，2012；Moed，2007；Weingart，2005）的总体趋势一致，同行评议专家和程序为评估提供了总体框架，但统计信息和被引指标具有特定性，而且通常是强制性的作用。正如科尔威尔等（Colwell et al.，2012）解释的：“这并不意味着应该从研究评估中消除量化指标，而应该将其用作专家审议的依据。”

作为制度的引文

引文作为一种科学制度，以多种形式得到了牢固的建立。h 指数作为个体科学影响或质量的代表被极快地采用。这可能表明，并非在所有研究领域，引文的制度化在 2005 年就已经取得了很大进展。期刊编辑和研究者都意识到期刊影响因子并受到它的影响。总编索努加 - 巴克（Sonuga-Barke）表达了自己的感受，但语气并不强硬：

> 对许多研究者来说，JIF 被认为是期刊质量和价值的唯一标志，大学和其他研究机构可以根据员工在高 JIF 杂志上的出版记录决定其晋升，来延续这种过于简单的观点。一些大学甚至要求他们的员工只在影响因子超过特定分数的期刊上发表论文。（Sonuga-Barke，2012）

尽管专业科学计量学家提出了方法论上的批评，但这两个指标都已被归为质量的表征，甚至它们的发明者乔治 · 赫希和尤金 · 加菲尔德也未能限制这些指标的应用范围。

制度化是一个能压倒最初孕育某一指标的专业团体的过程。它甚至可能在顶尖学者中造成无力感："该指数已经被抽象化，它已经开始过上自己的生活，这个数字已经成为新自由主义学术界用来制定'学术价值'的修辞手段。"（Burrows，2012）请注意，在写这篇论文的作者的国家，学术精英已成功游说停止将国家研究评估体系（新的卓越研究框架）建立在指标基础上（Whitley & Gläser，2007）。

引文制度化经历了从创建科学引文索引开始的数十年历程的高潮。科学和学术领域中出现的新制度所产生的影响往往被低估，因为它的发展与两个更明显的制度紧密相连：一是通过经编纂的参考文献和参考规范进行的科学交流；二是科学和学术问责制度的发展（Shore，2008；Stensaker & Harvey，2011；Strathern & Mitchell，2000；Woolgar，2002）。第一个制度提供了一个看似明确的理由来使用引文作为影响力或质量的代理，并为罗伯特 · 默顿具有影响力的引文社会学提供了资料，作为科学规范的一个实例（Elkana et al.，1978）。第二个制度一直是发展和完善评估和评价标准的主要背景，从这个角度看，文献计量信息似乎只是众多可能的证据和数据来源之一。如果我们想了解引文的最新发展，并衡量其作为问责制度组成部分的可能前景，我们需要承认引文本身是一个拥有自身动态的新型科学制度，并分析其技术、公司和学术团体的国际网络。我们还需要分析引文与沟通问责制度之间的相互作用。

例如，最近许多关于研究评估的政策文件建议采用“知情同行评议（informed peer review）”的方法（Colwell et al.，2012；KNAW，2010，2011；Phillips，2012）。这意味着同行专家应该在质量评估中占主导地位，但他们也应该使用现有的文献计量证据。这样做有助于限制同行评议过程中的偏见，提高同行评议过程的质量（Moed，2007）。但如何将定性和定量信息结合起来呢？这通常由相关同行自行决定。从方法上讲，知情同行评议的概念尚未得到很好的发展。通常，谨慎小心地将定性和定量证据结合起来并不仅仅只是建议，更多的是一种道德标准，而不是方法标准。因此，知情同行评议可能会导致各种各样的实践，而将文献计量学和同行评议相结合是否真的能提高评议质量，则是一个悬而未决的问题。例如，特定的学科偏见可能会得到加强而不是削弱，特别是当分支学科具有不同的发表或引文文化时。

在这里，采用一种更长远的分析方法可能会有所帮助。按定义，由于同行是处于科学研究中的科学家，他们将承受任何研究者和学者都会承受的相同压力。因此，他们倾向于进行策略性推理，保护自己对科学质量的信念，对引文分析持矛盾态度。由于他们本身也受到评价，可以期望他们考虑到，他们的决定如何可能成为他们自己所受评价的先例。因此，我们可以预期，同行会倾向于组织、使用和阐释被引数据，就像这些数据被应用到他们自己身上一样。与被引次数稀少的同行相比，被引次数高的研究者可能更会支持引文。学科也会有所不同：一些将使用先进的文献计量分析，而其他可能依赖谷歌学术或其他容易获得的索引。因此，我们可以预期同行在进入评估之前拥有的质量框架与对引文数据的阐释之间会保持一致。

我们不能因此责怪评估者，因为他们不能借鉴既定的引文理论。如果文献计量学已经发展出一种明确的理论，并且为如何在评价性语境中阐释引文数据提供了可靠的指导，那么问题将完全不同。然而，到目前为止这种理论还没有出现，尽管建立这种理论的重要基础已提出（Bornmann & Daniel，2008；Nicolaisen，2007）。由于缺乏方法标准，即使同行希望使用文献计量学界的最新知识，在知情同行评议框架内，“任何事情都可能发生”。因此，文献计量学界越来越感到有必要为评价性文献计量学制定开放的质量标准，这是许多科学计量研究中心的一个重要议程点。这些标准将以引文理论中的关键概念为基础。

从长远来看，这将需要在这一领域进行范式转换，并使评估社会学变得有意义。迄今为止，引文理论主要是从将科学传播作为制度的角度发展起来的。然而，将被引用于评估的动态性、评价性文献计量学领域的动态性不是由科学传播制度决定的，而是由问责制度决定的。

换句话说，许多科学计量学家试图以研究者施引的方式来建立引文的含义，这在传播的框架内是有意义的（Nicolaisen，2007）。因此，他们通常隐性假设从传播制度到问责制度的透明转换。这种假设是有缺陷的，因为它忽略了后一种制度的另一种动态，该制度中聚合和归一化的被引次数得到流通，并创造了科学影响和质量的新表征，而不是作为施引来源的单一参考文献（Wouters，1997）。旨在为研究评估使用被引提供理论和方法指导的引文理论方法需要承认问责制度为主要框架，并分析传播系统如何与问责制相互作用。解决这一难题，对于今后的评估实践具有重要的现实意义。加拿大最近的一个绩效和资金问题小组证实了这一点，该小组对在研究评估中使用指标表示了明显的忧虑：

> 过去在科学评估方面的经验有时会产生意想不到的不良影响。此外，构建不善或使用不当的指标也使许多科学家和研究者对这些计量的价值和效用产生怀疑。因此，围绕国家科学评估项目的议题越来越引起争议。（Colwell et al.，2012）

作为基础设施的引文

> 现在，大学的生活世界通过越来越复杂的数据组合来实现，这些数据组合利用了常规学术实践产生的各种产物，如招生、教学、

> 评分、反馈、申请研究经费、出版和引用他人工作。其中一些产物是日常事务（如期刊引用）的数字副产品，另一些则必须通过调查或其他正式的数据采集技术（如全国学生调查）来收集，而另一些则仍然需要建立一个昂贵的权威机构来评估研究的“质量”。（Burrows，2012）

用惠特利（Whitley，2010）的话说，这种对“强有力的研究评估体系”效果的观察表明，仅仅把引文以作为科学制度的多种形式组合起来是不够的，我们还需要指定它是一种什么样的科学制度，以及它的动力是如何形成的。巴罗斯（Burrows，2012）指出了引文作为制度的两个特性：作为数据库的特征和对“例行交易”的影响。这与科学史学家分析大型技术系统的方式非常吻合：“现代化就是生活在基础设施内，并借助于基础设施生活，至少在一个社群内有可靠、标准化和广泛可使用的基本系统和服务。”（Edwards，2010）基础设施本身不应与网络技术（如铁路网络）联系起来。相反，它们是我们生活和工作理所当然的环境。多层且复杂的基础设施无法自上而下构建，相反，它们是自下而上进化的。基础设施的一个重要特性是其不可见性：它在后台运行，只有在出现故障时才可见。它们由特定社群的标准和传统塑造，并且是这些标准的体现，反过来又塑造了更多社群的传统（Star & Ruhleder，1996）。如果我们把引文网络定义为各种形式的数据库、出版商、咨询机构、文献计量中心和引文索引用户的集合，那么所有这些特征都适用于引文网络。

因此，如果我们谈到被引指标在研究评估中的应用，我们实际上是在考虑在科学和学术领域发展起来的两个制度——引文基础设施和问责制度——是如何相互作用的。分析这种互动需要对这两个制度有深入的了解。目前关于科学治理的研究尚未充分重视这种相互作用，部分原因是指标在这些案例研究中往往起着次要作用（Whitley & Gläser，2007；Whitley et al.，2010）。

此外，我们需要了解科学的传播系统如何生成踪迹，这些踪迹可以被收集为引文基础设施中指标的原材料。随着科学传播中产生的踪迹和指标数量的增加，这一需要更具紧迫性。我们可能正处于知识基础设施日益复杂化发展的边缘，这可能阻碍或推动科学和学术知识的发展。因此，有必要更好地了解过去50年中引文基础设施及其对认知文化的影响，因为这些将会为新知识基础设施的发展提供参照。

参考文献

Acuna, D. E., Allesina, S., & Konrad, P. (2012). Predicting scientific success. *Nature*, 489, 201–202.

Aksnes, D. W., & Rip, A. (2009). Researchers' perceptions of citations. *Research Policy*, 38 (6), 895–905. doi: 10. 1016/j. respol. 2009. 02. 001.

ARC. (2012). *The Excellence in Research for Australia* (*ERA*) *initiative*. Australian Research Council, Commonwealth of Australia. Retrieved from http://www. arc. gov. au/era">http://www. arc. gov. au/era.

Åström, F., & Hansson, J. (2012). How implementation of bibliometric practice affects the role of academic libraries. *Journal of Librarianship and Information Science*. doi: 10. 1177/0961000612456867.

Ball, R., & Tunger, D. (2006). Bibliometric analysis—a new business area for information. *Scientometrics*, 66 (3), 561–577.

Bornmann, L., & Daniel, H. (2008). What do citation counts measure?A review of studies on citing behavior. *Journal of Documentation*, 64 (1), 45–80. doi: 10. 1108/00220410810844150.

Buela-Casal, G., & Zych, I. (2012). What do the scientists think about the impact factor?*Scientometrics*, 92 (2), 281–292. doi: 10. 1007/s11192-012-0676-y.

Burrows, R. (2012). Living with the h-index?Metric assemblages in the contemporary academy. *Sociological Review*, 2, 355–372. doi: 10. 1111/j. 1467-954X. 2012. 02077. x.

Butler, L. (2003). Explaining Australia's increased share of ISI publications—the effects of a funding formula based on publication counts. *Research Policy*, 32 (1), 143–155. doi: 10. 1016/S0048-7333 (02) 00007-0.

Butler, L. (2007). Assessing university research: A plea for a balanced approach. *Science & Public Policy*, 34 (8), 565–574. doi: 10. 3152/030234207X254404.

Clackson, T. (2009). My h-index turns 40: My midlife crisis of impact. *ACS Chemical Biology*, 4 (5), 311–313.

Colwell, R., Blouw, M., Butler, L., Cozzens, S. E., Feller, I., & Gingras, Y. …… Woodward, R. (2012). *Informing research choices: Indicators and judgment*. Ottawa: Expert Panel on Science Performance and Research Funding.

De Angelis, M., & Harvie, D. (2009). "Cognitive capitalism" and the rat-race: How capital measures immaterial labour in British universities. *Historical Materialism*, 17 (3), 3–30. doi: 10. 1163/146544609X12469428108420.

Edwards, P. N. (2010). *A vast machine: Computer models, climate data, and the politics of global warming*. Cambridge, MA: MIT Press.

Elkana, Y., Lederberg, J., Merton, R. K., Thackray, A., & Zuckerman, H. (1978). *Toward a metric of science: The advent of science indicators*. New York: Wiley.

Georghiou, L., Howells, J., Rigby, J., Glynn, S., Butler, J., & Cameron, H. …… Reeve, N. (2000). *Impact of the Research Assessment Exercise and the future of quality assurance in the light of changes in the research landscape*. Manchester: Policy Research in Engineering, Science and Technology, University of Manchester.

Gläser, J. (2010). Concluding reflections: From governance to authority relations? In R. Whitley, J. Gläser, & L. Engwall (Eds.), *Reconfiguring knowledge production: Changing authority relationships in the sciences and their consequences for intellectual innovation* (pp. 357–369). Oxford: Oxford University Press.

Gläser, J., Lange, S., Laudel, G., & Schimank, U. (2010). The limits of universality: How field-specific epistemic conditions affect authority relations and their consequences. In R. Whitley, J. Gläser, & L. Engwall (Eds.), *Reconfiguring knowledge production: Changing authority relationships in the sciences and their consequences for intellectual innovation* (pp. 291–324). Oxford: Oxford University Press.

Gläser, J., & Laudel, G. (2001). Integrating scientometric indicators into sociological studies: Methodical and methodological problems. *Scientometrics*, 52 (3), 411–434.

Gläser, J., Laudel, G., Hinze, S., & Butler, L. (2002). *Impact of evaluation-based funding on the production of scientific knowledge: What to worry about, and how to find out.* Karlsruhe, Germany: Fraunhofer ISI.

Groth, P., Gibson, A., & Velterop, J. (2010). The anatomy of a nanopublication. *Information Services & Use*, 30, 51–56. doi: 10. 3233/ISU-2010-0613.

Halsey, A. H. (1995). *Decline of donnish dominion: The British academic professions in the twentieth century*. Oxford: Clarendon Press.

Hargens, L. L., & Schuman, H. (1990). Citation counts and social comparisons: Scientists' use and evaluation of citation index data. *Social Science Research*, 19 (3), 205–221. doi: 10. 1016/0049 -089X (90) 90006-5.

Harzing, A. –W. (2010). *The publish or perish book: Your guide to effective and responsible citation analysis*. Melbourne, Australia: Tarma Software Research.

Hazelkorn, E. (2011). *Rankings and the reshaping of higher education: The battle for world-class excellence*. New York: Palgrave Macmillan.

Hicks, D. (2012). Performance-based university research funding systems. *Research Policy*, 41 (2), 251–261. doi: 10. 1016/j. respol. 2011. 09. 007.

Hirsch, J. E. (2005). An index to quantify an individual's scientific research output. *Proceedings of the National Academy of Sciences of the United States of America*, 102 (46), 16569–16572. doi: 10. 1073/pnas. 0507655102.

Klandermans, P. (2009). *Het sturen van wetenschap: Sociale wetenschappen in bedrijf.* Amsterdam: Vrije Universiteit, Faculteit der Sociale Wetenschappen.

KNAW. (2010). *Quality assessment in the design and engineering disciplines*. Retrieved from http://www. knaw. nl/Pages/DEF/27/160. bGFuZz1FTkc. html.

KNAW. (2011). *Quality indicators for research in the humanities*. Retrieved from http://www. knaw. nl/Content/Internet_KNAW/publicaties/pdf/20111024. pdf.

Lamont, M. (2009). *How professors think: Inside the curious world of academic judgment*. Cambridge, MA: Harvard University Press.

Lane, J., Fealing, K., Marburger, J., & Shipp, S. (Eds.). (2011). *The science of science policy: A handbook* (*Innovation and technology in the world*). Stanford, CA: Stanford Business Books.

Laudel, G., & Gläser, J. (2006). Tensions between evaluations and communication practices. *Journal of Higher Education Policy and Management*, 28 (3), 289–295.

Leydesdorff, L., & Wouters, P. (1999). Between texts and contexts: Advances in theories of citation? (A rejoinder). *Scientometrics*, 44 (2), 169–182.

Mcnay, I. (1998). The Research Assessment Exercise (RAE) and after: "You never know how it will all turn out. *Perspectives: Policy and Practice in Higher Education*, 2 (1), 19–22. doi: 10. 1080/713847899.

Meulen, B. J. R. van der. (1997). The use of S&T indicators in science policy: Dutch experiences and theoretical perspectives from policy analysis. *Scientometrics*, 38 (1), 87–101.

Moed, H. F. (2007). The future of research evaluation rests with an intelligent combination of advanced metrics and transparent peer review. *Science & Public Policy*, 34 (8), 575–583. doi: 10. 3152/030234207X255179.

Moore, W. J., Newman, R. J., Sloane, P. J., & Steely, J. D. (2002). Productivity effects of research assessment exercises. Retrieved from http://www. bus. lsu. edu/economics/papers/pap02_15. pdf.

Nicolaisen, J. (2007). Citation analysis. *Annual Review of Information Science & Technology*, 41, 609–642.

Phillips, M. (2012). *Research universities and research assessment*. League of European Research Universities?http://www. ub. edu/farmacia/recerca/LERU/LERU_PP_2012_May_Research_Asse sment. pdf.

Porter, T. M. (1995). *Trust in numbers: The pursuit of objectivity in science and public life*. Princeton, NJ: Princeton University Press. Retrieved from http://books. google. nl/books?id=oK0QpgVfIN0C.

Priem, J., Taraborelli, D., Groth, P., & Neylon, C. (2010). Altmetrics: A manifesto. Retrieved from http://altmetrics. org/manifesto.

Pringle, J. (2008). Trends in the use of ISI citation databases for evaluation. *Learned Publishing*, 21 (2), 85–91. doi: 10. 1087/095315108X288901.

Rafols, I., Leydesdorff, L., O'Hare, A., Nightingale, P., & Stirling, A. (2012). How journal rankings can suppress interdisciplinary research: A comparison between Innovation Studies and Business & Management. *Research Policy*, 41 (7), 1262– 1282. doi: 10. 1016/j. respol. 2012. 03. 015.

Schimank, U. (2005). "New public management" and the academic profession: Reflections on the German situation. *Minerva*, 43 (4), 361–376. doi: 10. 1007/s11024-005-2472-9.

Shore, C. (2008). Audit culture and illiberal governance: Universities and the politics of accountability. *Anthropological Theory*, 8 (3), 278–298. doi: 10. 1177/1463499608093815.

Slaughter, S., & Leslie, L. (1997). *Academic capitalism: Politics, policies, and the entrepreneurial university*. Baltimore: Johns Hopkins University Press.

Sonuga-Barke, E. J. S. (2012). Editorial: "Holy grail" or "siren's song"?: The dangers for the field of child psychology and psychiatry of over-focusing on the Journal Impact Factor. *Journal of Child Psychology and Psychiatry, and Allied Disciplines*, 53 (9), 915–917. doi: 10. 1111/j. 1469-7610. 2012. 02612. x.

Star, S. L., & Ruhleder, K. (1996). Steps toward an ecology of infrastructure: Design and access for large information spaces. *Information Systems Research,* 7 (1), 111–134.

Stensaker, B., & Harvey, L. (Eds.). (2011). *Accountability in higher education: Global perspectives on trust and power*. New York: Routledge.

Strathern, M., & Mitchell, J. P. (2000). *Audit cultures: Anthropological studies in accountability, ethics and the academy*. New York: Routledge.

Van Dalen, H. P., & Henkens, K. (2012). Intended and unintended consequences of a publish-or-perish culture: A worldwide survey. *Journal of the American Society for Information Science and Technology*, 63 (7), 1282–1293. doi: 10. 1002/asi. 22636.

Van Kammen, J. (2009). Assessing scientific quality in a multidisciplinary academic medical centre. *Netherlands Heart Journal* 17: 500.

Van Noorden, R. (2010). Metrics: A profusion of measures. *Nature*, 465 (7300), 864–866. Retrieved from http://www. nature. com/news/2010/100616/full/465864a. html.

Weingart, P. (2005). Impact of bibliometrics upon the science system: Inadvertent consequences?*Scientometrics*, 62 (1), 117–131. doi: 10. 1007/s11192-005-0007-7.

Whitley, R. (1984). *The intellectual and social organization of the sciences*. Oxford: Clarendon Press.

Whitley, R. (2000). *The intellectual and social organization of the sciences* (2nd ed.). Oxford: Oxford University Press.

Whitley, R. (2010). Reconfiguring the public sciences: The impact of governance changes on authority and innovation in public science systems. In R. Whitley, J. Gläser, & L. Engwall (Eds.), *Reconfiguring knowledge production: Changing authority relationships in the sciences and their consequences for intellectual innovation* (pp. 3–47). Oxford: Oxford University Press.

Whitley, R. (2011). Changing governance and authority relations in the public sciences. *Minerva*, 49 (4), 359–385. doi: 10. 1007/s11024-011-9182-2.

Whitley, R., & Gläser, J. (Eds.). (2007). *The changing governance of the sciences: The advent of research evaluation systems*. Dordrecht, the Netherlands: Springer.

Whitley, R., Gläser, J., & Engwall, L. (Eds.). (2010). *Reconfiguring knowledge production: Changing authority relationships in the sciences and their consequences for intellectual innovation.* Oxford: Oxford University Press.

Woolgar, S. (2002). *The boundaries of accountability: A technographic perspective.* Paper presented at the European Association for the Study of Science and Technology Conference, York, UK, July 31–August 3, 2002.

Wouters, P. (1997). Citation cycles and peer review cycles. *Scientometrics*, 38 (1), 39–55.

Wouters, P. (1999a). *The citation culture*. Amsterdam: University of Amsterdam.

Wouters, P. (1999b). The creation of the Science Citation Index. In M. Bowden, T. Halin, & R. Williams (Ed.), *Proceedings of the 1998 Conference on the History and Heritage of Science Information Systems*, 127–136. Medford, NJ: Information Today Inc.

Wouters, P., & Costas, R. (2012). Users, narcissism and control—tracking the impact of scholarly publications in the 21st century. Utrecht: SURF.

第4章
“数据——这就是我！”

罗纳德·E. 戴
Ronald E. Day

引文分析与社会科学

文献计量学和引文分析方面的文献非常丰富。单从引文分析开始，似乎就有很多证明其存在的理由。我们可以列出以下一些理由：

- 显示某一学科中某一作品或学者的影响力。
- 显示某一作品或学者对另一作品或学者的影响。
- 展示科学家的施引行为（人们的一般理解）。
- 显示影响网络（出于社会学研究或政策决定的原因）。
- 展示核心或边缘学科、影响和作者。
- 展示某一学科主要和次要作品的生产者及其引用关系。
- 展示研究学科、其子领域及其相互关系。

如果要问引文分析如何显示上述内容，那么人们可能会得到很多答案，从传统的文献计量形式（书籍、期刊、章节等）的计算到从文献片段中计算和形成索引。例如，文档中的标题、作者姓名和词汇，再到元数据的计算。尽管这些方法多种多样，但它们都具有产生某种事物定量指标的性质。也就是说，其科学实践最终可以简化为通过定量分析来描述某些人或群体的“施引行为”。事实上，引文分析与文献计量学更一般的区别在于，它显示了引文数据中的关系，进而表达施引行为。

与其他科学一样，引文分析的科学主张在于表现出规律，规律最好是因果关系，也可以是相关关系。这种规律可以称为“定律”，但更常被证实或反驳先前研究结果的研究（或者更常见的，简单借鉴先前研究主张的研究——确立为“经验性的”）。

与其他社会科学理论一样，这一科学理论主要的认识论和本体论问题是，研究是否真的显示了实在，或者被表征之物是否只是被操作化了的术语的语法或逻辑属性。这种操作化可能发生在特定研究本身的“对象”上，依靠研究未声明的先验语法假设；也可能发生在分类法及其本体论类型上，它们构成了研究项目、专业领域或学科的认识论和实践基础。社会科学调查建立在对人类行为的描述之上，而人类行为本身就具有社会部署规范中的语言文化工具的特征。使社会科学调查声名狼藉的是它并非展示独立的实在实体，而是展示核心术语的语法或逻辑属性。这些术语常常来自大众知识或流行隐喻。例如，根据管道隐喻（conduit metaphor）或计算信息处理设备的思维来理解语言（关于后者，见 Ekbia，2008）。这导致了他们研究结果的总体正面性质，因为研究仅仅是拆开并确认了名义实体的语法和逻辑属性，作为“实证”研究或数学研究的先验“对象”。然而，即使这是真的，它仍然可能不会对一个研究领域或议程的整体成功等产生负面影响，甚至可能是一个非常正面的推动因素。

对于社会科学而言，真理主张往往不是简单地通过研究之间的对应关系确立，而是通过它们与实践活动的交叉。将定量研究结果扩展到更广泛的社会、文化和政治价值观（如在政策形成过程中）是其有用的证据，因此也常常被视为显示实在实体和关系的研究证据。无论其先验认识论和本体论假设是否存在缺陷，社会科学研究项目及其工具都可能具有社会作用。先验问题常常被看作脱离于科学研究和工程的实践和写作，而不是在接受过程中，继续成为基本性的话语、方法和（或）技术。换句话说，先验论被认为是关键的。

引文分析与社会计算

今天，引文索引被正当地视为许多数字自动化后的社会表征的先驱，而不仅仅是在“科学传播”领域。它已经在社会计算领域达到了鼎盛时期。在该领域，社会关系指数不仅用于描述性分析，而且会递归地反馈到搜索本身（Thomas，2012）。传统的引文分析也很大程度上依靠这些指数所基于的假设，不仅为了“学术性”或“科学性”的描述或“可视化”（其中包含了认识论和文化假设），而且还为了社会和心理描述。递归构建的计算指数（Thomas，2012）（与算法排名）可以通过加强过往的搜索和他人的搜索，将自我的意向潜能（intentional potentialities）限缩到众所公认的某人的逻辑可能性。换言之，由于递归指数对过去的行为给予奖励和惩罚（无论是显性的还是隐性的），自我将自己的可能性限制为他人假设某人应执行的角色和规则。“我（宾格，me）”对“我（主格，I）”的这种质询（interpellation）构成了自我质询；自我质询通过对“公认的人”的、根据社会规范性规则和角色的社会心理学理解，可作为假想的潜能表达的场所。虽然文化心理学在许多不同情况下模糊了个人“自我心理”和社会“人的心理”之间的界限，但西方伦理和政治理论在现代性中的一个核心问题是，后者在人的主体和问责领域越来越多地排挤前者，所以在这一丰富多彩的人类生活正在上演的领域（如互联网），研究这个问题是值得的。

与传统的学术引文分析相比，社会计算中的人类行为问题相似，但范围更广：在许多不同的社会和文化领域，我们假定了专有名称，特别是作者名称下指向了人的身份和行为，词汇能告诉我们关于这些身份和行为是什么？由于采用递归社会计算算法，精明的文献计量学家和引文分析员的担忧成为现实，即递归地包含到进一步的在线搜索与传播使得引文分析的认识论问题更加严峻。引文分析最初试图为引文分析目的提供行为解释的一部分，最终变成了通过群体心理学和社会学假设，来控制信息搜索和交流中认同建构和意图的算法。这些算法对用户来说相对隐蔽，它们在：①在通过递归和推荐系统构建搜索中；②当行为者在搜索和研究表达和能力方面将心理学和社会学解释内化时；③当这些算法被用于政策和社会工程学绩效评估、表征工作甚至表征个人和制度的身份时，发挥作用。

例如，某些术语和名称将为我们提供更多文档或更多社交联系，然后这些将通过社会计算算法得到加强。这里的搜索引擎通过“客观”主题（“这就是我在领域中的样子！”“这就是我喜欢的东西！”）对主题进行心理上的“内投（introjection）”和意识形态上的“质询”（Althusser，2001）。然后，根据搜索结果和社交网络，我们便制度性地，或更一般的社会性地，被相应评价为中心的、边缘的，或根本不属于某个学科或其他社会群体的。此外，当这些指数被“可视化”时，符号资本就会堆积起来，为表征算法的初始假设提供启发。无论这是否转化为我们想要的社会资本，我们都必须以某种方式改变自己，以（适应或拒绝）系统及其用户曾经和现在对我们的表征。

我们发现，社会计算算法，如 PageRank（链接分析算法）和推荐系统，加强了文献计量定律（如洛特卡定律）的“实在性”，仅仅是因为它们自动化了这些定律中固有的群体行为假设，然后将其反馈到用户行为中。特别是，它们的递归性为我们提供了“控制论系统”的技术组件（Sosteric，1999）。这些定律以数学形式描述发表、研究或语言行为。当人的表达主体（个体作为个人心理的“自我”）和社会表征（声誉等，个体在社会定位的技术意义上作为众所公认的“人”）被塑造并依赖于引用系统时，人们做了引用，然后引用“做”或塑造了人。

引文和社会计算指数将这些人类行为的心理框架编码，然后通过用户不易理解的技术将其反馈到社会文化系统中。这些技术提供了实用的、随时可用的设备，作为对判断和社会定位的启发。实际上，由于引文索引和分析模型的输出，学术上的“引用竞争”已扩展到博客、推特等。这些是“有意义的”，因为它们反映了社会学和心理学的假设和政治。这些解释是“实用的”和“有意义的”，因为它们在逻辑上和语法上遵循社会和个人群体的心理学和社会学（通常是政治经济学）。少数作者发表相对更多的作品是一个社会学事实，而不是一个文献计量学事实。它属于社会权力在特定类型的社会文化系统中的逻辑和分布（“语法”）。以社会回报或受偏好的搜索词的形式将这些反馈到生产系统中，会导致社会学系统的权力成倍增加，而对于那些更边缘或更没有代表性的作家和作品来说，这几乎没有什么作用，这些作家和作品一开始就为了计数而存在（或不存在）。

将引文索引的逻辑扩展到在线社交索引，代表了文献学 / 信息科学的一次基本上不为人知的、未被承认的胜利，从第二次世界大战后默默无闻的、英美文化圈的、基于文献的“图书馆和情报科学”[以及其有限的“建模科学（modeling science）”]，到现代世界大部分地区的社会工程。新的社会计算系统在社会和文化规范以及个人和社会心理的内隐或“无意识”层面上，承担并限定了自己的分类模式（Bowker，2005）。与引文索引一样，社会计算索引首先索引或指向它们所索引的事物的社会学、心理学和一般的政治刻印（inscription）。

经验主义的发现从来不会简单地显示出来。作为社会科学的引文分析，无论是明确的还是隐晦的，都必须指出各种常规行为的社会解释。再一次，当这些解释成为计量指标的基础时，社会科学操作化的认识论问题——当引文分析在受限制的（如学术性的）或一般的（如社会性的）经济中被高度重视时，就变成了政治学和心理学问题——就会发生。然后，研究的“对象”及其实证测量（以及辅助此目的的工具和算法）可能只不过是重申社会、文化和政治规范的工具。他们所主张的是意识形态的确定性。

引文经济

引文学者认为，引用行为源于引用的个人选择、修辞功能和社会学功能。引文索引在不同程度上涵盖了所有意图。

引用修辞规则在风格层面上是形式化的，但引用风格的不同导致了议论风格的不同（例如，文献中的 MLA 引用操作通常要求详细的页码引用，而社会科学中的 APA 引用操作允许轻快地引用整部作品），即使在同一引用形式内，对于确切提及的修辞元素也存在歧义（Cronin，1994）。这些差异导致了引文证据功能在价值和实践上的差异。

从修辞上讲，引文为理性劝说提供了证据。如果有任何学术交流正在进行，这就是一种论点的资源征集。个人的选择和兴趣当然也在这一点上凸显出来，但这些都是文化形式和社会规范领域内的社会功能的一部分，其中修辞功能起着一定的作用。修辞学是一种在社会环境中运用文化形式的劝说手段，包括通过体裁和学科实践所界定的文化形式。

然而，研究引文分析并不仅仅是研究如何将引用作为修辞工具，还是研究社会规范、文化形式，以及政治经济如何适时地跨过认识论边界发挥劝说作用，影响人的自我定位。要想做好定位，就必须掌握定位的工具。但这些工具也影响了部署它们的个体，特别是随着时间的推移。例如，不管喜欢与否，随着时间的推移，一个人在某个学科中变得“受到规训”，在某种程度上，会把以前的东西抛在身后。正如人所常言:“文化诱惑着我们所有人。”

像所有文献索引（包括在社会计算中使用的）一样，引文索引充当了修辞性或更广泛的“表现性（expressive）”绩效的融合工具。它们是通过算法来实现的，尤其是对于商业供应商来说，这些算法在如何运行、如何跟踪和存储用户活动，以及用户的活动数量方面都是不透明的。然而，随着引文经济扩展到非传统学术领域甚至非学术领域、学术界和非学术界的“更小”修辞单位（“替代计量学”），政治经济（political economy）迫使其成为一种“需要”（与“信息需要”和“交流需要”同列），个体必须试图通过这些工具来维持自己的社会地位。

这确实是一个“狡猾”的行为。除了传统问题，如质量与数量、声望与显示度（Ding & Cronin，2011）、学术与非学术、传统引文方式与网页访问等，个人还必须面对关联他们自己“未被遗忘（unforgotten）”（Blanchette & Johnson，2002）的历史的自引，以及用其他人的链接和引用实践。例如，RateMyProfessor 和其他众包式评估（如 SURF 报告，Wouters & Costas，2012）中讨论的评估，以及算法对类似的（如脸书或亚马逊推荐系统）个人和作品的解释对他们自己的“包装（packaging）”。

不仅如此，引用的概念也被提升到或多或少代表传统文献之外的层次。引文分析是首批全面的尝试之一，它超越了文献本身（事实上也超越了作者本身），并把它们的表达元素（文字）和表达的社会语境（期刊、会议等）作为文献性质（documentary qualities）来处理，然后将这些性质推断为文献、个人（作为作者、学者和科学家）以及这些因素所指向的某种知识群体的属性。

布莱斯·克罗宁在本书及其他丛书中（Cronin & Shaw，2002）讨论了通过引文分析和其他数字分析，从符号资本推断社会资本的多个问题。社会计算系统通过塑造跨越社会和文化群体的长期交流和信息，帮助将前者塑造成后者。从某种意义上说，递归社会计算系统的主要计算中介不仅是清理数据，而且是清理搜索对象。尽管有许多人声称要超越这一点，将搜索视为案例而不是形式逻辑的实例，但随着时间的推移，规范往往是通过人与文本之间的反馈循环而建立起来的。

马克思著作中的社会资本，例如《政治经济学批判大纲》（Marx，1973）

中通常论述的“机器论片断（fragment on machines）”，指的是通过人的抚养、教育、创新和他们的社会关系发现的社会整体的“一般智力（general intellect）”。对马克思来说，一般智力先于资本，是资本为追求利润而汇集和利用的东西。互联网的“一般智力”既是一般性的，又是由用户词汇和社会关系塑造的微语篇（microdiscourse）构成的。虽然专业的微语篇可以在一定程度上通过既定的评论渠道进行管理，但互联网的“一般智力”既可以是学术性的，也可以是非学术性的，当然甚至可以是丑闻性的。从学术管理者角度看，将学术和公众曝光与评估相结合，为从学术性与大众性两方面评价教师提供了依据。从学者角度看，增加的指标需要他们投入更多的精力和时间到这些人群和机制中来增加曝光率，无论是拨款申请、学生评估、热门机构和传统出版物（或更可能是上述所有形式），所有这些都是为了吸纳资源，增加一个人的符号社会资本。在一个符号经济体中，越来越多的评价和越来越多的价值市场需要学者的自我商品化，这在新自由主义后期的社会生活的许多领域都有体现，尤其是在过去几十年的学术界“明星体系（star system）”中。

在这样的政治经济中，学者有必要像新自由主义大学所希望的企业家那样行事——通过试图发展和管理各种形式的“证据”来促进他或她的职业生涯，以产生影响（见巴罗斯在该衡量标准下对英国大学的精彩分析，Burrows，2012）。但是，与所有证据一样，这种文档类证据也将行为人自己纳入证据系统。在引文竞争和引文买卖中，人们开始不清楚真相的作用是什么，也不清楚应如何定位批评，这种批评本身不是商品，或者至少不被视为商品和自我商品化。事实上，考虑到过去通俗的或“大众化”的排名案例，将评价系统扩展到公众领域，以及将根植于群体心理学的算法扩展到知识生产，未免不令人心生疑惑：如果将知识转让给主观意见，那究竟会如何？

在谷歌 PageRank 的学术引文扩展中，我们对这最后一条有了一点了解。正如托马斯（Thomas，2011）所指出的，ISI 指数提供了基于传统同行评议系统的评价指标，而谷歌页面排名则是通过更一般的社会系统建立的。总而言之，学者有可能不得不在各种指标中管理更庞然的“形象”，尤其是在学术评价使用计量指标时变得更草率、不那么谨慎的情况下。

另一方面，建立一个大众（以及学者）形象的资源比以往任何时候都可用得多。首先，生产工具现在比以前更容易获得和使用：软件包；对经典知识作品采用维基百科和综述查阅；学生中“浅层阅读”（相对于“深度阅读”）的兴起（Hayles，2012），甚至在更高级的学者和科学家中也是如此。除了因多进程化、休闲娱乐化的网上生活而产生的时间压力之外，这些因素还允许快速生产和浅层次的学习，特别是在每个人都使用这些相同的工具和规则生活的实践社群中。其次，通过不同的媒体类型和不同的社群传播“自我”的方式，至少让每个人都拥有的“15 秒成名（15 seconds of fame）”（Cronin，1999）的机会。这些活动对现代研究型大学来说并不新鲜，它的研究主题和方法长期以来一直由资助机构和出版商指导，最近则由大众知识指导。但是，在社会技术和眼球经济的帮助下，它们代表着加速学术生产的新阶段。总之，好也罢，坏也罢，互联网大大促进了构成知识、真理及其主体的原料的增长。

此外，我们需要注意递归索引的历史性（Thomas，2012）。这种递归性构成了一种涵摄（subsumption），或称收拾归类［即黑格尔所谓的“扬弃”（Aufhebung）］，其中一个人过去的行为不会被“遗忘”在数据库中（Blanchette & Johnson，2002），而是构成了未来搜索和排名的基础。索引代表了个人的及广泛理解的“文本”主体和权力的历史性涵摄，它们通过可能的“需要”范围塑造用户，并塑造超出可能“信息”范围的文档。用户和文档的身份是社会和技术设备的辩证功能，一方面具有用于部署的规范文化形式（尤其是语言）和社会规范；另一方面，索引算法、索引、数据库、信息和通信推荐，通过将群体行为假设形式化的算法逻辑相互调节。

引文分析是自我性和文本性信息变革的开端。在文档时代，用户和文档由专业构建的词汇表连接起来。但现在，正如新自由主义颠覆了现代主义对“公共”和“私人”领域的观念一样，社会计算也将自我塑造成一个具有逻辑可能性（而非假想潜能）和作为文档证据来源的现有信息［即“关于性（aboutness）”］的人。自我在哪里，商品就在哪里。

因此，引文分析必须被视为当今社会计算、自我与人格重建的伟大前身。一个对社会关系、自我和人的存在——以企业垄断的不透明算法与配套的数据库和索引进行调节——进行数字化调节的新自由主义时代。相比之下，简单的文档类组织、其文档检索的使命和个人隐私，正如马克思所写的，“烟消云散了”（Marx & Engels，1848，1969）。

引用或表征的三个问题

我将指出引文分析中的三个核心社会认知问题：①定义和切割参考文献的引用“馅饼”，并确定这些小块和“馅饼”本身应被称为什么的问题；②符号和社会资本秩序中的社会定位问题；③前两个问题和引文分析的许多其他问题的基础问题：引文分析中的一般性表征或“参考”问题。

第一个问题渗透到各个层次的引文分析中，一般表现为：引用说明什么？这必须从数据中推断出来，但就像所有数据收集和解释的情况一样，这种推断意味着引文研究是在理论的指导下进行的——即通过建立认识论假设和方法论假设，然后将其整合到研究的技术中，包括其“报告”结构的修辞。

“科学地图”（de Bellis，2009）就是一个很好的例子：我们如何知道某些引用属于生物学、化学和计算机科学？答案可能是：元数据、词频、共联关系（coassociation）或者文献关系可以告诉我们。但是，就领域的定义而言，每一项都是有问题的，这不是因为数据可能存在缺陷，而是因为学科领域不是实在实体，而是名义实体。因此，上述每一项指标在提供论文所属领域的证据时都可能与其他指标相反。此外，传统的领域可能并不代表当前的研究或新的趋势，因为科学和所有的研究一样，都置于文化和社会传统和制度中。“科学地图”不是一个所谓“科学”对象的地图（没有真正的实体），甚至也不是科学家行为实践的地图，而是文献计量学指标的地图。这些指标随后被作为被假设的社会学领域和行为的表征，不是像从数据中推断的，而是作为被非常隐喻性地借用的“地图”或“地图集”概念中的框架假设。“科学”及其“部分”和“地理关系”可能被视为经验性的实在，而实际上它是一个（名义）隐喻中的数字数据。如果是这样的话，这种地图的实在性取决于技术上产生的名义实体的抽象化。这种抽象化出于各种实用主义原因。

“科学地图”是一种方便的隐喻载体（“地图集”“地图”）内表象的表征。选择“地图”隐喻及其表征形式作为显示文献计量数据的工具并没有任何认识论的理由，甚至在逻辑上也没有连贯性（科学是一个名义实体，而不是像陆地一样的实在实体）。这种选择对于为数据选择一个易于使用和理解的可视化框架，是一种实用主义的选择。正是这种实用主义的选择——从这个意义上说也是一种机会主义的选择，而不是“科学”和“地图”之间的任何逻辑关系——促使这种隐喻特权化为地图科学工程实践的框架。考虑到前面讨论过的社会科学中的目的论的名义操作化的一般问题，人们还必须考虑到在促进这种操作化方面，包括在“科学地图”的真理主张中，未经承认的比喻可能带来的特殊危险。

第二个问题，即通过符号资本进行社会定位的问题，源于在“科学”或工程实践中，通过删除或边缘化基本的先验批判，将名义实体定位为实在实体。科学内部的社会定位不仅通过社会学形式发生，而且在产生经验性研究和事实的真理陈述的修辞中发生，拉图尔（Latour，1987）将其“纳入”科学的社会学实践中，以促进研究和研究者的进步。

正如在整个科学中看到的那样（但是随着后来欺骗行为的曝光变得相当明显），研究者的社会权力，与它将相互冲突或相互竞争的分类法、方法、技术和发现现象中“实在”的真理主张加以稳定的能力密切相关。将名义实体及其关系转变为实在对象的事实，以及成功的政策或其他“实际”应用的权力，是建立科学家合法性的非常重要的一部分。事实上，这就是科学家与非科学家的区别，也是实证主义仍然存在于科学中的原因。对于科学家的工作来说，表征“实在”的主张不应被视为“纯粹”的修辞或“非科学”。

本章的标题“数据——这就是我！”指出了认真对待数据并继续进行研究的必要条件，有时是充分条件。不论这个“我”是作者本人还是指一个研究团队，对于任何给定项目，都必须通过各种制度渠道，通过各种社会、技术、制度和修辞手段进行部署，以筛选并描绘该研究项目可能给我们提供了现象的真正图景。要做到这一点，先验的和批判性的问题——从质疑该领域和研究的目的，到其创立分类预设和其他理论预设，到对实证主义的根本驳斥（即“数据会为自己发声”）——必须被压制，或者更常见的是，被限制在生产工作的边缘，并通过写作、出版和评议的修辞规范被排除在科学报告或出版物之外。通过这种方式，至少在研究领域，名义实体被确定为实在实体。但这也包括文档的作者，他的名字和更深层的思想和作品成为社会资本被附加的符号资本。

这就引出了引用本身的表征问题，以及引用本身如何构成“引用”，或是对其他修辞和社会学事件的指涉，尤其是对引用和社会计算指数。正如斯莫尔（Small，1978）所说，引用是符号。符号可以是“表征”，在某种意义上，它们模仿或隐喻地表征一个对象，或者在某种意义上，它们借代地指涉某个秩序，比对象所属的对象要更大或更小。斯莫尔的“概念符号（concept symbol）”概念可能包括这两种。沃尔什（Walsh，2012）指出，引用或文献片段远远不是源于科学传播，而是古典修辞和宗教图像学的核心。这里的指涉或“引用”不仅指个体作品（如现代参考文献），也指作品的整个秩序，或者就中世纪图像学而言，指整个符号性秩序或“世界”（上帝之城、耶稣的生平等），出现在中世纪的图像中（Walsh，2012）。

如果我们遵循 20 世纪中叶法国文献学家苏珊·布丽特（Suzanne Briet，2006）在 1951 年关于索引符号（indicial signs）与文献关系的讨论，布丽特讨论了索引的两种类型：初始和次要。初始出现在科学分类学或参考文献本体论中，其中新对象通过其所属或与已命名实体的不同而进入命名结构。分类学是科学或参考文献活动中必不可少的第一阶段。布丽特的次要索引性在于这个被命名的实体在各种社会话语中的地位和流通。例如，在科学论坛、教室、报纸中，一只新发现的羚羊是如何被讨论的（Briet，2006）。

在本论点的背景下，我认为正如布丽特（Briet，2006）所讨论的，索引有两种不同的意义和两种不同的功能。第一种是符号对一个实体的指涉——若使用哲学词汇，即外延指涉（extensional reference）；第二种是符号对在话语空间（学科领域或社会领域）中自身循环的内涵指涉。在之前的作品中（Day，2001），遵循准对象（quasi-object）的概念，我把同时完成这两种索引功能的对象称为——模仿性的（mimetic）和反思性的标志（reflexively iconic）——“信息对象”（“信息对象”指涉或“告知”我们它们所指涉的外部对象或事件，它们还告知我们它们的社会地位和所处的经济环境）。

引文索引和更广泛的社会计算索引也有外延和内涵的指涉。引文索引使用分类法范畴（如作者、标题等）索引引文，但它们也追踪重要的文化和社会范畴，引文索引在这些范畴中流传并受到重视。这些重要范畴不仅仅位于其功能“外延”，除非这些索引字面上指明了这些价值，否则索引就根本不存在。它们是社会和文化价值观的象征，因为它们为这些价值观编制索引和创建计量标准。简言之，作为行为的计量，被引指标代表的不仅仅是计量价值，而是社会和文化价值。引文索引的“实用”价值不在于，也不能在于其计量活动本身。相反，它们的社会有用性来自我们从中得出的行为推论，但它们的可能性体现在它们的索引和计量功能上。引文和社会索引代表了这些因素在技术设施中的融合和体现。

索引算法，包括引文索引，必须被建构成已经包含了它们的社会和文化需求，以便它们的数据有意义和有用。这就是说，引文索引的技术和手段，同所有的社会索引一样，不是机械的，而是文献客体和社会需要主体的先验建构。原则上，若不从认识论的角度，而从工程的角度，不可能仅存在“数据本身”，当然也不能由“数据”为自己“发声”。数据既存在，又在其创造过程中为文化形式和社会秩序“发声”。

数据是给定的“经验性的”。在法语里，它翻译为 donné，和任何 donnée（前提设定）一样都有条件。这些条件是社会和文化习俗的产物，它将自己视为一种需求。引文索引不仅通过索引和算法来满足需求，而且它们本身也代表了需求的满足。先验需求的满足将条件赋予计量指标的类型及它们将显示的关系，这是“科学”过程的一部分，该过程以方法、技术和计量为特征。正是这种先验性被排除在科学报告之外，即科学论文、会议报告、引文分析等修辞和文献形式。这一先验表明了通过科学“报告”“再生产”社会和文化价值的条件[即“意识形态的”阿尔都塞（Althusser，2001）条件]。通过某种以“方法优先论（thesis of the precedence of method）”（Heidegger，1977b）为特征的“科学”实践的报告结构，先验被视为对报告的不成文介绍或系列假设。“科学”被归为用方法和技术，在排除对其先验的批判性探究条件下计算“事实”，无论是直接在程序步骤和报告中，还是通过非实验性和不可复制的实践，都与工程几乎没有区别。

但是，正是这一先验理论困扰着整个研究，并一次又一次地出现在对“理论”的呼吁中（如“引文理论”，从而延伸到引文索引和社会索引理论，以及引文分析理论）。引文分析和社会计算指数中的数据——也就是其中真正“经验性的”——是一次又一次的社会和文化价值的技术安排，也就是，处于技术领域中的社会生活再生产。在算法和指标中被反映和强化的、被包封的社会和文化是某种现代性工艺学的社会和文化，即社会和文化的可计算性和计算结果的再生产。这些计量中的刻印不断强化了这些计量及其特权化的社会和文化范畴。尽管有相反的主张，这种反思和强化遵循了现代技术再生产在政治领域的经典形式。“数字经验”是现代经验，因此它们不是“超越”现代主义批判（如意识形态批判、批判理论分析及康德以来的批判传统），而恰恰处于现代经验的中心。

引用系统的“舞弊”，以及在更大的社会计算系统中可以完成的任何类似操作，不仅仅是一个人理解所涉及算法的逻辑的问题，也是理解社会规范和文化形式的价值的问题。

引文索引与社会文化价值观及其生产经济具有转喻关系。他们都通过文档片段对后者进行索引，并通过文档顺序和排名对其进行重新排序。通过对文档片段的这种使用，无论是文献还是最终的人，都在政治经济中作为社会和文化价值的属性而演变和出现。引文和社会计算索引肇始自社会和文化范畴，并根据信息和交流“需求”算法创造文档和人员（用户及作者）（Thomas，2012），这些都反映了政治循环中的社会和文化范畴。

结论

引文分析的指标表征了什么？它们被认为表征了书目或文献资料的对象和关系。反过来说，这些是表征社会行为的引用。引文索引是自动处理或分析此类数据的数据库和机制，其目的是在“宏观”尺度上表征社会和个人行为。

这就是它们的功能。但它们在社会和文化上意味着什么？这是要问，不仅在外延上，而且从它们自身的实际重要性和它们本身的存在和功能的事实，它们索引和指向了什么？

显然，正如许多作者所指出的那样，他们将计量指标的重要性作为确定价值的指标。对于许多作者来说，计量指标的社会和认识论之谜——这一疑问是，尽管在引用行为方面，以及这种计量指标显示或能显示什么方面，仍然存在着严重的认识论问题，他们如何继续保持这种社会文化价值——之所以存在，正是因为这种计量指标在权力运作中的作用。它们是技术现代性的产物，不仅体现在它们的结构上，更重要的是体现在它们的社会和文化价值上。

但这一计量指标是一种特殊类型。它是一种信息计量，在这个意义上，计量不仅通过计量关系从文档片段的“信息”或“关于性”构建文档和人的身份，而且还将这种权力扩展到“网上存在”或一些人所称的“数字经验”，整体上，它越来越以“交流性”为基础。

这是相当惊人的，尤其是从历史的角度来看。从 20 世纪的文献学这一个不太被认可的领域，再到近代“图书馆和信息科学”这一个非常小的、很大程度上是英美文化圈的学科，一套完整的认识论，或者说一套关于认同和权力的完整的形而上学已经出现。它取代了以前的评价体系、文本性的可渗透系统（即用文档代替文本，然后用信息代替文档），先前的文档表征模式（分类、编目和其他专业驱动的“全文档”表征系统），先前的心理学和同一性形而上学［自我或“我（主格，I）”作为“我（宾格，me）”的假设性和情境性的表达权力，作为其他人和“我”过去的表达的产物，也就是说，作为“我”被积累和被索引证据的产物］。行为被视为明确的和逻辑上可以理解的（告别无意识和神经官能症的权利；告别罗曼蒂克的保留和存在主义的意志；基本上，告别西方的主观形而上学），而同一性被视为可追溯且永远“存在”［告别被遗忘（Blanchette & Johnson，2002）］。在社会计算领域，即使是以前“基于知识”的引文索引的权威性及其社会学基础（同行评议）也被颠覆了（告别 ISI 及其继任者，转向谷歌学术和更广泛的网络计量学）。

简言之，引文索引和分析为我们打开了一个时代：个体是通过以算法确定的文献关系和身份的函数，通过估价后的“关于性”（即“信息”）的片段来实现。这些片段反映了社会和文化价值观的范畴规范，这发生在组织这些价值观并赋予它们表达和排斥的权力的政治经济中。计量引文系统进一步评估这些片段的价值，加强了它们的社会和文化范畴在当前和未来的规范价值（Thomas，2012）。如果这些片段不是从人类语言开始的，那么它们最终会成为人类语言，至少在分析、社会和文化监管以及政治治理方面是如此。也就是说，它们通过计算算法，在次要的和主要的社会索引性或定位水平上，对语言起调节作用。

西方文化中“个体”或“主体”的形而上学的颠覆——由群体定义的主体实现，即经由其他主体抵达的主体，其他主体包括主体自身过去的自我在内——是一个重大事件，构成了一种新的社会、文化和政治（信息）认识论，这恰恰是对先前现代主义（文档）认识论的巩固和增强。它将专业的文档结构和工具集成到日常的，以及用于社会关系和表达的专业基础设施中。它为不同领域的“个体”提供了不同的视角。它以有时对双方来说都肤浅却又不容易的方式，在东西方文化和政治之间架起了桥梁。它将表达重新定义为交流，这种方式是控制论的递归理论所预见的，但范围要大得多。

传统的引文分析有点像中了历史彩票。它可能不是一些最有见地的创始人、实践者和批评者完全想要的胜利，但它也曾有过一段光辉时刻。然而，在很大程度上仍然看不到的，是那些经常处于科学实践的核心和在科学实践和报告之外的东西（即不在适当方法、技术和计量指标的实践和报告范围内的东西）：推动这一点的社会和文化形式和价值观。简单来讲，科学的社会工程就是工程。除了非常严格的专业实践之外，很少有社会、文化和政治解释会对引文分析和引文索引进行研究。

但是，有些人会争辩说，这种“实际”的观点是信息的本质，作为是什么的表征。这是科学世界观的胜利，是基于数据、基于事实、基于（某种现代意义上的）信息的经验主义的胜利。数据向我们展示并引导我们。虽然许多人会说这是胡说八道，科学家们不再相信这一点，也从来没有相信过这一点，但目前尚不清楚这是否仍然是允许科学实践的约束性理念。它还可能允许科学一词（自然科学、物理科学、社会科学、计算科学、科学 / 工程学等）存有某些实践上的歧义，并且至少可以作为一种社会实践来合理化科学的资助和价值化。对科学，以及其中的引文分析，表明的就是本质的信念。而本质，就是我——即在其他东西中的我（当然了）。数据——被给予的东西——就是我。所以，我越来越多地成为了这个我。数据——这就是我！

这意味着什么：一个人唯一的社会价值是作为一种商品——在一个市场上的一种产品、一种价值和一种排名——所有的人际关系和交流都应该被视为商品、契约，以及最重要的——交换和竞争市场？或者，“数据——这就是我！”仅仅是单纯的自我陶醉，并因计量指标、计算信息公司、“新鲜事”和“知识”等被生产的景观（如 TED 演讲）的宣传、可视化和景观生产而变得越来越诱人——刘称之为“酷定律（laws of cool）”（Liu，2004）。

参考文献

Althusser, L. (2001). Ideology and ideological state apparatus (notes towards an investigation). *Lenin and philosophy and other essays* (pp. 85–126). New York: Monthly Review Press.

Blanchette, J. F., & Johnson, D. G. (2002). Data retention and the panoptic society: The social benefits of forgetfulness. *Information Society*, 18, 33–45.

Bowker, G. (2005). *Memory practices in the sciences*. Cambridge, MA: MIT Press.

Briet, S. (2006). *What is documentation?: English translation of the classic French text.* Lanham, MD: Scarecrow Press.

Burrows, R. (2012). Living with the h-index?Metric assemblages in the contemporary academy. *Sociological Review*, 60 (2), 355–372.

Cronin, B. (1994). Tiered citation and measures of document similarity. *Journal of the American Society for Information Science*, 45 (7), 537–538.

Cronin, B. (1999). The Warholian moment and other proto-indicators of scholarly salience. *Journal of the American Society for Information Science and Technology*, 50 (10), 953–955.

Cronin, B., & Shaw, D. (2002). Banking (on) different forms of symbolic capital. *Journal of the American Society for Information Science and Technology*, 53 (14), 1267–1270.

Day, R. E. (2001). *The modern invention of information: Discourse, history, and power.* Carbondale: Southern Illinois University Press.

De Bellis, N. (2009). *Bibliometrics and citation analysis: From Science Citation Index to cybermetrics*. Lanham, MD: Scarecrow Press.

Ding, Y., & Cronin, B. (2011). Popular and/or prestigious?Measures of scholarly esteem. *Information Processing & Management*, 47 (1), 80–96.

Ekbia, H. (2008). *Artificial dreams: The quest for non-biological intelligence*. Cambridge, UK: Cambridge University Press.

Hayles, K. (2012). *How we think: Digital media and contemporary technogenesis*. Chicago: University of Chicago Press.

Heidegger, M. (1977a). The age of the world picture. In D. F. Krell (Ed.), *Martin Heidegger: Basic writings from* Being and Time (1927) to the Task of Thinking (1964) (pp. 115–154). New York: Harper & Row.

Heidegger, M. (1977b). The end of philosophy and the task of thinking. In D. F. Krell (Ed.), *Martin Heidegger: Basic writings from* Being and Time (1927) to the Task of Thinking (1964) (pp. 373–392). New York: Harper & Row.

Latour, B. (1987). *Science in action: How to follow scientists and engineers through society*. Cambridge, MA: Harvard University Press.

Liu, A. (2004). *The laws of cool: Knowledge work and the culture of information*. Chicago: University of Chicago Press.

Marx, K. (1973). *Grundrisse*. Harmondsworth, England: Penguin.

Marx, K., & Engels, F. (1848/1969). *Manifesto of the Communist Party*. Marx/Engels Selected Works, Vol. 1. Moscow: Progress Publishers. Retrieved from http://www. marxists. org/archive/marx/works/1848/communist- manifesto/ch01. htm#a1.

Small, H. G. (1978). Cited documents as concept symbols. *Social Studies of Science,* 8 (3), 327–340.

Sosteric, M. (1999). Endowing mediocrity: Neoliberalism, information technology, and the decline of radical pedagogy. Retrieved from http://www. radicalpedagogy. org/Radical_Pedagogy/Endowing_Mediocrity Neoli beralism, _Information_Technology, _and_the_Decline_of_Radical_

Pedagogy. html.

Thomas, N. (2011). *Social computing as social rationality.* Unpublished doctoral dissertation, McGill University, Montréal.

Thomas, N. (2012). Algorithmic subjectivity and the need to be in-formed. Paper presented at the conference of the Canadian Communication Association, Kitchener-Waterloo, Ontario, May 2012. http://www. tem. fl. ulaval. ca/en/waterloo- 2012.

Walsh, J. A. (2012), “Images of God and friends of God”: The holy icon as document. *Journal of the American Society for Information Science,* 63 (1), 185– 194.

Wouters, P., & Costas, R. (2012). Users, narcissism and control—tracking the impact of scholarly publications in the 21st century. SURFfoundation. http://www. surf. nl/nl/publicaties/ Documents/Users%20narcissism%20and%20cont rol. pdf.

第 5 章
评价性文献计量学的伦理

乔纳森·弗纳
Jonathan Furner

引言

本章旨在为评价性文献计量学的伦理学研究方面提供一个理论框架。评价性文献计量学的实践包括使用定量方法来分析文档作者和读者所作的决策，并且用分析结果来为哪个作者应当被奖励决策提供信息。文献计量学研究的部分或完整理论框架的表述在文献中比比皆是，但鲜有文献提供了适合研究其伦理维度的基础。本章旨在填补这一空白。

在本引言后的两节中，评价性文献计量学被定位在文献计量学和科研评价两大相互重叠的上位领域语境下，并提供了一个典型的、省略了伦理范畴的文献计量学理论框架版本。然后，本章为关注伦理维度的决定提供了理由。这一维度的存在得到论证，其内容和范围得以界定，其意义也得到评价。后一节提供本章的主要贡献：一个研究文献计量学伦理的框架。本章对评价性研究参与者的价值观和原则进行了回顾，并强调了在分配公正原则方面缺乏全社群的共识这一核心问题。本章最后评论了将本文开发的框架应用于研究其他类型的文献计量技术实际使用的可能性。

文献计量学与评估

文献计量学被定义为“对被记录信息的产生、传播和使用的定量方面的研究”（Tague-Sutcliffe，1992；转引自 Bar-Ilan，2010）。通俗地说，我们可以说文献计量学关注的是人们（作者、读者等）用文档（书籍、期刊论文、网页、推文等）做什么、出于什么原因，以及产生什么影响。它涉及观察、分类和计数与文档相关的动作（编写、提交、审阅、编辑、发布、查看、购买、阅读、引用等），以及对此类动作类别的排序和映射，以便生成与文档相关的行为模式和趋势的表征。这些表征形式可以是各种数字和图形形式的描述和指标，用来：①奖励人们过去作为作者或读者的活动；②推荐特定的文档或文档类别，以备将来使用；③或简单地增进我们对文档和相关实体的网络结构和动态的基础过程的理解。

在文献计量学领域性质和视域概念核心的一个假设是，上面列出的任何与文档相关的动作都是在某一时间 t 选择一个特定文档（或文档类别），而不是将任何其他文档作为动作对象的决定的结果。换句话说，该操作被视为对全体文档集的偏好排序（preference ordering）的表达。通过对多个此类偏好排序的分析，我们可以生成：①文档（或文档类别）的综合排名，然后将其用作奖励排名靠前的文档作者，和（或）向信息搜寻者推荐排名靠前的文档的基础；②显示文档之间（或文档类别之间）关系的地图或图表，然后可作为向信息搜寻者推荐强相关文档的基础，和（或）表示或描述文档网络的结构。

评价性文献计量学（Narin，1976）是该领域的一个分支，其作用重点是：①确定生产排名的技术；②使用这种排名，作为在对被排名文件负责的个人或作者所属机构之间分配资源或贡献的基础。在教师任期方面，大学行政人员使用评价性文献计量学的技术确定最值得晋升的作者；政府机构在分配研究经费，使用评价性文献计量学确定最值得支持的院系、专业、项目（Lane 等，本书第 21 章）；图书馆员在确定最值得用户购买或授权他们使用的期刊的过程中，使用评价性文献计量学来发展馆藏（Haustein，本书第 17 章）。

作为一套技术，评价性文献计量学只是未来的研究评估者和（或）研究者可用的几种选择之一。科研评价独特但相互重叠的子领域（Whitley & Gläser，2007）致力于研究和应用这些步骤集，以系统地确定研究项目和计划的价值[①]、其产出和结果，以及其中领导和参与者的价值。科研评价本身是评价领域的一个分支（Scriven，1991），其实践者探究的是决定给定类型的行为主体、对象、事件等［即"评价对象（evaluand）"］价值的一般过程。后一个领域的一项重要工作成果是概述了评价的一般步骤，包括下列任务。

- 指明变量（特性、状态、条件、质量、属性、标准、维度）的值[②]，这些变量的值将用于刻画评价对象。
- 指明操作化所选变量的方法，以便可靠地进行测量。
- 指明将所选变量值归一化的方法，以便在不同条件下（例如，在不同时期）的测量具有可比性。
- （可选）指明对所选变量进行加权的方法，以便将测量值合并为一个整体计量指标。

对特定变量选择的依据是所选变量的内在价值（intrinsic value，有时称为merit）和（或）其工具价值 / 外在价值（instrumental/extrinsic value，有时称为worth或"goodness-for"）。选择外在价值的依据可能需要额外确定一个或多个利益相关者群体成员的评价目的、目标或功能。

评价本身是出于多种目的而进行的。评价研究的发起者主要感兴趣的可能是了解某一特定群体中的评价对象如何与其他群体相互比较。他们也可能希望利用一项评价的结果作为在评价对象中进行选择的理由或根据，或向不同的评价对象分配不同数量的资源或奖励；或者，他们可能希望确定如何提高评价对象的价值，或鼓励评价对象将评价事实（或获得奖励的前景）考虑为更成功地实现其目标的动机或激励。最后，管理者可以认为他们有责任或义务进行评

① 价值是一个可能令人困惑的术语。它至少有三种不同的含义：一是一个数量或数字，用来衡量任何现象表现出某一特定性质的程度（或水平）；二是可归结于个体或总体的主体、物体、事件或其他现象的任何一种状态、条件、性质等，并且被某一主体（或一组主体）认为是善的；三是（同此处）评估所固有的（或由评估潜在产生的）善的数量。本章不同场合下有不同意义；希望在每种情况下上下文都能清楚地表明意图。

② 参见注释①。这里"值"是上面的第一种意思（这里变量的意义接近于第2项意义）。

价，以达到专业的问责标准。

除了管理者通常希望达到的效果——更好的决策、更公平的资源分配、提升的绩效和（或）声誉——评价研究还可能产生各种“意想不到的副作用”。评价对象可能认为他们在评价中的参与，或者他们对评价结果的期望，是改变他们行为的诱因，这些行为的结果与管理者的期望背道而驰。评价方法本身可以被视为评价对象，其内在和外在价值都在“元评价”过程中确定，在该过程中，不被期望的影响与被期望的影响相抵触。

在评价性文献计量学中，两种类型的分析占主导地位，它们可以用以评估对象的变量相互区分。出版物分析是根据每个作者（或每个组织、每个学科领域、每个国家等）所生产文档的出版次数进行统计；使用分析基于每个作者（或每个组织、每个学科领域、每个国家）所生产文档被使用的次数[①]。引文分析是一种特殊的使用分析形式，它假设被引次数可作为施引作者对被引文件使用量的可靠证据。使用分析本身有时被认为是影响分析的一种形式，它假设使用事件的计数（即引用、链接、借用、持有、下载、阅览等）可以作为文档对特定用户群体影响程度的可靠指标。同样，出版物分析有时被认为是生产力分析的一种形式，其假设前提是出版物的数量可作为作者生产率的可靠指标。

我们对每种类型分析效度的评估取决于我们对一系列基本前提的态度：所选择的评价变量（生产率、影响量等）的值与质量水平的测量成正相关，因此从出版物和（或）被引次数中得出的排名可作为质量的替代测量指标；相信研究质量是评价研究者应获得奖励的程度，依据“应得程度（desert）”[②]是分配奖励的最适当的基础。

总而言之，证明在研究评估中使用文献计量技术有效性的论点需要证明：①出版物是生产力的证据，引用是影响的证据；②生产力和影响是质量的证据；③质量是评估“应得程度”的适当基础；④评估合法性是奖励分配的适当基础。

① 有些指标是以混合形式分析的产物。例如，h 指数是一种将出版物数量和被引次数结合起来的测量指标。

② 即研究人员在多大程度上应得奖励。

文献计量学的概念框架

正如人们所期望的那样，文献计量学的文献是充满活力和多方面的，包括对方法论和其他基础问题的许多不同辩论，以及应用了文献计量学技术的研究结果的报告都有很多贡献（Bar-Ilan，2008；Borgman & Furner，2002）[①]。对最重要的基本问题进行分类的框架，可包括几个类别。综合考虑，这些类别的贡献详细描述和解释了该领域及其子领域（如评价性文献计量学）的性质和视域、文献计量学与相关研究领域之间的区别，以及其学科隶属关系。

- 目的：说明文献计量学家试图回答、解决或理解的问题或议题的一般类型，以及此类问题的具体实例。
- 用途：说明各种情境和环境，以及文献计量研究结果的各种可能应用方式。
- 本体论：澄清文献计量学家对各种基本范畴内实体在实在中的存在的承诺。
- 认识论：明确文献计量学家认为有可能获得文献计量学主题知识的过程。
- 方法论：明确一般而言收集有效和可靠数据的方法，以及对数据进行相关的、适当的分析方法。
- 元方法论：解释和评价为解决上述基本问题可能采取的一般方法和可能使用的特殊方法。
- 范式：在最一般的层面上，确定文献计量学家可能（有意或无意）运用的范式。

特别是在方法论方面，我们发现了以下几种贡献，其中大多数是涉及统计技术的发展和应用的领域。

- 指明了为文献计量目的收集和分析数据的现象（对象、性质、行为、主体等）的种类，以及对现象进行有效汇总和分析的层级或单位。
- 指明了可作为证据证明人类文档相关活动的影响和（或）效果的数据

① 发表这些贡献的核心期刊包括《信息计量学杂志》《美国信息科学与技术学会会刊》《研究评价》和《科学计量学》。

种类。

- 指明了生产数据所需的观察类型，这些数据是结构存在和过程运行的有效、可靠指标。
- 指明了以摘要统计（又名计量指标）、排名列表和图形可视化的形式生成文献计量数据集描述的方法。
- 指明了生成数学函数的方法，用以推定描述在被观测现象的概率分布中发现的规律性。
- 指明了根据收集的数据来计算拟用函数的拟合优度的方法。
- 指明了用来解释规律性的模型和理论的生成方法。
- 指明了我们评价模型和理论的实用性、一致性和（或）与现实相符性的方法，这些模型和理论作为对规律性的解释而被提出。
- 指明了可用于支持有效数据收集和分析的各种技术和工具。

最后，考虑到与评价性文献计量学最相关的方面，可以得出以下可供选择的选项，这些选项必须由从事任何给定评价性研究的分析人员做出并加以支持。

- 选择待科研评价对象的单元类型：如文档、作者、期刊、部门、机构、国家、领域。
- 选择一种方法来识别特定科研评价对象的总体。例如，机构成员、数据库覆盖率。
- 选择（若干）变量，其值将用于表征评价对象。例如，生产力、对科学/学术的影响、对社会的影响、研究质量、平等、多样性。
- 选择所选变量的操作化方法，以便测量。例如，出版物计数、被引次数。
- 选择一种将所选变量的值归一化的方法，以使测量结果具有可比性。例如，按时间段、按可引用文件的频次。
- 选择加权所选变量的方法，以便将测量结果合并为一个单独的整体指标。
- 选择对所选总体中的评价对象的操作化变量归一化值进行排名的方法。

若沿着这些思路构建评价性文献计量学的理论框架，无论是其一般过程，还是上面给出的具体结果，都不能被解释为新的贡献。但是这一详细程度对于证明重大遗漏是必要的:（我主张）伦理维度贯穿于所列出的许多范畴。若将评价性文献计量学视为一组用于评估作者主体和产品的离散技术，我们可以利用一种元评估形式，确定在每个给定范畴中各种方法论选项的内在和外在价值。相对于利益相关者的目标，外在价值是可以评估的，但我们如何衡量［选项和（或）选择者的目标的］内在价值呢？这就是进军伦理学领域有帮助的地方。

伦理、价值观和原则

伦理学（Shafer-Landau，2010）是一个研究领域，通常被视为哲学的一个分支。在该领域中，人们寻求诸如“什么才是正确的做法呢？”等问题的答案，研究、评价、思考、推理此类问题的方法和结果。完善的伦理学子领域包括：规范伦理学（normative ethics），它产生区分对错行为的标准规范和为这些规范提供依据的理论；元伦理学（metaethics），它产生了对伦理理论进行分类的方法；应用伦理学（applied ethics），它显示了以特定种类的标准作为在特定种类情况下的行动指南的后果。

职业伦理（professional ethics）是应用伦理学的一个分支，涉及各种专业工作的伦理问题[①]。许多专业协会的领导者发现，伦理守则（code of ethics）是一种有用的工具，它可以变为各种形式（和各种标题），但其主要目的通常是确保特定职业的成员有机会（通过学习该守则）对同行普遍认为符合伦理原则的做法有所认识和了解。伦理守则的次要目的包括：①向非会员，即向协会成员提供商品的消费者和（或）提供服务的客户，以及政策制定者、记者和公众成员传播职业价值观；②建立一种方式，使行业成员对被认为不符合道德原则的行为承担责任。

伦理守则采取的形式确实会有变化，但其通常采用的结构涉及职业价值

① 伊利诺伊理工学院（Illinois Institute of Technology，IIT）的职业伦理研究中心（Center for the Study of Ethics in the Professions，CSEP）提供了这方面的有用资源。根据其官方网站（http://ethics.iit.edu/about/history-mis-center），CSEP 成立于 1976 年，“旨在促进对职业中实际道德问题的研究和教学”。它是“第一个专注于职业的跨学科道德中心”，也是“全国领先的实践和职业伦理中心之一”。CSEP 在网上收集了超过 850 个伦理守则。

陈述和原则陈述的区别。价值是那些（声称是）善（good）的状态、条件、属性等——可以作为个体或总体归结于主体、对象、事件或其他现象。原则是对于任何被认为“正当”（right）的给定行为，都必须满足的条件、必须占优势的状态、必须例证的属性的指明。

当一个人被说“持有”某一特定价值时，那么此主张就是这个人相信某种状态、属性等是善的。善的定义层出不穷，各种善的类型学也是如此，但是通常（如果只是隐含地）归结于善的一个特征是它的可量化性，从两种意义中的一种或两种而言：其他条件不变，我们拥有的善越多越好；而且，其他条件不变，我们拥有的善的东西越多，就越善。

不同的伦理学理论为行动指导原则提出了不同的正当性解释，并且对原则与价值相关的方式提出了不同的观念。例如，根据一个被称为结果论（consequentialism）的家族理论，原则的正当性体现在它们所建议的行为往往会产生具有更大价值的效果。换言之，行动的正当性取决于其结果的善。这些理论表明，如果我们对一个更善的世界的可能性感兴趣，我们就有理由采取任何能提高那些状态、属性等——这些我们识别为价值的东西——出现频率的方式。从这种观点来看，原则可以被视为一种行为的指明（从非常一般到非常具体的范围），这些行为（据称）比产生更多价值的替代选项更有可能。

其他理论提出了一些原则的正当性解释，这些原则较少关注原则本身所推荐的行动结果的善，而更多地关注行为主体以这些方式行动理由的善。根据这种观点，价值可被视为属于主体的美德，而原则被视为美德主体往往特有的各种行为的具体指明。

文献计量学伦理的概念框架

无论我们决定如何理论化价值与原则之间的关系，我们似乎都可以构建一种对评价性文献计量学伦理进行探究的有效方式，它将着重于以下任务。

- 识别负责在文献计量评价过程中采取行动的主体的相关子群（subgroup），每个子群按其成员的共同目标加以区分。
- 识别各子群成员在文献计量评价过程中所采取的行为种类。

- 识别每个子群成员所持有的价值。
- 识别每个子群成员倡导的原则。
- 识别所分析的道德体系中的漏洞，在这些漏洞中指导性原则将是有用的，但仍缺失。
- 识别违规行为，即表明某子群价值观和（或）原则的活动与另一子群不一致或发生冲突。

子群

任何文献计量评估的三大核心群体如下所示。

- 分析人员：即负责收集和分析特定学科的文档相关活动的数据，并报告其发现结果的文献计量学家。
- 用户：即负责委托文献计量研究，并使用此类研究的结果为资源分配决策提供依据的管理者和决策者。
- 研究者：即对分析人员观察到的文档相关活动负责的研究者。

行动

“文献计量学的概念框架”一节总结了文献计量学家在备选方案中进行选择的主要任务种类。这些任务包括以下选项。

- 评价对象的单元类型。
- 识别评价对象总体的方法。
- 用于表征评价对象的变量。
- 操作化变量的方法。
- 归一化值的方法。
- 加权变量的方法。

文献计量评价结果的用户将做出的主要决策种类有：

- 给定研究者、项目、计划、部门、机构等获得资助或其他形式支持的水平。
- 在潜在接收者总体中分配可用资源的方案或原则。

研究者要做出的与文档相关的选择主要有：

- 研究者撰写文档的频次。

- 与研究者合作编写给定文档的合著者。
- 文档中列出合著者的顺序。
- 文档所涵盖的主题。
- 文档引用的其他文件。
- 提交文档的场所（如期刊）。

价值观

国际科学计量学与信息计量学学会（International Society for Scientometrics and Informetrics，ISSI）是一个杰出的文献计量学专业协会，目前没有制定伦理守则供其成员参考[①]。文献计量学家、政策制定者和研究者所倡导的价值和原则的候选可以由标准制定机构在密切相关的领域（如评价、统计和出版）中制定的伦理守则中寻找。本章挖掘了几项这样的守则，目的是列举以下价值观和原则的清单。

- 《职业伦理宣言》（国际统计研究所，International Statistical Institute，ISI，2010）。
- 《联合国系统评价标准》（联合国评价小组，United Nations Evaluation Group，UNEG，2005a）、《UNEG 评价伦理准则》（UNEG，2008）和《联合国系统评价标准》（UNEG，2005b）。
- 《负责任的研究出版物：作者的国际标准》（Wager & Kleinert，2011）和《负责任的研究出版物：编辑的国际标准》（Kleinert & Wager，2011）。
- 《欧洲科研诚信行为守则》[欧洲科学基金会（European Science Foundation，ESF），2011]。

分析人员

通常出现于旨在总结专业统计员和评价人员所持价值的陈述中的价值类型，可根据其作为评估工作的产品、方法或主体的特征，分为三大类。

---

① 根据其网站（http://www.issi-society.info/mission.html），ISSI 成立于 1993 年，其宗旨是“鼓励科学计量学和信息计量学领域的专业信息交流和交换，提高该学科所有领域的标准、理论和实践；促进研究、教育和训练，并提高公众对该学科的认识。”

此类工作的产品（即产出）的价值（如排名）包括以下两个特征，每一个特征都可以被解释为具有不同重要性的一系列子特征。

- 数据质量（即可信度、可信赖程度）。例如：
  - 准确性
  - 完整性
  - 一致性
  - 无偏性
- 目的适切性（即实用性、有用性）。例如：
  - 相关性
  - 及时性
  - 可达性
  - 清晰性、透明性

这里划出二元界限的动机是突出两类价值之间的区别：①最终价值或内在价值；②工具价值或外在价值。既定排名的有用性只能通过使用排名的外部推荐者来确定，而排名的可信度至少在原则上可不参照外部目的所确定。然而，在通常缺乏“第一线真相”来将评价性研究的结果与之进行比较的情况下，实际操作中，可通过检查评价者选择的方法产生可信赖结果的倾向来估计数据质量水平。分析人员的方法（即过程）的重要特征可以按照以下思路进行分解。

- 目的适切性（即产生可信赖和有用结果的倾向）。例如：
  - 有效性（即方法在实践中能为其所应用的研究问题提供答案的程度）
  - 可靠性（即方法在实践中能提供可再现结果的程度）

分析人员作为主体的重要特征（即美德）包括以下内容（通常归类为“正直”家族体系）。

- 公正。
- 诚信。
- 尊重（例如，对于权利）。
- 负责。

用户

根据以上检查的守则，通过文献计量评估结果做出决策的管理者和政策制定者重视以下决策结果的特征。

- 成本效益（即管理者应用评价结果的收益超过管理者成本的程度）。
- 利益 - 损害比的最大化［即，在多大程度上，应用评估结果后，对所有利益相关者群体成员（包括评价对象）的联合利益大于危害］。

管理员应用评估研究结果的方法的重要特征包括：

- 目的适切性（即产生使福利和成本效益最大化结果的倾向）。例如：
  - 奖励分配的公平性（即在多大程度上，资源是根据评估结果，以被证明对接收者公平的方式来分配）
  - 目的透明度（即在多大程度上，管理员的目标、意图、假设和价值观得到澄清）

管理员和政策制定者的美德可以通过类似于分析人员的方法来分解：

- 公正。
- 诚信。
- 尊重。
- 负责。

研究人员

学术共同体成员所持有的价值观可以根据产出、方法和主体进行类似分类。与前文一样，可以将内在或最终的价值与相对于某些外部目标或目的定义的外在或工具价值相区分。

研究者产出的重要特征如下。

- 质量（即可信度、可信赖程度）。例如：
  - 准确性
  - 一致性
  - 完整性
  - 无偏性
- 目的适切性（即实用性、有用性）。例如：

- 相关性
- 及时性
- 可达性
- 清晰性
- 文档完整性
- 影响

上述最后提到的价值“影响”可以大致等同于适用于管理者产出的“利益损害比最大化”，因为所重视的特定影响类型是正面影响。对不同群体的影响可能受到不同程度的重视。对科学或知识的影响（即学术界或研究界内的影响）和对社会的影响往往是有区别的。

研究者方法的重要特征为：

- 目的适切性（即产生可信赖和有用结果的倾向）。例如：
  - 有效性（即方法在实践中能为所应用的研究问题提供答案的程度）
  - 可靠性（即方法在实践中能提供可再现结果的程度）

研究者作为主体的美德如下。

- 公正。例如：
  - 对过往作品分配贡献的公正性（即在多大程度上，所有研究者使用的作品，且仅有这些作品被引用和致谢）
- 诚信。例如：
  - 投稿诚信（即提交出版的作品在多大程度上是声称为其作者的原创、实质、独特、真实的产品）
- 尊重。例如：
  - 尊重利益相关者的权利（即在多大程度上，研究考虑了所有利益相关者群体成员的各种权利）
- 负责。

原则

指明具有伦理必要性——即参照本质上是善的意图或预期结果，而具有的正当理由——的行为的种类的原则，可以通过考虑以所识别价值所作决策的种类来制定。

前面列出的守则提供了一些示例，以下可从中进行选择。

分析人员

数据的质量：

> （统计人员应当）竭尽所能地收集和分析高质量数据（ISI，2010）

清晰性、透明性：

> 评价人员应以情境适宜的方式讨论那些对评价结果的解释产生重大影响的价值、假设、理论、方法、结果和分析。（UNEG，2005b）

> （统计人员应）对所使用的统计方法保持透明，并公布这些方法……为了促进和保持公众的信心，统计人员应确保准确、正确地描述其结果，包括其数据的解释力。统计人员有责任提醒潜在用户注意结果可靠性和适用性的界限……应向公众提供足够的信息，以便其独立评估方法、程序、技术和结果。（ISI，2010）

有效性和可靠性：

> 评价的方法论……应反映最高的专业标准……评价过程（应）在客观、公正、公开和参与性（方式）的基础上，根据实证检验过的、有效和可靠的证据进行，产生可用的结果……用于数据收集、分析和利益相关方参与的评价方法应与被评价对象相适应，以确保收集到的信息有效、可靠和足以达到评价目标，并且评价是完整、公正和无偏见的……评价方法应足够严格，以评估评价对象，并确保进行完整、公平和公正的评估……评价方法取决于所寻求的信息，以及正在分析的数据类型。数据应有各种来源，以确保其准确性、有效性和可靠性，并确保所有受影响的人员 / 利益相关方都得

到考虑。方法论应明确地处理性别问题和群体代表性不足的问题。(UNEG，2005b)

(评价人员应进行)彻底调查，系统地采用达到最高的技术标准的适当方法和技术，使用多种措施和来源验证信息，以防止偏见，并确保纠正错误。(UNEG，2008)

(统计人员)负责数据和方法的适宜性，以达到手头的目的……(他们应该)追求有前途的新想法，抛弃那些被证明无效的想法……(并且)致力于数据和结论的逻辑连贯性和实证充分性。(ISI，2010 年)

公正:

评价者必须确保整个评价过程的诚信和完整。(评价者)也负有确保评价活动独立、公正和准确的全部责任。(UNEG，2005b)

在履行其职责时，每个统计人员都必须敏感地认识到：首先，他或她的行动符合每个群体的最佳利益；其次，不以牺牲任何其他群体为代价而偏袒任何群体……(统计人员)应使用……统计知识、数据和分析，为共同利益服务社会……(统计人员)应该利用科学得出统计结果……不要(受到)来自政客或资助者的压力的影响……(统计人员)应努力以公正的方式获得反映所观察到现象的结果……(统计人员)应该毫不畏惧和毫无偏袒地追求客观，只选择和使用那些能产生最准确结果的方法……应考虑可用的方法和程序，并向雇主、客户或资助者提供对各备选方案优点和局限性的公正评估，以及方法提议。(ISI，2010)

尊重：

评价（应该）在对评估对象给予应有尊重和考虑的情况下进行……评价者应对信仰、举止和习俗保持敏感，在与所有利益相关方的关系中，应正直、诚实地行事……根据《联合国世界人权宣言》和其他人权公约，评价者应按照国际价值观行事……评价者应了解文化、当地习俗、宗教信仰和实践、个人互动和性别角色、残疾、年龄和族裔的差异，并在规划、执行和报告评价时注意这些差异的潜在影响……评价者应保护个人信息的匿名性和保密性……个人的权利和福祉不应在规划和进行评估时受到负面影响。（UNEG，2005b）

评价可能对其对象或参与评价的群体产生负面影响。因此，评价人员应努力做到：尽量减少参与评价者的风险和负担；寻求利益最大化，减少负面或批评评价可能产生的任何不必要的伤害，同时不影响评价的完整性。（UNEG，2008 年）

（统计人员）应尊重收集数据的社群，并防止因滥用结果而对他们造成伤害……调查结果应传达给尽可能广泛的社群，但要确保不会对任何人群造成伤害……在与同一学科或其他学科的同事和其他人合作时，必须确保所有参与者的伦理原则得到明确、理解、尊重，并反映在作品中。（ISI，2010 年）

用户

目的的透明度：

从一开始就说明如何使用和传播评价报告。（UNEG，2008）

尊重利益相关者的权利：

预测不同利益集团的不同立场，尽量避免会损害评价，或扭曲、错误应用结果的尝试。（UNEG，2008）

研究人员

对过往作品分配贡献时保持公正：

作者应在引文和引注中准确地呈现他人的作品……相关的过往作品和出版物，包括其他研究者和作者自己完成的，应以适当方式致谢和参考，应尽可能引用原始文献，其他研究者产生的数据、文本、数字或想法应得到适当的致谢，不应像作者本人作品那样被呈现。从其他研究者的出版物中直接摘录的原文应以引号标明，并以适当方式引注。（Wager & Kleinert，2011）

应该以适当方式致谢影响所报告研究的其他人的重要作品和智力贡献，应正确引用相关作品，参考文献应限于（纸质或电子）印刷出版物和"在印"出版物。（ESF，2011）

投稿诚信：

除非编辑同意共同出版，否则作品不得同时提交给超过一家期刊，即一稿多投……如果调查结果以前已经发布，或者正在考虑向别处发布基于同一数据集的多份报告或多项分析，则作者应通知编辑。作者应提供提交给其他期刊的相关出版物或作品的副本。同一研究项目产生的多种出版物应明确标明，并应指明主要出版物。针对不同受众的翻译和改编应明确标识，应承认原文出处，并应遵守相关版权公约和许可要求。（Wager & Kleinert，2011）

（作者不应该参与）重复出版（或）香肠切分（salami slicing）……只有在期刊编辑同意并以适当方式注明第一篇出版物的情况下，才能在不同的期刊上发表相同（或相同部分）的作品。在作者的简历中，此类相关论文必须作为同一项工作提及。（ESF，2011）

研究出版物的署名应准确地反映个人对作品及其报告的贡献……作者署名和致谢的标准应在项目开始时商定。理想情况下，研究机构、专业和学术协会和资助者应商定、公布并一致使用特定领域的署名标准……研究者应确保只有那些符合署名资格标准（即对作品做出重大贡献）的个人才能获得署名，并且不遗漏值得署名的作者。机构和期刊编辑应鼓励采用防止客串（guest）、人情（gift）和幽灵（ghost）作者的做法。（Wager & Kleinert，2011）[①]

除非另有说明，所有作者应对出版物内容承担全部责任。客串作者和幽灵作者是不可接受的。作者顺序标准应由所有人商定，最好是在项目开始时。合作者和协助者的贡献应在他们允许的情况下予以致谢。（ESF，2011）

编辑应努力确保所有已发表的论文对其领域做出实质的新贡献。编辑不应鼓励所谓的“香肠发表”（即发表可发表的最小研究单位），避免重复或多余的出版物，除非它们均被声明并为公众所接受（例如，用不同的语言发表，并相互标注）。应鼓励作者把他们的工作放在过往作品背景下（例如，说明为什么这项作品是必要的或为什么

① 客串作者是指那些不符合公认署名标准，但由于资历、声誉或推定影响力而被署名的作者；人情作者是指那些不符合公认署名标准但因个人恩惠或答谢而被署名的作者；幽灵作者是那些符合署名标准但未被署名的作者（Wager & Kleinart，2011）。关于客串、人情和幽灵作者的流行程度，很难找到可靠的测量数据。无论是在这些准署名行为的发生频率上，还是在管理者和学者对此类行为缺陷的看法上，人们可以合理地预期实质性的学科差异。例如，有轶事证据认为，在医学和一些相关领域，幽灵作者身份是一种相对常见的做法，而且通常被认为是良性的。

完成，这项作品增加了什么，或为什么需要重复以前作品，读者应从中得到什么）。（Kleinert & Wager，2011）

编辑人员不应试图通过人为地增加任何期刊指标来不当地影响其期刊的排名。例如，不应要求引用该期刊的论文，除非是出于真正的学术原因。一般而言，编辑应确保纯粹以学术理由审查论文，并确保作者不因非学术原因而被迫引用具体出版物。（Kleinert & Wager，2011）

遗漏

伦理守则本身可以按照上述发展的方针进行评价。规范性原则的陈述是“目的适切”的，只要其目标受众的成员能理解，并认为这很重要。当然，如果我们希望对个人实际声称拥有的价值观，以及研究者、文献计量学家和管理者在实践中受其专业协会长期奉为圭臬的规范指导进行社会学研究，就需要不同的方法。同时，我们可以指出守则中的漏洞，其中关于某些细节的指导将会特别有用，但不幸的是，目前仍然缺位。

最重要的遗漏是分配正义（distributive justice）原则。现有的原则陈述基本上对向研究者分配奖励的正确方法问题保持沉默。分配正义理论所要解决的一般问题是：应根据什么原则在接受者群体中分配各种惠益和负担（包括经济、文化产品和服务）？正义，或公平，是传统上对利益分配的价值属性的称呼。分配正义的各类理论为最大化这一价值的不同原则提供了正当理由（Cozzens，2007；Lamont & Favor，2007）。例如，严格平等（strict equality）原则将公平定义为每一成员获得同等净福利的程度。个体接受者的特征与基于严格平等的分配无关。相对平等（relative equality）原则指明了分配利益时应参照的接受者的某些特定特征（如需求、功劳或地位）。然而，其他原则只允许最弱势群体比在严格平等条件下生活更好时，可存在不平等。自由主义理论（libertarian theory）否定了平等作为价值的首要地位，认为只要接受者的某些自由和权利得到尊重，分配就是公平的。

国家和国际治理研究的参与者普遍持有的一种假设（尽管假设往往没有

被陈述）是：资源应按照应得程度分配（即接受者应该得到奖励的程度）。该普遍性原则的采纳缘由缺失，相较于在分配正义理论家和评估理论家常年研究的四种相关类型的测量问题上指导的缺失（同样可以理解），问题更小，主要有：

- 我们依据什么确定在整个应得赏罚计算中应包含的基本特征（例如，绩效、需求；过往表现、未来潜力；内在质量、外在影响）?
- 我们依据什么确定各类变量可测量的操作化形式（例如，出版物计数、被引次数）?
- 我们依据什么确定归一化这些变量值的方式（例如，按时间范围）?
- 我们依据什么确定变量的加权方式?

一般来说，需要有一个理性原则来确定测量应得奖励的正确方法。现有的伦理守则缺乏对任何此类原则的宣传。政策制定者和分析家选择有关特征，以及操作化、归一化和加权的方法，在很大程度上往往是暂时性的。

违规行为

评价性文献计量学家所面临的技术和方法问题众多，且被广泛讨论。这些问题对文献计量学方法的有效性和可靠性的影响相对来说已经得到了充分的理解（Bornmann，Metz，Neuhaus，& Daniel，2008；Moed，2007；Pendlebury，2009；Sivertsen，1997）。例如：

- 计数所依据的出版物和引文数据库往往包含错误，这些错误并不总是均匀分布，而且往往缺乏对全类型的施引文档（例如，书籍和期刊论文）、全语言和全领域的无偏覆盖。结论是：使用这些数据库中的计数，来比较那些作品被广泛覆盖的作者和那些没有被广泛覆盖的作者的做法是无效的。
- 在被引文档中被引次数并不是均匀分布，也不是正态分布；相反，分布是严重有偏的，意味着计数不能很好地描述情形。结论是：使用基于平均计数（如影响因子）的指标作为个体计数的代理的做法是无效的。
- 某些学科的文档往往会吸引更多的被引次数，仅仅是因为这些学科规模大或生产力高。结论是：使用被引次数来比较跨学科的评价对象是无效的。

- 许多作者决定引用某给定文档是基于其他原因，而不是他们是否使用过它。结论是：使用被引次数作为影响证据是无效的。

如果我们仍对有效性已被证明可疑的方法能否使用持怀疑态度，基于我们对分配正义原则正当性（或系统的一致性）缺失的观察，我们现在可以对这些方法的内在价值提出严肃的问题。比较被引次数和影响因子，而不对学科差异进行归一化是否公平？如果需要进行这种归一化，那么差异的相关维度是什么，以及应该在什么聚合层级（学科、领域、个体研究者）进行归一化？将生产力和影响力作为研究质量的指标是否公平？将出版物计数视为生产力的证据，而将被引次数视为影响的证据是否公平？

同时，科学奖励的候选者（而不是奖励的分配者）可能以“舞弊”的目的参与各类活动，这些活动将腐蚀指标，使指标不再能成为应得赏罚的有效测度。守则对这些活动在道德上不可接受性有所提及。

- “香肠切分”策略：作者将他们的研究成果分成一系列“最小的可发表单元”单独出版。
- “重复发表”策略：作者向多个场所提交非常相似的论文。
- “客串作者”策略：未为出版物做出贡献的人声称对该出版物拥有署名权。
- “引文拖网（citation trawling）”策略：期刊编辑鼓励（甚至要求）投稿作者引用其期刊。

（守则中没有提到类似动机机构以下做法的可接受性：在国家研究评估活动之前，聘用高被引学者并支付高额薪水，以提高机构的计数）

可能有人认为，这种“舞弊”的例子是对某一感受的相当理性的反应，即某人被迫参与从一开始就不公平的评价体系（Frey & Osterloh，2011）。管理者通常有以下两种理由在评价中使用文献计量技术。

- 可以根据与文档相关事件（出版物、被引等）的发生频率和（或）强度进行（至少部分上的）定量测量来分配奖励。
- 以定量测量分配奖励比以定性同行评议分配更具成本效益，这需要专家在大量出版物主题上付出长期努力。

管理者面临的更大挑战是证明定量方法的内在公平性。考虑到这一挑战，本章提出的框架旨在用来确定需要注意的问题，了解文献计量学家过去不愿采纳职业伦理准则的原因，并最终对在该领域具有权威和影响力的团体和机构施加适当的压力，要求其成员基于伦理依据，惯常地为其决定、行动和做法提供正当性。

结论

在本章中，我重点介绍了使用评价性文献计量学为奖励分配中的决策提供信息的伦理意义。这一自我施加的限制，即排除考虑将文献计量技术的应用于信息检索，是相当武断的。文献计量学的其他用途同样充满伦理问题。根据先验使用事件（链接、浏览、下载等）的计数对文档进行推荐的搜索引擎设计者面临的一个挑战是马太效应（Rigney，2010）这一不公平的排名分配机制的产物。由于排名较高的文档倾向于吸引更多的使用，排名较高和较低的文档之间的不平等越来越大。任何观察到“累积优势”带来的“富者更富”现象的情境，无疑都是正义理论分析的优先候选对象。希望本章介绍的框架可以帮助激发这一领域的更多作品。

参考文献

Bar-Ilan, J. (2008). Informetrics at the beginning of the 21st century: A review. *Journal of Informetrics*, 2 (1), 1–52.

Bar-Ilan, J. (2010). Informetrics. In M. J. Bates & M. N. Maack (Eds.), *Encyclopedia of library and information sciences* (3rd ed., pp. 2755–2764). Boca Raton, FL: CRC Press.

Borgman, C. L., & Furner, J. (2002). Scholarly communication and bibliometrics. *Annual Review of Information Science & Technology*, 36, 3–72.

Bornmann, L., Metz, R., Neuhaus, C., & Daniel, H. -D. (2008). Citation counts for research evaluation: Standards of good practice for analyzing bibliometric data and presenting and interpreting results. *Ethics in Science and Environmental Politics*, 8, 93–102.

Cozzens, S. E. (2007). Distributive justice in science and technology policy. *Science & Public Policy*, 34 (2), 85–94.

European Science Foundation. (2011). *The European code of conduct for research integrity*. Strasbourg, France: European Science Foundation. Retrieved from http://www. esf. org/fileadmin/

Public_documents/Publications/Code_Conduct_Rese archIntegrity. pdf.

Frey, B. S., & Osterloh, M. (2011). *Ranking games* (CREMA Working Paper No. 11). Basel, Switzerland: Center for Research in Economics, Management and the Arts.

International Statistical Institute. (2010). *Declaration on professional ethics*. The Hague, The Netherlands: International Statistical Institute. Retrieved from http://www. isi-web. org/images/about/Declaration-EN2010. pdf.

Kleinert, S., & Wager, E. (2011). Responsible research publication: International standards for editors: A position statement developed at the 2nd World Conference on Research Integrity, Singapore, July 22–24, 2010. In T. Mayer & N. Steneck (Eds.), *Promoting research integrity in a global environment* (pp. 317–328).

Singapore: Imperial College Press / World Scientific Publishing. Retrieved from http://publicationethics. org/international-standards-editors-and-authors.

Lamont, J., & Favor, C. (2007). Distributive justice. In E. N. Zalta (Ed.), *Stanford encyclopedia of philosophy*. Stanford, CA: Stanford University. Retrieved from http://plato. stanford. edu/entries/justice-distributive.

Moed, H. F. (2007). The future of research evaluation rests with an intelligent combination of advanced metrics and transparent peer review. *Science & Public Policy*, 34 (8), 575–583.

Narin, F. (1976). *Evaluative bibliometrics: The use of publication and citation analysis in the evaluation of scientific activity*. Cherry Hill, NJ: Computer Horizons.

Pendlebury, D. A. (2009). The use and misuse of journal metrics and other citation indicators. *Archivum Immunologiae et Therapiae Experimentalis*, 57, 1–11.

Rigney, D. (2010). *The Matthew effect: How advantage begets further advantage*. New York: Columbia University Press.

Scriven, M. (1991). *Evaluation thesaurus* (4th ed.). Newbury Park, CA: Sage.

Shafer-Landau, R. (2010). *The fundamentals of ethics*. New York: Oxford University Press.

Sivertsen, G. (1997). Ethical and political aspects of using and interpreting quantitative indicators. In M. S. Frankel & J. Cave (Eds.), *Evaluating science and scientists: An East-West dialogue on research evaluation in post-communist Europe* (pp. 212–220). Budapest, Hungary: Central European University Press.

Tague-Sutcliffe, J. (1992). An introduction to informetrics. *Information Processing & Management*, 28, 1–3.

United Nations Evaluation Group. (2005a). *Norms for evaluation in the UN system*. New York: United Nations Evaluation Group. Retrieved from http://www. uneval. org/normsandstandards.

United Nations Evaluation Group. (2005b). *Standards for evaluation in the UN system*. New York: United Nations Evaluation Group. Retrieved from http://www. uneval. org/normsandstandards.

United Nations Evaluation Group. (2008). *UNEG ethical guidelines for evaluation*. New York: United Nations Evaluation Group. Retrieved from http://www. unevaluation. org/ethicalguidelines.

Wager, E., & Kleinert, S. (2011). Responsible research publication: International standards for authors: A position statement developed at the 2nd World Conference on Research Integrity,

Singapore, July 22–24, 2010. In T. Mayer & N. Steneck (Eds.), *Promoting research integrity in a global environment* (pp. 309–316).

Singapore: Imperial College Press / World Scientific Publishing. Retrieved from http://publicationethics. org/international-standards-editors-and-authors.

Whitley, R., & Gläser, J. (Eds.). (2007). *The changing governance of the sciences: The advent of research evaluation systems*. Dordrecht, Netherlands: Springer.

第6章 评价指标的标准

伊夫·金格拉斯
Yves Gingras

引言

在过去的10年中，人们对于制定新的指标有着大量讨论，主要是在政策相关语境下，要求对研究和高等教育机构进行更彻底的评价。因此，我们看到指标成倍地增加——各种大学排名中已经有数十个指标。不管最近对评估和排名感兴趣的原因是什么，它提出了一个基本问题。但奇怪的是，这个问题在文献中几乎没有得到关注，似乎所有投入到创造新指标上的精力都没有时间认真思考这些指标到底在测量什么，仿佛这已显而易见到不值得解释。这个问题很简单：哪些标准可以告诉我们，一个给定的指标何时有效，并真正测量了它应该测量的？本章通过从知名指标中选取的具体实例，介绍了应适用于每个建议指标以保证评估指标有效性的三个标准。然而，在详细讨论这些指标之前，我简要地描述了最近文献计量指标使用的变化，因为它有助于解释为什么在将指标用于评估目的之前，对指标进行评估比以往任何时候都更加紧迫。

文献计量学：从科学社会学到评价和排名

在20世纪60年代和70年代，文献计量学是科学社会学家用来分析科学学科动态的工具。无论是研究知识传播（Crane，1972）、社会分层（Cole &

Cole，1973）、引文（Cronin，1984），还是共引模式（Small，1973），都使用出版物及其包含的参考文献（引文）构建相对简单和透明的指标，以了解科学共同体的内部动态。尽管评价性文献计量学在 20 世纪 70 年代末慢慢出现（Narin，1976；Elkana，Lederberg，Merton，Thackray，& Zuckerman，1979），但它一直是一个有限的专家关注点，直到 20 世纪 90 年代各国政府吸收“新公共管理”思想，这种思想侧重于使用指标和基准作为效率和投资回报的“客观”测量标准来评估一切。在高等教育和科学研究中，这种新公共管理方法的影响在过去 10 年中特别明显。它采取对所谓的最佳学院和大学进行简单排名的形式，基于一系列被推定为常识性的指标，如“雇主声誉”“学术声誉”或“国际教师和学生”的在校人数，以此来命名一些在《美国新闻与世界报道》大学排名中的指标（Gladwell，2011）。基于声誉测量和“质量”指标的研究型大学排名延续着2003年公布的上海交通大学世界大学学术排名[①]，该排名列出了世界“1 000强”大学。该排名每年公布一次，其竞争者现在有 QS 世界大学排名和泰晤士高等教育世界大学排名，后两种排名也是每年公布一次。

面对众多相互竞争的排名，一位法国参议员观察到，每个排名似乎都有偏向不同院校的倾向。布尔丹（Bourdin，2008）报告称：“上海交通大学世界大学学术排名偏向美国大学，而莱顿大学排名似乎偏向荷兰大学。”这位法国参议员本可以在这份榜单上加上更新的矿业学院（École des Mines）排行榜，该排行榜对法国大学（Grandes Écoles）的评价非常高，而它在上海交通大学世界大学学术排名中则处于边缘地位。它们都将“在 500 强国际企业中担任首席执行官或同等职位的校友人数”作为指标（Mines Paris Tech，2011）。考虑到法国大学与法国大型企业（其中许多是前国有企业）之间的密切关系，所选择的指标本质上有利于这些机构。

直到最近，使用文献计量指标进行评价的人实际上仅限于专家，因为进入 Web of Science 和 Scopus 的费用很高，而且它们是文献数据的唯一来源。随着互联网的迅速发展，互联网现在可以自由地用来进行文献计量（进而可扩展为网络计量）的“评价”和排名。可自由访问不受控制的数据库（如谷歌学术），这无疑在研究评估中造成了某种程度的无政府状态，因为拥有某些技术

① 现为上海软科世界大学学术排名。——译者注

技能的用户现在能通过制定自己的临时指标（例如，针对谷歌学术或其他包含出版物的网站），现在甚至可以用推文数来测量其研究的“质量”或“显示度”（Priem，本书第 14 章）。近年来，“自发”或“原始”的评价方法和影响指标的数量激增。这反过来又导致了学术界的混乱状态，没有人真正知道如何解释这些“计量”。排名以“黑匣子”的形式传播，它作为个人或机构无可争议的“事实”，旨在帮助政策制定者和大学管理者确定研究和学术的优先事项。这种评价热导致了有缺陷指标的大量产生和误用。人们已经数不清有多少封写给《自然》和《科学》杂志的信件和激增的科学家博客，声称要评价自己的同事或研究机构。科学家正在炫耀他们的 h 指数（后文将详细阐述），而大学则担心它们在上海交通大学世界大学学术排名或其他排名中的位置。

指标评价的三个必要标准

尽管现在有许多出版物专门分析和批评这些排名，很多批评家已经讨论了其用途的意外后果，但除了指出它们的局限性之外，很少有人真正深入研究这些指标本身，质疑它们的认识论基础——即这些指标是否真的有明确意义，测量了它们应该测量的。在评估任何指标不可避免的局限之前，首先必须确保它显示了应该显示的。如果不是，那么所选择的指标最好被描述为不相关或具有误导性，而不是“有局限的”，应该用另一个更适当的指标取代。基于错误计量指标的排名可能会导致政策倾向于分析不当的问题上。由于对每个用于编造排名的指标效度的严肃方法论反思的缺失，尽管排名实际上忽视了真正被测量的内容，但并没有阻止大学管理者为改善他们在偏爱排名中的地位而投入稀缺资源。正如我们将看到的，大多数排名方案没有任何好的指标所必需的属性，将它们用作决策指南将是鲁莽的。还应指出，这两种情况都使用单一数字来对组织和个人开展的研究的“质量”和“影响”进行排名和评估，但是研究具有明显的多维性质（Bollen，Van de Sompel，Hagberg，& Chute，2009）。这种有偏的指标和排名的存在（和屹立不倒）似乎是一条不成文规则的结果，即“有数字总比没数字好”。

令人惊讶的是，在大量支持或反对排名的短文和提倡科学活动新指标的论文中，很少有人花时间详细讨论指标可以被视为有效的条件（Salmi &

Saroyan，2007；Hazelkorn，2007）。例如，《关于高等教育机构排名的柏林原则》（Berlin Principles on Rankings of Higher Education Institutions）共有 16 项原则，但其中只有一项原则笼统地规定，应“根据指标的相关性和有效性”选择指标，“数据的选择必须充分认识到各指标在质量、学术以及机构状况等评价上的成效”（IREG，2011）。最后，指标的制定者应该“明确说明为什么选取这些指标以及指标所反映的内容”（IREG，2011）。考虑到现有排名的实际性质，这一原则显然很少（如果有）得到认真应用，因为通过将指标的动态与要测量的概念的动态进行比较，可知所使用的大多数度量的目的并不适切。面对激增的、往往被用来维护高等教育和研究政策变化的指标，人们必须走出对“相关性”和“有效性”的模糊认识，因为这些术语的确切含义很少明确。评价指标的其他标准也被援引，这些标准涉及数据来源的质量（如及时性）或指标构建的透明度（Council of Canadian Academies，2012）。在这里，我集中讨论了与指标内部效度直接相关的标准，该内部效度通过是否充分符合它应该测量的概念下的实在进行评估。因此，我提出了三个标准作为效度的必要条件。定义一个结构良好的指标应具备的、以便其被视为有效指标的基本属性有：

- 指标对于所测量对象的充分性。
- 对测量对象的内在惯性的敏感性。
- 指标维度的同质性。

下面，我将使用不同的示例，更详细地讨论每个属性。

指标对于所测量对象的充分性

根据定义，指标是一个可以测量的变量，旨在忠实地表征某一给定概念，该概念指向人们想要测量的对象属性（Lazarsfeld，1958）。通货膨胀率是这些概念和指标的典型例子，它反映了商品价格随时间发生的变化，以及国内生产总值（GDP）的变动，而 GDP 可以衡量一个国家国民经济生产水平。但这些指标并不是概念，而是代理，用于反映概念背后的实在是如何随着时间或者地点的改变而变化的。因此，指标的属性应该总是根据概念假定具有的属性进行检查，这种检查基于对具有我们想要测量的属性的对象的直觉和先验知识，或者基于该概念的独立实证测量。因此，这一指标应与我们假设的概念的固有特性具有紧密的联系，并且我们正希望通过这一特定的指标来测量其固有特性。

好指标的第一属性是该指标一定是目的适切的——也就说，与被测量的对象（或概念）相符。鉴于我们对测量对象的已知信息，结果是否是由正确数量级的指标产生的呢？这些结果又是否与我们对概念的直觉认识相符？举个例子，研发的投资水平可以很好地测量一个国家的研究活动强度。它反映的是一项投资，而不能用来测量质量。同样地，一个国家发表的学术论文总量能很好地反映其公共研究的产出，而并非其产业研究，尽管产业领域也有论文的发表，但人们并不要求产业研究成果写成论文来发表。这两个经典指标是基于一个基本直觉，即投入研究系统的资金越多，它产生更多产出的可能性就越大。这一直觉同样被这一事实证明：通过对比 GDP 及论文总量，往往能发现其与国家规模大小之间有着联系。钱能转化成人力资源和设备，显而易见的是，即便这种联系不是线性的，但更多的资金意味着更多的论文，因为更多的资金为更高的入学率、更多的教授，以及更好的设备提供了可能性。因此，我们可以说我们对于这些指标的意义有很好的了解，并且这些指标也符合我们的预期。

产出的指标相对来说比较好理解，然而对于抽象的概念，比如研究“质量”或者“影响”，而不是纯粹的数量，这时情况就变得更复杂一点。为了测量一个作者或者一个机构的科学贡献，我们可以采用某种调查模式，比如调查许多“专家”是如何看待某个人或者某个机构的研究成果的“质量”或者“科学贡献”，然后以定性尺度计算出平均值。这可以作为“质量”的指标，尽管这种评价的主观性和循环性风险难以控制，因为“最佳”是大多数“专家”倾向认为的最佳。尽管有着这样的局限性，如果被挑选的专家与测量的领域相符，那么这一指标的定义就是清晰且合理的。或者，人们可以计算论文收到的被引次数，并将其用作科学“质量”和“影响”的指标，这样难度就小得多，主观性也低。这里“质量”和“影响”作为同义词，因为两者都使用相同的指标。当然我们也可以不用被引来衡量“质量”，而是使用“显示度”这一术语：经常被引用的论文比不经常被引用的论文更知名。如果一个人想保持“质量”，那么以重复的方式出现是不够的；必须通过找到被引和一个独立的“质量”测量标准之间的关系，来检验概念（质量）和指标（被引）之间的联系，这一测量标准已经被接受为一个有效的测量标准。在这方面，自 20 世纪 70 年代以来，社会学和文献学研究一直表明，正如其他显著性指标，如重要奖项或科学院的学术提名等指标（Cole & Cole，1973）所测量出来的，作者被引用的频率和他（或她）的知名度之间存在相关性。

这一联系和我们所理解的认可（recognition）在科学界中的作用是一致的（Merton，1973）。事实上，伟大科学家的“神话”，其引用也是神话。比如，“DNA 双螺旋结构的分子模型”是沃森（Watson）和克里克（Crick）于 1953 年发表的一篇著名论文，论文阐述了 DNA 的结构，并且很快成为当年发表在《自然》杂志上被引次数很高的论文之一，这与文献计量学评价批评家们所宣称的形成了对比（Lawrence，2007；Gingras，2010）。同样的情况在 1905 年阿尔伯特·爱因斯坦发表论文时也出现了。事情的重点并不在于核查这些论文被引用了 100 次还是 104 次，而是意识到被引次数比当时的平均被引次数要高很多，正如早在 1907 年爱因斯坦当时的情况（Gingras，2008）。然而，这也是一个重要的提醒，那就是将发表的论文量和被引次数作为指标的情况在自然科学领域是普遍认可的，所以没有人能机械地或者盲目地将这些指标转化到社会科学和人文学科领域。我们一定要考虑到这些学科之间的差异——比如说实际情况中，在传播新成果的时候，书籍比论文更普遍，因此在很长的一段时间中，书籍的被引次数比论文要大得多（Larivière，Archambault，Gingras，& Vignola-Gagné，2006；Archambault，Vignola-Gagné，Côté，Larivière，& Gingras，2006）。

而将诺贝尔奖获奖数量与大学联系起来则是指标和目的不相符的一个例子。尽管大家都认同诺贝尔奖本身就可以很好地衡量一位研究者科研成果的质量或科学影响，但问题正是由于实际中，当人们在评价某一时期的某所大学时，往往会将过去的获奖数也统计进来。在测量属性时，时间是一个很重要的变量，显而易见，统计二十多年前获得的诺贝尔奖和某所大学的联系与当今该大学的水平并没有太大的关系。尽管上面提到的这一点非常浅显易懂，但这一个指标在上海交通大学世界大学学术排名里还是一个重要的测量指标。我们应该思考一个基于互联网“存在”的大学排行榜，除了“现存”于网络这一事实之外，真正测量的是什么，或者当我们通过“统计这所大学通过第三方获得网络影响力及其外部链接”来定义其“质量”时，这测量的又是什么（Ranking Web of Universities，2012）。

对测量对象的内在惯性的敏感性

一件物品的主要内在特性就是它的惯性，也就是说，它是难以改变的，同时在变化发生的时候，惯性会影响变化。因此，一个好指标应该有不同的方法与测量对象的惯性保持一致，因为不同的对象会在时间流逝中，随着困难程度（或快慢速度）而产生变化。比如电子温度计（而不是老式的水银温度计），在一个（没有穿堂风的）房间中，我们测量室内温度是 20 ℃，一分钟之后，温度变成了 12 ℃，再经过一分钟，温度又变成了 30 ℃，测量者会根据常识判断测量仪器出了问题，而不会认为室内的温度有着如此剧烈的起伏。我们十分清楚，房间内的温度在门窗紧闭的情况下，不可能在三分钟之内有如此大的变化。现在我们来看看大学的例子。我们知道，大型学术机构宛如一艘超级油轮，它无法快速地改变自己的航线（也正由于这一点，这些学术机构不会因为那些所谓的目光短浅的或者是轻浮的社会需求而改变自己[①]）。因此，一个年度排行榜中，一所机构在一年之中，比如从第 12 名变成了第 18 名，或者从第 12 名变成了第 9 名，都有力地说明了“反映”这个变动的指标是有问题的，而不是这所机构的“质量”在这一年里显著上升或者骤然跌落。考虑到每一年中数据的偏差是不可避免的，我们可以说每年在排名上的变动都是随意的，而且这个变动没有真正的意义。因此，每年都去“测量”（或者“评估”）这些机构是毫无意义的。例如，美国国家科学研究委员会会对美国所有大学，所有学科的博士项目进行排名，但它十年才排一次。为什么要隔这么长时间呢？原因很简单，因为除了合理开展这样的评估项目需要大量的资金，还因为某一学科在 2008 年被评为“优秀”，而到 2009 年就变成“普通”的可能性很小，除非突然发生大量的人员退出。这分隔的时间段正好与大学相对来说惯性比较大的事实相符。同时这还说明，每两年或者三年就对大型研究机构进行评估是不合理的（而且还会造成资源浪费），而每六到八年进行一次评估才是更加现实、经济的做法，同时才能观察到真正的变化。

---

① 举个例子，诸如“教育应该和变化无常的劳动力市场捆绑在一起”之类的说法都是十分荒唐的，因为教育的反应时间长度和就业市场的不一样。这个问题反映了基础“训练”的重要性，这种“训练”能应对市场风云莫测的变化。

受到以上分析的启发，我们可以说每年的大学排名在方法论上是毫无根据，只能看作是市场营销的手段，无论它们基于调查、文献计量学还是网络计量学。这些排名没有真正的科学意义，甚至还会无意中造成负面影响，比如有些学科管理人员可能会因为这些排名而改变其机构的研究重点，从而适应最新的指标。

指标维度的同质性

同质性是所有合格的指标都应具有的第三个重要属性。在研究方面，研究产出（如在国家层面的）的同质性指标可以通过其在主要的科学期刊上发表的论文数量来构建。通过测量投入和产出，基于论文的指标能帮助形成一份关于研究活动的描述性图景。除此之外，我们还能通过投入和产出之比获得生产力指数。但是，如果要以某种方式（如“h 指数”）将论文数量和被引指标结合起来，则会得到一种异质性指标。若将“学术声誉”和“国际教师与学生”这样不同的指标随意地组合，也会出现相同的问题。这些组合的异质性指标有一个根本性的方法论问题，那就是当指标变化的时候，我们无法清楚地认识到这个变化真正意味着什么，因为这变化可能是由不同的因素造成的，而这些因素又与这个组合式指标的每一异质部分有联系[①]。将不同的指标组合成一个数字就像将一个多维空间变成零维点，这样就几乎丢失了不同轴上包含的所有信息。所以，我们应该保持各个指标的独立性并在蛛网图上展示出来，这样一来，被测量的概念中不同的成分就显而易见了。

以上这三个标准足以判断一个指标是否有效。现在我准备谈一下两个用得最多的指标：上海交通大学世界大学学术排名和 h 指数。我只讨论这两个指标，因为它们是关于不同规模或者不同聚合层级的著名指标中的典型例子：上海交通大学世界大学学术排名评估机构，而 h 指数评估个人。读者也许已经怀

① 异质性指标是将通过不同手段测量出来的指标进行加总而得出的。例如，在物价指数这个例子中，我们添加了各种各样的商品（蛋、肉等），而且单位是价格，这就是异质性。将不同商品的单位数量求和是不科学的，因为它们具有异质性。因此复合指数和异质性指数是两码事。

疑这两个指标是否能算作有效的，而那些认为这两个指标“客观”和“国际化”的科学家和政策制定者，在使用这两个指标作为评估和决策依据之前一定要三思。

上海交通大学世界大学学术排名

上海交通大学世界大学学术排名是对六个不同的指标求和得出的。前四个指标各占 20% 的比例，它们统计了以下这些数字。

- 获得过诺贝尔奖或者是菲尔兹奖（对于数学界）的教研人员数量。
- 汤森路透公布的全球高被引科学家名单上某一机构的研究者数量。
- 机构发表在《自然》与《科学》期刊上的论文数量。
- Web of Science 数据库中检索的本单位的论文数量。

另外两个指标，各占 10% 的比例。这样，就形成了一套评估体系。这两个指标为：

- 获得过诺贝尔奖或者是菲尔兹奖的校友数量。
- 根据机构的规模对前五个指标的调整。

显而易见，最终的这个评估体系是几个异质性指标的组合，因为在《科学》与《自然》期刊上发表的论文数量和诺贝尔获奖次数根本不是同一个计量单位。因此，这个评估体系并不符合第三条标准。更令人惊讶的是，这些最终排名所依据的数据反而很难复现（Florian，2007）。人们或许还质疑“《科学》与《自然》期刊上发表的论文数量”等指标的充分性（第一条标准），因为这两种期刊都没有涵盖所有学科，而且严重偏向美国。例如，2004 年，72% 的《科学》杂志和 67% 的《自然》杂志的论文至少有一位作者的地址来自美国。更重要的是，我们现在已经知道了大学的情况，那么我们更质疑这个指数，特别是这个指数令大学的排名变动（上升或者是下降）了将近 100 名（这里是指柏林自由大学和洪堡大学这两所大学，而这仅仅只是因为是否包括爱因斯坦在 1922 年获得的诺贝尔奖）。有些人还会想，我们首先要弄清，一所大学的质量是否真的取决于许多年前在校园里开展的研究（Enserink，2007）。结果是，这个评估体系并不符合第二条标准。

为了说明这些排名为何与我们普遍认知的大学情况不同，这里将加拿大的大学与法国的大学进行对比。在 2009 年发布的上海交通大学世界大学学术排名中，社会科学领域“最强”大学的前 100 名里面，有八所加拿大的大学，而法国的大学一所都没有。现在，真的有人相信法国的社会科学比加拿大的要差很多吗？当然没有，这一奇怪的现象仅仅是所使用数据的伪像。这些数据对欧洲社会科学非常不公平，因为发表在法语和德语期刊上的论文被认为没有代表性而不作为数据进行统计（Archambault，Vignola-Gagné，Cté，Larivière，& Gingras，2006）。因此，用这一排名作为指导只会令人做出错误的决定。下面我还指出，即便是在自然科学领域，这个排名也和法国的自然科学研究质量不相符。显而易见，上海交通大学世界大学学术排名所用的大部分指标都达不到我们的基本标准。

h 指数

现在我们来谈谈另外一个很流行的指标——h 指数。这个指标更多为研究者使用，而不仅仅为大学管理者所用。h 指数是加利福尼亚大学圣迭戈分校物理学家乔治 · 赫希在2005年提出的。h 指数的定义是指，在给定的时间范围内，有 *n* 篇论文至少被引 *n* 次。举个例子，一位研究者发表了 20 篇论文，其中 10 篇至少被引用了 10 次，那么他的 h 指数就是 10。鉴于论文的数量并不能作为“质量”的衡量标准，h 指数的提出者想要突破只考虑论文数量这个层面，因为有些人可能会发表很多垃圾论文，仅仅是作为对“不出版就出局（publish or perish）”的回应。h 指数应该是对于一位研究者全面“质量”的测量标准，同时 h 指数能综合测量其生产力（发表的论文数量），还有“显示度”“质量”，或者说是“影响力”（被引次数）。

作为一个异质性指标，它并不符合第三条标准。有意思的是，h 指数将数量和“质量”进行了异质性的组合，而这一点令提出者自己也没弄明白 h 指数真正评估的东西是什么，因为赫希的论文题目是《一项量化个体科研产出的指标》。显然，这个指数既不是对产出（数量）也不是对“质量”的评估，而是一个混合物。尽管 h 指数有着如此明显的缺点，但还是迅速在科学界得到了广泛应用。这有可能是因为它满足了科学家的虚荣。它甚至被几个数据库所收录，因此尽管它有重大的技术缺陷，还是得到了认可。这个指数变得简单，容易获得，而且经济实惠，还不用理解背后的属性。据赫希自述，他提出的 h 指数为评估大众研究的民主化做出了贡献（Rovner，2008）。我们知道，h 指数的目的是通过结合发表数量和被引次数，从而降低前者的重要性，但具有讽刺的意义是，实际上 h 指数与发表的论文数量紧密关联，并且基本是由这个数量决定的（Van Leeuwen，2008）。这个指标也不符合第一条标准。

作为一个不合格的指标，h 指数如果用作评估，可能（实际上是将会）会造成不好的影响。有分析已经显示 h 指数并不能作为衡量“质量”的指标（Waltman & Van Eck，2011）。一个简单的例子便足以说明这个事实，那就是它和我们所认识的论文质量与被引次数之间的关系也是不相符的。我们假设有两位科学家：第一位是一个年轻的研究者，只发表了三篇论文，但（在一段时间内）每一篇都被引用了 60 次；第二位研究者（与第一位同岁）则更高产，发表了 10 篇论文,（在同一段时间内）每篇论文的被引次数是 11 次。则后者的 h 指数是 10，而前者的 h 指数是 3。

现在，基于我们对于科学领域中被引次数意义的认识，我们能否下结论说第二位科学家比第一位科学家要“好”上三倍呢？当然不能。从被引次数的角度来看，被引次数是一个测量科学贡献的指标，虽然它比较粗糙，但是很直接。实际上，第一个科学家的“好”几乎是第二位科学家的两倍。这个例子反映了 h 指数根本性的缺点：它应该是测量概念的严格递增函数，然而它并不是。显然，如果被测量的概念的数值上升（如温度），那么测量概念的指标的数值也应该上升（温度计显示的温度）。一个好的指标不仅能反映其数值的上升（或者下降），还能在所有情况下反映出被测量的事物的增加（或者减少）：在所有的温度计里，10 ℃代表的温度永远比 3 ℃代表的温度要高。如果其制造者竟认为实际中的 10 ℃比 3 ℃还要冷，这样的温度计是卖不出去的，没有人会接受这样的测量仪器。

在 h 指数这个例子里面，我们遇到了低指数水平掩盖了更高水平的情况。因此，这个指标并不适切于测量目标，因为它和我们认识的“质量”或者“科学影响”并不相符，这些概念通过普通的被引次数来进行评估更加合理。一个好的指标应该与其测量的概念保持直观的联系，在这个前提下，我们不应该引入不太直观的指数或者更加复杂的指数，比如平方或者除以其他的东西来解决 h 指数的问题，这样做只会让一个不合格的指标变得更加复杂。

为什么无效的指标会被使用

根据以上的分析，大量大学校长和管理人员不可思议地失去了判断能力，他们只看到这些排名的表面意义。只有对这些高排名的大学管理人员进行社会心理学分析，才有可能解释他们为何追捧一个没有科学依据的排名体系。毫无疑问，关于大学招生市场全球化的言论令大学对这些评估结果越来越重视，因为大学热衷于吸引更多的留学生，以弥补学生数量的减少、政府补贴的不足，或是加入全球化的队伍中，尽管代价是无视自己的本地职责。正如多伦多大学校长所说:“所有加拿大的大学都支持这种排名系统，但该系统缺乏科学依据，因为它将所有东西变成一个毫无意义的平均分。”他还补充道:“我们发现麦克林（Maclean's）排名只在一个领域有用，那就是市场营销。没有人真的认为《麦克林》杂志发布的排名在学术上具有严谨性。”[①] 对排名的过度诠释也会闹出笑话，正如埃及的亚历山大大学突然出现在 2010 年 QS 世界大学排名中，并被评为“顶尖的”研究密集型大学。这所大学在自己的网站上吹嘘自己的新地位,《泰晤士高等教育》杂志的主编也在给亚历山大大学的信件中写道:“任何进入这个排名的都是真正的世界一流大学。”[②] 一所大学怎么能在短短一年之内从不知名变成世界一流？越来越多有见识的人想到这个问题都皱起了眉头。第二年，QS 排名将亚历山大大学排到了“601+”的位置，而 2010 年的数据则消失不见了，在原来“第 147 名”的位置上留下了一片空白[③]。这一个极端的例子足以警示大学的负责人，应该看到“排名黑箱”中的信息，而不是将这个“箱子”视为见面礼。

同样，一些政治原因也导致这些不科学的排名仍被使用。正如法国的例子清晰说明的，排名能为大学改革提供依据。考虑到法国前总统萨科齐在

---

① 《麦克林》是一本加拿大的杂志，它每年都会公布加拿大各个大学的排名。这段话引自 2006 年 4 月 23 日的《渥太华公民报》。

② “Questionable Science behind Academic Rankings,” *New York Times*, November 15, 2010, retrieved from http://www.nytimes.com/2010/11/15/education/15iht educLede15.html?pagewanted=all&_r=0.

③ http://www.topuniversities.com/institution/alexandria-university。

2007 年当政后的首要任务，我们可以推断如果法国的大学在上海交通大学世界大学学术排名中名列前茅，那么萨科齐很难为其施行的政策提供正当的理由，政府则会对这一个排名有不同的看法，很有可能不承认这一排名，因为它并不能代表他们想要改革的法国大学体系。在这一个例子中，我们能看到两者的对抗，一方是将排名“物质化”（这样法国政府就可以用排名来为改革正名），而反对方则可以用排名来证明法国的大学实际上非常优秀，并不需要改革。最后，排名上升的一个重要因素是大学的传播和营销部门的所作所为，这两个部门一般都将学校当作使用标准营销术出售的商品来看待（Gingras，2009b）。

还必须强调的是，与认为只有管理人员力求促进指标评价的思想相反，h 指数在某些科学学科的快速推广也成为普遍的现象。的确，科学家自己也经常抵挡不住诱惑，而滥用“原始”的文献计量学。这些有政治决策影响力的委员会或团体成员经常滥用这些指标，即使他们没有检测指标的属性。这只能证明对于科学家来说，“敌人”通常是他们的同行，而不是千里之外的官僚。

有效指标的例子

考虑到以上提到的批判性思考，显然我们可以构建一些研究的聚合指标。这些指标可以正确地反映大学或国家在国内或国际科研体系中的地位。当然，最常见的指标之一就是在主流期刊上发表的论文总数。这里主流期刊是指能在 Web of Science 和 Scopus 数据库检索的期刊。这个指标可以很好地反映产出排名，因而可以利用这个指标，加上人力和研发投资，构建测量生产力的指标。事实上，尽管不同的数据库在文献覆盖范围方面有差异，但至少对于前 25 名的国家来说，根据这些数据库（如 Web of Science 和 Scopus）产生的排名基本上是相同的（Archambault，Campbell，Gingras & Larivière，2009）。另外，每个国家发表的论文数量及其研发支出有着紧密的联系。例如，加拿大 2007 年发表的论文总数排在第八位。我们还可以更进一步构建指数来反映论文的显示度，例如计算这些论文在发表两年时的被引次数（当然，我们也可以将时间延长至三年或者五年），考虑到不同的科学学科领域被引次数的比例也不同，我们还应将这个数据归一化。根据这样的计算方法，加拿大（在 2007 年）的排名上升到了第四位，而且需要指出的是，这一指标既具有同质性，又跟发表论文量不同。换句话说，尽管中国在发表论文总数方面已经超过了加拿大，但在被引次数方面中国还是落后于加拿大，这也反映了中国发表的论文质量远不如加拿大。考虑到研究领域的多样性，最有效的做法是为各个研究领域构建不同的指标，因为每所大学和每个国家在每个领域的活跃度和显示度都不一样。例如，就相对被引次数而言，在出版物最多的八国集团中，加拿大的生物排名第五，数学排名第七，而法国的生物排名第四，数学则排名第二（Gingras，2009a）。我们还可以在这些学科里用同样的方法再进行细分，这样做的意义在于告诉大家构建同质性的指标是有可能的，并且能让我们更简单地解读这些指标，并反映出其变化是剧烈的，还是平缓的。同样地，一年之内一个国家排名的微小变动是由于数据的自然变化，因此不应对这些变动进行过度解读，更不应据此做出政策决定。然而，如果在一段较长的时间内，比如五年内，指标的数值（如发表的论文总数或相关被引次数）持续下降，这种变动应得到人们的关注解读。举个例子，中国在整体出版方面有显著的提升，从 2000 年的第八名上升到 2005 年的第四名，这反映了中国增加国际期刊发表量的策略，但这一变动不能解读成被引次数的重大上升，因为中国在被引次数上还是排在八国集团的最后一名。

结论

那么，我们可以做什么来应对近十年来日益普遍的评估无政府状态呢?首先，机构在使用指标作为决策参考前，应充分了解这些指标是否有效。这样能避免因使用不好指标而做出带来负面影响的决策或政策。只有有效的指标才能引领人们做出正确的决策，而且这些决策是基于当地和国家实际情况的。另外，我们要教育和说服科学家们意识到错误使用文献计量学和基于可疑数据组合的指标是有风险的。尽管文献计量学界经常为自己的利益而乱用这些指标，但是在评估新指标时，这一学界应更具批判性，并抵制屈从于其虚假的具体性。

最后，我们应该谨记，评估是会影响到人和机构的。因此，应遵守一个基本的伦理原则：在创造基于凑巧可被测量之物的“新”指标时[①]，我们首先应该确认这些指标至少符合本章提出的三个基本特性，从而确认这些指标与评估目的相符。通过这种方式，才有可能得出对决策真正有用的评估结果。尽管会有不可避免的政策争论，至少我们可以提出稳健且相关的指标，并通过根除产生这种指标的潜在病毒——临时指标——来控制研究评估中的流行症候。

参考文献

Archambault, É., Campbell, D., Gingras, Y., & Larivière, V. (2009). Comparing bibliometric statistics obtained from the Web of Science and Scopus. *Journal of the American Society for Information Science and Technology*, 60 (7), 1320–1326.

Archambault, É., Vignola-Gagné, É., Côté, V., Larivière, V., & Gingras, Y. (2006). Benchmarking scientific output in the social sciences and humanities: The limits of existing databases. *Scientometrics*, 68 (3), 329–342.

Bollen, J., Van de Sompel, H., Hagberg, A., & Chute, R. (2009). A principal component analysis of 39 scientific impact measures. *PLoS ONE*, 4 (6), e6022.

Bourdin, J. (2008). *Rapport d' information fait au nom de la délégation du Sénat pour la Planification sur le défi des classements dans l' enseignement supérieur*. Appendix to the minutes of the July 2 meeting. Retrieved from http://www. senat. fr/rap/r07-442/r07-4421. pdf.

Cole, J. R., & Cole, S. (1973). *Social stratification in science*. Chicago: University of Chicago Press.

Council of Canadian Academies. (2012). *Informing research choices: Indicators and judgment. Report of the Expert Panel on Science Performance and Research Funding:* Ottawa: Council of Canadian Academies.

Crane, D. (1972). *Invisible colleges: Diffusion of knowledge in scientific communities*. Chicago: University of Chicago Press.

Cronin, B. (1984). *The citation process: The role and significance of citations in scientific communication*. London: Taylor Graham.

Elkana, Y., Lederberg, J., Merton, R. K., Thackray, A., & Zuckerman, H. (Eds.). (1979). *Toward a metric of science: The advent of science indicators*. New York: Wiley.

---

① 随着越来越多的人提倡用“替代计量学”来评估科研活动，也许值得提醒的是，事实上只有很少的变量可以进行组合：人力资源、金钱、论文、被引次数。被引次数可以指传统的论文中的引用，也可以指与互联网相关的新形式引用，如下载次数、网页浏览量，以及现在的推特发布。虽然我们并不是十分清楚这些新型“测量指标”的意义是什么，但它们仍受限于数字，而且还是基于相同的基本单位：投入、产出、结果和影响。

Enserink, M. (2007). Who ranks the university rankers?*Science*, 317 (5841), 1026– 1028.

Florian, R. V. (2007). Irreproducibility of the results of the Shanghai academic ranking of world universities. *Scientometrics*, 72 (1), 25–32.

Gingras, Y. (2008). The collective construction of scientific memory: The Einstein- Poincaré connection and its discontents, 1905–2005. *History of Science*, 46 (151), 75–114.

Gingras, Y. (2009a). Le classement de Shanghai n'est pas scientifique. *La Recherche*, (430), 46–50.

Gingras, Y. (2009b). Marketing can corrupt universities. *University Affairs*, January. Retrieved from http://www. universityaffairs. ca/marketing-can-corrupt- universities. aspx.

Gingras, Y. (2010). Revisiting the "quiet debut" of the double helix: A bibliometric and methodological note on the "impact" of scientific publications. *Journal of the History of Biology*, 43 (1), 159–181.

Gladwell, M. (2011, February 14). The order of things: The problem with college rankings. *New Yorker*, 68–75.

Hazelkorn, E. (2007). The impact of league tables and ranking systems in higher education decision making. *Higher Education Management and Policy*, 19 (2), 87– 110.

Hirsch, J. E. (2005). An index to quantify an individual's scientific research output. *Proceedings of the National Academy of Sciences of the United States of America*, 102 (46), 16569–16572.

IREG. (2011, November). IREG ranking audit manual. Brussels: IREG. Retrieved from http:// www. ireg-observatory. org/pdf/ranking_audith_audit. pdf.

Larivière, V., Archambault, É., Gingras, Y., & Vignola-Gagné, É. (2006). The place of serials in referencing practices: Comparing natural sciences and engineering with social sciences and humanities. *Journal of the American Society for Information Science and Technology*, 57 (8), 997–1004.

Lawrence, P. (2007). The mismeasure of science. *Current Biology*, 17 (15), R583– R585.

Lazarsfeld, P. F. (1958). Evidence and inference in social research. *Daedalus*, 87 (4), 99–130.

Merton, R. K. (1973). *Sociology of science*. Chicago: University of Chicago Press.

Mines Paris Tech. (2011). *International Professional Ranking of Higher Education Institutions*. Retrieved from http://www. mines- paristech. fr/Actualites/PR/Ranking2011EN-Fortune2010. html#1.

Narin, F. (1976). *Evaluative bibliometrics: The use of publication and citation analysis in the evaluation of scientific activity*. Parsippany, NJ: Computer Horizons.

Ranking Web of Universities. (2012). Methodology. Retrieved from http://www. webometrics. info/en/Methodology.

Rovner, S. L. (2008). The import of impact: New types of journal metrics grow more influential in the scientific community. *C&EN*, 86 (20), 39–42. Retrieved from http://pubs. acs. org/cen/ science/86/8621sci1. html.

Salmi, J., & Saroyan, A. (2007). League tables as policy instruments: Uses and misuses. *Higher Education Management and Policy*, 19 (2), 31–68.

Small, H. G. (1973). Co-citation in the scientific literature: A new measure of the relationship between two documents. *Journal of the American Society for Information Science*, 24 (4), 265–269.

Van Leeuwen, T. N. (2008). Testing the validity of the Hirsch-index for research assessment purposes. *Research Evaluation*, 17 (2), 157–160.

Waltman, L., & Van Eck, N. J. (2011). The inconsistency of the *h*-index. Retrieved from http://arxiv. org/ftp/arxiv/papers/11081108. 3901. pdf.

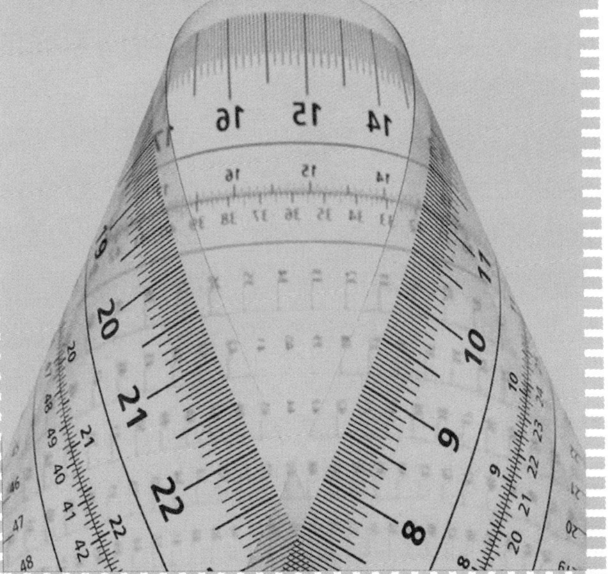

第三篇　方法与工具

第7章 合并消灭模式

凯特琳·W. 麦凯恩
Katherine W. McCain

引言

一篇学术作品在发表（或者在会议上宣读或展示）之后，它的受关注程度可以通过被引情况来反映，还可以通过被引次数总数窥视在所属领域的地位。一种极端情况是这篇论文从来都没有被引用过，哪怕是论文的原作者（们）也没有引用过；另一种极端情况则是这篇论文成为“引用经典”（Garfield，1977），在初次发表后的很多年内一直得到大量引用。在从未被引（Burrell，2012；Schwartz，1997；Stern，1990）和“引用经典”两种极端情况之间，研究者们描绘了各种各样的被引历史画像。大部分论文的被引都有寿命长短——或在学界的自然进程中为更新的作品所替代，或被涵摄在学术综述中。阿瓦萨（Aversa，1985）、麦凯恩和特纳（McCain & Turner，1989）区分了两种被引情况，一种是被引次数在早期（发表后的2—3年）达到顶峰，然后迅速下降，而另外一种是在6—7年之后被引次数才达到高峰，然后缓慢下降。其他研究者（Costas，Van Leeuwen，& Van Raan，2010）则提出，文献分三种类型：“一般”文献（发表后的3—4年达到被引顶峰，然后呈指数性下降），“昙花一现”文献（发表后被引次数迅速达到顶峰，然后又急剧下降），以及“延迟性”文献（被引次数在后期才达到顶峰，Garfield，1980）。最后一类论文也被称为“睡美人文献”，它们会被更后期的文档“叫醒”（“王子文献”；Braun，Glänzel，& Schubert，2010）。“睡美人文献”也代表了“早熟的发现”（Stent，1972）。

总的来说，更高的被引次数和延迟的引用高峰都可以作为有用的证据，用以证明发表的作品在施引作者眼中的显示度和实用性（De Bellis，2009；Moed，2005）。一些研究者（Edge，1979；MacRoberts & MacRoberts，1989）曾提出过质疑：被引次数和被引峰值的早晚是否与学者、研究团体、机构或者国家的评估有关。他们主要担心的是，随着时间的流逝，广受欢迎的出版物和杰出的作者比其他人更有可能获得更多的引用。麦克罗伯茨和麦克罗伯茨（MacRoberts & MacRoberts，1987）的论文警告，被引次数分析中存在着严重的偏误和不完全性。朱克曼（Zuckerman，1987）回复指出，被引数据与其他实用性和影响力的证据来源有紧密的联系。她还提到，在使用被引数据时，测量中会存在各种潜在的、相互抵消的误差来源，这需要通过实证调查来进一步理解。除了因已存在的显示度（MacRoberts）和“引用卡特尔”（citation cartel，指明显地集中引用某些作者或期刊；Frank，1999）可能导致的过度引用之外，朱克曼（Zuckerman，1987）不仅指出学生和年轻学者会过度引用其导师，还指出了两种“被引不足”的源头：①通过引用“中间出版物”间接引用目标作品（剥夺了原著的一些被引次数）；②“合并消灭模式（obliteration by incorporation）”——这里指被引文献的贡献与其参考文献的身份分离开来，并且在讨论或援引时都不会提到出处。合并消灭模式和中间出版物对作品的引用会造成不利的影响，这两种情况都会导致被引不足，而这正是本章的主题。

“合并消灭模式”这一名词最早是由罗伯特·默顿提出的，其定义由他于1988年发表的有关马太效应的论文简洁给出：“通过将某种学说、方法或发现合并入目前为人们所接受的知识中，从而消灭其来源（Merton，1988）。”先前，默顿在为加菲尔德的被引分析专著（Garfield，1979）所作的序中，对合并消灭模式进行了拓展解释，并推测不论是评估或者是历史性研究合并消灭模式对显性引用的实用性会有影响：

> 在（合并消灭模式）这一假设的过程中，论文或著作中公开引证其参考过的原著的次数减少。因为这种知识的用户和后来的传播

> 者对原著的内容已经了如指掌，所以就会想当然地认为读者也是如此的，由于他们不愿损害读者的面子，所以再也不会提及这些原始资料的出处。加之读者中的许多人都有这样一种倾向，即总是认为某种重要的学说或公式是那些将其介绍给我们的著者提出来的，所以传播者有时竟成为大家公认的首创人。人们在不断传播和反复使用某一学说的过程中很可能会全部忘掉其不久以前的内容，这样就形成了历史上一再被删改、重写而找不出这种学说原始出处的情况。就这种来源出处消失的现象确实发生的程度来说，它本身就是一个刚开始被研究的实证问题。公开引证可能难以完全反映出科学著作的内在联系。随着知识影响的日渐加深，它会变得越来越难以察觉。这种影响很可能是通过接受某个具有基本假设的理论框架或标准的研究程序发生作用的。简而言之，大部分学科都失掉来源出处有可能成为典型现象。（Merton，1979）①

加菲尔德在《现刊目次》（*Current Contents*）的一篇论文（Garfield，1975）中将默顿的合并消灭模式推广为"消灭现象"，从此这一概念在文献计量学的论文中被讨论，或至少被提及。确实，合并消灭模式似乎是学者们在讨论引文分析的各个方面时所公认的事实。引用加菲尔德的论文或默顿的作品，或者至少在一种情况下，由于大家使用这一概念而不标注出处，"合并消灭模式"一词自身就陷入了被消灭的境况（Hargens & Felmlee，1984）。信息科学/信息计量学领域以外的学者也提到了合并消灭模式可能会对先前被引用的论文的显示度产生影响[例如，在语言学的应用（Hyland，1999）；在统计学的应用（Stigler，1994）]。

在对影响被引显示度的进程的各种讨论中，默顿（Merton，1965）还引入了一个相关的概念——"复写综合征（palimpsestic syndrome）"。他给出的定义如下："将某一想法归功于一个相对近期的作者身上，从而覆盖其早期版本，只因为这一想法在该作者的作品中首次被翻阅到。"他举了一个例子，他将牛顿的名言"站在巨人的肩膀上（on the shoulders of giants）"改成缩略词

① 该处译文来自加菲尔德所著的《引文索引法的理论及应用》（侯汉清，陆宝树，马张华，译）。——译者注

（OTSOG），而后人则会将这句名言归功于他。随后，他还强调了非原作者在早期版本的消失中的角色：

> 复写综合征：将一个引人注目的概念或公式归功于第一次介绍给我们的作者，而事实上这个作者只是采用或重新采用了这个公式，并且他（以及其他深谙这项传统的人）知道这个公式早为他人所提出了。（Merton，1972）

在给加菲尔德的著作写的序中（见前文），默顿（可能是有意识地）把学术贡献的错误归属（misattribution）这一概念与合并消灭模式的一般过程结合起来。合并消灭模式是对于原始论文引用的消失，但其中的想法还是一直存在；而复写综合征则是将想法归功于非原创者，正是这个非原创者使得已有成果为更多人所知或所理解，从而被引用，尽管本应被引用的是原创作者。

默顿的复写综合征描述了一种情况，即后期作品被确信为想法的来源，而非早期作品。这使人联想到斯蒂格勒的名字命名法则（Stigler，1980）："没有科学发现是以其原始发现者的名字命名的。"但有意（或无意）的错误归属只是导致被引次数丢失和合并消灭模式的其中一个过程。学术综述、论文和专著——即回顾、总结、综合、引用既有作品的出版物——是学术研究传播过程的一部分（Björk，2007；Garvey & Griffith，1967；Price，1965）。对其中一种出版物的施引可能有效地将读者引向对话题更全面的诠释和讨论，同时又与原作保持联系。这一中间作品起到了"认知导管（cognitive conduit）"（Zuckerman，1987）的作用，可以归为对原作的"间接引用"（Rousseau，1987；Thomas，1992）。同样，在这样的情况下，原先高被引的作品及杰出作者会因后来的作品而重新分配。

当想法变成学术知识基础的一部分时——他们讨论、提及、或默认该想法是众所周知的，且并不会备注引用信息、告知读者出处何在——关键作品和作者的被引次数就会下降甚至直接消失，合并消灭模式因此更受人关注。然而，细心的读者会发现，在默顿为加菲尔德的著作所作的序中，他说的是"（合并消灭模式）这一被假设的过程"，这之所以是假设，是因为尽管这一概念看似能自证，或有轶事和个人经历作为证据支撑，但他仅引用了一项实证研究，其重点是绘制引文历史，从而表现合并消灭模式。在这项研究中，梅瑟里（Messeri，1978）考察了“海底扩张学说”这一概念，报告了通过引文和主题索引确定的一小部分核心论文的年度被引次数。他在报告中提出海底扩张学说的相关文献有所增长，核心论文的被引次数却在下降（他还特别提到“未引用的显著上升”，在这个例子中是指有关这个课题的论文没有引用一篇核心论文）。

直到 1987 年（Zuckerman，1987），梅瑟里的论文显然还是专为合并消灭模式的实证研究而独立存在的。自此，关于合并消灭模式、复写替换的过程，以及间接引用的文献开始发展起来。本章接下来将回顾该文献，主要关注其研究结果，以及在设计仔细且内容丰富的合并消灭模式研究中面临的挑战和取舍。论文的最后，利用对施引/不施引的引用行为及动机进行研究的相关文献，对合并消灭模式或间接引用过程背后可能的“原因”作一个简要的考虑。

作为概念符号的引文

文献计量学的文献中大部分是对学术出版物中引文的角色和功能的讨论，以及关于梳理被引语境的分类方案的发展的讨论，与此相关的，还有对作为施引者的学者们的动机和施引行为的讨论（Borgman & Furner，2002；Cole，2000；Nicolaisen，2008；Small，1982；White & McCain，1989；Wouters，1999）。对于合并消灭模式和复写替换、间接引用的研究，我认为最值得一提的是亨利 · 斯莫尔（Henry Small）的观点，他提出引用是一种符号使用行为，被引作品是一种“概念符号”，而内嵌引文周围的文字或脚注编号则标明了所引概念的出处（Small，1978；Cozzens，1989；Schneider，2006；White，2004）。斯莫尔量化了通过在被引语境中使用相同或非常相似的惯用措词来保持的一致性，并将被引的概念标注上“一致性百分比（percent uniformity，PU）”。尽管麦凯恩（McCain，2012c）发现多个经常被引用的概念与普赖斯的引文网络的论文（Price，1965）相关，但大部分的期刊论文更多是因单一概念而被引用，因此在施引文本中显示出较高的 PU（Small，1978，1988；Small & Greenlee，1980）。而麦凯恩发现的情况与书中被引概念的记录更相似（Furner，2003；Garfield，1985；McCain & Salvucci，2006）。

这些研究中被检查的概念通常在被引语境中以名祖（eponym）[①]或名词短语的形式来表示。在对化学领域中高被引论文进行被引语境分析之后，斯莫尔（Small，1987）的报告指出，名祖、方法名称和流行语具有较高的PU值。斯莫尔和格林利（Small & Greenlee，1980）在基因重组文献的共引聚类中发现了有高PU值的流行语，但未报告任何名祖。麦凯恩和萨尔维奇（McCain & Salvucci，2006）在对《人月神话》（Brooks，1975）的被引语境做分析时，没有将“布鲁克斯法则”这一名祖和“人月神话”这一短语的使用进行区分，因为这两个名词所代表的概念在所有被引语境中的占比只有不到25%（但谈论布鲁克斯的主题却又没有引用该书的论文并未纳入研究范围，因此这些结果并不能反映合并消灭模式）。

考虑到引文在文本中具有修辞功能（引文可以将一个以名祖、流行语、公式，或有时以图像的形式表达的概念，和其来源联系起来），我们可以从使用的角度去探索重要的、经常被引用的作品的被引历史。通过对现有文本进行被引语境分析，我们可以观察到随着时间的推移，在多大程度上，某一概念与其来源分离，并且名祖或流行语逐渐独立，不再伴随直接或间接的参考来源（这就是合并消灭模式正在起作用）。

合并消灭模式的实证研究和复写替换

自梅瑟里、斯莫尔和格林利的早期作品发表以来，学界出现了零星的文献。这些文献着眼于合并消灭模式，有的考虑了间接引用，有的则没有考虑。我们可以从两个角度来看这些文献：概念符号的文本表述（名祖对流行语）和数据分析的层级（数据库的记录对全文）。

大多数论文只关注或主要关注名祖，及其与同名作者相关的被引出版物之间的联系或断联。托马斯（Thomas，1992）研究了“萨瑟恩印迹”在各种文本（包括期刊论文、教材、供应商目录和专利）中的提法。萨瑟恩印迹是一种利用凝胶电泳法探测基因组DNA序列的方法（Southern，1975）。她的报告中指出，该名祖发展迅速（仅一年半时间），并为与之相似的方法生成了非名祖

① 指源于人物名称的单词或短语，该人物可能是真实存在的，也可能是虚构的。——译者注

的衍生术语。1878—1990 年间出现了一种稳定的趋势，隐性引用（即使用了名祖，却不标注出处的引用方式）萨瑟恩论文的比例不断增加。直到 1990 年，隐性引用的比例超过了 55%。托马斯（Thomas，1992）注意到有对萨瑟恩印迹方法的间接引用，但她在研究中并没有单独分析这种情况，尽管她确实核查了实际被引作品的参考文献，以确认萨瑟恩的论文是否在参考文献条目中。萨瓦 - 科瓦兹（Száva-Kováts，1994）在选定的物理学术期刊中，对“未被索引的同名被引（non-indexed eponymal citedness，NIEC）”的出现进行了研究（但没有研究随着时间变化的趋势）。NIEC 是指使用同名的术语而没有给出正式的参考文献（等同于隐性引用）。萨瓦 - 科瓦兹（Száva-Kováts，1994）将 NIEC 描述成合并消灭模式的“第一阶段”，还表示，要达到真正的合并消灭，必须从概念中消除原创作者的名字，从而实现整体的合并。

其他三项研究的分析主要基于对作者姓名或名祖的数据库搜索。马克斯和卡多纳（Marx & Cardona，2009）在 Web of Science、《化学文摘》（*Chemical Abstracts*）、科技文摘数据库（INSPEC）和谷歌学术中进行了搜索，以寻找在标题、摘要或关键词中提到化学和物理领域先驱者名字的来源。他们对“非正式引用”（只提到名字，即名祖短语）和“正式引用”（对已出版作品进行完整引用，并作为数据库记录的一部分）进行了区分，发现对于被提到名字的科学家，在被引时大部分都是非正式引用。戈雷兹、古彭伯格和威兰德（Gorraiz，Gumpenberger & Wieland，2011）在 Web of Science、Scopus 数据库和谷歌学术中搜索了引用弗朗西斯 · 高尔顿的作品，并分作品筛出了提到了高尔顿但未施引的文献。他们的报告指出，高尔顿大约有三分之一的作品因名祖的使用而陷入合并消灭模式。他们还猜测，如果一个领域中有非常多以人名命名的公式、效应等，那么合并消灭模式将会在该领域成为普遍现象。最后，麦凯恩（McCain，2011）在 Web of Science 和其他相关的文献数据库［生物学数据库（BIOSIS）、科技文摘数据库（INSPEC）、经济学全文数据库（EconLit）、心理科学光盘（PsychINFO）和工程索引数据库（Compendex）］中进行了搜索，目的是在数据库的所有记录中，寻找名祖短语“纳什均衡”的出现情况，以及 / 或对纳什的其中一篇或两篇关键论文的引用。总的来说，从 1999 年到 2008 年，隐性引用的百分比每年在 60%—70% 之间波动；在不同的学科领域，观察到的合并消灭模式程度差异很大，但在一个学科领域中，波动的范围还是较小的。

关于流行语而非名祖的研究则更少了。如前所述，梅瑟里（Messeri，1978）研究了“海底扩张学说”的文献。她依靠主题索引，而非数据库记录内容来识别相关论文，并将该短语的使用作为（潜在）核心文献被引的标志。波多姆、孔和张（Bottom，Kong & Zhang，2007）在管理学和心理学的主要期刊中搜索了“刻板印象”和“图式”这两个术语，以反映李普曼（Lippmann）提出的这两个概念被消灭的程度。报告指出，到20世纪50年代，对李普曼的引用基本上消失了，70年代和80年代被引次数略有反弹。马克斯和卡多纳（Marx & Cardona，2009）在对正式和非正式引用的研究中涉及了一个流行语“密度泛函理论”。麦凯恩（McCain，2012）在数据库记录中筛选出了1 040篇论文，这些论文都包含有“进化稳定策略”这一术语的变体，然后麦凯恩对这些论文从数据库记录和被引语境两个角度进行分析，以反映合并消灭模式的程度——对约翰·梅纳德·史密斯（John Maynard Smith）一小部分出版作品的引用缺失。麦凯恩的研究报告指出，从数据库记录这个层面来看，合并消灭模式通常随着时间的推移而加剧（从20世纪70年代早期到2008年），在2002年达到62%的峰值；但从被引语境这个层面来看，合并消灭模式的百分比较低，且没有明确的变化模式。这主要是由于在文本层级的正式引用总数中增加了间接引用（在记录层面无法检测到）。

关于复写替换的研究非常稀少——也许是因为作者在使用名祖及流行语时，需要清晰地知道必须引用什么［这与麦克罗伯茨的主张，即作者应当引用所有对自己的研究有影响的已有成果（MacRoberts & MacRoberts，2010）是不同的］。如前所述，默顿讨论了自己将“站在巨人的肩膀上”这一名言改成缩略词OTSOG的行为，除此之外，他还提到他曾“不经意地促进了一句格言的复写综合征”，那就是他引用该格言时，写了韦伯（Weber）而不是齐美尔（Simmel）的名字。在1987年发表的一篇论文中，默顿讨论了“焦点小组访谈”这一术语转变成“焦点小组”的过程。另外在默顿的一本关于“焦点访谈”的手册（Merton，Fiske，& Kendall，1956）中，有一篇相对近期的关于“焦点小组”的著作，尽管该手册本身是对10年前发表的一篇期刊论文（Merton & Kendall，1946）进行补充说明，但正是这篇著作引发了复写替换（本文著者的术语，而非默顿的术语），从而导致“焦点小组访谈”这一术语的消失。兰贝（Lambe，2011）在知识管理领域中对知识遗产关注和认识的缺失进行了拓展性讨论。他在讨论中谈道，伦纳德－巴顿（Leonard-Barton）的著作《知识的源泉》（Leonard-Barton，1995）很好地处理了先前的理论工作，“很快人们只引用巴顿的作品，而非引用知识管理的经典文献，因为巴顿的著作是建立在这些经典文献之上的”（Lambe，2011）。波多姆等（Bottom，2007）描述了李普曼和“刻板印象”这一概念的关联的（短暂的）断裂，并以此作为“复写现象”的一个例子，但他们的讨论更多集中在两个方面：李普曼被引次数的变化模式，以及通过语境分析证明对李普曼的原始概念的错误表达。而著者没有发现任何对复写替换进行系统讨论的著作。

研究合并消灭模式的方法论问题

如以上对先前研究的简要回顾所示，在设计合并消灭模式研究时应考虑以下几个变量。

- 概念符号的选择——是流行语还是名祖——以及概念符号的文本表述。
- 概念符号是否由对单一作品的引用来表征，或者是否可以由对一部分经典作品中的一部的引用来表征。
- 搜索对象的选择——是选择只有文献记录的在线数据库，还是全文可搜的在线数据库。
- 分析层级——基于数据库记录中存在的概念文本和引用进行计数，还是基于全文。
- 如何处理间接引用，以及如何测量合并消灭模式。

以上的变量选择可能由研究者的个人兴趣，以及追溯来源的难易程度来决定。名祖由人名演化而来，因此可以更容易地将其与作者及原始贡献联系起来。名祖也可能是某一学科领域的关键特征（如分子生物学中的萨瑟恩印迹、博弈论中的纳什均衡）。然而追溯流行语的来源会较难一些，因为流行语经常和经典出版物有所联系。举一个例子，“进化稳定理论”理所应当与约翰·梅纳德·史密斯的一部分出版物有所联系（McCain，2012），而在引用关于“有限理性模型”和“满意度法则”的出版物时，赫伯特·西蒙（Herbert Simon）既被引用成这些出版物的唯一作者，又被引用为合著者（McCain，2012b；Kahneman，2003）。单一作品归属的例子中，有“实践共同体”（Lave

& Wenger，1991）这一短语，以及“布鲁克斯法则”（Brooks，1975；1995年出版了改进后的“银色周年纪念”版本）。另一方面，一个概念可能有几种不同的文本表述，研究者必须弄清来源。例如，有一个基于经验观察得出的过程，即高被引的作品得到了比预期更多的额外引用，而这一过程在不同的学科领域讨论中分别被称为“马太效应”（Merton，1998），“优势积累”（Price，1976）和“偏好依附”（Barabási & Albert，1999）（McCain，2012；Newman，2003）。

在评估合并消灭模式时，最基本的测量方法可以计算数据中隐性引用、非正式引用的比例，并得出该比例随时间变化的程度。但正如前文所述，在引用时，人们会引用后期的作品而非原始著作。梅瑟里（Messeri，1978）推测这一引用情况可能存在，但没有报告任何影响其“海底扩张学说”研究的实证研究结果。鲁索（Rousseau，1987）提出了一个强有力的观点，即在研究论文的总体影响力时，应当考虑到间接引用的部分（但他未对复写替换或合并消灭模式进行讨论）。而德沃斯和克里米斯（Dervos & Klimis，2008）则讨论了间接引用在信息检索中的重要性。在测定合并消灭模式的程度时，托马斯（Thomas，1992）和麦凯恩（McCain，2012）将间接引用和显性引用结合起来，并对“萨瑟恩印迹”和“进化稳定策略”只做隐性引用的论文分别进行了统计，得出其百分比。

其余变量是指是使用文献数据库（即是否进行后续文本层级的分析），还是使用初始全文搜索（即如何搜索，以及在什么层级去收集数据）。文献数据库的搜索是全面搜索。如果使用像Web of Science或Scopus数据库这样的跨学科数据库，则搜索可能会跨越多个学科，或会将更多研究重点放在诸如生命科学和医学[BIOSIS、国际性综合生物医学信息文献数据库（Medline）]，工程学（INSPEC、Compendex），经济学（EconLit），计算机科学[美国计算机协会（ACM）数字图书馆]和心理学（PsychINFO）。在支持搜索引文的数据库中，通过组合文本字段和引文搜索，我们可以得到大量的数据库记录。但是，正如麦凯恩（McCain，2012）所述，使用名祖或流行语在数据库记录中统计次数，而未给出名祖或流行语的恰当指向时，可能会遗漏能反映影响力的间接引用，额外计数显性引用与名祖或流行语没有文本上的联系的条目。检查数据库检索记录中的论文文本是应对此挑战的方法之一（Garfield，1988）。然而，若以硬拷贝（即打印出来）的形式来获取、阅读和保存这些论文，那么此项任务无论是在阅读还是在储存方面很快都会变得十分艰巨。如果源条目的总数较大，研究者可能需要采用完整检索的样本。

文献数据库记录结构和内容的变化也可能存在一些问题，记录结构可能会随时间变化而改变（Marx，2011）。比如，直到 1993 年或 1994 年，Web of Science 才提供论文的摘要、作者关键词及其参考文献标题的术语（即 Keywords Plus）。同样，即便我们能看到摘要，也有可能这并不是论文的作者写的。许多数据库会对作者写的摘要进行编辑（如 INSPEC、EconLit），或者是写一篇新的摘要 [商业信息数据库（ABI Inform）]，而数学评论文献库（MathSci）则提供综述而非作者摘要。在以上回顾的所有研究中，会发现有一点是非常有必要且有用的，即增强数据库检索功能，它将分析中涉及的其他数据的来源都囊括了进来。

除了“先搜索数据库，再检查检索出来的论文”这一种方法，还有另一种或许可行的选择，即采用可以对被索引的论文进行初始全文搜索的数据库。比如，像 HighWire Press 和 JSTOR 这样的数据库涵盖了各个学科，尽管在搜索和访问内容上可能有费用和时间上的限制。2012 年 8 月，那时我们可以在 HighWire Press 上搜索到超过 600 万篇全文论文，并且能导出摘要和文献信息，但下载 PDF 则一般是要收费。就 JSTOR 而言，大学的图书馆可能仅订阅某些刊物套餐，而无论是 HighWire Press 还是 JSTOR 都可能限制对当前期刊的访问。在学科层面来看，支持全文搜索的信息库，如 ABI Inform 和图书馆文献情报学全文数据库（Library Literature & Information Science Full-Text），分别涵盖了其领域的一系列专业与贸易刊物。

通过德雷塞尔大学哈格蒂图书馆访问 JSTOR，搜集了关于合并消灭模式研究的信息，得到了出乎意料的全文搜索结果（McCain，2012）。研究对“有限理性模型”一词作了全文搜索，结果发现 1962 年至 2011 年间发表了大概 3 700 篇有关论文，这些论文不仅有 PDF 版本，还可以通过哈格蒂图书馆的数字期刊收藏链接进行访问。对 10% 的搜索结果进行系统抽样后，发现检索到了五分之一的论文，因为“有限理性模型”这一流行语只出现在检索论文的参考文献中，而论文却没有提到该流行语。最后一组的论文可能会对整个研究有所贡献，因为这些论文也会为 JSTOR（部分图书馆订阅套餐）所检索，并将出现在完整检索的数据集中，但这些论文不应单独列出来，以免影响对现有文献样本中流行语的理解。

目前为止，我们已经了解到，默顿的合并消灭模式和复写综合征概念在学术论文研究方面已是公认的现象，且在大多数情况下是毋庸置疑的（这对概念认为，通过被引次数和历史可能会对学术影响力评估产生影响，但又不完全否定该做法）。我们还了解到，可系统地观察和测量合并消灭模式和间接引用的使用的实证证据是非常有限的，而复写替换是否被证明则尚未清晰。但是，我们在本次讨论中还有一些不足，即作者在引用一个已知的观察、方法、理论等其他材料时，为何选择隐性引用而不是显性引用，以及在引用同一个概念时，为何引用较新的文献，而非早期的文献。换句话说，为何作者在目前的写作中选择援引，或引用后期的文献以代替引用早期的经典文献呢？为了探究这一点，我们必须在施引文本研究中再上一层，将研究重点放在作者身上，关注他们的施引行为和动机。

我们对于作者引用或不引用早期文献有了解吗

施引行为研究采取了以下两种方法：一种是通过被引内容和语境分析关注文本，另一种是通过调查或访谈关注施引作者的选择和行为（Bornmann & Daniel，2006；White，2004）。第一种研究方法与前面讨论过的以文本为基础的研究有重叠之处，即为被引的角色、功能和内容建立并应用分类，因为该分类可以借助与嵌入式引用（或脚注）相关的文本分析来推断得出。这两种方法可以结合使用，例如察诺（Cano）于1989年的研究中让21位“精英”科学家，根据莫拉夫西克和穆鲁格桑（Moravcsik & Murugesan，1975）的被引内容分类方案，对自己的参考文献进行分类。

一般来说，对作者进行调查和访谈旨在了解作者写作时的那段记忆，他们为何选择引用这些作品，他们又是如何看待这些作品的质量或显示度，以及（或者是）引文的修辞功能又是什么。用克罗宁的话来说，我们需要“进入那个人的脑海”（Cronin，1984；Bornmann & Daniel，2006；Case & Higgins，2000），虽然结果不一定是可靠的。正如克罗宁和其他人所述，引用是一个主观的行为，且作者对这种行为的记忆也不一定准确。从合并消灭模式研究（虽然也许不是间接引用或复写替换）的角度来看，还有另外一个问题，即在这些研究中，数据收集和讨论往往集中于与所讨论的著作相关的显性引用上，而没有关注到未被引用的作品，或为何此处采用隐性引用而非显性引用。例如，布鲁克斯（Brooks，1985，1986）抽取了 20 位学术期刊论文作者作为简易样本，并在采访中询问他们引用文献的动机。他总结出了七种引用的动机，但没有讨论这些作者不引用的动机。沙迪什、托利弗、格雷和古普塔（Shadish，Tolliver，Gray & Gupta，1995）调查了心理学中的施引作者，通过 28—32 项可能影响他们引用作品决定的论文特征列表，对个体被选中的被引作品进行评分。凯斯和希金斯（Case & Higgins，2000）对曾引用两位知名传播学研究者的施引作者进行调查，在该研究中他们借助了一个列出了 32 个施引理由的列表，并考虑到了被调查的作者和来源作者、文献的关系。不管是沙迪什等还是凯斯和希金斯的研究报告都指出，一些被引文献被评为“经典参考文献”“十分知名”和“概念标志”，但没有一项研究涉及作者为何选择不引用、只作隐性引用，或在参考文献中用其他文献代替经典文献。凯斯和希金斯研究表明，有 24% 的受访者表示引用作品是为了进行文献综述；而沙迪什等的结论该比例更低。

基于作者的研究可以通过设计来处理合并消灭模式和间接引用（即复写替换）的问题。麦克罗伯茨和麦克罗伯茨（MacRoberts & MacRoberts，1988）对自己选择的参考文献作了分析报告，其中有一段简短的注释：出于“说服力、流行度和社会共识”的原因选择了三篇文献，并据此筛选掉了他们仍认为“有影响力”的其他文献。克罗宁（Cronin，1981）向文献计量学的一组学术大咖分发了一份无参考文献的论文，其中的引用已被删除（但保留了嵌入式引文的作者姓名和直接引述）。受访者需要在文本中指出何处需要进行引用。克罗宁的报告指出，论文作者和受访者之间的看法差异较大，这反映了“学术大咖们对引文在特定语境下的功能看法也存在较大的差异”（Cronin，1981）。

温克勒（Vinkler，1987）在讨论 20 位化学家的答复时明确考虑了合并消灭模式，这些化学家接受了关于最近发表的论文参考文献列表的调查和采访。在调查化学家们不引用的潜在原因时，其中一个选项是“因为这些可引用的论文、著作、定理或理论的作者是众所周知的（如普朗克常数，弗莱德 -

克莱·福特反应等)”(Vinkler，1987)。在 201 篇可被引用，但实际上未被引用的作品中，有 52 篇被编码为以上原因(也经常同时有其他原因)。温克勒(Vinkler，1987)研究指出，名祖是“被贴上标签的信息”，其源信息已为“自然科学所吸收，甚至可以说这些信息已经成为常识”，但对于近代的科学方法，人们则会引用原作者的作品。他还提到了综述、手册和教材在“隐藏”信息中的作用，这些材料都给出了有用的引用信息，可以将读者引向原始文献，但同时也导致了不引用原始文献的情况(80% 的人出于该原因而不给予引用信息)。

王和怀特(White & Wang，1997；Wang & White，1999)报告了对农业经济学家在写作和引用方面进行跟踪访谈的研究的结果，该研究特别关注那些农业经济学家们是否在论文终稿中引用其研究初期挑选和阅读过的文献。对受访者的回答进行整理后，可得出文献选择(或引用)的标准。就作者是否引用一份文献而言，以下两个标准似乎符合合并消灭模式的概念。

- 经典 / 创始人(Wang & White，1999)：其定义为，认为该文献是“该课题或方法的第一个实质成果，或其作者是理论或方法的创始人”。如果该文献是经典，则会被引用；同样，如果文献的作者是某个概念、理论或分析方法的著名创始人，则引用其最有说服力的著作。
- 标准参考文献(Wang & White，1999)：通常指一篇论文或一本手册是“某主题中对引用的处理最广为接受的”。怀特和王(White & Wang，1997)将其列为“元级别的文献参考”。

研究报告指出，25 位受试者中，某些人表示他们在做引用决定时“应用”了这两个标准，并表明最终的决定大部分是“引用”而非“不引用”。在这些报告中，都没有从隐性引用的角度，即有意省略有用的参考文献的角度，对合并消灭模式进行讨论。对文本的引用和标准参考文献取代原始报告，这一现象符合间接引用的描述。

哈伍德就引文功能和施引行为分别对计算机科学家和社会学家进行了访谈研究，该研究为与合并消灭模式相关的施引决定提供了更多的见解(Harwood，2008，2009)。出版渠道可能会对是否引用某文献造成影响(Harwood，2008)。一位计算机科学家指出，如果是一本读者友好型的书，即其专业性和知识深度都较低，那么该书会标注对经典文献的引用，但如果是一本专业期刊，就会省略这些经典文献。因为我们不需要提醒这些专家，他们也知道这些著名人物，也不需要为他们标注某些著名算法的出处（哈伍德对默顿和合并消灭模式进行了专门的讨论）。一位受访的社会学家表示，当其论文受众是美国读者时，他会倾向于选择美国的文献资料来引用，同样，当要在英国期刊上发表论文时，他会选择英国的文献资料（剥夺对其中一方或另一方的引用）。哈伍德（Harwood，2009）从与这些计算机科学家和社会学家非结构化的访谈中，总结出了 11 种引文功能。其中两个功能与理解施引行为的目标有关，这里的施引行为会通过隐性引用或显性引用导致合并消灭模式。如前所述，作者可以通过“路标（signposting）”（即提供关于背景知识的引文）来帮助知识水平较低的读者（即非本领域的学者）。有一位受访者表示，读者可能期望作者对“圈子内众所周知的事情”给出引用来源，在这种情况下，他可能会用到“捆绑引用（tying citations）”，因为他觉得不进行引用可能会遭到众人的批评，但其他人可能并没有这样的顾虑。

关于间接引用和复写综合征

文本层级的分析可以轻松地区别显性引用（直接与原创者著作关联的名祖或流行语）和隐性引用（不附带任何正式来源的名祖或流行语）。但我们应该如何看待间接引用呢？作者在引用时意识到需要为读者提供一些帮助，便选择了一份文献，该文献会帮助读者理解，或能指导读者查阅更全面的讨论（在限制了参考文献数量和论文版面的情况下），这种复写替换的例子是否为人们所允许？

默顿担心早期原创者的贡献会被归功于晚辈作者，但他的担心似乎与事实不一样，因为被引用的是那些综述，而不是被综述的论文。而引用教材来说明一个成熟的理论解释或算法的发展又是另一回事。尽管可以肯定地说，晚辈作者可能会通过引用综述、专论或教材导致原始著作的作者不再被引用，但默顿的担忧是关于（可能是永久的）错误归属，即将原始的“重大概念或公式”归功于晚辈作者，然后大家引用该晚辈作者，从而导致这些概念或公式与其原创者不再有任何联系。

但是，如果我们不知道施引作者的想法、其对参考文献选择的个人评估、对被引文献文本的详细分析，或者不承认参考文献的链条随着时间流逝已断裂[该断裂可能是由不阅读被引文献，就直接“提”出引用导致的（Hoerman & Nowicke，1995）]，我们是否能发现复写替换这一现象呢？对于大规模的研究来说，也许在弄清楚早期作者的著作是否为间接引用的出版物所引用之后，我认为我们不得不对间接引用“睁一只眼闭一只眼”。一条引文的存在表明，施引作者认为需要一些指向文献的指针，这可能足以达到文献计量的目的。

评估状况

合并消灭模式与常见的学术文献的衰老和淘汰不一样，后者指文献在发表后，在合理的时间段内，发生可预见的其被引次数的快速或逐渐下降，范·拉恩（Van Raan，2004）和其他学者已描述过这种情况。合并消灭模式只涉及所有出版者和所有已出版作品的一小部分，而且这些作品比“标准的”学术出版物具有更高的显示度和被引次数。朱克曼（Zuckerman，1987）指出：“合并消灭模式更常见于‘精英’科学家和一开始就被大量引用的论文。”她提到，实际上可能是他们的作品被“消灭”，成为当前公认的知识的一部分，因而他们才会被评为“杰出”代表（“被消灭的优势”；Garfield，1975）。无独有偶，马克斯和卡多纳（Marx & Cardona，2009）是这样描述合并消灭模式的：“合并消灭模式对伟大成就会有影响，因此影响的是少数科学家”。合并消灭模式可能会抵消同样因为高显示度导致过度引用的现象，比如“反马太效应”[①]。如果我们想对正式学术交流的这一方面有更全面的了解，那么这当然值得我们作深入的研究。

本章提到的研究反映了学术文献中合并消灭模式的范围和程度。已探索出来的重大学术贡献中，尚未有文献达到被完全消灭的程度。总会有一些作者会为名祖或流行语附上引用信息，不论是显性引用还是隐性引用，而在某些情况下，合并消灭模式似乎已经达到了一个稳定的状态，如在提到该概念的论文中，有20%—30%的论文会引用其来源。关于作者是否引用的几项研究反映了一些抗衡的过程，这些过程可能影响合并消灭模式的程度和趋势。一些作者

① 感谢布莱斯·克罗宁让我知道这一词语。

不会对引用附上参考文献，因为该概念是众所周知的，而另一些作者则引用经典文献，因为它是经典（因此引用是预料之中的？）。在覆盖早期文献的自然过程中，人们会引用综述，因而被综述的作品的被引次数就会减少。另外，作者可能因文献中有很好的说明解释，能帮助到非专业的读者或那些圈子外的人，而引用了该文献，但受众是学术同僚时，则不会引用该文献，但如果需要更详细或更全面的介绍时，作者会引用书籍而非论文。以下这些问题，迄今为止尚未在研究中讨论过，但或许值得我们研究：源条目的总体方向（例如，采用的研究类型或学术方法，又或者是对重要概念的关注程度）在多大程度上与有无附加参考文献有关？是否会有些作者倾向于尽可能地引用，而另一些作者则认为不需要为引用的概念提供参考文献信息（而且导师的倾向可能会影响到学生，还有可能每个领域的倾向都不一样）？在“稳态的”数据集中，对某领域的新人或相关学术研究的引用是否有增多？如果想要更仔细地了解合并消灭模式的趋势，那么我们需要将能提供大量信息的实证研究重点放在文本层级的分析上——研究将会在访谈中有所收获，访谈涉及作者的看法，即其认为何时需要为关键概念提供引用信息，何时不需要。唤醒这些记忆有些难度，但如果我们想要测量影响合并消灭模式的趋势和以出版物为基础的变量，那这样做是必要的。

间接引用和复写替换之间的连锁问题则更加棘手。默顿对复写综合征的定义特别关注作者的施引行为（如果不是施引动机的话），即作者偶然间在一篇文献中读到了一个概念，但这篇文献并非概念的最初来源，而后随着时间流逝，对新著作的引用增加，从而切断了此概念与早期文献之间的关联。但是，如果较新的文献在文本中又引用了旧的文献（如大多数间接引用的情况），当遇到间接引用时，如何知道施引作者的初衷呢？默顿的例子是很个人的——对自身归属错误的认知，或（在焦点访谈 / 焦点小组讨论这一例子中）他对该领域学术发展贡献的坚实知识。在被引语境的层级来看，我们可以说，关键概念所附的参考文献显性引用或隐性引用了适当的原始文献，或者引用了与原始文献无联系的著作。如果想了解作者是如何看待其出版物中间接引用的修辞作用，那么访谈（其中所提的问题用词需要非常严谨）可能是唯一的方法，而在间接引用的作品中，对概念处理方法进行详细的文本层级分析，可能会反映复写替换持续进行的可能性。

参考文献

Aversa, E. S. (1985). Citation patterns of highly cited papers and their relationship to literature aging: A study of the working literature. *Scientometrics*, 7, 383–389.

Barabási, A. -L., & Albert, R. (1999). Emergence of scaling in random networks. *Science*, 286, 509–512.

Björk, B. -C. (2007). A model of scientific communication as a global distributed information system. *Information Research,* 12 (2). Retrieved from http://informationr. net/ir/12-2/paper307. html.

Borgman, C. L., & Furner, J. (2002). Scholarly communication and bibliometrics.

Annual Review of Information Science & Technology, 36, 2–72.

Bornmann, L., & Daniel, H. -D. (2006). What do citation counts measure?A review of studies on citing behavior. *Journal of Documentation*, 64, 45–80.

Bottom, W. P., Kong, D., & Zhang, Z. (2007, January 2). *The palimpsestic syndrome in management research: Stereotypes and the obliteration process*. Retrieved from http://apps. olin. wustl. edu/workingpapers/pdf/2007-01-002. pdf.

Braun, T., Glänzel, W., & Schubert, A. (2010). On sleeping beauties, princes and other tails of citation distributions. *Research Evaluation*, 19, 195–202.

Brooks, F. P., Jr. (1975). *The mythical man-month*. Reading, MA: Addison, Wesley.

Brooks, T. A. (1985). Private acts and public objects: An investigation of citer motivations. *Journal of the American Society for Information Science*, 36, 223– 229.

Brooks, T. A. (1986). Evidence of complex citer motivations. *Journal of the American Society for Information Science*, 37, 34–36.

Burrell, Q. L. (2012). Alternative thoughts on uncitedness. *Journal of the American Society for Information Science and Technology*, 63, 1466–1470.

Cano, V. (1989). Citation behavior: Classification, utility, and location. *Journal of the American Society for Information Science*, 40, 284–290.

Case, D. O., & Higgins, G. M. (2000). How can we investigate citation behavior? A study of reasons for citing literature in communication. *Journal of the American Society for Information Science*, 51, 635–645.

Cole, J. R. (2000). A short history of the use of citations as a measure of the impact of scientific and scholarly work. In B. Cronin & H. B. Atkins (Eds.), *The web of knowledge: A Festschrift in honor of Eugene Garfield* (pp. 281–300). Medford, NJ: Information Today.

Costas, R., Van Leeuwen, T. N., & Van Raan, A. F. J. (2010). Is scientific literature subject to a "sell-by-date"?A general methodology to analyze the "durability" of scientific documents. *Journal of the American Society for Information Science and Technology*, 61, 329–339.

Cozzens, S. E. (1989). What do citations count?The rhetoric-first model. *Scientometrics*, 15, 437–447.

Cronin, B. (1981). Agreement and divergence on referencing practice. *Journal of Information Science*, 3, 27–33.

Cronin, B. (1984). *The citation process: The role and significance of citations in scientific communication*. London: Taylor Graham.

De Bellis, N. (2009). *Bibliometrics and citation analysis: From the science citation index to cybermetrics*. Lanham, MD: Scarecrow Press.

Dervos, D. A., & Klimis, L. (2008). Exploiting cascading citations for retrieval. *Proceedings of the American Society for Information Science and Technology*, 45, 1–12.

Edge, D. (1979). Quantitative measures of communication in science: A critical review. *History of Science*, 17, 102–134.

Frank, G. (1999). Scientific communication—a vanity fair?*Science*, 286, 53–55.

Furner, J. (2003). Little book, big book: Before and after *Little Science, Big Science*. A review article, Part II. *Journal of Librarianship and Information Science*, 35, 189–201.

Garfield, E. (1975). The obliteration phenomenon. *Current Contents*, 51/52, 5–7.

Garfield, E. (1977). Introducing *Citation Classics:* The human side of scientific reports. *Essays of an Information Scientist*, 3, 1–2.

Garfield, E. (1979). *Citation indexing: Its theory and application in science, technology, and humanities*. New York: Wiley.

Garfield, E. (1980). Premature discovery or delayed recognition—why?*Current Contents*, 21, 5–10.

Garfield, E. (1985). In tribute to Derek John de Solla Price: A citation analysis of *Little Science, Big Science. Scientometrics*, 7, 487–503.

Garfield, E. (1998). Random thoughts on citationology—its theory and practice. *Scientometrics*, 43, 69–76.

Garvey, W. D., & Griffith, B. C. (1967). Scientific communication as a social system. *Science*, 157, 1011–1016.

Gorraiz, J., Gumpenberger, C., & Wieland, M. (2011). Galton 2011 revisited: A bibliometric journey in the footprints of a universal genius. *Scientometrics*, 88, 627–652.

Hargens, L., & Felmlee, D. (1984). Structural determinants of stratification in science. *American Sociological Review*, 49, 685–697.

Harwood, N. (2008). Publication outlets and their effect on academic writers' citations. *Scientometrics*, 77, 253–263.

Harwood, N. (2009). An interview-based study of the functions of citations in academic writing across two disciplines. *Journal of Pragmatics*, 41, 497–518.

HighWire Press. (2012). Free online full-text articles. Retrieved from http://highwire. stanford. edu/lists/freeart. dtl.

Hoerman, H. L., & Nowicke, C. E. (1995). Secondary and tertiary citing: A study of referencing behavior in the literature of citation analysis deriving from the Ortega hypothesis of Cole and Cole. *Library Quarterly*, 65, 415–434.

Hyland, K. (1999). Academic attribution: Citation and the construction of disciplinary knowledge. *Applied Linguistics*, 20, 541–567.

Kahneman, D. (2003). Maps of bounded rationality: Psychology for behavioral economics. *American Economic Review*, 93, 1449–1475.

Lambe, P. (2011). The unacknowledged parentage of knowledge management. *Journal of Knowledge Management*, 15, 175–197.

Lave, J., & Wenger, E. (1991). *Situated learning: Legitimate peripheral participation*. Cambridge: Cambridge University Press.

Leonard-Barton, D. (1995). *Wellsprings of knowledge: Building and sustaining the sources of innovation*. Cambridge, MA: Harvard Business Review Press.

MacRoberts, M. H., & MacRoberts, B. R. (1987). Testing the Ortega hypothesis: Facts and artifacts. *Scientometrics*, 12, 293–295.

MacRoberts, M. H., & MacRoberts, B. R. (1988). Author motivation for not citing influences: A methodological note. *Journal of the American Society for Information Science*, 39, 432–433.

MacRoberts, M. H., & MacRoberts, B. R. (1989). Problems of citation analysis: A critical review. *Journal of the American Society for Information Science*, 40, 342– 349.

MacRoberts, M. H., & MacRoberts, B. R. (2010). Problems of citation analysis: A study of uncited and seldom-cited influences. *Journal of the American Society for Information Science and Technology*, 61, 1–12.

Marx, W. (2011). Special features of historical papers from the viewpoint of bibiometrics. *Journal of the American Society for Information Science and Technology*, 62, 433–439.

Marx, W., & Cardona, M. (2009). The citation impact outside references: Formal versus informal citations. *Scientometrics*, 80, 1–21.

McCain, K. W. (2011). Eponymy and obliteration by incorporation: The case of the "Nash Equilibrium. "*Journal of the American Society for Information Science and Technology*, 62, 1412–1424.

McCain, K. W. (2012a). Assessing obliteration by incorporation: Issues and caveats. *Journal of the American Society for Information Science and Technology*, 63, 2129–2138.

McCain, K. W. (2012b). Assessing obliteration by incorporation using a full-text database: Herbert Simon, JSTOR and the concept of bounded rationality. Paper presented at METRICS 2012, SIG/Metrics preconference workshop at ASIST 2012, Baltimore.

McCain, K. W. (2012c). Second wind: The two-stage citation history of "Networks of Science" (Price, 1965). Paper presented at the Pre-Conference on the History of ASIST and Information Science and Technology, ASIST 2012, Baltimore.

McCain, K. W., & Salvucci, L. J. (2006). How influential is Brooks' Law?A longitudinal citation context analysis of Frederick Brooks' *The Mythical Man- Month*. *Journal of Information Science*, 32, 277–295.

McCain, K. W., & Turner, K. (1989). Citation context analysis and aging patterns of journal articles in molecular genetics. *Scientometrics*, 17, 127–163.

Merton, R. K. (1965). *On the shoulders of giants: A Shandean perspective*. Chicago: University of Chicago Press.

Merton, R. K. (1968). The Matthew effect in science. *Science*, 159, 56–63.

Merton, R. K. (1972). Insiders and outsiders: A chapter in the sociology of knowledge. *American Journal of Sociology*, 78, 9–47.

Merton, R. K. (1979). Foreword. In E. Garfield (Ed.), *Citation indexing: Its theory and application in science, technology, and humanities* (p. ix). New York: Wiley.

Merton, R. K. (1987). The focussed interview and focus groups: Continuities and discontinuities. *Public Opinion Quarterly*, 51, 550–566.

Merton, R. K. (1988). The Matthew effect in science, II. Cumulative advantage and the symbolism of intellectual property. *Isis*, 79, 606–623.

Merton, R. K., Fiske, M., & Kendall, P. L. (1956). *The focused interview*. New York: Free Press.

Merton, R. K., & Kendall, P. L. (1946). The focused interview. *American Journal of Sociology*, 51, 541–557.

Messeri, P. (1978, September 5). Obliteration by incorporation: Toward a problematics, theory and metric of the use of scientific literature. Paper presented at the annual meeting of the American Sociological Association, San Francisco.

Moed, H. F. (2005). *Citation analysis in research evaluation*. Dordrecht: Springer.

Moravcsik, M. J., & Murugesan, P. (1975). Some results on the function and quality of citations. *Social Studies of Science*, 5, 86–92.

Newman, M. E. J. (2003). The structure and function of complex networks. *SIAM Review*, 45, 167–256.

Nicolaisen, J. (2008). Citation analysis. *Annual Review of Information Science & Technology*, 41, 609–641.

Price, D. de S. (1976). A general theory of bibliometric and other cumulative advantage processes. *Journal of the American Society for Information Science and Technology*, 27, 292–306.

Price, D. J. de Solla. (1965). Networks of scientific papers. *Science*, 149, 510–515.

Rousseau, R. (1987). The Gozinto theorem: Using citations to determine influences on a scientific publication. *Scientometrics*, 11, 217–229.

Schneider, J. W. (2006). Concept symbols revisited: Naming clusters by parsing and filtering of noun phrases from citation contexts of concept symbols. *Scientometrics*, 68, 573–593.

Schwartz, C. A. (1997). The rise and fall of uncitedness. *College & Research Libraries*, 58, 19–29.

Shadish, W. R., Tolliver, D., Gray, M., & Sen Gupta, S. K. (1995). Author judgements about works they cite: Three studies from psychology journals. *Social Studies of Science*, 25, 477–498.

Small, H. (1982). Citation context analysis. In B. Dervin & M. J. Voight (Eds.), *Progress in Communication Sciences, Volume* 3 (pp. 287–310). New York: Ablex Publishing.

Small, H. (1998). Citations and consilience in science—comments on theories of citation?*Scientometrics*, 43, 143–148.

Small, H., & Greenlee, E. (1980). Citation context analysis of a co-citation cluster—recombinant DNA. *Scientometrics*, 2, 270–301.

Small, H. G. (1978). Cited documents as concept symbols. *Social Studies of Science*, 8, 327–340.

Southern, E. M. (1975). Detection of specific sequences among DNA fragments separated by gel electrophoresis. *Journal of Molecular Biology*, 98, 503–517.

Stent, G. S. (1972). Prematurity and uniqueness in scientific discovery. *Scientific American*, (December), 84–93.

Stern, R. E. (1990). Uncitedness in the biomedical literature. *Journal of the American Society for Information Science*, 41, 193–196.

Stigler, S. M. (1980). Stigler's law of eponymy. In T. F. Gieryn (Ed.), *Science and social structure: A Festschrift for Robert K. Merton* (pp. 147–157). New York: New York Academy of Sciences.

Stigler, S. M. (1994). Citation patterns in the journals of statistics and probability. *Statistical Science*, 9, 94–108.

Száva-Kováts, E. (1994). Non-indexed eponymal citedness (NIEC): First fact- finding examination of a phenomenon of scientific literature. *Journal of Information Science*, 20, 55–70.

Thomas, K. S. (1992). The development of eponymy: A case study of the Southern blot. *Scientometrics*, 24, 405–417.

Van Raan, A. F. J. (2004). Sleeping beauties in science. *Scientometrics*, 59, 467– 472.

Vinkler, P. (1987). A quasi-quantitative citation model. *Scientometrics*, 12, 47–72.

Wang, P., & White, M. D. (1999). A cognitive model of document use during a research project. Study II. Decisions at the reading and citing stages. *Journal of the American Society for Information Science*, 50, 98–114.

White, H. D. (2004). Citation analysis and discourse analysis revisited. *Applied Linguistics*, 25, 89–116.

White, H. D., & McCain, K. W. (1989). Bibliometrics. *Annual Review of Information Science & Technology*, 24, 119–186.

White, M. D., & Wang, P. (1997). A qualitative study of citing behavior: Contributions, criteria, and metalevel documentation concerns. *Library Quarterly*, 67, 122–154.

Wouters, P. (1999). *The citation culture*. Unpublished doctoral dissertation, University of Amsterdam. Retrieved from http://garfield. library. upenn. edu/wouters/wouters. pdf.

Zuckerman, H. A. (1987). Citation analysis and the complex system of intellectual influence. *Scientometrics*, 12, 329–338.

第 8 章
学术评价的网络方法

杰文 · D. 韦斯特　达利尔 · A. 维赫娜
Jevin D. West & Daril A. Vilhena

引言

德里克 · 德 · 索拉 · 普赖斯于 1965 年指出，科学文献形成了一个巨大的网络（Price，1965）。这一网络的节点（node）是数百万篇已发表的论文，而边线（edge）则是它们之间的引用。不仅在这些节点的内容（文本）中，而且在链接这些节点的结构（网络拓扑结构）中，都有大量的信息。实际上，网络拓扑结构本身就能反映出内容的质量。这类似于谷歌的 PageRank 算法利用网络的超链接结构来为网站排名（Page，Brin，Motwani，& Winograd，1998）。

出人意料的是，20 世纪的学术评估在很大程度上忽略了这种网络特性。著名的影响因子只计算传入链接的数量，而没有考虑到引用的来源，因此忽略了网络中的额外信息（Garfield，1955）。那么，为什么网络方法过了数十年才成为文献计量学领域的标准？尽管研究者早已意识到网络方法的潜力，但文献计量学一直缺乏计算资源和数据。但是，在这个数据驱动的时代，引文网络现已成为文献计量学的基础，并在其他学科中用作模型系统。

本章中，我们将描述网络方法胜过非网络方法之处，以及如何在评估学术期刊、作者和机构时运用到网络。我们将解释网络是什么、文献计量学中基本网络之间的差异，以及两种网络测量之间的差异：一种是包含网络结构信息的网络测量；另一种是仅关注实体之间的成对关系，该实体可能是论文、作者或者机构。我们还会解释一些技术上的差异，以及在度中心性（非网络）测量和特征向量中心性（网络）测量之间的权衡。我们还将简要地介绍网络科学的历史，以及学术网络如何成为这一新兴领域的基石。

本章主要面向对引文网络评估学术成果这一方面感兴趣的研究者。我们希望读者能了解到网络测量，及其与非网络测量之间的不同之处。在本案例研究中，我们将重点关注期刊质量的两个行业标准计量，即基于引文网络的特征因子分值（eigenfactor score）和经典的与网络信息无关的影响因子。我们将通过例子来说明两者的区别，并利用这两个标准分别对小型期刊的引文网络进行计算。

大数据促进网络分析

如今，每年产生的数字资料已经超过了世界的储存能力（EMC，2010）。人类活动记录和技术的增长开启了“数据科学”时代，在这一时代，可用数据的绝对数量足以拒绝或证明各种科学假设（McKinsey，2011）。几乎每个自然科学学科都有巨大的数据量，而且每个学科都开始重视对算法的开发，对数据的进一步储存、处理，和对大型数据库的分析。

21 世纪，大量数据的涌现令文献计量学家开始研究整个系统，而非系统的一部分。普赖斯（Price，1965）的基础性和开创性的著作改变了文献计量学研究，因为普赖斯最先指出，论文及其引用构成了一个庞大的网络。这一方法论上的飞跃促使研究者们意识到、并承认引文网络这一系统性的、也更为高级的属性，而这一属性被先前的研究所忽略，这些研究只集中研究施引者和被引者的成对关系。在过去的几十年中，研究者已将网络方法应用到引文网络中（Pinski & Narin，1976；Liebowitz & Palmer，1984；Kalaitzidakis，Mamuneas，& Stengos，2003；Palacios-Huerta & Volij，2004；Kodrzycki & Yu，2006；Bollen，Rodriguez，& Van de Sompel，2006）。但是，直到最近，电子数据才得到广泛应用，这不仅令大型数据集的网络分析成为可能，也令网络分析成为文献计量学研究的基本方法。

网络是什么

网络是指系统中关系的抽象模型。节点，代表的是实体，如论文、作者、期刊和机构，都是通过连接线（link）来连接的，如引用和合作。要对现实世界的系统进行准确的建模，我们需要仔细地选择节点和连接线，才能观察到所研究的系统中的有意义的关系。因此，任何网络分析的第一步都是确定哪些数据是网络中的节点和连接线。举个例子，在论文层级引文网络中，论文是节点，而连接线则是指论文之间的引用。而在合著网络中，作者是节点，连接线则代表两个作者合作的次数。

读者应注意到，论文层级的引文网络与合著网络这两个网络中，节点之间的关系是完全不一样的。在论文层级引文网络中，每条连接线的权重均相等，而且连接线是有方向的，因为引用很少是双向的。但是，在合著网络中，所有的连接线都是双向的，而且这些线的权重都不一样，有一些连接线比其他连接线具有更高的权重（即表示更多的合著关系）。我们说论文层级引文网络是"无权的（unweighted）"，因为所有的连接线的权重都一样；以及该网络是"有向的（directed）"，因为所有的连接线都有指向且只能是单向的。合著网络是"加权的（weighted）"，因为有些连接线的权重更高，它还是"无向的（undirected）"，因为所有的连接线一定都是双向的。因此，网络模型中可以有各种组合（图 8.1）。期刊层级引文网络中，期刊是节点，连接线则是期刊之间引用的次数，该网络是一个有向加权网络；论文层级引用是有向网络，但基本上没有权重，因为被引用的论文一般只在参考文献中出现一次。节点的方向和类型可能会对网络拓扑结构产生深远的影响。如果我们关注论文层级引文网络中的引用，那么我们会在时间上往后移，这将导致论文层级引文网络的数学处理难度比期刊层级引文网络更高，因为期刊层级引文网络没有这一属性（Walker，Xie，Yan，& Maslov，2007）。

网络分析的第二步是推导研究的时间范围。网络可以是一个聚合体，这样所有节点和连接线（不考虑其时间戳）都可以被聚集到一个单一的网络中；网络也可以具有时间性，这样所有的节点和连接线都有持续时间，网络也因此随着时间的推移而变化。网络随着时间变化的方式可能会比网络快照更有趣。最近，在一项关于期刊层级引文网络的研究中，罗斯瓦尔和伯格斯特罗姆（Rosvall & Bergstrom，2010）分别测量了 2001 年、2003 年、2005 年和 2007 年期刊之间的引用量，对分年份的期刊层级引文网络中的连接线做了限制，只与相应年份中的引用作关联。他们发现期刊之间的引用方式已经随着时间发生了变化，还发现这些随着时间变化的期刊层级引文网络中，引用的主要变化之一

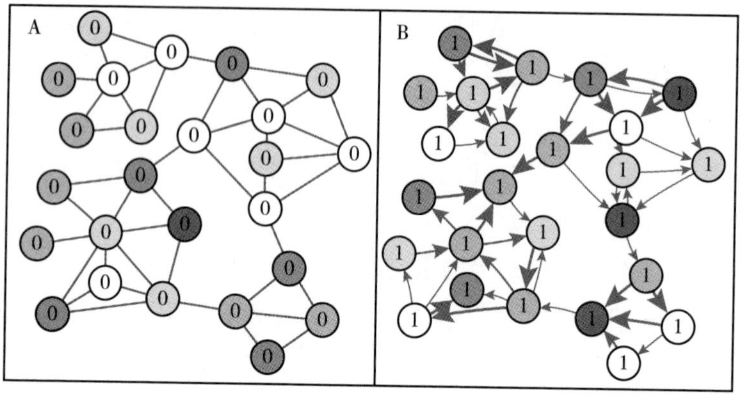

图 8.1　不同种类的网络

图 A 是一个无权、无向的网络（节点标记为 0）。在此网络中，连接线是无向的或无权的。图 B 在文献计量学中，我们经常会遇到有向网络和加权网络，如图片中的示例（节点标记为 1）。期刊之间的引用是有向加权的（如期刊 A 引用期刊 B10 次）。这同样适用于作者层级引文网络。但是，论文层级引文网络一般是有向的无权网络。论文通常只会在参考文献中引用另一篇论文一次

是新领域的诞生，神经科学作为一个独立的领域，其学科基础包括神经病学、分子学和细胞生物学。

定义了节点和连接线之后，我们就可以将数据转化成网络，而这正好适用于网络分析。之前人们已经提出了无数的网络计量法，但并非所有的计量法都会用到嵌入在网络中的信息。可能最常见的节点统计量是度（degree），对于一个无权、无向的网络来说，节点的度就是与该节点相关联的连接线的条数。对于有向网络来说，节点还有入度（in-degree）和出度（out-degree）之分，分别指进入该节点的连接线的条数和从该节点出发的连接线的条数。不同的网络通常有不同的度分布，并且可以根据这些分布来进行分类。例如，“无标度（scale-free）”网络的度分布具有严重的不均匀分布性，即少部分节点有许多连接线，而许多节点只有少量的连接线与之关联。然而，尽管度分布是每个网络都有的特征，但它并不能反映超出某些信息（如表格化的期刊间被引次数）的内容。真正的网络计量指标能反映网络结构的属性，且这些属性是无法通过单独的节点之间的成对关系推论得出的。例如，大多数科学家都从未引用过爱因斯坦或者达尔文，但这两位科学家对许多科学家产生过不容置疑的影响。网络计量应该反映这些更高级的影响。

学术影响力的计量是文献计量学研究的一个重点。在一个网络中，影响力大的节点通常具有较高的中心性（centrality）。顾名思义，在网络拓扑结构中，中心性可以反映作者、论文、期刊或机构处于网络中心的程度。中心性有许多形式（如中介中心性、接近中心性）（Newman，2001）。度中心性，即与该节点相关联的连接线的条数，在科学界中也许是以以下两种形式为大众所知：影响因子，或近两年发表在期刊上的论文的平均被引次数。虽然我们可以在网络环境中测量度中心性，但它不能测量给定的网络拓扑结构的高阶特性，如被引来源文献质量的变化。我们认为，这些方法之间的差异（即可测量高阶属性和不能测量高阶属性的差异）实质上是网络方法与非网络方法之间的差异。

测量网络属性的一种常见方法是特征向量中心性。博纳西克（Bonacich，1972）首次使用特征向量中心性，来量化一个人在其朋友网络中的地位。博纳西克的目标是利用社交网络结构来找出那些重要人物。那我们如何分辨哪些是重要人物呢？他认为，重要人物都有身份显赫的朋友。虽然这个答案听起来像在绕圈，但它在数学上的定义明确，而且容易计算。特征向量中心性在商业应用上最著名的应为谷歌的 PageRank 算法，该算法以万维网的超链接结构来对网站进行排名（Page et al.，1998）。

在接下来的分析中，我们会看到，能反映高阶结构性影响的中心性测量方法能更准确地评估研究对象的学术影响力。我们先从例子入手，详细计算影响因子（度中心性）和特征因子分值（特征向量中心性）（West，Bergstrom，& Bergstrom，2010）。特征向量中心性可以拓展到作者和机构（West，Jensen，Dandrea，Gordon，& Bergstrom，2013），但本章我们重点关注期刊层级的引用。

如何计算网络指标[①]

邻接矩阵

计算基于网络的指标的第一步，是从网络中建立一个邻接矩阵。在上述提到的例子中，邻接矩阵 $\boldsymbol{Z}_{ij}$ 表示在期刊 j 上发表的论文引用期刊 i 所发表论文

① 本节中的代码和示例网络数据可在以下网址中找到：http://eigenfactor.org/。

的次数。这一方阵的尺寸是 $n \times n$，其中 n 是指期刊的数量。比如说，我们有A、B、C、D、E、F 六本期刊。

在表 8.1 所示的邻接矩阵中，期刊 A 引用自己一次，引用期刊 B 三次，引用期刊 C 两次，以此类推。期刊 F 没有被引用。许多研究方法会在矩阵的对角线中填上零，这样期刊对自己的引用就不会算入数据中。

表 8.1

	A	B	C	D	E	F
A	1	0	2	0	4	3
B	3	0	1	1	0	0
C	2	0	4	0	1	0
D	0	0	1	0	0	1
E	8	0	3	0	5	2
F	0	0	0	0	0	0

第二步是通过每本期刊对外施引总数，将该期刊的对外施引进行归一化（使其成为“列随机矩阵”）。具体来说，我们将每竖列的数据除以每竖列的和，从而得到矩阵 $\boldsymbol{H}$，其中 $H_{ij}=Z_{ij}/Z_j$。经过上述步骤后，表 8.1 中的原始邻接矩阵就会转化成表 8.2。

表 8.2

	A	B	C	D	E	F
A	0	0	2/7	0	4/5	3/6
B	3/13	0	1/7	1	0	0
C	2/13	0	0	0	1/5	0
D	0	0	1/7	0	0	1/6
E	8/13	0	3/7	0	0	2/6
F	0	0	0	0	0	0

其中，可能有些竖列的和是零（也就是说这些期刊没有引用其他的期刊）。它们属于“悬挂节点（dangling node）”，因为这些期刊可能被引，但没

有引用其他期刊。这些所谓的悬挂节点构成了一个数学问题，因此我们需要对其作进一步的处理。

悬挂节点

如上一节所述，有些期刊没有引用其他的期刊。这些期刊被称为“悬挂节点”，可以通过查找整个竖列都是零的情况来找到这些节点。我们需要特殊的符号来处理这些节点，以便我们进行排名计算，因此我们引入了一个长度为 n 的特殊二元向量 $\boldsymbol{d}$。$\boldsymbol{d}$ 中的“1”表示该期刊是一个悬挂节点，而“0”表示非悬挂节点。根据上面给出的例子，$\boldsymbol{d}$ 是表 8.3 所示中的行向量。

表 8.3

	A	B	C	D	E	F
$\boldsymbol{d}_i$	0	1	0	0	0	0

影响向量和转移

下一步是构造一个转移矩阵 $\boldsymbol{P}$，并计算其主特征向量。此步骤包含所有节点之间的“转移概率”，也就是向 $\boldsymbol{H}$ 中的每个元素添加一个较小的权重从而令整个矩阵变成非零，最终消除悬挂节点。这一步在数学计算上非常重要，因为只有在没有悬挂节点的矩阵中，我们才能计算出特征向量中心度分值。

特征向量——这里我们归一化使其各部分之和为 1——被称为影响向量 $\boldsymbol{\eth}^*$。该向量给出了我们用以分配特征向量分值的期刊权重。要计算影响向量 $\boldsymbol{\eth}^*$，我们需要六个输入值：刚建立的矩阵 $\boldsymbol{H}$，初始向量 $\boldsymbol{\eth}(0)$，常数 α 和 ε，悬挂节点向量 $\boldsymbol{d}$ 和论文向量 $\boldsymbol{a}$。

目前已有几种转移的方法，最常见的是均匀转移（任何期刊都有相同概率的转移），但是事实证明，这种转移方式会令小型期刊权重超标（West，Bergstrom，& Bergstrom，2010）。对于特征向量分值来说，转移与期刊的大小成正比。为了表示这一点，我们设 $\boldsymbol{a}_i$ 为期刊 i 的论文总数在期刊数据集中所占的比例。例如，表 8.4 所示中，表示一个含有 14 篇论文的论文向量 $\boldsymbol{a}$。

表 8.4

	a
A	3/14
B	2/14
C	5/14
D	1/14
E	2/14
F	1/14

初始向量 **ð**（0）则是用于迭代影响向量，我们将该向量的每一列都设为 1/*n*，可得到如表 8.5 所示中的向量。

表 8.5

	ð（0）
A	1/6
B	1/6
C	1/6
D	1/6
E	1/6
F	1/6

计算影响向量

现在我们可以计算影响向量 **ð***，它（已归一化使其各项之和等于 1）是矩阵 ***P*** 中的主特征向量，而矩阵 ***P*** 的定义为[①]

$$P=\acute{a}H'+(1-\acute{a})\,a\cdot e^{T} \qquad (1)$$

① 该矩阵描述了一个随机漫步者在科学文献中移动的随机过程，这跟谷歌计算网站的 PageRank 分值时使用的“谷歌矩阵”是相似的。该随机过程解释如下：在总时间的 *á* 部分中，随机漫步者按顺序寻找引用，而总时间的 1–*á* 中，随机漫步者“转移”到随机一本期刊，选择该期刊的频数与该期刊中发表的论文数成正比。

其中，e^{T} 是经过转置的、全为 1 的行向量，利用线性代数技巧可以将 $\boldsymbol{a}\cdot e^{\mathrm{T}}$ 变成一个矩阵，矩阵 $\boldsymbol{H}'$ 是矩阵 $\boldsymbol{H}$ 的改进版，其中的每一个悬挂节点列都为论文向量 $\boldsymbol{a}$ 所代替，这样一来，具有悬挂节点的期刊会与期刊大小成比例地进行转移。结果如表 8.6 所示。

表 8.6

	A	B	C	D	E	F
A	0	3/14	2/7	0	4/5	3/6
B	3/13	2/14	1/7	1	0	0
C	2/13	5/14	0	0	1/5	0
D	0	1/14	1/7	0	0	1/6
E	8/13	2/14	3/7	0	0	2/6
F	0	1/14	0	0	0	0

用随机矩阵理论的术语来说，转移矩阵 $\boldsymbol{P}$ 会成为不可约的非周期性马尔科夫链，并根据佩龙 - 弗罗宾尼斯定理（Perron-Frobenius theorem），该矩阵一定会有一个主特征向量（MacCluer，2000）。我们可以用幂的方法（即将矩阵 $\boldsymbol{P}$ 进行多次相乘）直接计算矩阵 $\boldsymbol{P}$ 的归一化后的主特征向量，但这涉及对稠密矩阵 $\boldsymbol{P}$ 进行重复矩阵乘法运算，因此计算量较大。与之相反，我们可以采用另一种方法，该方法仅涉及对稀疏矩阵 $\boldsymbol{H}$ 的运算，因此速度更快（Langville & Meyer，2006）。为了快速算出影响向量，我们可以迭代以下方程式

$$ð^{k+1}=á\cdot H\cdot ð^{k}+[\,á\cdot d\cdot ð^{k}+(1-á)\,]\cdot a \tag{2}$$

其中的 $ð^{(0)}$ 在第一次迭代中设为 $ð^{0}$。为了找到影响向量，我们反复进行迭代。该迭代将会逼近至 $\boldsymbol{P}$ 的主特征向量，该向量进行了归一化，其各项之和为 1。每次迭代后，我们需要检查残差（$ô=ð^{k+1}-ð^{k}$）是否小于 $å$，这是一个设定的停止迭代条件。如果达到以上条件，则可将影响向量 $ð^{*}$ 近似为 $ð^{k+1}$。通常，此过程以 $å$ =0.000 01 为标准，进行的迭代不会超过 100 次。根据上述的原始邻接矩阵例子，以及相对应的论文向量 a，经过 16 次迭代后，平稳向量逐渐向影响向量靠近，其中 $á$=0.85，$å$=0.000 01（表 8.7）。

表 8.7

	∂^*
A	0.304 0
B	0.163 6
C	0.189 8
D	0.046 6
E	0.275 3
F	0.020 6

从影响向量到特征因子分值

每本期刊的特征因子值的向量都可以通过矩阵 **H** 和影响向量的点积求出，并将其归一化，令其总和为 1，然后乘以 100，从而将该数值从分数转化为百分数：

$$EF = 100 \times \frac{H \cdot \partial^*}{\sum_i (H \cdot \partial^*)_i} \tag{3}$$

如果计算正确，则该例子的特征因子分值如表 8.8 所示。

表 8.8

	EF
A	34.051 0
B	17.203 7
C	12.175 5
D	3.653 2
E	32.916 6
F	0.000

解释排名

特征因子分值是一种网络指标，其与一阶指标（如影响因子）的含义不同。假设研究者随机地、无穷地跟踪期刊之间的引用，则特征因子分值表示研究者在每本期刊上花费的时间占总时间的比例。马丁 · 罗斯瓦尔（Martin Rosvall）和丹尼尔 · 埃德勒（Daniel Edler）创建的交互式小程序可在线使用，用以探索这一过程[①]。

网络计量指标与传统计量指标的不同之处

本节重点介绍影响因子和特征因子之间（众多差异中）的两个重点差异。我们借助例子来说明网络指标（即特征因子）和非网络指标（即影响因子）之间的差异。网络测量法反映了所有引用来源地位不均等的这一事实（图 8.2）。图 8.2A 所示中，浅灰色节点各有一条连接线。这些浅灰色节点共同占总引用的 40%。注意，这里每个浅灰色节点的度都是相同的。然而，考虑到特征向量中心性，每个节点的分值不再是相同的，因为每个浅灰色节点在网络中的位置都不同。每个引用的来源在特征向量中心性中都很重要。

对于特征向量中心性来说，期刊的对外施引数量也是非常重要的。期

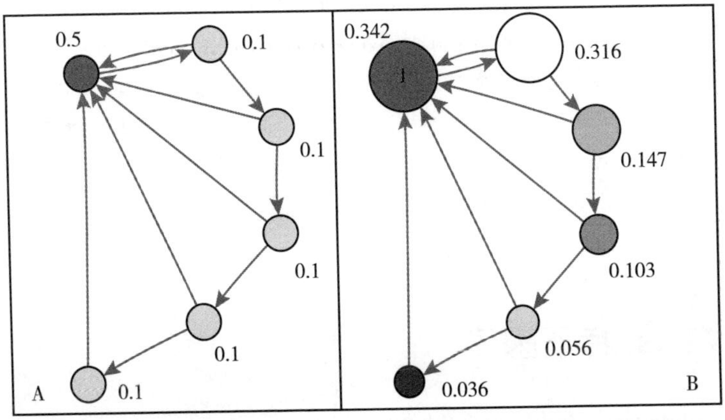

图 8.2　引用的来源很重要，这是度中心性和特征向量中心性的差异

图中数字表示根据两种方法得出的节点的排名。在图 A 中，每个浅灰色节点都有一条进入该节点的连接线。从度中心性的角度来看，所有的浅灰色节点排名相同，而无法区分。借助特征向量中心性，图 B 中节点的大小与其排名相对应。因为引文的来源在网络测量中很重要，因此图 B 中，节点与代表高影响力的深灰色节点 1 越远，该节点的排名就越低。该例可参见 http://www.mapequation.org/apps/MapDemo.html

---

① http://www.mapequation.org/apps/MapDemo.html。

刊被引次数越多，则每个引用的价值就越低（图 8.3）。如图 8.3A 所示中的浅灰色节点都被引用了一次。从度中心性角度来说，所有的浅灰色节点都有相同的中心性。但是，当使用网络分析法时，如图 8.3B 所示，白色节点 1、深灰色节点 2 和浅灰色节点 3 的排名是不一样的，不是因为源节点与图 8.2 的不一样，而是因为灰色的源节点 4 对其他节点的被引次数不一样。

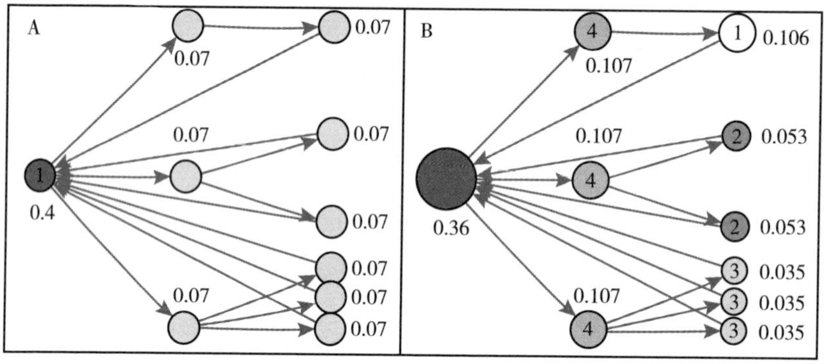

图 8.3　度中心性（图 A）和特征向量中心性（图 B）的差异

——从引用源传出的被引次数差异，以数字形式标在每个节点附近

在图 A 中，用度中心性来排名的话，所有的浅灰色节点完全相同，因为每个浅灰色节点都被引用了一次。但是与图 8.1 中的浅灰色节点不同，源节点（标记为 0.07 的节点），都引用了同一个源节点，即深灰色节点 1。但是从图 8.3B 中的灰色节点 4 发出的被引次数不一样，这会影响到该节点的下游。可以在图 B 中看到这种影响。末端节点（最右边的节点）根据引用来源而有不同的数值

引用计数 vs. 特征因子

将特征因子排名和被引数量排名作比较，我们会发现两个排名差异较大（West et al.，2010a）。这里用数据来说明。如图 8.4 所示比较了 2010 年前 40 名统计学期刊的排名，并采用了汤森路透的《期刊引证报告》（Journal Citation Reports，JCR）中的数据。左边这一列的期刊是按照原始被引次数（即度中心性）来排名的。右边这一列则用特征因子来排名。我们发现排名的顺序有许多不同之处。（在特征因子这一列中）《经济计量学》（*Econometrica*）的排名明显上升，该期刊报道了经济学中一种新的统计方法。但是，在网络分析法中，

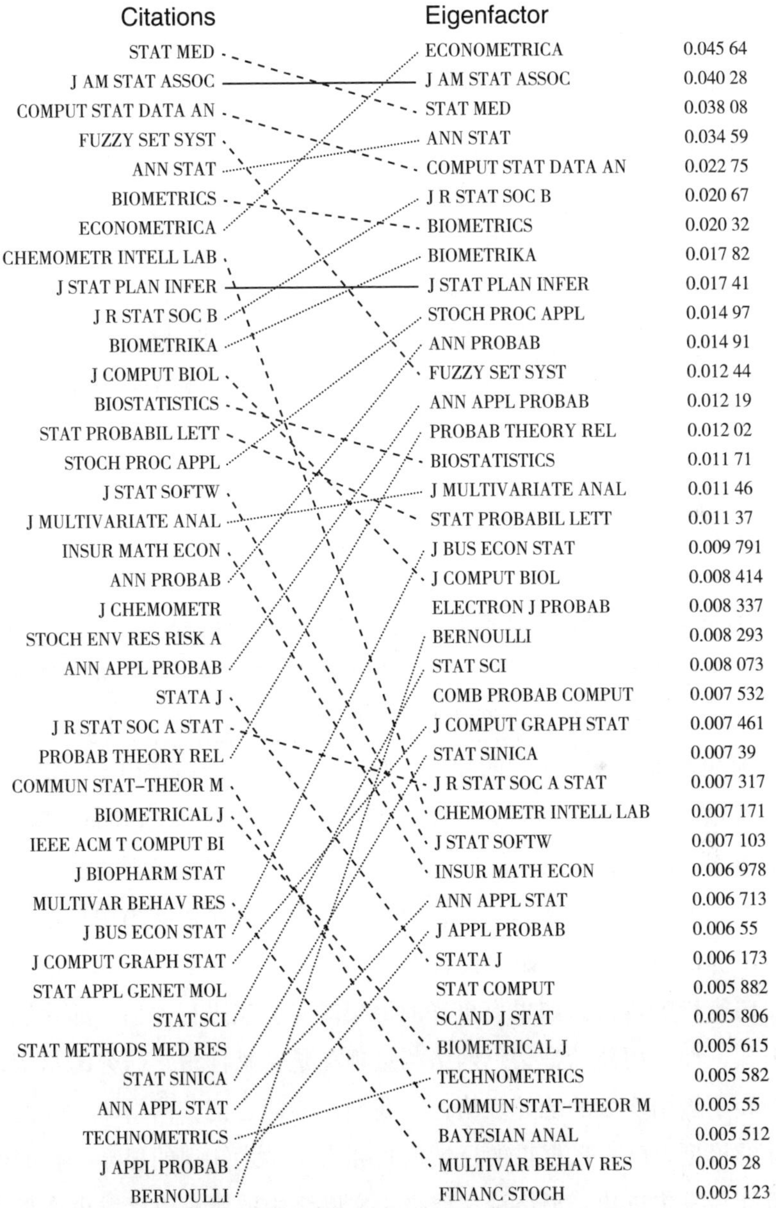

图 8.4　使用度中心性和特征向量中心性得出的统计学期刊的排名差异

这些统计学期刊选自汤森路透 2010 年的《期刊引证报告》(JCR)。左侧的排名是基于被引次数，而右侧的排名则基于特征因子分值，是用特征向量中心性测出来的。用点画线相连的期刊表示使用网络测量后，排名上升，用虚线相连的期刊表示排名下降，而黑实线相连的表示排名不变排名下降的是《化学计量学与智能实验室系统》(*Chemometrics and Intelligent Laboratory Systems*)这一期刊。

读者应注意，我们尚未将特征因子分值和影响因子直接进行比较。因为我们发现，还需多做一些工作，才能直接将两者进行比较，因此我们推荐读者看一下对这一课题所作的全面分析(West et al.，2010a)。不能比较是因为我们做了归一化。影响因子是用前两年的度中心性除以前两年发表的论文数。因此，被引用的总次数可以与特征因子直接进行比较，因为两者并没有都根据期刊的规模进行了归一化。为了解决这问题，我们可以将特征因子除以期刊中的论文数(称为论文影响分值)，这样一来，影响因子和论文影响就可以作比较了。

用被引测量影响力的局限

作为科学家，我们有时会太执着于学科中的正统程序，以至于我们忘记了研究对象通常是现实世界的过度简化的模型。例如，我们大多认为被引次数越多，该论文就有更大的积极影响，但这个简单的数字不仅忽略了该论文可能对期刊俱乐部成员产生的积极影响，忽略了引用通常出于否定目的的事实，还忽略了学科规模的差异，以及该论文的媒体报道(Priem，Taraborelli，Groth，& Neylon，2010)。在这一例子中，被引次数成了影响的代名词。毫无疑问，被引次数和影响成正相关，但被引次数只能是影响力的近似值，且受限于引用提供的解析度。如果我们要研究影响，我们就不应该研究被引次数，而应该研究影响本身。如果有更好的框架能对影响进行评估，那我们应抛弃以前框架，而使用新的框架。网络测量现在是文献计量学研究的基础，我们已经抛弃了被引次数的统计表格，但我们也不能忘记，网络测量也是一个有局限性的模型。随着数据量的持续增长和人类学术知识的提高，我们使用的网络可能会发生进化，最终论文层级引文网络中的所有连接线也许能承载被引的语境。我们正处在一场由网络思维和数据推动的革命之中，这说明科学的未来是光明的。

总结

在本章中，我们解释了什么是引文网络。我们通过一个例子演示了如何进行网络测量的运算，同时我们还通过例子和数据，阐述了网络测量和非网络测量的区别。基于网络的测量比非网络测量要复杂得多，但通过该测量得到的丰硕成果，说明我们的努力是值得的。

参考文献

Bollen, J., Rodriguez, M. A., & Van de Sompel, H. (2006). Journal status. *Scientometrics*, 69 (3), 669–687.

Bonacich, P. (1972). Factoring and weighting approaches to clique identification. *Journal of Mathematical Sociology*, 2, 113–120.

EMC. (2010). IDC white papers: The digital universe decade—Are you ready? Retrieved from http://www. emc. com/leadership/programs/digital-universe. htm.

Garfield, E. (1955). Citation indexes for science. *Science*, 122, 108–111.

Kalaitzidakis, P., Mamuneas, T. P., & Stengos, T. (2003). Rankings of academic journals and institutions in economics. *Journal of the European Economic Association*, 1 (6), 1346–1366.

Kodrzycki, Y. K., & Yu, P. (2006). New approaches to ranking economics journals. *Contributions to Economic Analysis & Policy*, 5 (1), 1–40.

Langville, A. N., & Meyer, C. D. (2006). *Google's pagerank and beyond: The science of search engine rankings*. Princeton, NJ: Princeton University Press.

Liebowitz, S. J., & Palmer, J. P. (1984). Assessing the relative impacts of economics journals. *American Economic Association*, 22 (1), 77–88.

MacCluer, C. (2000). The many proofs and applications of Perron's theorem. *SIAM Review,* 42 (3), 487–498.

McKinsey & Company. (2011). Big data: The next frontier for innovation, competition, and productivity. Retrieved from http://www. mckinsey. com/insights/business_technology/big_data_the_next_frontie r_for_innovation.

Newman, M. E. J. (2001). Scientific collaboration networks. II. Shortest paths, weighted networks, and centrality. *Physical Review E: Statistical Physics, Plasmas, Fluids, and Related Interdisciplinary Topics*, 64 (1), 016132–1–016132–7.

Page, L., Brin, S., Motwani, R., & Winograd, T. (1998). *The pagerank citation ranking: Bringing order to the web*. Technical report, Stanford Digital Library Technologies Project. Retrieved from http://ilpubs. stanford. edu: 8090/422.

Palacios-Huerta, I., & Volij, O. (2004). The measurement of intellectual influence. *Econometrica*, 73 (3), 963–977.

Pinski, G., & Narin, F. (1976). Citation influence for journal aggregates of scientific publications: Theory, with application to the literature of physics. *Information Processing & Management*, 12, 297–326.

Price, D. J. de S. (1965). Networks of scientific papers. *Science*, 149, 510–515.

Priem, J., Taraborelli, D., Groth, P., & Neylon, C. (2010). Alt-metrics: A manifesto. Retrieved from http://altmetrics. org/manifesto.

Rosvall, M., & Bergstrom, C. T. (2010). Mapping change in large networks. *PLoS ONE*, 5 (1), e8694.

Walker, D., Xie, H., Yan, K., & Maslov, S. (2007). Ranking scientific publications using a model of network traffic. *Journal of Statistical Mechanics*. Retrieved from http://iopscience. iop. org/1742-5468/2007/06/P06010.

West, J. D., Bergstrom, T. C., & Bergstrom, C. T. (2010a). Big macs and Eigenfactor scores: Don't let correlation coefficients fool you. *Journal of the American Society for Information Science and Technology*, 61 (9), 1800–1807.

West, J. D., Bergstrom, T. C., & Bergstrom, C. T. (2010b). The EigenfactorTM metrics: A network approach to assessing scholarly journals. *College & Research Libraries*, 71 (3), 236–244.

West, J. D., Jensen, M. C., Dandrea, R. J., Gordon, G. L., & Bergstrom, C. T. (2013). Author-level Eigenfactor metrics: Evaluating the influence of authors, institutions and countries within the SSRN community. *Journal of the American Society for Information Science and Technology*, 64 (4), 787–801.

第9章 科学可视化和话语知识

洛埃特·雷迭斯多夫
Loet Leydesdorff

引言

科学发展和历史事件的可视化已经有丰富传统，最近，随着大规模数据集、软件和计算方法的发展和普及，科学发展和历史事件的可视化也得到了加速发展（Börner，2010；Börner，Chen，& Boyack，2003）。科学可视化常常以地图为基础进行说明，因两者联系紧密，以至于科学可视化这一术语几乎等同于科学地图。但是，跟地理上的地图不一样，科学没有自然的界限（见本书第4章）。科学领域不受国界或州界的限制，特别是跨学科领域（Small & Garfield，1985）。考虑到知识结构和交互的复杂性，我们需要一定程度的还原论，才能将知识投射到二维或三维的空间中。此外，如果将时间变量考虑进来（例如，有学者想要描绘进化动力学），则需要注意表征的稳定性，这样得出的结果才能制成心象地图（Liu & Stasko，2010；Misue，Eades，Lai，& Sugiyama，1995）。

科学的知识空间可以映射到词（如标题词）、作者，以及这些变量的共现（Callon，Courtial，Turner，& Bauin，1983；White & Griffith，1982；White & McCain，1998）。从更高层次的聚合体来看，自20世纪80年代中期以来，我们已经用期刊之间的引用关系（这些引用关系可以从科学引文索引中找到）来绘制学科内部和学科之间的发展情况（Doreian & Fararo，1985；Leydesdorff，

1986；Tijssen，De Leeuw，& Van Raan，1987）。斯莫尔和其他学者进一步发展了共引图谱（Garfield，1978；Small & Sweeney，1985）。

本章中，我将说明，如何运用可观察的网络关系，将研究的学科组织成静态可视化的历史示例。然而，考虑到各个维度之间的交流量，学术话语的发展可以说是自组织的，而且这些维度是在不同的（如学科）编码内运作的。随着时间推进，这会令进化的分化进入到历史的整合中；更完善的结构可以处理更多的复杂性。潜在语义分析（Latent Semantic Analysis，LSA）关注的是文本数据中隐藏的维度，而社交网络分析（social network analysis，SNA）则侧重于可观测关系的网络。但是，这两种耦合拓扑结构——在网络空间中处理信息，和在向量空间中处理意义——是以不同的（非线性）动力学来运作的。

多维标度法

计算机辅助的多元数据可视化在个人电脑和互联网出现之前就已经存在了。根据克鲁斯卡尔（Kruskal，1964），心理计量学的学者借助多维标度法（multidimensional scaling，MDS），开发了变量集的空间表现形式（Kruskal & Wish，1978；Schiffman，Reynolds，& Young，1981）。在其他形式的输出中，MDS 可以生成二维地图。第一个大型 MDS 项目是 ALSCAL（“交替最小二乘法分析”，alternating least square analysis），该项目在 SPSS 等统计软件包的当前版本中仍可以使用。

表 9.1 提供了美国 10 个城市之间的飞行英里数（SPSS，1993；Leydesdorff & Vaughan，2006）。MDS 能帮助我们重新生成包含这些距离信息的地图，同时我们在投影中将应力（S）最小化（图 9.1）。例如，将这些数据输进 ALSCAL 中，不出意料，我们将得到一个近乎完美的拟合（S=0.003）。

表 9.1　美国 10 个城市之间的飞行距离　（单位：mile）

	亚特兰大	芝加哥	丹佛	休斯敦	洛杉矶	迈阿密	纽约	旧金山	西雅图	华盛顿
亚特兰大	0									
芝加哥	587	0								

续表

	亚特兰大	芝加哥	丹佛	休斯敦	洛杉矶	迈阿密	纽约	旧金山	西雅图	华盛顿
丹佛	1 212	920	0							
休斯敦	701	940	879	0						
洛杉矶	1 936	1 745	831	1 374	0					
迈阿密	604	1 188	1 726	968	2 339	0				
纽约	748	713	1 631	1 420	2 451	1 092	0			
旧金山	2 139	1 858	949	1 645	347	2 594	2 571	0		
西雅图	2 182	1 737	1 021	1 891	959	2 734	2 408	678	0	
华盛顿	543	597	1 494	1 220	2 300	923	205	2 442	2 329	0

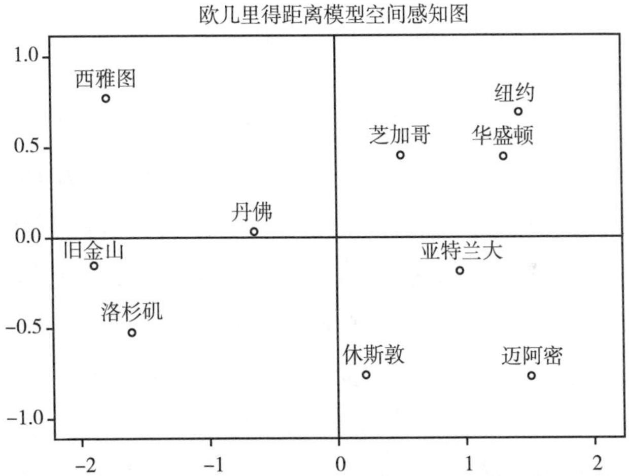

图 9.1　使用表 9.1 中的距离矩阵对 10 个美国城市进行 MDS 映射（ALSCAL）
（归一化的原始应力为 0.003）

这些数据衡量的是差异性，因为数字越大，这些城市之间的距离就越远，也就是说，这些城市在地理位置中的“差异”越大。我们还可以测量相似性来进行映射，比如相关系数。在下一代这类映射地图中，可能会增加以下的项目。

（1）将城市之间联系的网络可视化的能力。

（2）除欧氏距离外测量距离的方法，例如，多维（向量）空间中的相关系数给我们提供了不同的拓扑结构。

（3）根据属性值赋予不同颜色的节点组。

（4）根据属性值对节点和连接线进行缩放的能力等。

目前，许多网络可视化和分析程序都能提供这些功能，并且可以从网上下载。

图论和网络分析

在 20 世纪 80 年代，图论逐渐成为网络分析的理论基础。在最初的研究项目中（如 GRADAP），必须靠手工来绘制连接线。Ucinet 2.0（1984）提供了第一个网络分析程序，该程序集成了 MDS 的一个版本（MINISSA）[①]，但当时变量最多只能有 52 个：只能识别 26 个大写字母和 26 个小写字母（Freeman，2004）。这些程序支持使用包括欧氏距离在内的相似度测量法。例如，雷迭斯多夫（Leydesdorff，1986）借助 Ucinet 2.0 程序，使用皮尔逊相关系数在聚合后的期刊互引矩阵中实现了因子结构的可视化。

得益于 Windows（Windows 95）系统和苹果系统计算机的进一步发展，图形界面于 20 世纪 90 年代正式问世。Pajek 随后在 1996 年成为大型网络可视化和分析的工具（De Nooy，Mrvar，& Batagelj，2005）。Pajek 还支持非西方字符，如汉字和阿拉伯语字母（Leydesdorff & Jin，2005）[②]。

如图 9.2 所示是一个关于当前前沿水平的例子：《美国信息科学与技术学会期刊》（*Journal of the American Society for Information Science and Technology*，*JASIST*）的聚合型引文网络，绘制于 2010 年（*JASIST* 对这 25 本期刊的引用率超过其总施引量的 1%）。在分析该矩阵中，我们同时用到了 Pajek 和 Gephi[③]；连接线表示这些期刊之间引用模式的余弦相似度；顶点根据模块度算法进行着色（Q=0.328；Blondel，Guillaume，Lambiotte，& Lefebvre，2008），且顶点的

① MINISSA 是“密歇根 - 以色列 - 奈梅亨综合最小空间分析”（Michigan-Israel-Nijmegen Integrated Smallest Space Analysis）的首字母缩写词；它于 1980 年左右投入使用（Schiffman，Reynolds，& Young，1981）。

② Pajek 是一款网络可视化的免费程序，其下载网址为：http://vlado.fmf.uni-lj.si/pub/networks/pajek。

③ Gephi 是一款网络分析和网络可视化的开源程序，获取网址为：https://gephi.org。

大小由其度中心性所决定（De Nooy et al.，2005）。

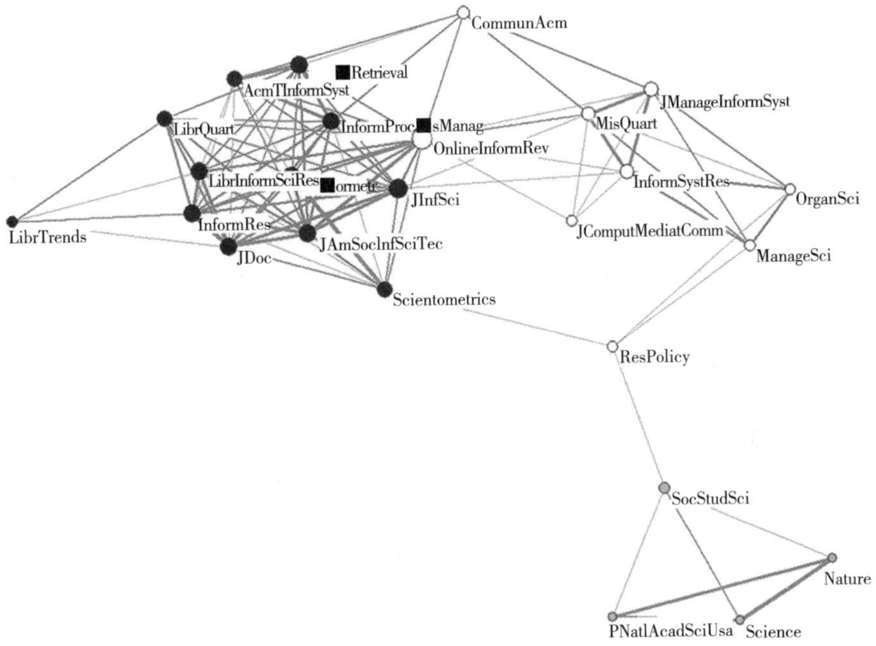

图 9.2　2010 年被 *JASIST* 作者引用最多的 25 本期刊

结构布局由镰田和川合（Kamada & Kawai，1989）绘制；节点大小与度中心性成正比，节点色度由模块度算法决定（Q=0.328），连接线宽度与余弦值成正比（余弦 > 0.2）

《研究政策》（*Research Policy*）位于该图的三个元素之间，因此具有最高的中介中心性（0.305）。尽管在某些细节上有些不同，但因子分析[①]和模块分解法都将《研究政策》归类到期刊的信息系统组（在此情况下）。可视化添加了节点之间的关系网络。如前所述，我们能利用节点和连接线的属性以进一步丰富可视化效果。

关系型和位置型科学地图

利用 MDS，我们可以将变量可视化成一个系统［如词文档矩阵（word-document matrix）］。从空间上来看，文档中的词被视为向量，其经过向量求和

① 三个因子解释了此矩阵中 49.2% 的方差。

进入到向量空间中（Salton & McGill，1983）。若给出参数选择（如相似性计量），MDS 中变量的投影是确定的。例如，旧金山和纽约之间的欧氏距离不会随这两个城市之间网络关系（如航班）的密度变化而变化。

在网络分析中，人们通常对用关系强度表示地图距离的表示形式感兴趣。例如，在合著图中，两位经常合作的作家应该并排放置。在这种情况下，在制图时，我们使用的不是分布之间的相关性，而是节点之间的关系。图分析算法（Kamada & Kawai，1989）根据关系对网络进行优化。起点的选择是随机的，而且每次运行都可能得出不同的结果。

下面我们来比较一下两种方法，从而对向量空间和网络拓扑结构进行优化。如图 9.3 和图 9.4 所示包括了 43 个标题词，这些标题词在 2010 年和 2011 年 *JASIST* 的 455 个论文标题中都出现了 10 次以上。基础数据矩阵中的五因素解决法分别应用在向量空间（图 9.3）和网络空间（图 9.4），作为节点色度的依据。

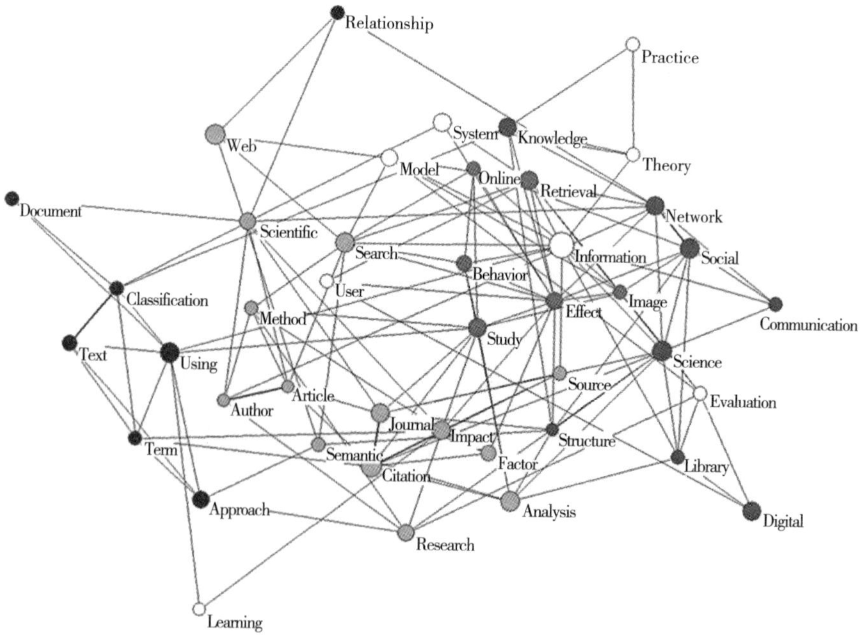

图 9.3　43 个标题词的共现图

这些标题词在 2010—2011 年的 *JASIST* 的标题中出现了 10 次以上（余弦 ≥ 0.1；Kamada & Kawai，1989）。节点的色度是由该网络的五因素解决法决定的（Varimax 旋转；SPSS），并根据度值中心性进行缩放

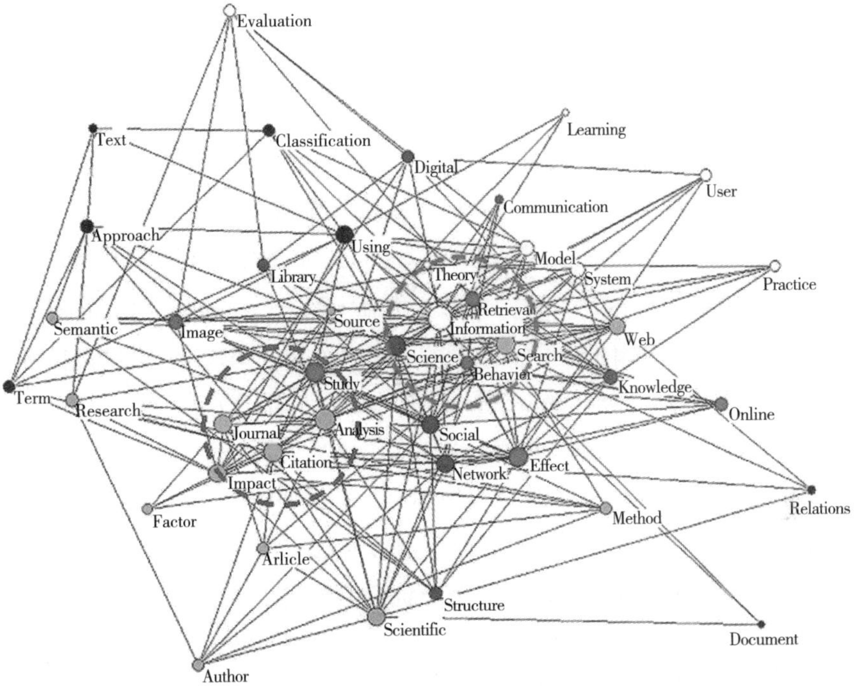

图 9.4　43 个标题词的共现图

这些标题词在 2010—2011 年的 *JASIST* 的标题中均出现了 10 次以上（共现值≥ 2；Kamada & Kawai，1989）。节点的色度是由该网络的五因素解决法决定的（Varimax 旋转；SPSS），并根据度值中心性进行缩放

例如，因子 1 由以下这些标题词组成：影响（Impact）、因子（Factor）、期刊（Journal）、引用（Citation）和来源（Source）。这些标题词在两个图中都被分成一组：它们不仅彼此之间保持着牢固的联系（图 9.4），而且在样本的其他标题词中也以相似的方式共现（图 9.3）。但是，因子 4 的主要因子载荷量对应这些标题词：影响（Effect）、图像（Image）、研究（Study）、在线（Online）和行为（Behavior），而且相比于图 9.4 中，因子 4 在图 9.3 中更明显。因子 4 的标题词和集合中的其他标题词更分散地同现，但它们形成了数据的潜在维度。

换句话说，在可观察的关系网络中的共现，以及共现模式间的相关性，这两者之间没有必然的联系。共现模式可以通过组成部分之间的相关系数进行映射，而共现关系的值则给我们提供了直接可视的对称（从属关系）矩阵。在后一种情况下，我们将可观察关系的网络可视化，而在前一种情况中，我们对这些数据的潜在结构进行可视化。例如，两个同义词在语义图中可能有（统计意义上）相似的位置，但是它们很少会同时出现在一个标题中。

这两种观测数据的角度分别导致了文本分析和社交网络分析中两种不同的研究传统。如前所述，LSA 侧重观察数据的潜在维度，而 SNA 专注于网络中的可观察关系。例如，在 SNA 中，特征向量中心性（即第一个因子上的因子载荷量）可以用作区分节点的属性；而在 LSA 中，不同方向上的因子（特征向量）组成了语义图（Landauer，Foltz，& Laham，1998）。借助奇异值分解（Singular Value Decomposition，SVD），我们进一步开发了因子分析法，而图论则为 SNA 中的算法开发提供了另一种范式。

图中的星形可以位于多维空间的中心，因此不会在任何维度上产生强烈的负荷。例如，在图 9.4 中，标题词“信息”在集合中出现了 94 次（其次是词“引用”，出现了 44 次），但这个单词没有对确定的五个因素中的任何一个有明显的作用；此变量是因子无关的，因此设成白色。但是，我们根据度分布对图 9.4 中节点的大小进行调整时，“信息”的度最高，与 43 个标题词中的 37 个共现，其次是“分析”（Analysis）一词，其度值为 33。在“信息”一词周围的（图 9.4 中的右上部的圈内）的核心单词组均属于信息科学领域的中心。“引用”（即因子 1）和“分析”（即因子 3）是该关系中二级分组的一部分（图 9.4 中的左下部的圈内）。

解析科学可视化

在我们把关系用网络表示出来的过程中，会构建一个框架，其中所有的分量都有自己的位置。对这一框架（即关系集）进行分析，能让我们理解该网络系统中各种关系的含义。例如，标题词“信息”在该网络中处于最中心的位置（图 9.4），但该节点没有颜色，因为在系统级别指示的相关维度中，它没有任何含义。但作为一个变量，该单词包含香农定义的信息（不确定性；Shannon，1948）。

对研究者来说，图分析法告诉我们关系网络的信息，但没有告诉我们这些关系对于研究话语而言意味着什么。但是，图论的概念（如中心性）在社交网络分析中也具有意义。研究者的（元）话语可以跟所研究的单词之间的交流区分开来。后者可以代表学术话语、政治话语和媒体信息。

在这些话语中，交流编码可以跨越多个维度，而这些维度为连通的单词提供了含义。不论是可观察网络（向量）还是假设的维度（特征向量），我们都可以将两者的发展理论化。我们可以将节点之间的关系设为节点的属性，交流的维度设为连接线的属性。SNA 关注向量的节点位置，而 LSA 关注的是这些二级结构中连接线的位置。

这种方法可以概括为：作者之间的关系可以看作是连接线的系统，因此是另一个语义域。任何系统，若它能将其分量排列组成一个系统，那么该系统能为自身及其元素赋予含义（Maturana，1978）。例如，话语为连通的单词提供了含义。

意义处理和信息处理的这两个角度，可以说是两个互相作用的反馈机制。关系网络的形成促进结构的形成，这些结构可以在其出现的关系网络中，以二级系统的身份，逐步提供反馈。从事后看来，意义已经被赋予了，但同时也参考了其他的可能性（"意义的地平线"；Husserl，1929，1973）。若没有信息处理，那么第二层的意义处理也无法进行；否则，这些系统也不再是历史性的。从这个角度来看，历史实例可以说是随时间变化的语义系统的保留机制（Leydesdorff，2011a）。

网络和向量空间

多维（向量）空间可以看作是一个包含交互项的关系系统，而网络空间可以看作是节点之间可观察关系的集合。例如，在因子分析模型中，我们可以说网络关系是一级的（因为我们可以观察到它），而向量空间是二级的，因为系统的潜在维度不是设定的，而是假设的。可观察到的变化是随机的，而潜在的结构是确定的。但是，由于加入了反馈机制，我们可以预测，随着时间的推移，确定性选择机制将与关系网络一起发展。

因此，MDS 的系统视图是确定的，而图分析法也可以随机选择一个节点开始。借助 MDS，我们首先将网络概念化成多维空间，然后逐步将其减少到较低的维数。在每个步骤中，应力都会增加；克鲁斯卡尔的应力函数

公式为

$$S=\sqrt{\frac{\sum_{i\neq j}(\|x_i-x_j\|-d_{ij})^2}{\sum_{i\neq j}d_{ij}^2}} \qquad (1)$$

在这一公式中，$\|x_i-x_j\|$ 等于地图上的距离，而距离度量 d_{ij}，举个例子，可以是研究数据的欧氏距离。如上所述，我们可以用 MDS 来说明因子分析的结果（在表中），在这种情况下，皮尔逊相关系数显然提供了最佳匹配。

spring 嵌入式算法或基于力的算法可以说是 MDS 的一般化，但这两种算法都受到了前文提到的 20 世纪 80 年代图论发展的启发。镰田和川合（Kamada & Kawai，1989）首次从能量优化这一角度，重新思考实现网络目标距离这一问题。他们将图形表示法中伴随的应力公式化，结果为

$$S=\sum_{i\neq j}s_{ij}\text{，其中 } s_{ij}=\frac{1}{d_{ij}^2}(\|x_i-x_j\|-d_{ij})^2 \qquad (2)$$

等式（2）和等式（1）不同，因为等式（1）开了平方根，且等式（2）中的分式 $\sum d_{ij}^2$ 的每个项权重也不同。

从概念的角度来看，还有一个区别，即 spring 嵌入式是为网络拓扑结构而开发的图论概念。每条单独的连接线都有权重。MDS 是一个在多元空间上运行的系统，因此指向一个不同的拓扑结构。在多元空间中，两个点可以彼此靠近且无需建立关系（Granovetter，1973）。例如，就两者的关系模式之间的相关性来说，它们可以是邻近的，也可以是疏远的（Burt，1992）。

在网络拓扑结构中，欧氏距离和最短线（最短距离）在概念上，比以相关性为基础的测量更有意义。在向量空间中，相关性分析（因子分析等）适用于分析系统中的主要维度。比如，向量之间的角度的余弦，是基于多维空间这一概念。在文献计量学中，阿尔格伦、贾尔内文和鲁索（Ahlgren，Jarneving，& Rousseau，2003）有力地论证了所述内容。由于被引分布的偏度和引用矩阵中大量的零，我们将余弦作为非参数相似性计量。从技术上来说，还可以将归一化的余弦矩阵输入到 spring 嵌入式算法中。然后将（1- 余弦）的值视为向量空间中的距离（Leydesdorff & Rafols，2011）。总之，在聚类算法和相似性准则的参数空间中存在大量可能的组合。

异构网络的可视化

前面提到的两种耦合拓扑结构图，即网络空间中的信息处理和向量空间中的意义处理，以不同的（非线性）系统动力学运行（Luhmann，1995）。实例化中信息处理的历史动力构成了一个系统，并连接及试图集成每个特征向量的（在分析中互不相关的）动力。但是，我们可以将系统动力看作在各个维度中自发流动的，也就是连通的编码员，而且流动的速度可能会有所不同。随着时间的推移，这种发展为历史整合增加了演化差异；一个更完善的结构可以完成更复杂的处理工作。

整合的留存可以在除分化扩展外的各维度中进行。例如，档案馆和作者自身是具有历史真实性的，因此关于新思想、隐喻和概念的多变网络是稳定的。我们可以把单词之间的关系看作可以利用的变体，而引用的参考文献则将新知识固定下来，这些新知识可能是在较旧的文本中提出来的（Lucio-Arias & Leydesdorff，2009）。作者和机构可能具有历史稳定性，因为差异一般体现在并融入交流行为中。

文本域为我们提供了在可视化和动态化中将不同层次进行组合的选项。科学逐渐演化为单词、参考文献、作者的异构网络，并发生不同程度的聚合。例如，由专业和学科组成的亚动力学并不是根据特定变量而组合起来的，而是根据变量的结构来组合的，如认知视野（模型）、社会身份和文学语料库中的某个共同点。人类的干涉（及人类的组织）不能称为文学，而认知发展可以说是文本和人的网络中潜在的一个维度。技术科学的异质性论题最早是由符号学的学者提出来的（Callon et al.，1983）。

因为文本中记录了不同的动态，这些动态在以知识为基础的系统（如科学、技术和创新）中或系统之间发生，因此这些文本可以为我们提供访问不同维度的途径。例如，在 SNA 中，数据的各个维度可以映射成模态。而雷迭斯多夫（Leydesdorff，2010）提出了映射混合网络的另一种方法。所有相关变量都可以作为分析单位，归属到文档（集）中。我们可以聚合 n 个文档（如 k 个单词和 m 个作者）的各种不对称矩阵，如图 9.5 所示。

	au_1	au_2	…	au_m
doc_1	a_{11}	a_{21}	…	a_{m1}
doc_2	a_{12}	…	…	a_{m2}
doc_3	…	…	…	…
…	…	…	…	…
…	…	…	…	…
doc_n	a_{1n}	…	…	a_{mn}

+

	w_1	w_2	…	w_k
doc_1	b_{11}	b_{21}	…	b_{k1}
doc_2	b_{12}	…	…	b_{k2}
doc_3	…	…	…	…
…	…	…	…	…
…	…	…	…	…
doc_n	b_{1n}	…	…	b_{kn}

=

	v_1	v_2	…	$v_{(m+k)}$
doc_1	c_{11}	c_{21}	…	$c_{(m+k)1}$
doc_2	c_{12}	…	…	$c_{(m+k)2}$
doc_3	…	…	…	…
…	…	…	…	…
…	…	…	…	…
doc_n	c_{1n}	…	…	$c_{(m+k)n}$

图 9.5　n 个文档的两个矩阵，文档共有 m 个作者、k 个单词，这两个矩阵可以合并成 n 个文档、($m+k$) 个变量的第三个矩阵

可以对所得矩阵进行因子分析，也可以使用矩阵代数将其转换为对称的隶属关系矩阵。图 9.6 所示中，同样是这些文档，其 36 位合著者中，有 33 位被放置在语义地图中（图 9.3）[另外 3 位作者在（余弦 > 0.1）时是没有联系的]。著者在 Mike Thelwall 的共同作者网络周围添加了一个虚线圆圈作为示例。其他变量（如参考文献、机构地址、国家 / 地区名字）等同样可以放置在网络中，并相应地进行着色或调整大小。

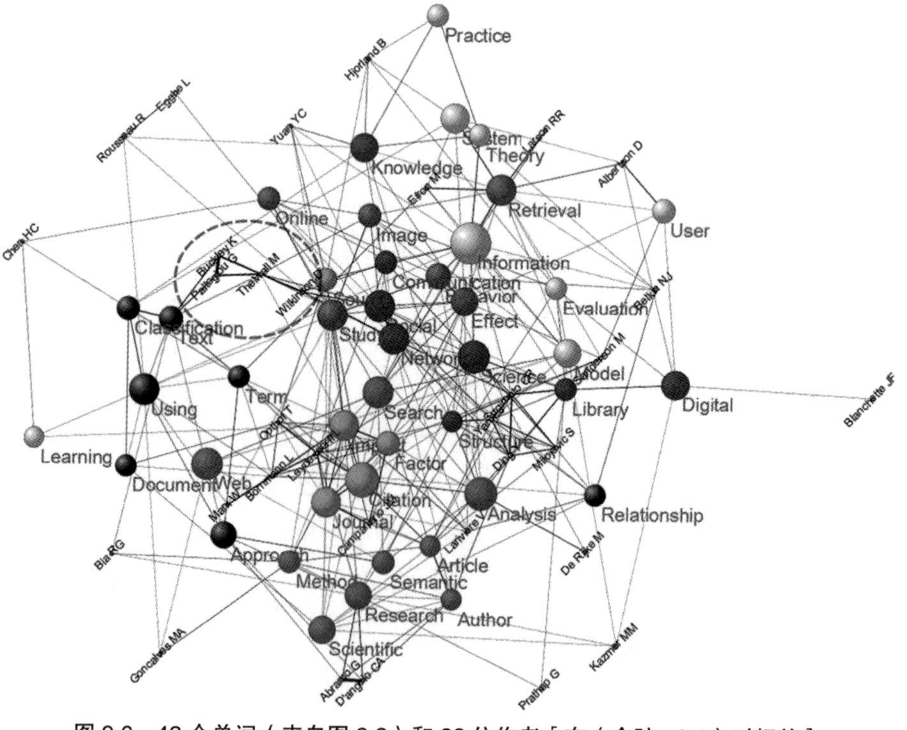

图 9.6　43 个单词（来自图 9.3）和 33 位作者 [在（余弦 >0.1）时相关]

可视化的动态化

不同年份的（或其他时间间隔的）图是否可以进行动态化（animation）处理呢？有几款可供使用的网络可视化程序，这些程序使用户能基于不同时间的解决方案之间的插值来平滑过渡。然后就可以将动态问题简化为一个相对静态的问题：我们假设不同年份的图之间的差异能为我们呈现系统的演进。但是，对于每一年的解决方案大多是将高维度的配置优化成二维平面。因此，我们难以区分系统的发展和偏误。

根据所有变化的向量和特征向量求出偏微分方程系统的分析解是不可能的，而且数值上的计算也过于密集。然而，甘斯纳、科伦和诺斯（Gansner，Koren，& North，2005）使用 MDS 时，提出应将应力的强函数（majorant）最小化，而不是应力最小化，这样计算才更有效，从方法论上来看也更具有可行性。鲍尔和尚克（Baur & Schank，2008）将此算法扩展到动态网络的布局（Erten，Harding，Kobourov，Wampler，& Yee，2004）。相应的动态应力函数为

$$S=\left[\sum_t\sum_{i\neq j}\frac{1}{d_{ij,t}^{\ 2}}\left(\|x_{i,t}-x_{j,t}\|-d_{ij,t}\right)^2\right]+\left[\sum_{1\leq t<|T|}\sum_i\omega\|x_{i,t}-x_{i,t+1}\|^2\right] \quad (3)$$

在等式（3）中，左边项等于等式（2）中的静态应力，而右边的项则加上了动态分量，也就是随后几年的应力。这一动态扩张描述了节点 i 在时间 t（$\boldsymbol{x}_{i,t}$）中，向其下一个位置（$\boldsymbol{x}_{i,t+1}$）所做的剧烈移动，该移动是通过增加应力的数值来完成的。这样，稳定性得到了保证，从而可以在连续的结构布局中保存心象地图（Liu & Stasko，2010）。

换句话说，根据前几年解决方案的相关应力，以及对未来几年的解决方案的预期，我们可以对每年的配置进行优化。原则上讲，该算法（Visone 的动态版本，可以在 http://www.leydesdorff.net/visone 中下载）能让我们将这个方法扩展到多个步骤。例如，雷迭斯多夫和尚克（Leydesdorff & Schank，2008）在这两个方向各选取了一年，动态化呈现了 20 世纪 90 年代末“纳米技术”的过渡期间，期刊之间引用“纳米技术”一词的总体情况[①]。

---

① 获取相关信息的网址为：http://www.leydesdorff.net/journals/nanotech。

需要注意的是，此方法不同于将先前一刻的解决方案作为相对优化的起始位置。在给出先前配置的情况下，我们不会重新定位节点，但是每年的算法分析中都包含以前的配置和下一代的配置。最近，雷迭斯多夫（Leydesdorff，2011）通过将特征向量作为变量之间的结构投影到动态变化中，从而进一步阐述这种方法[①]。因此，我们不仅将可见变量的演化可视化了，还将潜在结构的演化也作了可视化。原则上，我们可以将产生的应力分解成动态分量和静态分量。

结论和未来方向

语义图和社交网络之间的关系一直是我们谈论的重点，因为当我们将科学可视化成知识体系时，我们必须明确指出像单词、作者等多模态网络。话语知识是连通的，因此可以在不同维度进行网络可视化。但是，知识可以是网络中意义处理的潜在维度：话语知识以单词、作者、参考文献等形式出现，然后可以在诸如期刊、专业、部门和学科中进行编纂和制度化。潜在维度中科学的自组织让作者、单词和引用关系网络中的可观察关系成为可能。

科学首先是由交流的主体塑造的，但是随着交流进一步为理论所编码，文本交流可以发展成自己的动力。在这个统一的维度中，科学发展为合理的期望系统。然而，思想的发展在文本中留下了足迹（Fujigaki，1998）。文本的动力和作者的动力是不一样的，而交流的动力则是由新兴知识这一维度的反馈来（共同）决定的。例如，在图 9.2 中，知识维度经过操作后分成不同专业的三组期刊。

因此，将科学可视化成研究程序需要区分语义图、社交网络和潜在社会认知结构，该结构是基于人和文本之间的交互作用而产生的。从可观察变量和潜在特征向量方面来看，三层结构（人、文本、认知）是共同发展的。由于是下级组织，因此我们可以预测变量在自身之间相互作用，并塑造和再生产出各种结构，这些结构既能在以前的状态上重复出现，又可以预测系统进一步的发展（Luhmann，1995；Maturana，1978）。

科学的可视化和动态化构成了信息科学和文献计量学发展中活跃的研

---

① http://www.leydesdorff.net/eigenvectors/commstudies。

究前沿。我们可以预测，使用多种视角的动态化将会取代多元分析模型，这些多元分析模型用独立因素来解释数据。变量的配置产生不同的协同作用（Leydesdorff，Rotolo，& De Nooy，2013）。这些含义的产生不仅来源于信息交流的考虑，还有其意义的考虑（Krippendorff，2009；Leydesdorff，2010）。我们可以推测意义的视野会产生冗余，也就是会改变现在已存在的数值的新的和更多的可能性[①]。

动态化让我们能捕获不同的视角，就像可视化可以捕获变量的各种排列组合一样。在信息处理和意义处理的耦合层中，动态化的发展有望为文献计量学、网络分析、统计学和相关专业的进一步发展提出新的问题。

致谢

感谢凯蒂 · 博纳（Katy Börner）对本文先前版本的点评，并感谢汤森路透社提供相关数据。

参考文献

Ahlgren, P., Jarneving, B., & Rousseau, R. (2003). Requirement for a cocitation similarity measure, with special reference to Pearson's correlation coefficient. *Journal of the American Society for Information Science and Technology*, 54 (6), 550–560.

Baur, M., & Schank, T. (2008). *Dynamic graph drawing in Visone*. Technical University Karlsruhe, Karlsruhe. Retrieved from http://i11www. iti. uni- karlsruhe. de/extra/publications/bs-dgdv-08. pdf.

Blondel, V. D., Guillaume, J. L., Lambiotte, R., & Lefebvre, E. (2008). Fast unfolding of communities in large networks. *Journal of Statistical Mechanics*, 8 (10), 10008.

Börner, K. (2010). *Atlas of science: Visualizing what we know*. Cambridge, MA: MIT Press.

Börner, K., Chen, C., & Boyack, K. W. (2003). Visualizing knowledge domains. *Annual Review of Information Science & Technology*, 37 (1), 179–255.

Burt, R. S. (1992). *Structural holes: The social structure of competition*. Cambridge, MA:

① 构成共词网络的三个主要因子（图 9.3）在三个维度（μ^*，Yeung，2008）之间的交互信息为 −122.2 mbit，而将 33 位合著者添加到网络后，这种冗余几乎消失了：μ^*= −0.7 mbit（图 9.6）。在 36 位合著者的社交网络中，μ 的数值为正。换句话说，在这种情况下，合著者网络本身并不传达意义（Leydesdorff，2010，2011；Leydesdorff & Ivanova）。

Harvard University Press.

Callon, M., Courtial, J. -P., Turner, W. A., & Bauin, S. (1983). From translations to problematic networks: An introduction to co-word analysis. *Social Sciences Information. Information Sur les Sciences Sociales*, 22 (2), 191–235.

De Nooy, W., Mrvar, A., & Batagelj, V. (2005). *Exploratory social network analysis with Pajek*. New York: Cambridge University Press.

Doreian, P., & Fararo, T. J. (1985). Structural equivalence in a journal network. *Journal of the American Society for Information Science*, 36, 28–37.

Erten, C., Harding, P. J., Kobourov, S. G., Wampler, K., & Yee, G. V. (2004). GraphAEL: Graph animations with evolving layouts. In G. Liotta (Ed.), *Graph drawing. Lecture Notes in Computer Science 2912*, 96–110. Berlin: Springer Verlag.

Freeman, L. C. (2004). *The development of social network analysis: A study in the sociology of science*. North Charleston, SC: BookSurge.

Fujigaki, Y. (1998). Filling the gap between discussions on science and scientists' everyday activities: Applying the autopoiesis system theory to scientific knowledge. *Social Sciences Information. Information Sur les Sciences Sociales*, 37 (1), 5–22.

Gansner, E. R., Koren, Y., & North, S. (2005). Graph drawing by stress majorization. In J. Pach (Ed.), *Graph drawing Lecture notes in computer science* (pp. 239–250). Berlin: Springer.

Garfield, E. (1987). Launching the *ISI Atlas of Science*: For the new year, a new generation of reviews. *Current Contents,* (1), 3–8.

Granovetter, M. S. (1973). The strength of weak ties. *American Journal of Sociology*, 78 (6), 1360–1380.

Husserl, E. (1973). *Cartesianische Meditationen und Pariser Vorträge*［Cartesian meditations and the Paris lectures］. The Hague: Martinus Nijhoff. (Original work published 1929)

Kamada, T., & Kawai, S. (1989). An algorithm for drawing general undirected graphs. *Information Processing Letters*, 31 (1), 7–15.

Krippendorff, K. (2009). Information of interactions in complex systems. *International Journal of General Systems*, 38 (6), 669–680.

Kruskal, J. B. (1964). Multidimensional scaling by optimizing goodness of fit to a nonmetric hypothesis. *Psychometrika*, 29 (1), 1–27.

Kruskal, J. B., & Wish, M. (1978). *Multidimensional scaling*. Beverly Hills, CA: Sage.

Landauer, T. K., Foltz, P. W., & Laham, D. (1998). An introduction to latent semantic analysis. *Discourse Processes*, 25 (2), 259–284.

Leydesdorff, L. (1986). The development of frames of references. *Scientometrics*, 9 (3–4), 103–125.

Leydesdorff, L. (1987). Various methods for the mapping of science. *Scientometrics*, 11, 291–320.

Leydesdorff, L. (1998). Theories of citation?*Scientometrics*, 43 (1), 5–25.

Leydesdorff, L. (2010). Redundancy in systems which entertain a model of themselves: Interaction information and the self-organization of anticipation. *Entropy*, 12 (1), 63–79.

Leydesdorff, L. (2011a). "Meaning" as a sociological concept: A review of the modeling, mapping, and simulation of the communication of knowledge and meaning. *Social Sciences Information. Information sur les sciences sociales*, 50 (3–4), 1–23.

Leydesdorff, L. (2011b). "Structuration" by intellectual organization: The configuration of knowledge in relations among scientific texts. *Scientometrics*, 88 (2), 499–520.

Leydesdorff, L., & Ivanova, I. A. (in press). Mutual redundancies in inter-human communication systems: Steps towards a calculus of processing meaning. *Journal of the American Society for Information Science and Technology*.

Leydesdorff, L., & Jin, B. (2005). Mapping the Chinese Science Citation Database in terms of aggregated journal-journal citation relations. *Journal of the American Society for Information Science and Technology*, 56 (14), 1469–1479.

Leydesdorff, L., & Rafols, I. (2011). Indicators of the interdisciplinarity of journals: Diversity, centrality, and citations. *Journal of Informetrics*, 5 (1), 87–100.

Leydesdorff, L., Rotolo, D., & De Nooy, W. (2013). Innovation as a nonlinear process, the scientometric perspective, and the specification of an "innovation opportunities explorer. "*Technology Analysis and Strategic Management*, 25 (6) 641–653.

Leydesdorff, L., & Schank, T. (2008). Dynamic animations of journal maps: Indicators of structural change and interdisciplinary developments. *Journal of the American Society for Information Science and Technology*, 59 (11), 1810–1818.

Leydesdorff, L., & Vaughan, L. (2006). Co-occurrence matrices and their applications in information science: Extending ACA to the web environment. *Journal of the American Society for Information Science and Technology*, 57 (12), 1616–1628.

Liu, Z., & Stasko, J. T. (2010). Mental models, visual reasoning and interaction in information visualization: A top-down perspective. *IEEE Transactions on Visualization and Computer Graphics*, 16 (6), 999–1008.

Lucio-Arias, D., & Leydesdorff, L. (2009). The dynamics of exchanges and references among scientific texts, and the autopoiesis of discursive knowledge. *Journal of Informetrics*, 3 (2), 261–271.

Luhmann, N. (1995). *Social systems*. Stanford, CA: Stanford University Press.

Maturana, H. R. (1978). Biology of language: The epistemology of reality. In G. A. Miller & E. Lenneberg (Eds.), *Psychology and biology of language and thought: Essays in honor of Eric Lenneberg* (pp. 27–63). New York: Academic Press.

McCain, K. W. (1990). Mapping authors in intellectual space: A technical overview. *Journal of the American Society for Information Science*, 41 (6), 433–443.

Misue, K., Eades, P., Lai, W., & Sugiyama, K. (1995). Layout adjustment and the mental map. *Journal of Visual Languages and Computing*, 6 (2), 183–210.

Salton, G., & McGill, M. J. (1983). *Introduction to modern information retrieval*. New York: McGraw-Hill.

Schiffman, S. S., Reynolds, M. L., & Young, F. W. (1981). *Introduction to multidimensional scaling: Theory, methods, and applications*. New York: Academic Press.

Shannon, C. E. (1948). A mathematical theory of communication. *Bell System Technical Journal,* 27, 379–423, 623–656.

Small, H., & Garfield, E. (1985). The geography of science: Disciplinary and national mappings. *Journal of Information Science*, 11 (4), 147–159.

Small, H., & Greenlee, E. (1986). Collagen research in the 1970s. *Scientometrics*, 19 (1–2), 95–117.

Small, H., & Sweeney, E. (1985). Clustering the Science Citation Index using co- citations I. A comparison of methods. *Scientometrics*, 7 (3–6), 391–409.

SPSS. (1993). *SPSS professional statistics* 6. 1. Chicago: SPSS.

Tijssen, R., De Leeuw, J., & Van Raan, A. F. J. (1987). Quasi-correspondence analysis on square scientometric transaction matrices. *Scientometrics*, 11 (5–6), 347–361.

White, H. D., & Griffith, B. C. (1982). Authors as markers of intellectual space: Co-citation in studies of science, technology and society. *Journal of Documentation*, 38 (4), 255–272.

White, H. D., & McCain, K. (1998). Visualizing a discipline: An author cocitation analysis of information science, 1972–1995. *Journal of the American Society for Information Science*, 49 (4), 327–355.

Yeung, R. W. (2008). *Information theory and network coding*. New York: Springer.

第 10 章
测量交叉学科

文森特·拉利维尔　伊夫·金格拉斯
Vincent Larivière & Yves Gingras

引言

正如本书其他章节所述，文献计量学的指标已用于测量科学动力的各个方面。每当科学研究瞬息万变的实践中浮现新问题时，就会有新的指标被设计出来，尝试用经验数据来分析这些问题。20 世纪 90 年代，科学国际化的程度问题受到了各国政府和各个大学的关注，当时我们可以通过考察不同国家科学出版物的地址，分析其比例随着时间而发生的变化，来设计国际合作的指标。对高等教育和研究中的决策者和评论者来说，交叉学科研究的程度，以及在问题复杂而多面的世界中交叉学科研究的必要性，这两点是最近发现的问题。撇开“学科交叉是不可避免的，因此应大力推广”等浮夸之辞（Gibbons et al., 1994；Nowotny，Scott，& Gibbons，2011），文献计量学家们提出了不同的操作化方式，从而促进了近期交叉学科研究发展的热潮（Weingart & Stehr，2000；Frodeman，Thompson Klein，& Mitcham，2010）。尽管许多大学管理者和高等教育方面的“专家”都反复提到并推广了这一概念，但很难找到可靠的数据来证实所谓的交叉学科趋势。在撇清“交叉”学科（interdisciplinary）、“多”学科（multidisciplinary），甚至“跨”学科（transdisciplinary）这些模糊说法时，文献计量学指标着重于测量学科和专业之间的交互。为解决交叉学科的争议性问题，文献计量学的方法为我们提供了独特的机会，我们不仅可以分析长期趋势，还可以检验“交叉学科在不同科学学科中的地位日益提高”这一判断是否正确（Gibbons et al.，1994；Hessels & Van Lente，2008）。

关于学科交叉性最完整的文献计量学研究应数波特和拉福尔斯（Porter & Rafols，2009）的研究，他们分析了 30 年间学科交叉性在 6 个研究领域中的变化。尽管他们发现学科交叉性有所提高，但幅度非常小（约 5%）。莱维特、塞尔瓦尔和奥本海姆（Levitt，Thelwall，& Oppenheim，2011）的另一项近期研究使用了三个特定年份（1980 年、1990 年和 2000 年）的 14 种社会科学引文索引（SSCI）类别，分析了社会科学中学科交叉性的变化。他们发现，这些学科的学科交叉性的中位数水平在 1980—1990 年有所下降，但在 2000 年又回升到 1980 年的水平。范 · 列文和蒂森（Van Leeuwen & Tijssen，2000）分析了 1985 年至 1995 年专业层面上的学科交叉性的改变，发现在此期间很少有学科在学科交叉性上出现重大变化。

其他关于学科交叉性变化的研究要么专注于一个学科在几十年内的变化（Tomov & Mutafov，1996；Rinia，Van Leeuwen，& Van Raan，2002；Rafols & Meyer，2007），要么用几年的数据来分析许多学科（Adams，Jackson，& Marshall，2007）。科学可视化方面的最新工作为科学学科之间的关系提供了全球视野（Börner，Chen，& Boyack，2003；Boyack，Klavans，& Börner，2005）。尽管它们为学科和专业之间关系的变化提供了一些有趣的启示，但是这些研究都没有完整地概述漫长历史中的变化。本章使用 1900—2010 年的宏观数据，首次对自然科学、医学、社会科学和人文科学领域中所有学科之间的关系进行了历史性概述。

首先，我们简要讨论学科交叉性的话语和实践之间的差异；然后，我们将回顾关于学科交叉性这一概念操作化的相关文献，并描述本章中使用的具体方法；第三部分介绍了每个学科中交叉学科的成果；最后一部分则是对这些成果的讨论。

区分话语和实践

在分析文献计量学定义的交叉学科实践之前，我们有必要研究一下该主题在 20 世纪中的发展。安德鲁 · 阿伯特（Abbott，2001）提出，随着时间的流逝，对学科交叉性的兴趣实际上一直比较稳定。为了证明这一令人惊讶的论断，他计算了 SSCI 中标题含“交叉学科的”（interdisciplinary）一词的项目数与标题含有“国家的”（national）一词的论文数之比。由于该比例较为稳定（约 0.07—0.08），他得出结论，与大多数人的想法相反，对学科交叉性的兴趣并没有真正上升。在我们的印象中，关于交叉学科的论述在 20 世纪 60 年代兴起，在 20 世纪 90 年代再次兴盛，因此我们有理由怀疑阿伯特用来证明其论断的粗略指标是否有效。确实是，为什么他要用“国家的”与“交叉学科的”比率，而不是种族（race）、性别（gender）或任何其他术语？学科交叉性研究的发展可能被同步发展的“国家的”研究掩盖。看来，测量对学科交叉性的相对兴趣的最佳方法似乎是在 SSCI 和 AHCI（以及用于比较的 SCI）这类稳定的数据库的所有论文的标题中，找出交叉学科一词的位置并进行比较，而不是采用其与使用其他术语的论文数量来计算比例，或与可能因年份波动的论文比例进行比较。

如图 10.1 所示，关于社会科学和人文学科（social sciences and humanities，SSH）学科交叉性的讨论在第二次世界大战之后就出现了，但直到 20 世纪 60 年代中期和 70 年代末期才开始流行。交叉学科的第二波浪潮始于 20 世纪 90 年代，在此后的十年内逐渐稳定，然后在 2006 年之后又以非常快的速度增长。可以猜测，交叉学科在自然科学与工程（natural sciences and engineering，NSE）方面要少得多，这两个领域的标题一般涉及研究的内容和对象，而很少涉及方法[①]。对交叉学科这一话题关注度的波动说明了将交叉学科话语、交叉学科修辞与实际实践区分开来的重要性，而实践很少需要用到“交叉学科”这一词语。“交叉学科”一词通常在综合性科学期刊的社论中出现，或者出现在社会科学期刊的论文里，这些论文想要将各个学科整合在一起，在研究领域产生社会科学或自然科学的新知识。在上面第二种情况中，一般不会明确地提及“交叉学科”这一词语，因为该术语更适用于讨论认识论或方法论的论文。例如，在 1944 年的《科学》期刊中，有一篇论文讨论了“实验性人类生物学种交叉学科研究的普遍角度”（Brozek & Keys，1944）。1948 年，哈佛大学经济学家瓦西里 · 莱昂蒂夫（Wassily Leontief）在《哲学期刊》上发表了一篇论文，

① 借助 JSTOR 数据库我们观察到了相似的趋势。

题为“关于历史的多元解释和交叉学科合作问题的说明”（Leontief，1948）。1952 年，多萝西 · 斯万恩 · 托马斯（Dorothy Swaine Thomas）在美国社会学学会的年会上，发表的报告中提到了“交叉学科研究的经验”（Thomas，1952）。20 世纪 50 年代，有许多学者提出了交叉学科研究的“框架”或“程序”，而其他学者则在 21 世纪初提出了跟交叉学科有关的“问题”“阻碍”和“挑战”。因此，这种修辞似乎更经常发生，每 20—25 年就会出现一次，但追溯交叉学科修辞的历史变化并不是我们的目标。相反，我们专注于利用各种指标来测量交叉学科的发展并查看结果是否收敛，以呈现学科间更大的交互趋势（如许多人所提及的）、稳定的局面，或是遵循流行风潮般的周期模式。

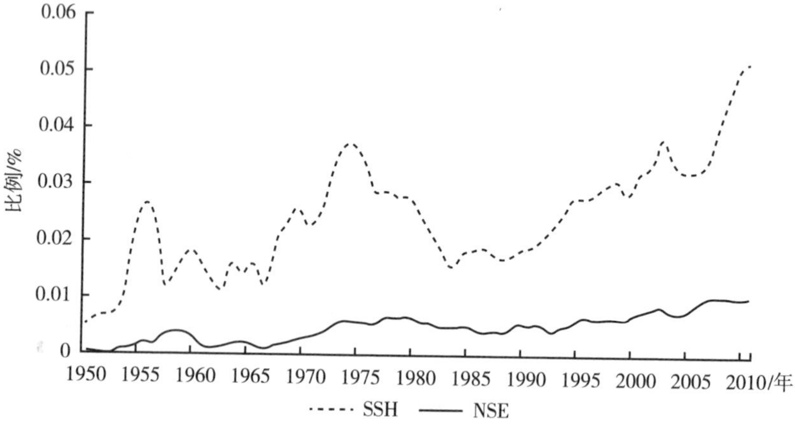

图 10.1　1950—2010 年 Web of Science 中按领域划分的论文中，标题含有“Interdisciplinar*”一词的百分比，三年的移动平均数

背景和方法

从文献计量学的角度来看，交叉学科的概念通常是根据作者的学科隶属关系（即院系 / 部门），通过参考文献包含的内容或得到的被引来实施的。大多数的研究，如亚当斯（Adams et al.，2007）等、托莫夫和穆塔福夫（Tomov & Mutafov，1996）、莫里洛、博尔顿和戈麦斯（Morillo，Bordons，& Gómez，2001），遵循波特和楚宾（Porter & Chubin，1985）的方法，选出一组论文（或

期刊），然后测量其他学科或其他专业的论文（或期刊）引用该组论文（或期刊）的比例（被称为类别外引用）。另一方面，里尼亚、范·列文、布鲁因斯、范武伦和范·拉恩（Rinia，Van Leeuwen，Bruins，Van Vuren，& Van Raan，2001，2002）和里尼亚、范·列文和范·拉恩（Rinia，Van Leeuwen，& Van Raan，2002）将学科交叉性定义成一组研究者在其“主要”学科之外发表的论文的百分比。而其他人，如莱维特和塞尔瓦尔（Levitt & Thelwall，2008），则利用发表在特定期刊上的论文将学科交叉性这一概念操作化，这些期刊被汤森路透的 Web of Science 或爱思唯尔数据库归为涉及多个领域的期刊。尽管这种方法听起来很简单，但我们不得不怀疑它能否反映学科交叉性，因为期刊涉及多个领域不等于发表在该期刊上的论文是真的“交叉学科”。实际上，那些被归为涉及多个领域的期刊可以刊登来自不同学科的论文，而学科之间的交互却非常小，如《科学》和《自然》等多学科期刊就是这种情况。最后，勒佩尔（Le Pair，1980）将研究者作为分析对象，根据他们在其整个职业生涯中从一个学科到另一个学科的转变，构建了一个不同的指标。尽管这一指标很有趣，但是由于缺少系统的数据，该指标难以编纂度量。

这里介绍的分析使用了论文中包含的参考文献，并把这些文献用作构建交叉学科或交叉专业（interspecialty）（在给定的学科范围内）指标的基础。该分析基于汤森科技信息集团的数据库。该数据库是唯一涵盖一个多世纪以来的论文和参考文献的数据库。其中，1900—1944 年的分析数据来自 Century of Science。该数据库将 266 种不同的期刊编入其索引，而这些期刊的名字大多与自然科学和医学领域有关。在社会科学方面，1900—1956 年之间的数据来自 Cetury of Social Sciences Index，其中检索了社会科学的 308 种期刊。从 1945—2010 年，其数据来自 Web of Science（WoS），其中包含科学引文索引扩展版（SCI）、社会科学引文索引（SSCI）以及艺术与人文引文索引（A&HCI）。本文对期刊进行的学科分类方法与美国国家科学基金会（NSF）的方法一样。这一分类方法将每本期刊归入一个学科和一个专业中。对于社会科学和人文科学，我们采用自己的分类完善了 NSF 的分类方法。该分类方法将 14 个学科分成 143 个专业。为了便于后续的图标展示，我们将这 14 个学科分成四个更大的领域，即医学（MED）、自然科学和工程学（NSE）、社会科学（SS）及艺术与人文科学（A&H）。

汤森数据库（源条目）索引的每个文档都附有参考文献列表。根据波特和楚宾（Porter & Chubin，1985）的研究，我们利用论文所属学科及其被引文献的学科之间的关系来衡量该论文的学科交叉性。我们主要测量交叉学科的两个方面：参考文献的学科交叉性和所获被引的学科交叉性。但是，鉴于在这种聚合水平下，对以上两个方面的观察得出的趋势几乎相同（因为它们是一枚硬币的正反面），因此在这里提到的学科交叉性测量，实际是测量参考文献的学科交叉性。

根据里尼亚（Rinia，2007）的类型论，我们得出了两种类型的交叉学科：①引用的期刊与本论文不属于同一个学科；②引用的期刊与本论文属于同一学科，但不属于同一个专业。我们将第一种类型称为“学科交叉性”，因为它可以衡量与其他学科之间的联系（例如，生物学与物理学之间的联系），而第二种称为“专业交叉性”，因为它可以衡量特定学科内不同专业之间的关系（例如，光学和核物理学之间的联系）。具体来说，测量学科交叉性是指引用另一个学科的专业期刊上的论文的百分比，而测量专业交叉性则是指引用同一个学科中另一个专业的百分比。另一项衡量标准则是引用相同专业期刊的百分比。例如，一篇发表在粒子物理学期刊上的论文，一共引用了 30 篇文献，其中 12 篇文献来自同一专业的期刊上的论文，8 篇来自同一学科（物理）的其他专业（光学，核物理学等），10 篇来自其他学科，因此该论文的交叉学科分值为 33.3%（10/30），交叉专业系数为 26.7%（8/30），同专业系数为 40%（12/30）。

但我们测量学科交叉性的方法仍有局限性。20 世纪科学学科的结构发生了重大变化，但在整个研究阶段，我们的学科列表却没有随之改变。少部分领域已经不复存在，并且出现了许多新的领域，考虑到以上两种情况，我们使用今天的学科和专业分类不会造成明显的过时。例如，《美国外科杂志》（*American Journal of Surgery*）在整个过程中都被归到外科专业，而该期刊确实总是刊登与外科有关的论文。另一方面，在 20 世纪 40 年代之前，癌症领域并没有论文发表，而在 20 世纪 50 年代之前，计算机科学领域也没有相关的论文发表。因此，这些学科成立的头几年里，它们只能引用其他专业的文献。同样，期刊涉及的范围发生改变后，期刊的名字也会随之改变，然后会被重新分类。

测量学科交叉性的方法还有另一个局限，那就是我们对学科和专业的信息仅限于发表在 Web of Science（源条目）检索的期刊中的被引文献。因此，分析会或多或少排除显著比例的参考文献（取决于学科和出版年份）（这个比例随着时间的推移而变化）。将所有学科综合起来（图 10.2C），我们会发现，大约有 70% 的参考文献是来自源条目的。这些结果与拉利维尔等（Larivière et al.，2006）的研究结果非常相近，即自 20 世纪 80 年代初以来，期刊在全球被引文献中所占的份额一直稳定增长。但是，在此期间，对 WoS 涵盖的文献的引用率比较低。这一现象是正常的，因为早期的论文大多引用 1900 年之前的文献，而 WoS 没有检索 1900 年之前的论文。另外，WoS 对 1900—1945 年发表的期刊和论文检索也较少，这的确会减少 WoS 检索的论文引用其他源条目的机会。有些人可能会说，这些对非源条目的引用可能会反映一种不同于此研究观察到的趋势。但是，我们还使用所获被引对趋势进行了分析，从定义上来说，该分析的覆盖率是 100% 的，而总体趋势几乎相同，这一发现有力地证明了我们的观点：对源条目的引用可以说是整个参考文献情况的代表性样本。如图 10.2 所示的不同组别同样反映了论文数量（图 10.2A）和被引文献数量（图 10.2B）几乎在所有领域中都稳定上升，除了 A&H 领域。拉利维尔、阿尚博和金格拉斯（Larivière，Archambault，& Gingras，2008）借助 SCI 的光盘版，指出出版物的幂增长在 20 世纪 70 年代有所下降；图 10.2A 表明，SCI 的扩展版也有这种趋势，这也说明了这些全球性趋势并不受样本选择的影响。对约 3 500 万篇论文引用的 7.68 亿篇参考文献进行研究后，我们得出了结果。在这 7.68 亿篇参考文献中，约有 4.7 亿篇引用了 3 500 万源条目，这意味着 61%的参考文献被覆盖。

里尼亚等（Rinia et al.，2001）认为，交叉学科知识交流存在延迟，因此需要几年的时间，交叉学科的被引次数才会有所上升。该结果很有趣，因为它说明，与知识在同学科或同专业内流转相比，新发现要花更多的时间去跨越学科界限，被其他学科或专业引用。如图 10.3 所示的数据表明，所有的领域都出现了以上提到的现象，尽管在 MED 中这种现象不是很明显，我们可以推测是因为该领域中的学科的论文半衰期较短（Larivière，2008）。如果扩大引用窗口，将更旧的论文纳入研究范围，对与施引文献所属学科和专业不同的期刊论文的引用还会稳定增长。另一方面，近期的文献材料一般会

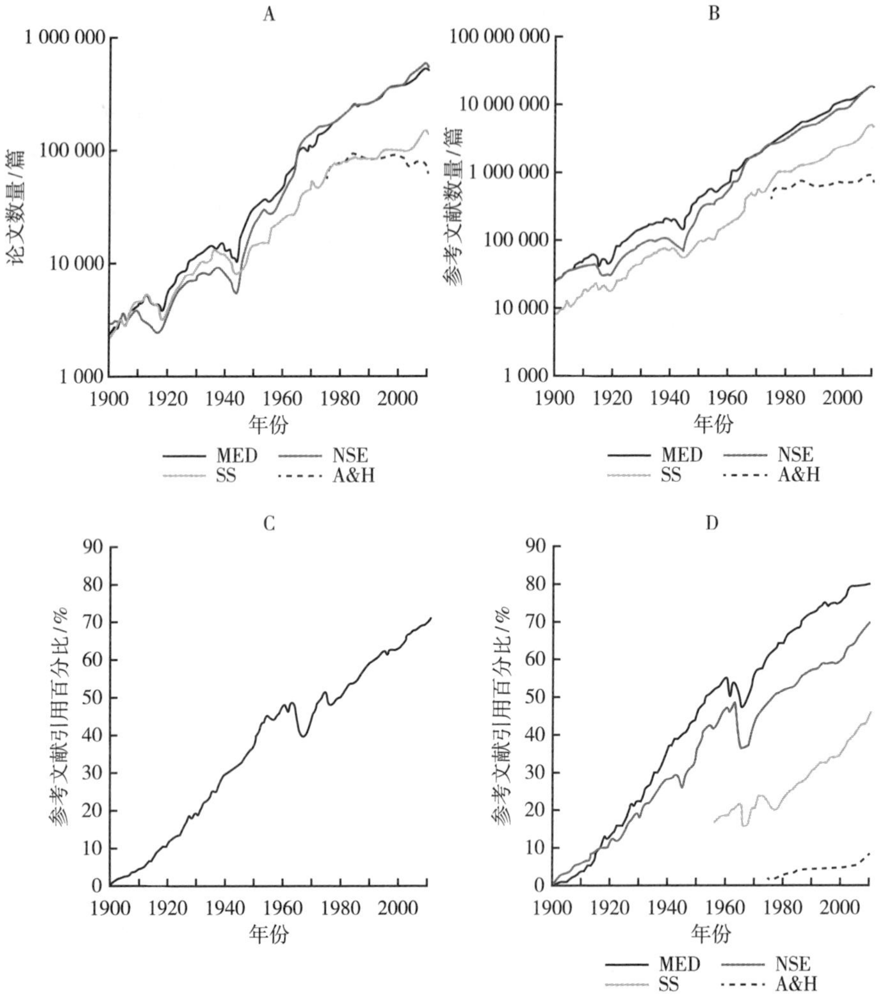

图 10.2　每年的论文数量（图 A），参考文献数量（图 B），所有领域中对源条目引用的百分比（图 C），以及各个领域对源条目引用的百分比（图 D），1900—2010 年

为同专业的论文所引用。总体而言，图 10.3 表明，为了更好地测量学科交叉性，我们不能只分析两年前发表的论文的参考文献。出于这个原因，我们对学科交叉性的测量分析了至少五年的引用数据。换句话来说，因为 1900 年发表的被引论文并不是源条目，因此没有与之相关的领域；同时因为我们的研究以五年为单位，所以 MED、NSE 和 SS 的数据始于 1905 年，而 A&H 的数据则始于 1980 年。

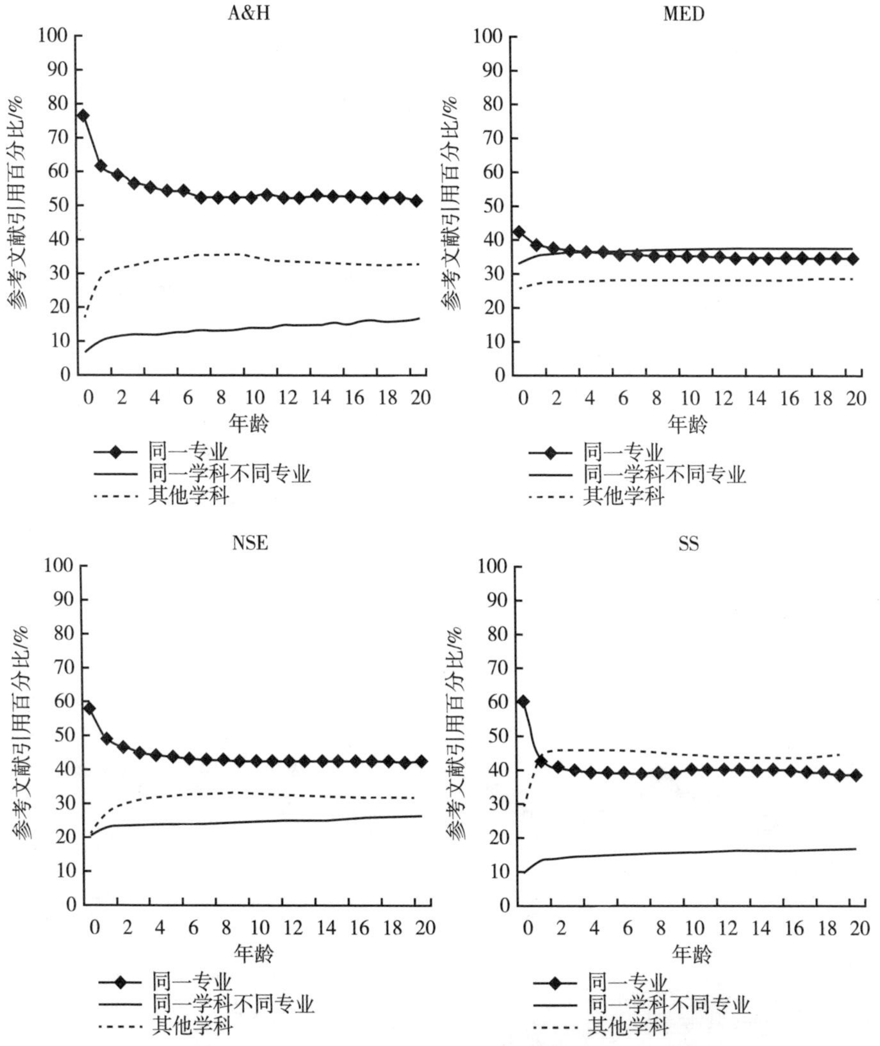

图 10.3 不同学科之间引用的百分比，同专业之间引用的百分比，以及同学科不同专业之间引用的百分比，按被引论文的年龄和领域区分，1998—2007 年

学科和专业二者关系的变化

对于科学的四大领域，如图 10.4 所示展现了测量学科和专业之间的关系的三种方法，从施引论文层级来定义如下。

（1）引用其他学科的论文的百分比，这也是学科交叉性的指标。

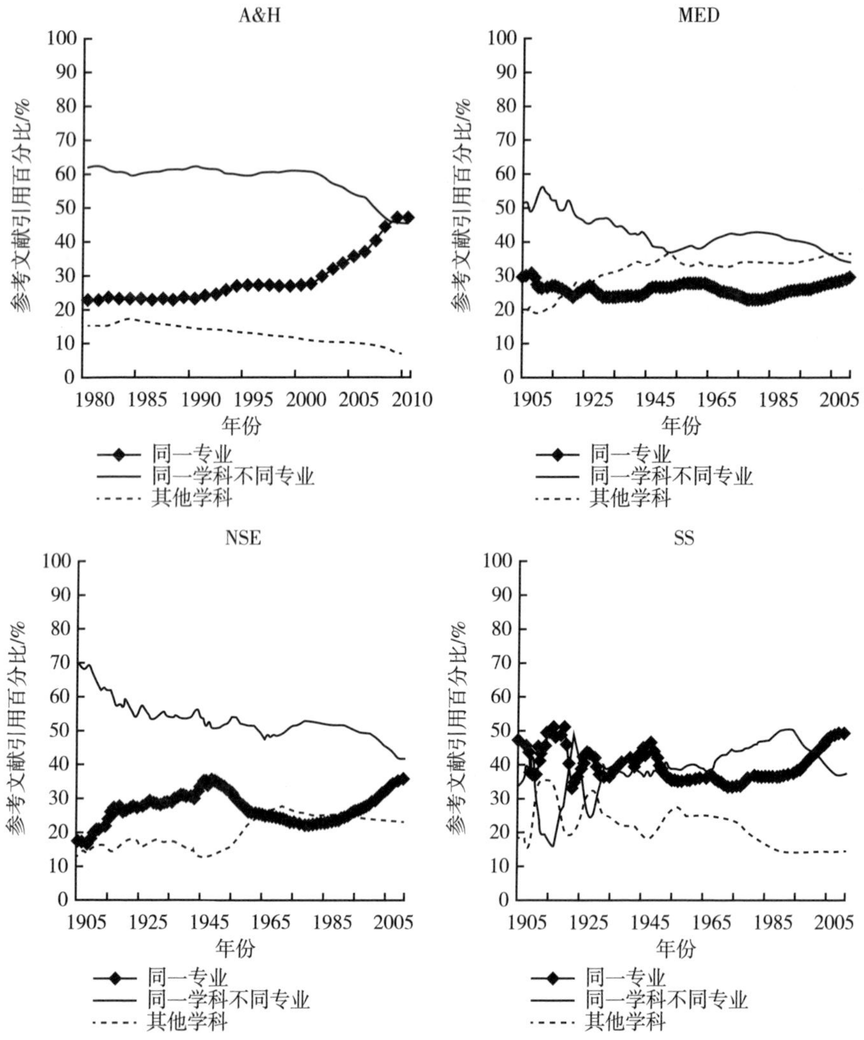

图 10.4 引用其他学科的论文的百分比，引用同一学科中其他专业的论文的百分比，以及引用同一专业的论文的百分比，以领域区分，1900—2010 年。三年的移动平均数

（2）引用同一学科中其他专业的论文的百分比，这可以用来测量某个学科中，各个专业之间的关系（跨专业）。

（3）引用同专业的论文的百分比，这反映了专业的内部重点。

对于 NSE 和 MED，我们可以划分出三个大的阶段：① 1900—1945 年，NSE 的学科交叉性增加，而 MED 的专业交叉性增加，专业化的程度降低；② 1945—1980 年，MED 的学科交叉性有所下降，而对专业日益重视，即更多地关注其内部专业的发展，而专业之间的交互也较为稳定；在 NSE 方面，同一时期的学科交叉性也有所下降，但在 1945—1965 年，对其他学科专业的引用有所上升，其后一直到 20 世纪 80 年代中期，都是比较稳定的；③ 20 世纪 80 年代中期至 2010 年，学科之间的联系再次增加，但对专业内部的关注有所减少，对同学科不同专业的引用比例比较稳定。

我们可以推测，社会科学和人文科学的模式与以上两个领域截然不同。在社会科学方面，通过专业内的引用比例，我们测量了专业化的程度，在 1935—1965 年（剔除 20 世纪 30 年代之前剧烈变化的数据）专业化程度比较平稳，随后一直上升，直到 20 世纪 90 年中期上升到大约 50%，面对日益增长的学科交叉性，2005 年，专业化程度再次下降到 40% 以下。到 2010 年，约有 50% 的论文对其他学科施引，而专业交叉性却达到了其最低值（35%）。也就是说，20 世纪 90 年代中期之后，给定专业的论文对其他学科更开放，反而对自己学科的其他专业开放程度较低。虽然没有明显数据显示，但所获被引的学科交叉性的变化也遵循同样的模式。

人文学科的变化趋势则更简单：我们观察到 2000 年左右出现了一波交叉学科引用的浪潮，但跨专业引用却不多。在此之前，是一段相对稳定的时期，大约有 60% 的参考文献是同专业的，同时对同学科不同专业的文献的引用则是缓慢持续地下降。值得一提的是，尽管 SS 的研究者讨论“交叉学科”这一概念的次数是 NSE 研究者的五倍（图 10.4），这两个学科在施引行为方面，学科交叉的程度都是差不多的（在 20 世纪 90 年代中期之前约是 25%—30%）。

讨论和结论

在过去的一个世纪中，我们观察到 NSE 和 MED 这两个学科，对分类至同专业的期刊上的论文的引用比例有所降低，NSE 领域从 70% 降低到 40%，而 MED 则从 50% 降低到了 35%。这种对专业内部关注的下降有两种方式：NSE 首先对应 1945 年前的交叉学科兴起，而在同一时期，MED 则看到了交叉专业关系的上升。后一种方式正好解释了医学中各专业成立的影响。第二次世界大战之后的 30 年内，我们看到 NSE 中的交叉学科有所下降，随之而来的是对同一学科不同专业的关注，这再次与当时大多数学科中专业增加的情况相吻合。

而在 MED 中，我们还观察到 20 世纪 80 年代之前，学科交叉性有所下降，专业交叉性略有上升。大约从 20 世纪 80 年代中期开始，NSE 和 MED 的学科交叉性都有所上升，代价是对同学科中不同专业的关注度有所下降。

从全球范围来看，这些结果表明，在 20 世纪的前 2/3 时期中，学科内的专业有所增多，然后保持在一个相对稳定的水平，但此后，尤其是 20 世纪 80 年代中期之后，不同学科之间的交流又开始增多了。到了 20 世纪末，MED 学科引用的来源大致在同专业、同一学科的其他专业和其他学科中平均分配，而在整个 20 世纪的大部分时间里，专业内的引用通常占主导地位。如图 10.4 所示，社会科学（SS）及艺术和人文科学（AH）对其他学科最为开放，而 MED 则倾向于内部交流，引用的更多是同学科的其他专业。就其自身而言，NSE 论文主要侧重于自己的学科，这可能是因为该研究领域较狭窄，要使用高度专业化的仪器。

应当指出的是，虽然学科交叉自 20 世纪 80 年代中期以来突飞猛进，但到 20 世纪末其达到的水平却没有比 20 世纪 30 年代高很多，而且学科交叉性即使在 SNE 和 MED 领域也未下降到 20% 以下。尽管我们需要更详尽的历史分析以证实我们的假设，但一切都表明，在 1945—1975 年这一“黄金”时期，学科交叉性停滞不前，但由于可用的研究资金增长，反而是各专业的林立促进了学科的发展。除此之外，我们从数据中可以明显看到，从 20 世纪 80 年代中期开始，学科交叉性的浪潮兴起，这有可能是受政府特定项目及话语的影响，它们着力将学科交叉描述得令人心驰神往。科学家被鼓动与其他学科的研究者进行合作，留心关注其专业外的知识，从而去解决所谓的“复杂”问题。附加了学科交叉和其他合作条件的新资金的涌入，似乎也促使研究者更加包容邻近的学科。

学科和专业之间关系的变化显然是非常复杂的，它可能会受到新概念、工具内部发展的影响和资金压力的影响。尽管专业一般是为专业内部动力所驱动而发展（Mullins，1972），但最近，借助学科交叉性达到更高程度的融合的动力似乎更多依赖于话语和政策，而非内部的动力。无论如何，我们考虑到了文献计量学指标的内在局限，但我们的分析还是可以说明，学科化和专业化的过程是很复杂的，而学科交叉性本身就为知识增长的复杂内部动力所影响。

正如伯恩曼及其同事在本书中的讨论（第 11 章）以及金格拉斯（第 6 章）讨论的，在研究评估中，我们需要标准的文献计量学指标。我们对学科交叉性的分析则探究了在类似情境下，文献计量学指标使用的另一技术方面。我们观察到的学科和专业关系的重新配置，对测量论文的科学影响具有方法论上的指导作用。随着论文愈加频繁地引用其他具有不同引用实践的专业的文献，并同时被其他学科论文引用，通常的引用归一化越来越有偏误，因归一化仅基于刊登该论文的期刊所属的学科。因此，新的归一化方法应取而代之，该方法必须考虑到出现在参考文献和被引文献中的交叉学科和专业（Zitt & Small，2008；Moed，2010；Zitt，2010）。

参考文献

Abbott, A. (2001). *Chaos of disciplines*. Chicago: University of Chicago Press.

Adams, J., Jackson, L., & Marshall, S. (2007). *Bibliometric analysis of interdisciplinary research*. Report to the Higher Education Funding Council for England. Leeds, UK: Evidence.

Börner, K., Chen, C., & Boyack, K. W. (2003). Visualizing knowledge domains. *Annual Review of Information Science & Technology*, 37, 179–255.

Boyack, K. W., Klavans, R., & Börner, K. (2005). Mapping the backbone of science. *Scientometrics*, 64 (3), 351–374.

Brozek, J., & Keys, A. (1944). General aspects of interdisciplinary research in experimental human biology. *Science*, 100 (2606), 507–512.

Frodeman, R., Thompson Klein, J., & Mitcham, C. (Eds.). (2010). *The Oxford handbook of interdisciplinarity*. Oxford: Oxford University Press.

Gibbons, M., Limoges, C., Nowotny, H., Schwartzman, S., Scott, P., & Trow, M. (1994). *The new production of knowledge: The dynamics of science and research in contemporary societies*. London: Sage.

Hessels, L. K., & Van Lente, H. (2008). Re-thinking new knowledge production: a literature review and a research agenda. *Research Policy*, 37 (4), 740–760.

Larivière, V., Archambault, É., & Gingras, Y. (2008). Long-term variations in the aging of scientific literature: From exponential growth to steady-state science (1900–2004). *Journal of the American Society for Information Science and Technology*, 59 (2), 288–296.

Larivière, V., Archambault, É., Gingras, Y., & Vignola-Gagné, É. (2006). The place of serials in referencing practices: Comparing natural sciences and engineering with social sciences and humanities. *Journal of the American Society for Information Science and Technology*, 57 (8), 997–1004.

Leontief, W. (1948). Note on the pluralistic interpretation of history and the problem of interdisciplinary cooperation. *Journal of Philosophy*, 45 (23), 617–624.

Le Pair, C. (1980). Switching between academic disciplines in universities in the Netherlands. *Scientometrics*, 2 (3), 177–191.

Levitt, J. M., & Thelwall, M. (2008). Is multidisciplinary research more highly cited?A macrolevel study. *Journal of the American Society for Information Science and Technology*, 59 (12), 1973–1984.

Levitt, J. M., Thelwall, M., & Oppenheim, C. (2011). Variations between subjects in the extent to which the social sciences have become more interdisciplinary. *Journal of the American Society for Information Science and Technology*, 62 (6), 1118–1129.

Moed, H. F. (2010). Measuring contextual citation impact of scientific journals. *Journal of Informetrics*, 4 (3), 265–277.

Morillo, F., Bordons, M., & Gómez, I. (2001). An approach to interdisciplinarity through bibliometric indicators. *Scientometrics*, 51 (1), 203–222.

Mullins, N. (1972). The development of a scientific specialty: The Phage Group and the origins of molecular biology. *Minerva*, 10, 51–82.

Nowotny, H., Scott, P., & Gibbons, M. (2001). *Re-thinking science: Knowledge and the public in an age of uncertainty*. London: Polity Press.

Porter, A. L., & Chubin, D. E. (1985). An indicator of cross-disciplinary research. *Scientometrics*, 8 (3–4), 161–176.

Porter, A. L., & Rafols, I. (2009). Is science becoming more interdisciplinary?Measuring and mapping six research fields over time. *Scientometrics*, 81 (3), 719– 745.

Rafols, I., & Meyer, M. (2007). How cross-disciplinary is bionanotechnology?Explorations in the specialty of molecular motors. *Scientometrics*, 70 (3), 633–650.

Rinia, E. J. (2007). *Measurement and evaluation of interdisciplinary research and knowledge transfer*. Unpublished doctoral dissertation, Universiteit Leiden.

Rinia, E. J., Van Leeuwen, T. N., Bruins, E. E. W., Van Vuren, H. G., & Van Raan, A. F. J. (2001). Citation delay in interdisciplinary knowledge exchange. *Scientometrics*, 51 (1), 293–309.

Rinia, E. J., Van Leeuwen, T. N., Bruins, E. E. W., Van Vuren, H. G., & Van Raan, A. F. J. (2002a). Measuring knowledge transfer between fields of science. *Scientometrics*, 54 (3), 347–362.

Rinia, E. J., Van Leeuwen, T. N., & Van Raan, A. F. J. (2002b). Impact measures of interdisciplinary research in physics. *Scientometrics*, 53 (2), 241–248.

Thomas, D. S. (1952). Experiences in interdisciplinary research. *American Sociological Review*, 17 (6), 663–669.

Tomov, D. T., & Mutafov, H. G. (1996). Comparative indicators of interdisciplinarity in modern science. *Scientometrics*, 37 (2), 267–278.

Van Leeuwen, T. N., & Tijssen, R. (2000). Interdisciplinary dynamics of modern science: Analysis of cross-disciplinary citation flows. *Research Evaluation*, 9 (3), 183–187.

Wagner, C. S., Roessner, J. D., Bobb, K., Klein, J. T., Boyack, K. W., Keyton, J., et al. (2011). Approaches to understanding and measuring interdisciplinary scientific research (IDR): A review of the literature. *Journal of Informetrics*, 5 (1), 14–26.

Weingart, P., & Stehr, N. (2000). *Practicing interdisciplinarity*. Toronto: University of Toronto Press.

Zitt, M. (2010). Citing-side normalization of journal impact: A robust variant of the audience factor. *Journal of Informetrics*, 4 (3), 392–406.

Zitt, M., & Small, H. (2008). Modifying the journal impact factor by fractional citation weighting: The audience factor. *Journal of the American Society for Information Science and Technology*, 59 (11), 1856–1860.

第11章 评价自然科学研究机构的文献计量标准

卢茨·伯恩曼　本杰明·F. 鲍曼　约翰·鲍尔
维尔纳·马克斯　赫尔曼·希尔　马吉特·帕尔岑伯格
Lutz Bornmann, Benjamin F. Bowman, Johann Bauer,
Werner Marx, Hermann Schier, & Margit Palzenberger

引言

文献计量学是在科学计量学中已得到确立的领域（Andres，2011；De Bellis，2009；Moed，2005；Vinkler，2010），尽管在计量分析方面的一致性还有待实现。专家们对什么是适当的实践有许多默会假设，但该领域缺乏一套既定的标准来指导新来者和外来者。即使在领域内部，也有几个关键问题未达成共识。因此，本章的目的是描述在自然科学研究机构评估中应用文献计量方法的标准。这些标准为从引文数据库/索引中选择基础数据、统计分析数据和呈现结果提供信息。

这一基于指标的机构评估标准的制定是基于多年来在马克斯·普朗克学会（Max Planck Society，MPG）进行分析的经验以及我们更广泛的文献计量研究（Bornmann，Mutz，Marx，Schier，& Daniel，2011；Bornmann，Mutz，Neuhaus，& Daniel，2008）。在制定这些标准的过程中，我们谨慎地把重点放在了基本要素上，即机构层级评估中必要的和有意义的指标。本章仅涵盖文献计量学中使用的大量指标的一个子集。雷恩、克朗曼和瓦德斯科格（Rehn，Kronman，& Wadskog，2007）提供了常见指标的概述。我们还试图使标准尽可能简单，以便让对文献计量学和实证研究了解有限的用户能应用这些标准。

在接下来的章节中，我们将描述一些指标和步骤，它们可用于通过出版物和被引，衡量一所研究机构的生产力与其研究影响，包括对生产力和引文影响进行历时性分析的方法。为了说明如何应用我们的标准，我们利用了来自六个在类似领域进行研究的机构的数据。要强调的是，这些数据仅用于例证我们的标准，因此，将这些研究机构（RI）的名称进行了匿名（RI1、RI2、RI3、RI4、RI5、RI6）。

确定研究参数

为了根据文献计量指标，对研究机构的研究绩效做出可靠的陈述，应考虑以下几点。

（1）进行文献计量分析的研究成果，仅含每年在科学期刊上发表至少 100 篇原创研究论文或综述的机构。这一数字基于已出版的文献计量研究指南（NORIA-net，2011）。对于个体研究者的文献计量评估，莱曼、杰克逊和劳特鲁普（Lehmann，Jackson，& Lautrup，2008）提出该数目为至少 50 篇论文："在大约 50 篇论文的基础上，可以得出关于作者被引记录的可靠结论。"在一项针对个别院系的广泛研究中，拉利维尔和金格拉斯（Larivi è re & Gingras，2011）纳入了至少有 50 篇出版物的院系，以及在机构层级上包括了至少有 500 篇出版物的研究机构。

（2）决定一个研究机构哪些年的出版记录应该被纳入分析时，应该注意大多数论文（如果不是全部）须至少有两年历史。在大多数领域，一篇论文的引文达到顶峰需要三年时间，之后，被引次数通常会相对迅速地减少（Seglen，1992）。因此，只有三年之后，我们才对论文可能产生的长期影响有所了解。但是，应注意避免过度延长时间段，因为这会减少报告的时效性（Glänzel，Thijs，Schubert，& Debackere，2009）。在所有文献计量学研究中，应指定希望研究的论文的出版年份（出版窗口），以及希望统计出版物被引次数的时间跨度（引用窗口）。

（3）评估出版物的影响时，有可能需要包括或排除作者的自引。研究报告了不同比例的自引：在挪威研究者的一项研究中，阿克尼斯（Aksnes，2003）发现36%的引文是自引；加菲尔德（Garfield，1979）报告的数字是10%；斯奈德和邦齐（Snyder & Bonzi，1998）表明，自然科学中的自引百分比为15%，高于社会科学（6%）和人文艺术（6%）。我们认为自引的原因有两个：①自引的比例因作者（和出版物）而异，但在大多数情况下，从事类似领域研究的机构不太可能有差异很大的自引百分比。如果有其他理由，则必须考虑到自引——例如，在研究团队层级进行单独的文献计量分析。②此外，根据格兰泽尔、德巴克尔、蒂伊斯和舒伯特（Glänzel，Debackere，Thijs，& Schubert，2006）的论述，我们认为自引通常是科学传播和出版过程的一个重要特征："自引表明在新出版物中使用了自己以前的研究结果。作者经常这样做是为了建立在自己的研究结果的基础上，通过参考已经发表的方法论来限制论文的长度，或者仅仅是为了使自己的背景材料在'灰色'文献中发表可见。"

（4）出版物的作者不止一位，而且作者往往来自不同的研究机构。在量化一个研究机构的生产力及其出版物的影响时，可以给出版物上列出的每个研究机构分配一定比例（"分数的"）的份额（这被称为分数，而不是整体计数），该份额对应每个研究机构对这篇论文及其引文的拥有量。被列出的机构数量越多，给予每个研究机构的份额就越小。这些份额可以平均分配到各个研究机构，或者某些研究机构（例如，第一作者工作的研究机构）可以得到比其他研究机构更大的份额。所用的公式并不统一，因为合著者顺序的习惯在不同学科之间有很大差异。温克勒（Vinkler，2010），黄、林和陈（Huang，Lin，& Chen，2011）综述了分配作者在论文中所占份额的不同方法及其优缺点。由于文献计量学中没有关于使用整数或分数计数的标准实践，并且大多数研究不使用分数计数，因此我们建议使用整体计数。在一篇论文中列出的每一个研究机构都会得到该论文的全部计数。

使用引文数据库

文献计量分析包括一个研究机构的所有出版物，每个出版物中至少有一位作者将该研究机构列为其附属机构。精确收集出版物的最佳方法是获取和处理所有研究者的个人出版物清单。然而，这通常是不切实际的。我们建议使用引文数据库（或“索引”）搜索研究机构的出版物。为避免错误和缺漏，应对照研究机构的正式出版物清单核对通过搜索找到的出版物。根据我们的经验，在搜索结果和研究机构的出版物清单中，经常会发现遗漏和错误。遗憾的是，简单地比较论文数量并不一定能揭示这些差异。我们建议检查所得的两个结果数据源中不匹配的参考文献。任何一方的参考文献缺失都为改进各自清单的编制提供了有价值的提示。

由于许多引文数据库可用于文献计量分析，报告应列出使用的数据库并描述其基本特征。在评价性文献计量学中，使用的数据库通常是汤森路透和爱思唯尔提供的数据库。在自然科学领域，由 Web of Science 索引的核心期刊（约一万种期刊）上出现的出版物数量已成为衡量科学生产力的标准。汤森路透的 Web of Science 提供了各种引文数据库（包括“科学引文索引扩展”和“社会科学引文索引”），这些数据库可通过订阅获得（通常是在特定时间段内）。由于包含的数据库和涵盖的年份取决于具体的许可协议，因此应在评估报告中记录此信息。本章中显示的数据来自 Web of Science 数据库“科学引文索引扩展”“社会科学引文索引”“艺术与人文学科引文索引”和“会议论文集引文索引 - 科学和会议记录引文索引 - 社会科学与人文科学”（包括每个数据库的所有当前可用的备份文件）。

在核心自然科学学科之外，特别是在计算机科学或工程与技术等领域，基于 Web of Science 期刊的覆盖面是欠缺的。使用特定学科的引文数据库（如物理和相关领域的化学文摘或 INSPEC）可以更好地确定这些领域的出版活动。由于在某些领域的覆盖范围更广，多学科数据库 Scopus 可能比 Web of Science 更有优势。

我们不建议进行基于谷歌学术（Google Scholar，GS）的文献计量分析。一些研究（Bornmann et al.，2009；García-Pérez，2010；Jacsó，2009，2010）指出了 GS 的许多缺点，如元数据中存在大量缺陷（如“幽灵作者”）和经常夸大的被引次数（例如，GS 中错误被引的比例为 17%，而在 Web of Science 中不到 1%）。

数据库选择的系统效应

当使用来自不同数据库 / 索引的文献计量数据进行评价研究时，应注意，这可能会对提出的指标产生系统性影响：一个数据库中的出版物可能不在另一个数据库中（反之亦然）。表 11.1 所示为我们在国家引文报告（National Citation Report，NCR）和 Web of Science 中检查的六个研究机构的论文数量的比较。数据库之间的差异从大约 5%（RI2、RI3、RI4）到大约 20%（RI1 和 RI5）。有两个因素可能解释了这些差异。第一，与 Web of Science 不同，国家引文报告将同样在期刊上发表的“会议论文”文件类型的出版物归类为“论文”——国家引文报告中不存在“会议论文”文件类型。第二，通过地址在数据库中选择论文的方式不同：在 Web of Science 中，用户必须开发和应用一个优化的搜索查询，而在国家引文报告中，用户从数据库制作者提供的地址变体中进行选择。在为研究机构获取出版物时，每种搜索都有自己可能的错误来源。

表 11.1　Web of Science 和国家引文报告收录的六个研究机构论文数量的差异（德国）

研究机构（RI）	国家引文报告（NCR）	Web of Science（WoS）	数量差（NCR – WoS）	与 NCR /%
RI1	472	389	83	18
RI2	684	683	1	0
RI3	695	730	–35	5
RI4	347	357	–10	3
RI5	216	252	–36	17
RI6	829	736	93	11
Total	3 243	3 147	96	3

选择文档类型

为了关注实质性出版物，我们建议将文献计量分析局限于特定类型的文献。但是，应该注意的是数据库提供者根据自己的标准对文档类型进行分类

（他们对出版物进行了不同的分类）。此外，它们的分类通常与期刊使用的分类不匹配（Meho & Spurgin，2005）。

数据库提供者通常将报道原创研究的出版物称为“论文（article）”，对大量文献的总览称为“综述（review）”。报道原创研究的短论文通常称为“快讯（brief communication）”或“便笺（note）”（Moed，Van Leeuwen，& Reedijk，1996）。因此，在文献计量分析中考虑文档类型时的标准做法是：使用已经被标记为常规发现账户的日记账项目（论文）、快讯（便笺）和综述论文的期刊条目，换句话说，就是那些包含实质性科学信息的论文类型。通常会议摘要（通常被引不多）、致编辑的信件（通常是意见表达）和更正通知会被剔除（Pendlebury，2008）。

由于Web of Science现在不再单独划分“快讯”（“便笺”），只包括“论文”和“综述”。后文中的“出版物”一词通常只指这两种文件类型。

划定研究领域

在汤森路透的数据库/索引中，一个研究领域是由一组涵盖特定领域的期刊定义的。例如，“神经科学”期刊集包括《自然评论－神经科学》（*Nature Reviews Neuroscience*）和《行为科学与脑科学》（*Behavioral and Brain Sciences*）。当我们提到“学科类别”时，一般指的是期刊集。期刊集的大小可以有很大的变化，有些期刊集只包含少数期刊（如“男性学”，有五种期刊），有些期刊集则可能包含250多种期刊（如“生物化学和分子生物学”，有286种期刊）。使用期刊集对特定领域的出版物进行分类目前存在一定的争议（Bornmann et al.，2008；Boyack，2004；Strotmann & Zhao，2010）。许多期刊发表的论文范围很广，无法按期刊集进行充分分类，使用这些期刊集遇到了一些限制，特别是在自然科学的专业领域。这一问题在《科学》和《自然》等期刊上尤为严重。这些期刊被归入一个名为“多学科”的期刊集中，这意味着个别论文根本无法按其特定的领域进行分类。我们使用NCR数据库进行引文分析，根据期刊集计算其指标（如相对被引率和百分位数），因此，对于使用这些数据库进行的文献计量分析，我们建议使用相应的期刊集（可能除了“多学科”期刊集）将出版物分配到研究领域。

归一化引文影响

归一化引文影响是基于观察到的被引和预期被引之间的比较。出版物的预期被引次数取决于出版物的年份（“年龄”）和科学领域（Abramo，Cicero，& D’Angelo，2011；Radicchi，Fortunato，& Castellano，2008）。据我们所知，汤森路透是相对的、经过年龄归一化和领域归一化处理的被引次数的唯一提供者，这一被引次数可用于基于文献计量学的研究评估。此处使用的相对被引次数来自基于订阅的产品“国家引文报告”（针对德国）和 InCites。有关当前归一化被引次数方法的概述，请参阅雷恩（Rehn et al.，2007）和温克勒（Vinkler，2010）的著述。

使用统计显著性检验抽样数据

评估研究中使用的文献计量数据通常是该研究机构全部数据的样本。完整的数据包括研究机构的所有出版物，及其在与给定评价设定的基本原理相关的框架内的引用。使用统计显著性检验，可以确定从样本中获得的结果对于所有出版物是否都具有较高的概率（Bornmann et al.，2008）。统计显著性检验用于从整个数据集中随机选择的数据样本中，或用于使用抽样程序生成的数据中，该抽样程序试图最大限度地减少与研究中所调查的问题有关的系统误差和依赖性（在当前语境下，指的是文献计量指标在研究机构之间的差异）。在这里，我们没有随机选择数据，我们选择了出版时间和引用窗口，可以假定它们对研究机构没有系统性的优势或劣势。如果检验两个研究机构在出版物影响方面的差异的测试结果显著，则可以假定该差异不是偶然的结果，在样本以外也适用。

与使用所有出版物相比，使用样本的一个好处是它降低了进行评估研究的成本（Ruegg & Feller，2003）：为研究而必须组合在一起的出版物集更小；另一个好处是不必对当前出版年份（即最近几年）进行研究。在对研究机构进行评估时，通常会要求提供与最近几年相关的文献计量指标。然而，正如我们所展示的，当前出版年份可能会导致整个数据结构被不可靠地扭曲。如果统计检验的结果是显著的，那么基于最近出版年份的结果很有可能适用于当前出版年份（前提是没有发生重大变化，如任命一位新研究方向的领导）。

总的来说，结果的呈现遵循美国心理学协会（American Psychological Association，2009）的指导方针——经验社会科学的标准。如果应用统计检验，则应认真对待、考虑与假设检验相关的统计功效（American Psychological Association，2009）。

分析生产力、学科类别和引文影响

在舍斯金（Sheskin，2007）的论述中可以找到大量关于我们评估中使用的统计检验的信息。对于引用率的分析，非参数方法往往比使用参数检验更好。参数检验是假设正态分布（Calver & Bradley，2009），而这些数据通常不是这样。我们使用了 Stata 统计软件（StataCorp，2011），也可以使用其他统计软件（如 SPSS 或 R）进行分析（Gagolewski，2011）。

这里，我们收录了 2003—2008 年发表的论文。为了对这些出版物的影响进行趋势分析，引用窗口的定义如前文所述。为了进一步分析出版物的影响，引用窗口出版时间被定义为截至 2008 年（或 2007 年）年底。

生产力

表 11.2 所示为我们调查的六个研究机构（RI）2003—2008 年（RI1—RI6）的生产力分析结果。如前所述，在解释结果时，应考虑到研究者的数量：一个研究机构活跃研究者的数量越多，该研究机构预计发表的出版物就越多。因此，表 11.2 的下半部分给出了所分析时间段内研究者的平均人数。这六个研究机构发表的 3 147 篇论文共发表在 821 种期刊上（平均每个期刊约发表四篇）。期刊 A（n=96）和期刊 B（n=54）各发表了 50 篇以上的论文（表 11.2 没有显示各期刊论文的分布情况）。

表 11.2 的上半部分给出了各研究所每年发表的论文数量。这些数字以图的形式显示在表的中间部分，以说明趋势。从各个研究机构的发展来看，我们发现 RI1 和 RI2 的出版物在统计上逐年增加，在这两个研究机构中，出版数量与出版年份之间存在统计学上的显著相关性（皮尔逊相关，$p<0.05$）。

表 11.2 六个研究机构 2003—2008 年的生产力指标

出版年份	研究机构：出版数量					
	RI1*	RI2*	RI3	RI4	RI5	RI6
2003	34	64	102	49	55	128
2004	45	96	121	37	42	145
2005	67	104	135	43	45	119
2006	68	105	116	77	29	110
2007	71	138	125	65	32	106
2008	104	176	131	86	49	128

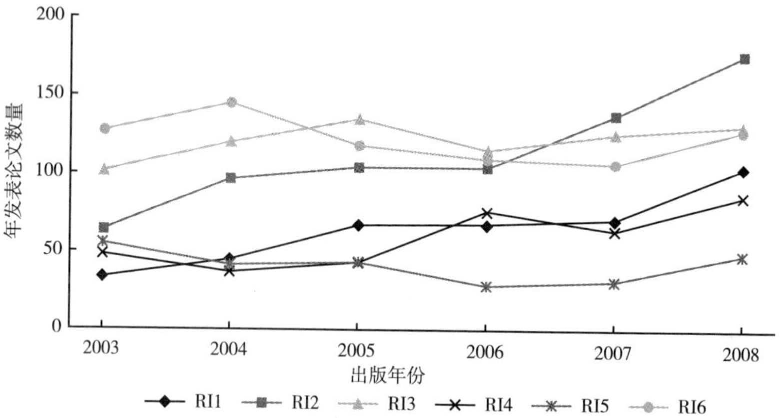

研究机构	RI1	RI2	RI3	RI4	RI5	RI6	总和
总数	389	683	730	357	252	736	3 147
论文	367	643	693	328	213	666	2 910
综述	22	40	37	29	39	70	237
算数平均数	65	114	122	60	42	123	
中位数	67.5	104.5	123	57	43.5	123.5	
最大值	104	176	135	86	55	145	176
最小值	34	64	102	37	29	106	29
极差	70	112	33	49	26	39	
所有年份研究人员平均人数	240	470	200	350	180	670	2 110

注：* 表示出版物数量与出版年份之间的关联在统计学上的显著相关性（$p<0.05$）。

除了显示生产力随时间的变化外，表 11.2 的下半部分还包括研究机构的几个生产力指标：整个时间段内出版物总数、平均生产力（中位数和算术平均数），以及极差。极差是统计离散度的计量，是分析年份中出版物数量最高和最低的差。出版物数量以“论文”和“综述”两种文件类型的论文数量表示。如表 11.2 下半部分的结果所示，RI3（n=730）和 RI6（n=736）在过去几年中发表的论文总数最多，平均数也最多（RI3：算术平均数为 122，中位数为 123；RI6：算术平均数为 123，中位数为 123.5）。在六个研究机构中，RI6 拥有最多的研究者，而 RI3 的人数相对较少。就研究者数量比较而言，RI3 在整个时间段内具有较高的生产力。RI2 在其中一年（2008 年）的生产力最高，有 176 篇出版物；但是，它的研究者数量相对较高。各出版年份间，RI2 的生产力差异最大（极差为 112）；RI5 的差异最小（极差为 26）。

最后，我们使用协方差分析来检验六个研究机构的平均论文数在出版年间是否存在统计学差异。通过协方差分析，可以控制研究机构的研究者数量，并且可以“直接”比较出版物的数量。这为我们提供了经研究者人数“中和”后的平均出版物数量的检验结果。结果表明，各研究机构之间在 2003—2008 年的平均出版物数量上存在统计学差异（p<0.05）。根据检验结果，至少有一个研究机构在平均发表数量上与其他研究机构存在显著差异。

作为协方差分析的替代方法，也可以使用单因素方差分析（ANOVA）和事后检验（Tukey HSD 步骤，p<0.05）对研究者生产力的差异（在该情况下，研究所的平均出版物数除以研究者的数目）进行统计检验。分析显示，这一效应是可识别的（ANOVA，R^2=0.83，p<0.001），但只有 RI3 在统计学上与其他研究所有显著差异。RI3 研究院每年每位研究者的平均论文数是 0.6，显著高于其他研究所，后者平均值分别为 0.2 和 0.3。其他研究所之间没有统计上的显著差异，也就是说，观察到的差异可能是由于随机波动造成的。

学科类别

总体上，这六所研究机构的出版物（n = 3 147）分成了 164 个不同的学科类别（汤森路透没有将两个出版物分配给任何期刊）。出版物在各个学科类别中的分布情况表明它们研究领域的相似程度。由于六所研究机构的多数出版物属于超过一个的期刊集，因此每个出版物平均被分配到两个类别中。例如，《行为科学与脑科学》杂志被分配给“神经科学”和“行为科学”类别。表 11.3 所示为八个（匿名）学科类别（SC1 至 SC8），六所研究机构的所有出版物中至少有 5%被分配到了这些类别。若要创建机构已发表出版物所属学科类别的清晰表格，建议不要超过 10 个类别。为此，可能需要修改（增加）5%的限制。

表 11.3　研究机构出版物所对应学科类别

学科类别（SC）	研究机构（RI）出版物 /%						
	RI1	RI2	RI3	RI4	RI5	RI6	总计
SC1*	39	2	56	9	37	41	32
SC2*	11	9	35	14	2	1	13
SC3*	1	0	3	3	10	32	9
SC4*	1	0	7	1	29	16	8
SC5*	6	0	15	1	21	2	6
SC6*	6	13	1	0	5	7	6
SC7*	3	13	5	5	2	4	6
SC8*	6	2	13	9	2	2	6

注：①因为一篇出版物通常可以分配给多个学科类别，而表中并没有显示论文所属的所有学科类别，因此不会计算行和列的总和。

② * 表示各研究所在将其出版物分配到学科类别方面的差异在统计上是显著的（皮尔逊卡方检验，邦弗朗尼校正后的 $p = 0.05$）。

如表 11.3（见总栏）所示，六所研究机构的出版物中 32% 属于 SC1，13% 属于 SC2。皮尔逊卡方检验（Pearson χ^2 test）可以用来确定不同研究机构之间学科类别的出版物数量在统计学上的显著差异。在计算这些数据的卡方检验时，需要注意的是，一篇出版物可以分为几个学科类别。在这种情况下，詹（Jann，2005）建议计算表中每一行的卡方检验（这里针对每个学科类别）。对每一行重复检验有助于校正显著性水平；我们使用（保守的）邦弗朗尼校正。对于该校正，α =0.05 的显著性水平需要除以重复检验的次数。

如表 11.3 中每个学科类别的皮尔逊卡方检验结果所示，各研究机构在将其出版物分配给学科类别方面存在统计学上的显著差异。他们的研究领域总体上似乎大不相同。例如，35% 的 RI3 出版物属于 SC2，而 RI6 的出版物中属于 SC2 的只有 1%（这一数字在所有研究机构出版物中为 14%）。而且，尽管 21% 的 RI5 出版物被分配到 SC5，但 RI2 没有出版物属于该类别。各研究机构在个别学科类别的出版物分类上存在较大差异，这表明在分析这六所研究机构出版物的引用时，有必要考虑学科领域。许多研究表明，不同研究领域的被引预期值差异很大（Bornmann & Daniel，2009；Bornmann et al.，2008；Radicchi et al.，2008）。

引文影响

对于 Web of Science 覆盖的大约一万种期刊（只有少数例外），汤森路透期刊引文报告提供了“期刊影响因子（JIF）”，以及许多其他指标，以采集科学期刊的影响（Garfield，1972，2006）。在文献计量学研究中，期刊影响因子被用来衡量个人论文的质量。虽然 JIF 可以在一个狭窄的学科范畴内对期刊进行整体的粗略评估，但它并没有对在这些期刊上发表的个体论文的实际影响做太多说明。论文间的被引分布高度偏斜，少数高被引论文对影响因子的计算贡献很大。因此，期刊的平均被引率并不是大多数已发表论文的典型。简而言之，在高影响力期刊上发表的论文不一定是高影响力的论文。因此，我们建议不要使用 JIF 来分析出版物个体的影响。

引文影响的趋势分析

表 11.4 所示为六所研究机构出版物的被引次数（数据来自 Web of Science）。被引次数是确定的，如表 11.4 所示。然而，在比较研究机构时，由于各研究机构学科门类分布的不同，被引次数的数值意义不大。如果我们把一个研究机构在足够长的时间内的被引次数的变化看作趋势曲线（见表 11.4 中的图），我们就可以得出关于其发展的结论，并将其发展与其他研究机构的发展进行比较（Marx，Schier，& Andersen，2006）。这种比较方式的优点是，它独立于研究机构所代表的研究领域，前提是研究机构的研究概况在所涉期间没有显著变化。

表 11.4　六所研究机构 2003—2008 年引文影响指标

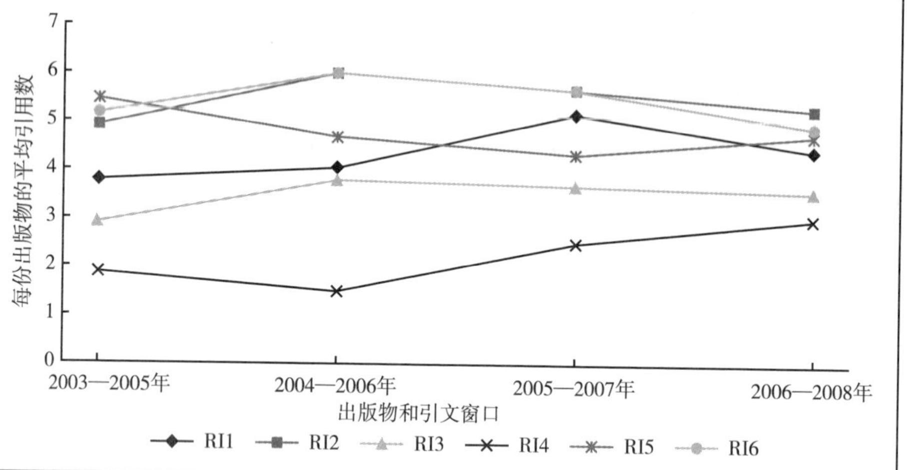

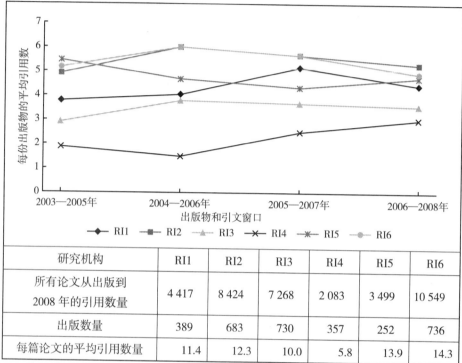

研究机构	RI1	RI2	RI3	RI4	RI5	RI6
所有论文从出版到2008 年的引用数量	4 417	8 424	7 268	2 083	3 499	10 549
出版数量	389	683	730	357	252	736
每篇论文的平均引用数量	11.4	12.3	10.0	5.8	13.9	14.3

注：对于所有研究所而言，随时间发展（出版物和引用窗口）与平均被引次数之间的关联在统计学上并不显著（皮尔逊相关系数，$p>0.05$）。

对于显示出版物影响的趋势曲线，使用移动平均法（moving-average method）将时间段划分为重叠窗口。我们使用涵盖三个出版年份的时间窗口，每个时间窗口从一年后开始。对于每个时间窗口，计算所有出版物的平均被引次数。例如，表 11.4 所示的“2003—2005 年”，包括了 2003—2005 年发表的所有论文；对于出版物窗口中的每一篇论文，确定其出版日期至 2005 年底之间获得的被引次数。三年的时间窗口减少了出版物数量和被引次数的年度波动，从而可以进行准确的趋势分析。

如表 11.4 中的结果所示，各研究机构的时间发展（出版物和引用窗口）与平均被引次数之间的关联在统计学上并不显著（皮尔逊相关系数，$p>0.05$）。从统计上看，没有一个研究机构的被引次数在这些年里有明显的增加或减少的趋势。

用百分位数衡量引文影响

根据文献计量学的研究现状，百分位数是归一化研究领域和出版年份的个体论文的被引次数的最佳方法（Bornmann et al., 2011；Leydesdorff, Bornmann, Mutz, & Opthof, 2011）：“鉴于被引次数分布的偏态性质，它使一些高被引论文无法控制引用统计。”（Boyack, 2004）根据阿尔巴兰、克雷斯波、奥图尼奥和鲁伊斯 - 卡斯蒂略（Albarrán, Crespo, Ortuño, & Ruiz-Castillo, 2011）的研究结果，所有学科类别中的被引分布都非常偏斜：“平均值比中位数高 20 个百分点，而位于上尾端的全体论文的 9%—10% 约获得了所有被引的 44%。”通过基于百分位的引用标准化，可以直接比较不同研究领域和出版年份的出版物的影响。

百分位数表明了一篇论文相对于其他论文的表现（在同一学科类别和出版年份）。根据被引频率分布（降序排列），与参考文献论文同一领域、同发表年份的所有论文进行百分位排名。最大值为 100，表示收到零次被引[①]。百分位值越小，与同一学科类别和同一发表年份的所有论文相比，论文受到的被引次数越高。例如，百分位值为 10，意味着论文属于被引最多的 10% 的论文；其他 90% 的影响较小。百分位数为 50 表示为中位数，因此表明与其他论文相比其影响较为平均。

表 11.5 所示为基于百分位数的六所研究机构出版物影响的分析结果。表格的上半部分给出了各研究机构按出版年份分列的百分位数分布情况。框线图由上界表示第一个四分位数（值的 25%）和下界表示第三个四分位数（值的 75%）的框组成。方框内的加号表示中位数（50% 的值高于或低于此值）。中位数在框中的位置表现了值的偏斜感。通过对研究机构的比较可以看出，主要是 RI2 出版物的百分位在向低位转移。

① 汤森路透对 InCites 中使用的学科领域百分位数的定义见网址：http://incites.isiknowledge.com/common/help/h_glossary.html。

表 11.5 六个研究机构 2003—2008 年百分位影响指标

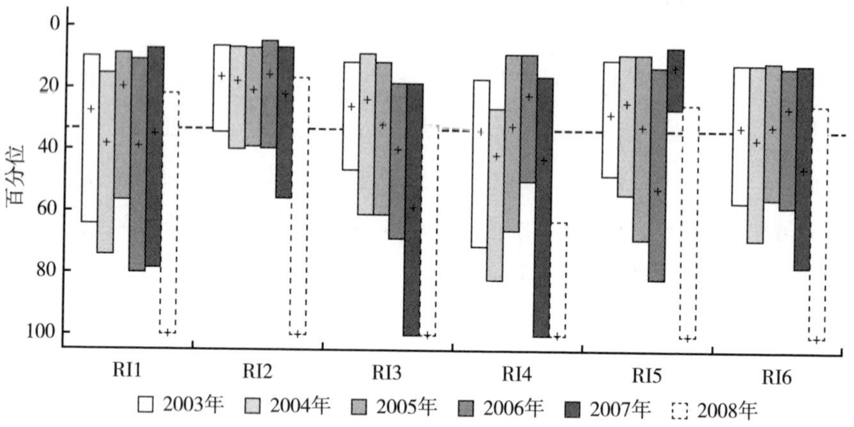

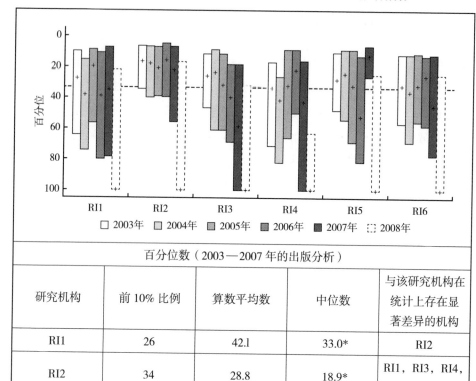

百分位数（2003—2007 年的出版分析）				
研究机构	前 10% 比例	算数平均数	中位数	与该研究机构在统计上存在显著差异的机构
RI1	26	42.1	33.0*	RI2
RI2	34	28.8	18.9*	RI1，RI3，RI4，RI5，RI6
RI3	19	41.5	33.8*	RI2
RI4	21	42.3	32.8*	RI2
RI5	28	36.4	28.3*	RI2
RI6	22	39.9	32.8*	RI2
总和	25	38.4	29.5	

注：①图中的水平虚线表示所有研究机构和所有年份的中位数（33.27）。方框中的加号表示该研究机构当年的中位数。

② * 各研究机构的平均百分位数与 50（Wilcoxon 秩和检验）有显著差异（$p<0.05$）。

值得注意的是，2008 年所有六所研究机构的百分位数都很高。2008 年的许多出版物还没有被引，或者只有很少的被引，表明在收集被引数据的时间点之前，以最终发表年份为界的引用窗口太短（从 2008 年出版之日起到 2008 年底），无法提供有关出版物影响的可靠信息（Radicchi & Castellano，2011）。

由于 2008 年导致整个数据结构的不可接受的失真，我们没有将其纳入后面的百分位分析中，因此，这些百分位数是基于 2003—2008 年的。

表 11.5 的下面半部分所示为根据各论文百分位数计算的一些指标。根据蒂伊森和范 · 列文（Tijssen & Van Leeuwen，2006），以及蒂伊森、维瑟和范 · 列文（Tijssen，Visser，&Van Leeuwen，2002）的观点，被引论文数量属于本领域前 10% 的出版物应被称为高被引论文，该表给出了每个研究机构在其领域中属于前 10% 的出版物的百分比。可以看出，每个研究机构的比例明显高于 10%。这一结果可以视为质量的标志，因为根据汤森路透数据库中论文总体的随机抽样样本，我们预计会发现 10% 的出版物属于其领域内被引最多的出版物的 10%。这意味着每个研究机构发表的前 10% 的论文比预期的要多。特别是 RI2 的研究者以 34% 的比例发表了三倍于预期的高被引论文。

作为衡量集中趋势的指标，表 11.5 给出了算术平均值和中位数：研究机构的算术平均值越低，平均引文影响越大。使用 Wilcoxon 秩和检验（Sheskin，2007），可以确定一个研究机构的平均百分位（中位数）与 50 在统计学上有多大的差异。对于一个有着平均影响力的出版物的研究机构，我们预计中位数约为 50。结果表明，所有研究机构的中位数与 50 相比在统计学上具有显著差异。因此，每个研究机构的平均引文影响在统计上显著高于平均水平。

表 11.5 还给出了研究机构发表论文影响的成对个体的比较结果。这些个体比较是在 Kruskal-Wallis H 检验（Sheskin，2007）之后进行的，这表明研究机构在百分位数的中位数方面存在统计上的显著差异。个体比较产生了两个研究机构之间的差异信息，从而得出了这一总体结论（所有研究机构的统计显著结果）。对每个成对比较重复进行统计检验，有必要应用邦弗朗尼校正，对上述的显著性水平（即 α=0.05）进行校正。如表中个体比较的结果所示，RI2 与所有其他研究机构在统计上有显著差异。因此，我们可以认为，RI2 发表的论文的平均影响力很可能高于其他研究机构发表的论文的平均影响力。

科研评价的局限性

虽然使用论文计数作为研究者生产力的指标已被广泛认可，但在使用被引次数作为研究论文质量的指标时，有人提出了一些意见（详细讨论见 Day，本书第 4 章；Furner，本书第 5 章；Gingras，本书第 6 章）。有人说，被引次数并不是科学性的“客观”衡量标准，而是一种可接受批评的衡量结构。一些批评意见如下。

（1）质量是一个复杂的现象，不能用一维尺度（即基于被引计数）来衡量（Barbui，Cipriani，Malvini，& Tansella，2006；Berghmans et al.，2003）。

（2）作者引用的出版物对他们的论文几乎没有影响。

（3）作者不会大量引用对他们论文有知识影响的出版物。

（4）作者会忽略相关出版物（Wright & Armstrong，2007）。

（5）研究者使用出版物策略来歪曲文献计量分析的结果（Bornmann，2010）。

（6）引文分析的引文数据库 / 索引仅涵盖全球出版的一部分出版物，而且还包含许多错误（Marx，2011）。

（7）一般而言，在评估出版物的内容时，应该经过阅读和评估，而不是仅从影响的角度来看待：“根据科学家过去的研究对他们进行的正式测量可能是危险的，不一定反映出科学家的真正潜力。如果要评估科学家的成就，就应该了解他 / 她的出版物中的内容。”（Randić，2009）

我们建议文献计量分析的结果总是根据这些关注点来解释。例如，应该考虑到，分析中可能没有包括某研究机构的部分出版物，也可能遗漏了一些重要的项目。此外，文献计量分析应始终是知情的同行评议过程的一部分（Daniel，Mittag，& Bornmann，2007），其中包括同行的内容评估。许多研究表明，数量（生产力）和质量（影响）之间不仅存在高度相关性（Abramo，D'Angelo，& Costa，2010；Hemlin，1996），而且文献计量分析的结果与同行的判断之间也存在高度相关性（Bornmann，2011）；然而，高度的相关性不足以说明只执行其中之一（同行的判断）而不执行其他（文献计量学）的理由。同行可以识别和评估无法通过引用获取的质量维度：“出版物的‘影响’描述了它在特定时间对周围研究活动的实际影响（Martin & Irvine，1983）。”根据马丁与欧文（Martin & Irvine，1983）的观点，应该区分影响、重要性（“对科学知识进步的影响”）和研究的实际质量（“研究做得有多好”），这可能得通过同行评议而不是文献计量学更好地完成。

在这一章中，我们介绍了一套可以用来比较研究机构的文献计量方法。

这套方法可以根据特定应用进行修改。这些方法和指标不必在所有情况下都适用。例如，我们没有处理 h 指数，因为我们认为它不适合对研究机构的评估（Gingras 对此有更多介绍，本书第 6 章）。h 指数被提议作为评估个体研究者的指标："如果一个科学家的 N_p 篇论文中的 h 篇至少都有 h 次被引，而其他（N_p-h）篇论文的被引次数都不超过 h 次，那么科学家就拥有了其指数 h（Hirsch，2005）。"它提供的信息不足以用于与个体研究机构相关的、通常覆盖较广的出版物集，因为它没有充分地获取到出版物被引次数的分布情况。如果要使用它，我们建议将其与提供被引分布信息的其他指标相结合（Bornmann，Mutz，& Daniel，2010）。

结论

包含研究机构文献计量结果的报告应以最重要发现的简短摘要来结尾。关于研究机构的生产力，我们发现 RI3 每个研究者发表的论文比其他研究机构的每个研究者都多。多年来，RI1 和 RI2 在统计上显著增加了他们的论文数量。就出版影响而言，我们没有发现其被引次数有显著的增加或减少趋势。所有研究机构发表论文的平均影响力在统计上显著高于各自研究领域的平均水平，所有研究机构（尤其是 RI2）均发表了比预期更多的高被引论文。RI2 的出版物的影响力明显高于其他所有机构的出版物。

随着现有方法的不断完善和新方法的引入，文献计量学在科研院所评价中的标准的有效性也随着时间的推移而变化。例如，在研究评估中使用百分位数的做法相对较新，在不久的将来会有进一步的发展。在这方面，博恩曼（Bornmann，2013a）讨论了如何使用统计检验对百分位引文影响数据进行有意义的分析的问题，其他研究集中在百分位数的计算上。关于将出版物分配到百分位（百分位等级类别）的各种论述已经发表（Bornmann，2013b；Leydesdorff et al.，2011；Rousseau，2012；Schreiber，2012a，2012b）。研究机构的文献计量评估中也提出样本的使用，博恩曼和穆茨（Bornmann & Mutz，2013）建议使用整群抽样样本，而不是包括来自被评估机构的全部论文。

文献计量方法（特别是绩效指标）的研究成果是重要的，而新知识推动了新的评价程序的发展，但只有在有关方法得到成功测试并证明具有更高效用的情况下，才应将其纳入评价标准。

参考文献

Abramo, G., Cicero, T., & D'Angelo, C. A. (2011). Assessing the varying level of impact measurement accuracy as a function of the citation window length. *Journal of Informetrics*, 5 (4), 659–667. doi: 10. 1016/j. joi. 2011. 06. 004.

Abramo, G., D'Angelo, C. A., & Costa, F. D. (2010). Testing the trade-off between productivity and quality in research activities. *Journal of the American Society for Information Science and Technology*, 61 (1), 132–140.

Aksnes, D. W. (2003). A macro study of self-citation. *Scientometrics*, 56 (2), 235– 246.

Albarrán, P., Crespo, J., Ortuño, I., & Ruiz-Castillo, J. (2011). The skewness of science in 219 sub-fields and a number of aggregates. *Scientometrics*, 88 (2), 385– 397. doi: 10. 1007/s11192-011 - 0407-9.

American Psychological Association. (2009). *Publication manual of the American Psychological Association* (6th ed.). Washington, DC: American Psychological Association.

Andres, A. (2011). *Measuring academic research: How to undertake a bibliometric study*. New York: Neal-Schuman.

Barbui, C., Cipriani, A., Malvini, L., & Tansella, M. (2006). Validity of the impact factor of journals as a measure of randomized controlled trial quality. *Journal of Clinical Psychiatry*, 67 (1), 37–40.

Berghmans, T., Meert, A. P., Mascaux, C., Paesmans, M., Lafitte, J. J., & Sculier, J. P. (2003). Citation indexes do not reflect methodological quality in lung cancer randomised trials. *Annals of Oncology*, 14 (5), 715–721.

Bornmann, L. (2010). Mimicry in science?*Scientometrics*, 86 (1), 173–177.

Bornmann, L. (2011). Scientific peer review. *Annual Review of Information Science & Technology*, 45, 199–245.

Bornmann, L. (2013a). How to analyze percentile citation impact data meaningfully in bibliometrics: The statistical analysis of distributions, percentile rank classes and top-cited papers. *Journal of the American Society for Information Science and Technology*, 64 (3), 587–597.

Bornmann, L. (2013b). The problem of percentile rank scores used with small reference sets. *Journal of the American Society for Information Science and Technology*, 64 (3), 650.

Bornmann, L., & Daniel, H. -D. (2009). Universality of citation distributions. A validation of Radicchi et al. 's relative indicator *cf* = *c*/*c*0 at the micro level using data from chemistry. *Journal of the American Society for Information Science and Technology*, 60 (8), 1664–1670.

Bornmann, L., Marx, W., Schier, H., Rahm, E., Thor, A., & Daniel, H. D. (2009). Convergent validity of bibliometric Google Scholar data in the field of chemistry: Citation counts for papers that were accepted by Angewandte Chemie International Edition or rejected but published elsewhere, using Google Scholar, Science Citation Index, Scopus, and Chemical Abstracts. *Journal of Informetrics,* 3 (1), 27–35. doi: 10. 1016/j. joi. 2008. 11. 001.

Bornmann, L., & Mutz, R. (2013). The advantage of the use of samples in evaluative bibliometric studies. *Journal of Informetrics*, 7 (1), 89–35. doi: 10. 1016/j. joi. 2012. 08. 002.

Bornmann, L., Mutz, R., & Daniel, H. -D. (2010). The *h* index research output measurement: Two approaches to enhance its accuracy. *Journal of Informetrics*, 4 (3), 407–414. doi: 10. 1016/j. joi. 2010. 03. 005.

Bornmann, L., Mutz, R., Marx, W., Schier, H., & Daniel, H. -D. (2011). A multilevel modelling approach to investigating the predictive validity of editorial decisions: Do the editors of a high-profile journal select manuscripts that are highly cited after publication?*Journal of the Royal Statistical Society. Series A, (Statistics in Society),* 174 (4), 857–879. doi: 10. 1111/j. 1467-985X. 2011. 00689. x.

Bornmann, L., Mutz, R., Neuhaus, C., & Daniel, H. -D. (2008). Use of citation counts for research evaluation: Standards of good practice for analyzing bibliometric data and presenting and interpreting results. *Ethics in Science and Environmental Politics*, 8, 93–102. doi: 10. 3354/ esep00084.

Boyack, K. W. (2004). Mapping knowledge domains: characterizing PNAS. *Proceedings of the National Academy of Sciences of the United States of America*, 101, 5192–5199.

Calver, M., & Bradley, J. (2009). Should we use the mean citations per paper to summarise a journal's impact or to rank journals in the same field?*Scientometrics*, 81 (3), 611–615.

Daniel, H. -D., Mittag, S., & Bornmann, L. (2007). The potential and problems of peer evaluation in higher education and research. In A. Cavalli (Ed.), *Quality Assessment for Higher Education in Europe* (pp. 71–82). London: Portland Press.

De Bellis, N. (2009). *Bibliometrics and citation analysis: From the Science Citation Index to cybermetrics*. Lanham, MD: Scarecrow Press.

Gagolewski, M. (2011). Bibliometric impact assessment with R and the CITAN package. *Journal of Informetrics*, 5 (4), 678–692. doi: 10. 1016/j. joi. 2011. 06. 006.

García-Pérez, M. A. (2010). Accuracy and completeness of publication and citation records in the Web of Science, PsycINFO, and Google Scholar: A case study for the computation of h indices in Psychology. *Journal of the American Society for Information Science and Technology*, 61 (10), 2070–2085. doi: 10. 1002/asi. 21372.

Garfield, E. (1972). Citation analysis as a tool in journal evaluation: Journals can be ranked by frequency and impact of citations for science policy studies. *Science*, 178 (4060), 471–479.

Garfield, E. (1979). *Citation indexing: Its theory and application in science, technology, and humanities*. New York: Wiley.

Garfield, E. (2006). The history and meaning of the Journal Impact Factor. *Journal of the American Medical Association*, 295 (1), 90–93.

Glänzel, W., Debackere, K., Thijs, B., & Schubert, A. (2006). A concise review on the role of author self-citations in information science, bibliometrics and science policy. *Scientometrics*, 67 (2),

263–277.

Glänzel, W., Thijs, B., Schubert, A., & Debackere, K. (2009). Subfield-specific normalized relative indicators and a new generation of relational charts: Methodological foundations illustrated on the assessment of institutional research performance. *Scientometrics*, 78 (1), 165–188.

Hemlin, S. (1996). Research on research evaluations. *Social Epistemology*, 10 (2), 209–250.

Hirsch, J. E. (2005). An index to quantify an individual's scientific research output. *Proceedings of the National Academy of Sciences of the United States of America*, 102 (46), 16569–16572. doi: 10. 1073/pnas. 0507655102.

Huang, M. -H., Lin, C. -S., & Chen, D. -Z. (2011). Counting methods, country rank changes, and counting inflation in the assessment of national research productivity and impact. *Journal of the American Society for Information Science and Technology*, 62 (12), 2427–2436. doi: 10. 1002/asi. 21625.

Jacsó, P. (2009). Google Scholar's ghost authors. *Library Journal*, 134 (18), 26–27.

Jacsó, P. (2010). Metadata mega mess in Google Scholar. *Online Information Review*, 34 (1), 175–191. doi: 10. 1108/14684521011024191.

Jann, B. (2005). Tabulation of multiple response. *Stata Journal*, 5 (1), 92–122.

Larivière, V., & Gingras, Y. (2011). Averages of ratios vs. ratios of averages: An empirical analysis of four levels of aggregation. *Journal of Informetrics*, 5 (3), 392– 399. doi: 10. 1016/j. joi. 2011. 02. 001.

Lehmann, S., Jackson, A., & Lautrup, B. (2008). A quantitative analysis of indicators of scientific performance. *Scientometrics*, 76 (2), 369–390. doi: 10. 1007/s11192-007-1868-8.

Leydesdorff, L., Bornmann, L., Mutz, R., & Opthof, T. (2011). Turning the tables in citation analysis one more time: Principles for comparing sets of documents. *Journal of the American Society for Information Science and Technology*, 62 (7), 1370–1381.

Martin, B. R., & Irvine, J. (1983). Assessing basic research: Some partial indicators of scientific progress in radio astronomy. *Research Policy*, 12 (2), 61–90.

Marx, W. (2011). Special features of historical papers from the viewpoint of bibliometrics. *Journal of the American Society for Information Science and Technology*, 62 (3), 433–439. doi: 10. 1002/asi. 21479.

Marx, W., Schier, H., & Andersen, O. K. (2006). Using time-dependent citation rates (sales curves) for comparing scientific impacts. Retrieved from http://arxiv. org/ftp/physics/papers/0611/0611284. pdf.

Meho, L. I., & Spurgin, K. M. (2005). Ranking the research productivity of library and information science faculty and schools: An evaluation of data sources and research methods. *Journal of the American Society for Information Science and Technology*, 56 (12), 1314–1331.

Moed, H. F. (2005). *Citation analysis in research evaluation*. Dordrecht, The Netherlands: Springer.

Moed, H. F., Van Leeuwen, T. N., & Reedijk, J. (1996). A critical analysis of the journal impact factors of *Angewandte Chemie* and the *Journal of the American Chemical Society*: Inaccuracies in published impact factors based on overall citations only. *Scientometrics*, 37 (1), 105–116.

NORIA-net. (2011). *Comparing research at Nordic universities using bibliometric indicators: A publication from the NORIA-net "Bibliometric Indicators for the Nordic Universities."* Oslo, Norway: NordForsk.

Pendlebury, D. A. (2008). *Using bibliometrics in evaluating research*. Philadelphia: Research Department, Thomson Scientific.

Radicchi, F., & Castellano, C. (2011). Rescaling citations of publications in physics. *Physical Review E: Statistical, Nonlinear, and Soft Matter Physics*, 83 (4). doi: 10. 1103/PhysRevE. 83. 046116.

Radicchi, F., Fortunato, S., & Castellano, C. (2008). Universality of citation distributions: Toward an objective measure of scientific impact. *Proceedings of the National Academy of Sciences of the United States of America*, 105 (45), 17268– 17272. doi: 10. 1073/pnas. 0806977105.

Randić, M. (2009). Citations versus limitations of citations: Beyond Hirsch index. *Scientometrics*, 80 (3), 809–818.

Rehn, C., Kronman, U., & Wadskog, D. (2007). *Bibliometric indicators— definitions and usage at Karolinska Institutet*. Stockholm, Sweden: Karolinska Institutet University Library.

Rousseau, R. (2012). Basic properties of both percentile rank scores and the I3 indicator. *Journal of the American Society for Information Science and Technology*, 63 (2), 416–420. doi: 10. 1002/asi. 21684.

Ruegg, R., & Feller, I. (2003). *A toolkit for evaluating public R&D investment: Models, methods, and findings from ATP's first decade*. Gaithersburg, MD: National Institute of Standards and Technology.

Schreiber, M. (2012a). Inconsistencies of recently proposed citation impact indicators and how to avoid them. Retrieved from http://arxiv. org/abs/1202. 3861.

Schreiber, M. (2012b). Uncertainties and ambiguities in percentiles and how to avoid them. Retrieved from http://arxiv. org/abs/1205. 3588.

Seglen, P. O. (1992). The skewness of science. *Journal of the American Society for Information Science*, 43 (9), 628–638.

Sheskin, D. (2007). *Handbook of parametric and nonparametric statistical procedures* (4th ed.). Boca Raton, FL: Chapman & Hall/CRC.

Snyder, H., & Bonzi, S. (1998). Patterns of self-citation across disciplines (1980– 1989). *Journal of Information Science*, 24 (6), 431–435.

StataCorp. (2011). *Stata statistical software: release* 12. College Station, TX: Stata Corporation.

Strotmann, A., & Zhao, D. (2010). Combining commercial citation indexes and open-access bibliographic databases to delimit highly interdisciplinary research fields for citation analysis. *Journal of Informetrics*, 4 (2), 194–200. doi: 10. 1016/j. joi. 2009. 12. 001.

Tijssen, R., & Van Leeuwen, T. (2006). Centres of research excellence and science indicators: Can "excellence" be captured in numbers?In W. Glänzel (Ed.), *Ninth International Conference on Science and Technology Indicators* (pp. 146–147). Leuven, Belgium: Katholieke Universiteit Leuven.

Tijssen, R., Visser, M., & Van Leeuwen, T. (2002). Benchmarking international scientific excellence: Are highly cited research papers an appropriate frame of reference?*Scientometrics*, 54 (3), 381–397.

Vinkler, P. (2010). *The evaluation of research by scientometric indicators*. Oxford: Chandos.

Wright, M., & Armstrong, J. S. (2007). Verification of citations: Fawlty towers of knowledge? Retrieved from http://mpra. ub. uni-muenchen. de/4149.

第12章 利用市场细分识别和量化研究优势

凯文·W. 博亚克 理查德·克拉文斯
Kevin W. Boyack & Richard Klavans

引言

在过去的50年里，我们利用科学出版物的数据，评估研究优势的能力取得了重大进展。20世纪60年代以前，使用图书馆分类系统对论文和书籍进行简单计数就足够了。20世纪60年代，采用被引次数（用以衡量每篇出版物的优势）和基于期刊的学科分类系统（相对于图书馆分类系统的改进）衡量研究优势取得了重大进展。用归一化方法来解释不同学科的不同发表率和被引率是在稍晚的时候出现的，今天已经被普遍使用。

然而，在使用学科作为评估研究优势的基础方面存在着明显的缺陷。当今世界，大多数研究机构（以及潜在优势）都不是单一学科的——它们要么是多学科的，要么是分支学科的。没有一个学术部门，也没有一个资助机构的任何项目，产出的研究成果覆盖整个学科的足迹。研究者在机构和部门内部以及相互之间进行协作，但其研究范围远远小于学科领域。

有没有一个合理的解决方法？这个问题的答案可以从管理领域的两个角度来考虑。经济学家通常采用的一种观点是使用标准化的类别来跟踪优势。管理者通常采用的第二种观点是开发特殊类别。工业和科学都应用了经济学的观点：工业中的标准工业分类（Standard Industrial Classification，SIC）代码，以及科学中基于期刊的学科类别。这是一种自上而下的方法，使用预定义的类别来报告产出和影响。

工业界采用一种称为市场细分的技术来应用管理方法，这种方法允许管理者对细分市场进行独特的定义，以显示竞争优势。这些自定义的细分部分，本质上是机构自我定义的优势或能力，而且它们以此得到推广（例如，“……是公认的支架设计的世界领先者……”）。市场细分被认为是商业界的最佳实践，用来克服经济的、自上而下的、标准化的类别方法对领导力进行衡量的限制。然而，科学界历来没有采用市场细分的习惯。

在本章中，我们将市场细分的思想应用到文献数据中，并提出一种准确识别和量化机构研究优势的方法。我们将这种新方法的结果与传统的基于学科的方法的结果进行了比较，并详细探讨了一个例子。最后，本章探讨了新方法的潜在缺陷，并提出了可以发展、改进该方法的研究方向。

传统方法

传统的科研评价方法的弱点可以用两个例子来说明。美国国家科学委员会（U.S. National Science Board）每年发布两次的科学与工程指标（Science and Engineering Indicators，SEI）报告（2012，第 5 章及相关表格）提供了 13 个宽领域的按国家划分的出版物数量。这 13 个宽领域（以及相应的 125 个子领域或学科）涵盖了 5 085 种国际公认的同行评议期刊。除了按国家、年份和领域报告指定期刊的出版数量外，它还报告了高被引论文的前 1% 的数量，为最高质量的研究提供了额外的指标。

然而，这项技术并不能确定一个国家目前的实力。统计被引次数或高被引论文的前 *n*% 衡量的是历史影响，而不是当前的优势。此外，125 个学科是一个极其宽泛的科学分类体系。那些科研预算较少、在科学方面有显著优势的国家很少（如果有）会在分类如此庞大时成为领先者。例如，在这种分析水平上，德国在任何化学、物理或工程领域都不是研究领先者（Klavans & Boyack，2010），尽管这些领域都是其传统优势领域，这在科学文献中仍然很明显。一般来说，高度聚合的类别往往高估最大国家的实力，相应地低估较小国家的实力。

莱顿大学科学技术研究中心（Centre for Science and Technology Studies，

CWTS）采用领域标准化方法，使用各种指标对大学进行排名。多年来使用的所谓“皇冠指标（crown indicator）”（Moed，DeBruin & Van Leeuwen，1995）现在已被平均归一化被引分数（mean normalized citation score，MNCS，类似于皇冠指标）和 $PP_{top10\%}$（Waltman et al.，2012）所取代，后者报告的是一家机构的论文占该领域被引次数最高的 10% 的论文的比例。领域或学科的定义使用汤森路透 Web of Science 期刊学科类别，这是一组超过 200 个类别的期刊集，各期刊被多重分配至不同类别。使用的归一化方法根据每篇论文的年龄和所属学科类别，计算出每篇论文的预期被引次数。

如果从经济学的角度来看，这种方法是相当合理的。然而，将经济学观点应用于工业领域的根本动机是建立逐利行为模型，并相应地识别潜在的反竞争行为。行业类别是为监管目的而制定的，用以在法庭上作为证据，证明一家公司是垄断企业，或拟议并购具有反竞争效应。行业分类并不是管理者用来衡量公司优势的。

科学中的学科分类是为了检索而发展的，而不是为了评价。它们与行业类别有着相同的缺点。较小大学的优势可能被低估了，因为学科类别太多。任何遵循多学科策略的大学的优势都会被低估。此外，在科学事业中，很少有管理者根据学科类别（由几百个期刊聚类定义）来计划研究工作。相反，他们根据现有资源（人员、基础设施等）、已知的“热点”主题和可用的资源（如资金）计划研究工作。这些因素往往不符合传统的学科结构。

细分市场法

几年前，我们在加州大学圣迭戈分校（University of California at San Diego，UCSD）启动了一个识别研究优势的项目。我们知道美国国家科学基金会（National Science Foundation，NSF）的期刊分类（SEI 报告中使用的）只有 125 个类别，因此首先决定创建拥有更多的类别的新分类系统。我们假设，如果我们有更多的类别，UCSD 可能会在足够多的类别中排名靠前，以作为研究优势的代表。我们花了大量时间创建了所谓的 UCSD 分类系统和科学地图（Börner et al.，2012），共有 554 个类别，结果发现 UCSD 在国际上仅在一个类别中排名第一，与美国的机构相比仅在五个类别中排名第一。将基于期刊的学科类别数量增加四倍，并没有提高我们以有意义的方式确定这所大学研究优势的能力（Klavans & Boyack，2010）。

因此，我们决定开发一种基于市场细分的新方法，以确定和量化机构作为研究领导者的细分市场。从概念上讲，这种新方法包括三个步骤（图 12.1）。尽管克拉文斯和博亚克（Klavans & Boyack，2010）描述了这种方法背后的详细方法论，但我们在这里还是要进行简要讨论。首先，需要一个精细的科学文献模型将不同规模的细分市场组合起来。我们通过使用共引分析（Klavans & Boyack，2010），在论文层级（而不是期刊层级）生成一个分类系统来完成这一步骤。利用一年的 Scopus 数据，我们识别出一组被引用的参考文献论文，然后结合力导向布局（force-directed layout）和单链接聚类（single-link clustering）对这些参考文献论文进行聚类。一旦参考文献论文被聚类，就将当年论文按照它们的参考文献列表按比例分配给这些聚类。在 2010 年出版年，我们的模型包含 290 万个参考文献、170 万篇当年份论文，以及 116 000 个聚类。

我们还将前四年的论文（在本例中是 2006—2009 年的 590 万篇论文）分批分配到这些聚类中，这样就可以得到每个聚类的最新时间趋势。注意，尽管

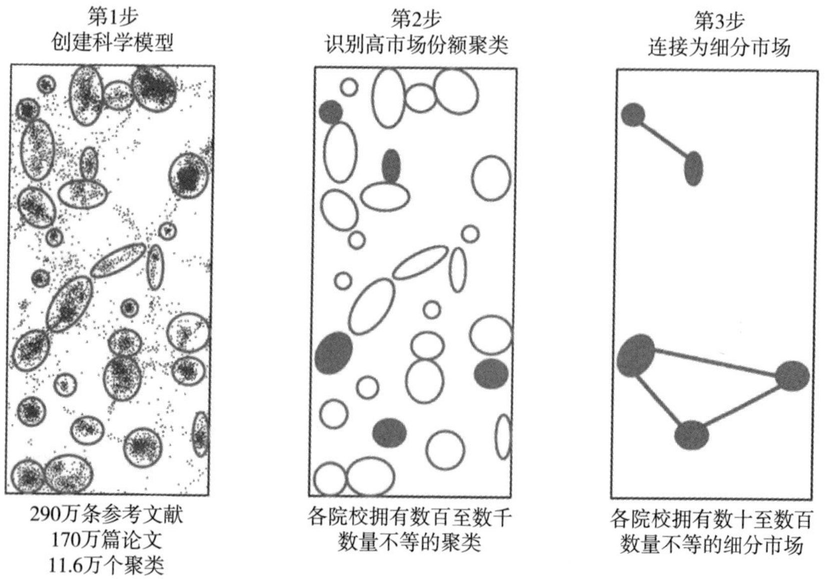

图 12.1 确定机构研究优势（细分市场）的步骤的可视化呈现

此模型细节丰富，并且其创建是计算密集型的，但它只计算一次，然后就可以用于各种分析。

我们识别和量化机构细分市场方法中的第二步和第三步是基于聚类及其内容的，可以针对每个要分析的机构分别执行。在第二步中，我们确定了目标机构具有较高相对出版（市场）份额的聚类，其中相对份额等于目标机构的出版份额除以最领先竞争机构的出版份额。机构相对份额较高的聚类是该机构关注的主题。大型机构，如规模最大的大学，往往有 1 000 个或更多（总量为 116 000 个）聚类，它们在其中具有较高的相对市场份额。小型机构往往拥有数百个高市场份额聚类。然而，一个文档聚类并不等同于一个细分市场。更确切地说，细分市场是一组由机构紧密联系在一起的聚类。因此，第三步是仅使用目标机构的出版物联结聚类。换言之，若作者自己通过引用模式明确地将这些主题联系在一起，我们就将聚类分组为细分市场。由于大多数机构倾向于擅长于他们选择的专业领域，这些领域是机构通常具有高影响力和高活动性的领域。因此，我们可以将这些细分市场视为该机构的研究优势。

量化研究优势

确定了研究优势后，就可以使用与出版领导力（publication leadership）、参考文献领导力（reference leadership）和思想（或创新）领导力［thought（Innovation）leadership］概念相对应的几个指标对其进行描述和量化（Klavans & Boyack，2010）。每一个计量都很简单，并且有不同的用途。

出版领导力是为了解释当前的活动。如果一个机构拥有较高的相对论文份额（relative article share，RAS），则该机构是其研究优势领域的出版领先者，其计算方法是该机构发表的论文数除以最领先竞争机构发表的论文数。例如，如果目标机构在研究优势领域中发表了 50 篇论文，排名第二的机构发表了 40 篇，则该机构 RAS 值将为 1.25。

参考文献领导力旨在展示最近的活动和当前的影响。如果一个机构拥有较高的相对参考文献份额（relative reference share，RRS），则该机构是其研究优势领域的参考文献领先者。其相对参考文献份额是指该机构在过去五年内发表的参考文献论文数量[1]除以同一时间段内最领先竞争机构发表的参考文献论文数量。例如，如果目标机构发表了27篇高被引的参考文献论文，而最领先竞争机构发表了30篇，则RRS值为0.90。注意，这个计量只考虑最近的参考文献论文，并且它们的被引次数已高至能被包含在我们方法步骤一中生成的模型中（该模型仅占所有参考文献的12%）。因此，近期影响不大的论文没有被考虑，并且对研究领导力的概念没有帮助。

思想或创新领导力不是以计数为基础的，而是旨在反映机构在研究优势领域的最新发现的基础上快速发展的能力。这一指标背后的前提是，更具创新性的机构将迅速在其优势领域取得进展。思想领导力是用一个称为“先进性（state of the art，SOA）”的指标来衡量的。该指标的计算方法是：所有研究机构发表的论文的平均参考文献年龄中位数减去目标机构发表论文的平均参考文献年龄中位数。计算每篇论文的参考文献年龄中位数，然后对所有论文进行平均。如果SOA值是正的，那么研究机构在研究优势领域引用的是相较于整体时间更近的材料。思想领导力是研究领导力的一种非常重要的类型，是对其他两种类型的补充。例如，一个机构可以成为某个研究领域的出版领导者，但是如果它不是建立在最近的研究基础上，并且没有很高的SOA值，那么它就不会被世界其他地方重视。相比之下，如果一个机构是某个领域的出版领导者之一，但在RAS中排名不是第一，那么如果它的工作接近最先进水平，并且具有很高的SOA值，那么它仍然受到高度重视。从某种意义上说，思想领导力是衡量当前活动质量的一个标准。

验证

我们花了相当多的时间来验证基于市场细分的方法，与两所大学（UCSD和犹他州立大学）的60多名研究者进行了卡片分类练习（card-sorting exercise）。在计算了这两所大学的研究优势后，我们确定了研究优势中的关键研究者，并要求他们参加卡片分类练习。该练习旨在确定计算出的研究优势的结构和内容是否与研究者对其专业领域的感知，以及对与其他主题和大学研究

---

① 该概念指曾被其他论文列为参考文献的论文数量。——译者注

者的联系的感知相一致。

为了准备每个卡片分类练习，我们确定了：①目标研究优势的聚类；②研究者实际发表的聚类。这种混合聚类的目的是将研究者被公认是专家的主题（无论这些主题是否属于研究优势的一部分），以及研究者可能高度了解但不亲自参与的研究优势中的相关主题包含在内。在大多数情况下，这仅限于 50 个聚类。然后我们打印了一套明信片大小的卡片，每一个聚类对应一张。每一张卡片上都有一张包含 10 个拥有高互信息的二元词（短语）的列表，它们是从聚类下论文的标题和摘要中提取出来的，一个列表包含聚类中最近被引最多的五篇论文，一个列表包含聚类中最活跃的五位研究者。我们发现，我们采访的研究者对这些信息的混合非常认可。利用术语、论文和作者的组合，研究者能很容易（而且在大多数情况下，可以立即）识别出每个聚类的内容，并能向我们解释一个聚类与另一个聚类之间的细微区别。

每个卡片分类练习由两部分组成。在第一部分中，我们要求研究者根据专业水平将卡片分为三类（专家、熟悉、不了解）。第三类的卡片（不了解）被弃置，然后要求专家将剩下的卡片分为更高级的主题集，为每个高级分组提供一个简短的标签或描述符，然后描述这些高级分组之间的联系（如果有）。这项验证研究得出了以下几个发现。

（1）研究者理解并能在我们的科学模型中区分细粒度的聚类。

（2）研究者能使用所提供的信息轻松地自我确定其专业领域。

（3）研究者高度意识到其研究所处的大环境。当考虑一阶和二阶联结（研究优势中被联结的主题与他们自己的专业领域相距 1—2 个联结）时，专家们非常清楚 90% 以上的联结，并表示在大多数情况下，这些联结不是偶然的，而是更大研究策略的一部分。

（4）研究者通常不知道研究优势中与自己专业领域有三个或更多联结的相关主题。

综上所述，虽然研究者仅在约 25% 的案例中重现了计算研究优势的全部高级结构，但研究者对其局部网络的感知（在主题分组的两个联结的半径范围内）与计算的研究优势之间的相关性非常高。换言之，研究者理解并肯定细分市场的概念，认为这是他们工作所处的更广泛的策略背景。此外，我们注意到，这种基于市场细分的科学规划和评估的想法正在受到重视；爱思唯尔的

SciVal®Spotlight 工具正是基于这种方法，并被世界各地的机构所使用。

方法比较

比较上述不同类型的科研评价方法的结果具有一定的指导意义。2011 年的莱顿大学排名[①] 提供了世界上 500 所规模最大的大学在 Web of Science 数据库索引中的出版物数量的指标。其论文规模的分布多达 33 511 篇被索引论文（哈佛大学），少至 1 262 篇（里尔第二大学），这在出版活动中是一个相当大的范围。这个 500 所大学的名单非常适合用来比较评价方法的结果。

表 12.1 列出了 21 所大学的规模排名、论文数量（P）和莱顿的首选指标，以及最新一期莱顿排名中排名前 10% 的出版物（$PP_{top10\%}$）的比例。$PP_{top10\%}$ 是一所大学 2005—2009 年的出版物占各学科、出版年份和文档类型的前 10%最高被引的比例。大于 10% 的数值表明该大学在各领域的高被引研究方面比整个世界平均水平做得更好。然而，这个单一的数字并不能区分不同的学科，它并没有显示出哪些学科对所有领域的贡献最大。然而，值得注意的是，尽管没有被广泛报告，但为了计算 $PP_{top10\%}$，莱顿大学的方法确实分学科计算了这些值。该样本中 500 所大学的 $PP_{top10\%}$ 介于 25.2%（麻省理工学院）和 2.0%（圣彼得堡国立大学）之间。

表 12.1 还显示了按学科划分的一组传统排名的结果。在 Scopus 的 2005—2009 出版年，我们使用 UCSD 期刊分类系统中的 554 种期刊类别，计算了大学数据库中 4000 多家机构的出版和被引次数（Börner et al.，2012）。对于莱顿列表中的 500 所大学中的每一所，都记录了该大学按出版物计数排名前 10 位的学科数（Disc_{top10}）。尽管此处未报告，但我们还计算了每所大学在总被引次数方面名列前 10 名的学科数量。对于这 500 所大学的集合，这两个值之间的相关性足够高（R^2 = 0.858），因此不需要将它们独立考虑。Disc_{top10} 的值介于 177（哈佛）和 0（87 个不同的大学）之间。在我们样本的 500 所大学中，将近一半（245）在小于等于两个的学科中排名前 10。这是否意味着这些在学科排名中很少或没有很高排名的机构几乎没有研究优势？还是仅仅表明学科是用

① http://www.leidenranking.com/ranking。

来确定研究优势的错误基础?

表 12.1　各科研评价方法的结果比较

排名（基于 P）	大　学	P	$PP_{top10\%}$ /%	$Disc_{top10}$	STR
1	哈佛大学	33 511	22.54	177	661
6	约翰·霍普金斯大学	16 343	16.45	70	352
31	加利福尼亚大学伯克利分校	11 713	21.01	37	220
56	得克萨斯大学奥斯汀分校	8 743	16.68	26	191
81	马里兰大学	7 277	15.72	8	179
106	莫纳什大学	6 797	10.45	12	201
131	香港中文大学	6 029	10.13	0	177
156	科罗拉多大学博尔德分校	5 439	17.34	5	132
181	渥太华大学	4 790	11.32	4	167
206	都灵大学	4 448	9.51	0	141
231	布宜诺斯艾利斯大学	4 072	5.45	3	117
256	南里奥格兰德联邦大学	3 796	4.93	3	130
281	特拉华大学	3 522	13.15	3	100
306	雷根斯堡大学	3 177	11.46	1	109
331	加齐大学	2 952	4.07	4	87
356	堪萨斯州立大学	2 676	11.06	0	90
381	吉森大学	2 530	10.20	0	80
406	北京师范大学	2 381	7.73	5	77
431	罗斯托克大学	2 222	9.45	0	85
456	约阿尼纳大学	2 031	8.71	0	89
48	费拉拉大学	1 822	8.78	0	68

为了帮助回答这个问题，我们计算了样本集中 500 家机构各自的研究优势数量。表 12.1 显示，在传统排名中表现不佳的机构有相当多的研究优势（STR）。优势的数量范围介于最高的 661（哈佛大学）到 9。在 500 家机构中，只有两家的研究优势不足 40。这表明在大多数分析中体现为一组期刊的学科，

不适合作为确定机构研究优势的基础。

表 12.1 还表明，研究优势的数量似乎与一个机构发表的论文数量有关。图 12.2（b）显示了所有 500 所大学的优势数量与规模的关系，这是正确的，并且优势数量与规模之间的相关性非常高（R^2=0.794）。然而，机构排名前 10 的学科数量也与其规模密切相关［图 12.2（c）］。$PP_{top10\%}$ 专门尝试对规模效应进行标准化（Waltman，2012），它与规模的相关性较低，但仍可测量［图 12.2（a）］。传统的学科排名与使用新方法确定的研究优势之间的主要区别是（尽管两者均与规模有密切关系）：尽管规模较小，但小型机构仍显示出相当

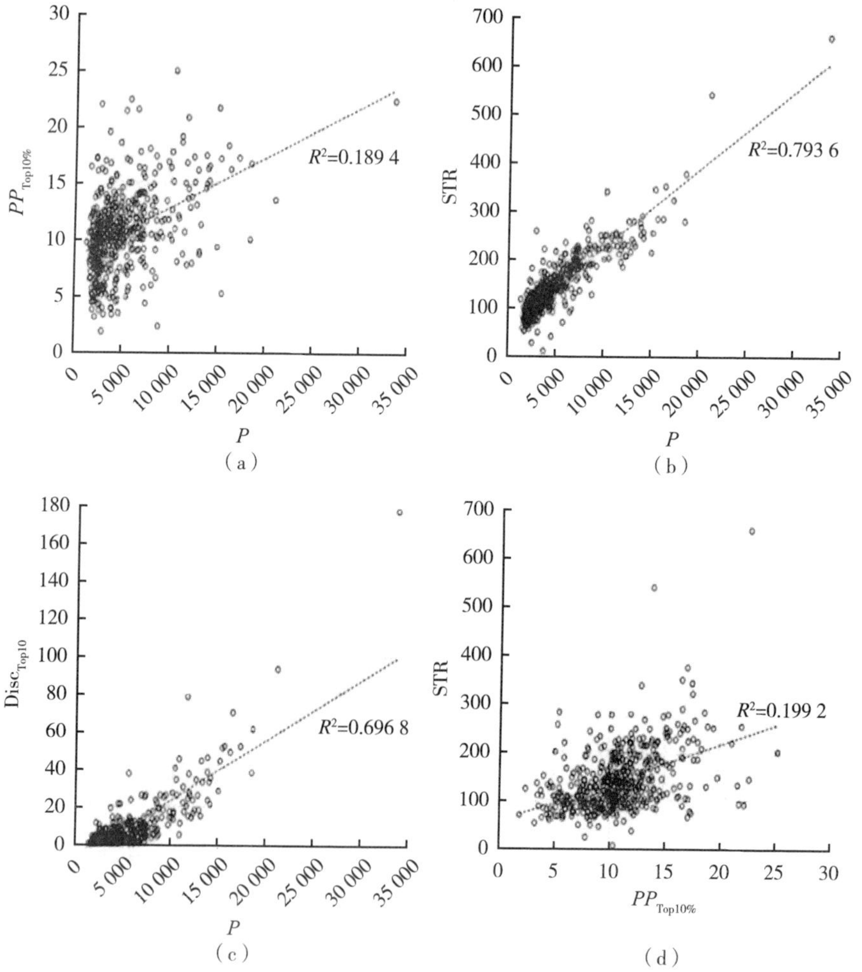

图 12.2　不同评估方法指标之间的相关性

数量的研究优势。主要原因是定义为研究优势的领域比学科要小得多。样本中 500 所大学的研究优势的平均规模约为 300 篇论文。优势数量与 $PP_{top10\%}$之间的相关性如图 12.2（d）所示，以突出显示相关性相对较弱的事实。高被引论文比例较低的机构在其关注领域仍具有研究优势。

详细示例

我们展示了如何为一个机构确定高度具体的研究优势，并将使用新方法确定的研究优势数量与更传统的指标进行了比较。然而，这并不能说明真实情况。确定研究优势的目的与其说是为了知道有多少，不如说是为了知道它们是什么。因此，不仅要确定这些优势，而且要确定它们的特征。我们使用前面提到的领导力指标，并通过某些特征查看这些优势的实际内容，例如作者、标题、术语、期刊名称和学科名称。

可视化能成为这些数据的有力切入点。为此，我们创建了一个视觉布局和模板，称为科学圆（circle of science）。简而言之，来自 UCSD 分类系统的 554 个学科被分为 13 个主要领域。这 13 个领域，连同我们的科学模型中的 554 个学科和 116 000 个聚类，通过使用多元因子分析（multiple factor analysis）（Börner，2012）让它们按照圆周顺序排列，形成了如图 12.3 所示的圆形结构。这张地图将数学和物理的领域排在最前面，顺时针方向依次是物理科学和工程、医学、社会和计算机科学，然后是数学。这种连续的结构是重要的，不是任意决定的；它从几十年来使用许多不同的数据集和绘图方法生成的各综合性科学地图中，自然地在高层级演变而成（Klavans & Boyack，2009；Rafols，Porter & Leydesdorff，2010）。

图 12.3 中的地图显示了示例大学的研究优势（图中为 competency）及其在科学界的相对位置。尽管此处未提供机构名称，但这是一所美国大学的真实案例，该大学每年发表约 2 500 篇论文。就年度论文数量而言，该大学在国际上排名在 350—400 位。尽管规模不大，但该大学仍拥有 101 个可衡量的研究优势领域。每个研究优势由一个灰色圆圈表示，其大小反映优势领域内该大学的出版物数量，并位于优势领域中链接在一起的论文集的平均位置。圆弧边缘的优势是单一学科的，而远离圆弧边缘处的优势则是跨学科的。每个圆圈内的

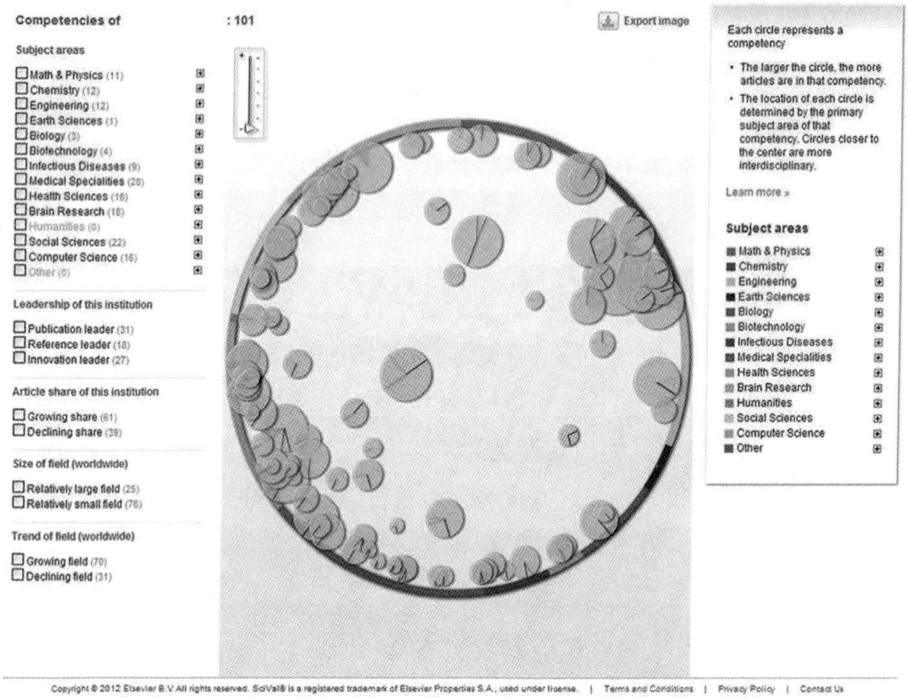

图 12.3　某示例大学的研究优势（细分市场）的可视化表示

（图片由爱思唯尔的 SciVal®Spotlight 提供）

射线表示与聚类相关联的领域，这些聚类联结在一起形成研究优势。例如，圆心左侧的优势包含不同色度的线条，表示来自大脑研究、计算机科学和化学的主题都为这一优势做出了贡献。这是一个高度跨学科研究优势的例子，是使用基于学科或期刊的方法无法确定的。

地图上研究优势的分布是相当均匀的，这表明该大学在大多数主要科学领域均具有优势，集中于健康科学和化学。这种分布不足为奇。专业化的大学（例如医学或技术大学）往往仅在地图的一半上具有研究优势，而非专业化的大学则倾向于在整个地图上具有优势。

表 12.2 给出了图 12.3 中 10 项研究优势的详细信息，包括一些描述性术语。几个有趣的术语组合的出现证实了若干优势是跨学科的，但比一门学科小得多。例如，优势 ID16 将等离子物理和表面涂层技术与医学领域的内窥镜相结合。这些指标也很重要，显示了这所大学在自定义市场细分领域的明显领先地位。例

如，在表 12.2 中列出的 10 个优势中，有五个优势的 RAS 和 RRS 数量较大（远远大于 1.0）。这意味着该大学不仅在这些领域发表的研究（RAS）比世界上任何其他机构都多，而且在过去的五年里，它在该领域的高被引论文数量（RRS）也是最多的。因此，它在这一领域的领导地位不仅仅是基于今年，而是建立在持续数年的工作基础上的。这五个领域的 SOA 值从 0.72 年到 1.41 年不等，这所大学的研究者在这些领域的最新研究成果上走得比其他机构都要快。因此，这五种优势是强大的，因为它们展示了三种类型的领导力：出版、参考文献和思想领导力。

表 12.2 示例大学 10 个较大研究优势的特征

	描 述 符	P_{Tot}	P_{Univ}	RAS	RRS	SOA/ 年
6	粉末、碳化物、弹性模量、纳米压痕	1 075	81	1.44	1.97	0.72
14	天空测量、星系、类星体	1 250	61	0.56	0.27	0.49
19	传感器、共振、固有频率	922	57	2.87	4	1.35
2	组织工程、力学性能、支架	1 792	50	1.92	0.76	1.3
46	脑、近红外光谱、血流动力学	602	49	4.7	4.33	1.41
18	电容、碳、电极	985	49	1.02	1.07	0.97
16	等离子体、表面涂层技术、内窥镜	808	44	2.1	1.28	1.09
1	复杂局部疼痛综合征、氯胺酮	1 721	44	0.93	0.86	2.36
8	轴突、神经元、微管	1 797	43	1.9	1.25	1.35
22	纳米孔、细菌、DNA	983	39	1.52	0.57	0.21

另外两个例子也很有趣。从数字上看，很明显，大学在优势 ID14 上并不是领头羊。RAS 值为 0.56，表明它的出版量仅为该领域领先者的一半，而 RRS 值为 0.27，说明其他机构正在产生更多的该领域所依据的高被引文献。优势 ID1 很有意思，因为该大学在 RAS（0.93）和 RRS（0.86）方面非常接近于领先者，并且具有非常大的正 SOA 值（2.36 年）。鉴于这所大学正在迅速整合重点工作，在不久的将来，它在该领域的领导地位很可能会加强。

与研究优势相关的数据也可用于其他策略研究。其中之一是确定与其他机构的协作水平，以及这种协作如何与优势重叠并为其提供支持。我们可以看到哪些大学是跨越各种优势领域的战略合作伙伴。这些信息可以作为策略规划的输入。此外，数据显示，在合作水平较低的地方，其他研究者和机构也在做类似的工作。这些都是潜在的合作者。

与研究优势相关的数据也能使大学更好地了解其主要研究者及其贡献。大学的核心研究者究竟是谁？有些是很容易辨认的，而有些则不那么容易辨认。例如，拥有终身教职和高 h 指数的研究者或管理大型实验室的研究者对于经常主持内部资金决策的大学管理人员来说（如教务长、负责研究的副校长等）非常熟悉。在大学里，较年轻、较不成熟的研究者可能不那么出名，他们的 h 指数较低，然而他们却是大学研究优势的关键人物。

图 12.4 显示了我们示例大学前 100 名发表研究者的 h 指数图。这些研究者在 2007—2011 年间发表了 20 篇以上的论文。h 指数最高的研究者（右上角的人）在很大程度上参与了该大学的研究优势的建立。然而，也有一些相对较高的 h 指数的研究者在大学的研究优势领域很少或根本没有发表成果。更重要的是，有许多低 h 指数的研究者在大学的研究优势方面有大量的论文发表，这些研究者有潜力成为未来的新星。这种分析提供了一种识别它们的方法。

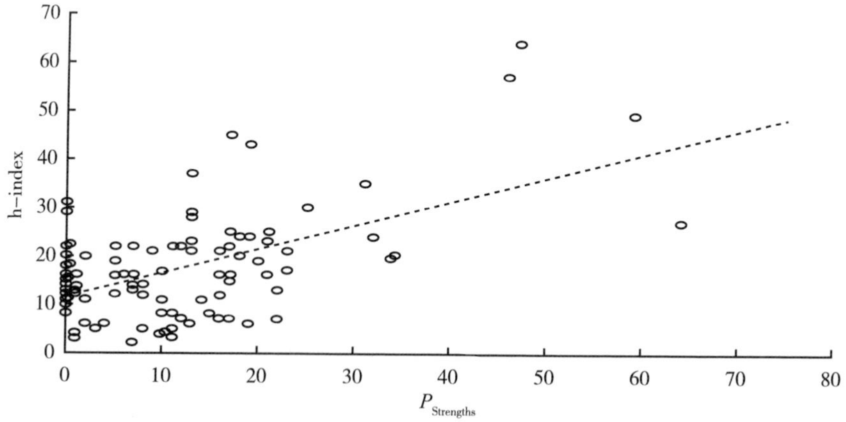

图 12.4 示例大学发表量前 100 名的研究者的 h 指数值和其在优势领域的论文数量

讨论

识别研究优势的任何方法都有其缺点。与传统的基于学科的方法相比，新方法的主要缺点是其相对不稳定性。对前一年与后一年的研究优势进行比较，可以发现，虽然规模较大的研究优势往往会逐年持续，但规模较小的研究优势则很不稳定。小型的研究优势可能持续一年，下一年就消失了。

这种不稳定性是将科学划分为大量小型类别的自然结果。众所周知，研究者经常在研究的问题之间来回移动。当他们解决一个问题后，他们就转移到下一个问题。当他们尝试的工作没有成效时，他们会重新评估，然后尝试用不同的方式解决问题。这就是科学研究的本质：在基准水平上存在着高度的流动或不稳定性。随着人们将作品聚合到更高的层级，比如基于期刊的学科，这种不稳定性会自然地消除。学科的“出生率”和“死亡率”极低：在学科层面上，科学具有很高的稳定性。相比之下，课题或研究问题的“出生率”和“死亡率”都很高。这是我们用新方法确定的小型研究优势不稳定的主要原因。另一个不稳定的来源是用于识别高市场份额文档聚类的阈值。更多的研究正在计划中，以寻求增加较小研究优势稳定性的方法。

我们也对研究优势与先前和未来的资助机会之间的联系非常感兴趣。虽然这些数据还没有以系统和全面的方式联系起来，但我们设想有一天，这些数据将被联系起来，并能在提供高度准确结果的背景下研究资金的影响。

结论

在这一章中，我们认为，基于期刊的学科方法，如 SEI 报告中使用的方法，从根本上是有缺陷的。问题不在于计数行为本身，这是一个相当合理的针对优势领域的替代品。相反，问题在于用于描述不同科学领域的类别（即学科）。问题很简单：学科没有捕捉到不同研究者集合独特的多学科或子学科活动。某一大学或地区（如州、国家）的研究者倾向于围绕多学科研究问题进行自组织。对研究优势的评估必须考虑到这一点。

我们引入了一种以市场细分概念为模型的方法，这是一种既定的商业惯例，用以从文献中识别机构的研究优势。通过一个详细的例子，我们展示了这种方法如何识别一所规模不大的大学的大量研究优势，并进一步展示了如何量化这些优势。与研究优势相关的详细信息可用于各种决策目的。

这一新方法并不是要取代传统的科研评价方法，而是对其进行补充。如果只需要单一大学或院系的比较（如排名），则应使用传统方法。然而，如果需要有关实际研究优势的详细信息，这种基于细分市场的新方法非常适合提供此类信息。

致谢

感谢爱思唯尔的梅胡尔·潘迪亚（Mehul Pandya）提供了表 12.1 和图 12.2 中的研究优势数据。

参考文献

Börner, K., Klavans, R., Patek, M., Zoss, A. M., Biberstine, J. R., Light, R. P., et al. (2012). Design and update of a classification system: The UCSD map of science. *PLoS ONE*, 7 (7), e39464.

Boyack, K. W., & Klavans, R. (2010). Co-citation analysis, bibliographic coupling, and direct citation: Which citation approach represents the research front most accurately?*Journal of the American Society for Information Science and Technology*, 61 (12), 2389–2404.

Klavans, R., & Boyack, K. W. (2009). Toward a consensus map of science. *Journal of the American Society for Information Science and Technology*, 60 (3), 455–476.

Klavans, R., & Boyack, K. W. (2010). Toward an objective, reliable and accurate method for measuring research leadership. *Scientometrics*, 82 (3), 539–553.

Moed, H., DeBruin, R. E., & Van Leeuwen, T. N. (1995). New bibliometric tools for the assessment of National Research Performance: Database description, overview of indicators and first applications. *Scientometrics*, 33 (3), 381–422.

National Science Board. (2012). *Science and Engineering Indicators 2012* (NSB 12–01 and NSB 12–01A). Arlington, VA: National Science Foundation.

Rafols, I., Porter, A. L., & Leydesdorff, L. (2010). Science overlay maps: A new tool for research policy and library management. *Journal of the American Society for Information Science and Technology*, 61 (9), 1871–1887.

Waltman, L., Calero-Medina, C., Kosten, J., Noyons, E. C. M., Tijssen, R. J. W., Van Eck, N. J., et al. (2012). The Leiden Ranking 2011/2012: Data collection, indicators, and interpretation. *arXiv: 1202. 3941v1*.

第 13 章
查找和推荐学术论文

迈克尔·J. 库尔茨　埃德温·A. 亨内肯
Michael J. Kurtz & Edwin A. Henneken

引言

交流是双向的，有人说就有人听。学术交流本质上也一致，但是当太多声音齐鸣而变得嘈杂时，我们应该听谁的呢？

学术文献的生产速度与各种具有经济价值的产品（例如，以世界各国的国内生产总值衡量）的生产速度相似，几十年来以每年约 3.5% 的速度增长 [使用世界银行和 Web of Science（WoS）① 的数据进行估计]。这意味着，在一般人的 40 年职业生涯中，每年生产的新文献数量增加了四倍。可用数字信息的总体增长速度更为惊人：甘茨（Gantz，2008）在 IDC 白皮书中指出，"2011 年产生的数字信息量将相当于近 1 800 艾字节②，是 2006 年的 10 倍。"但是在这短短的时间里，人们学习阅读的速度却没有比之前快四倍，也没有比以前聪明四倍。

学者们探索相关文献的方法必须改变。就像所有参与信息发现的人一样，学者们也面临着信息过载的问题。众所周知，信息过载会导致生产力下降，因此对组织和整个社会都有负面的经济影响。斯派拉（Spira，2010）计算出，信息过载在 2010 年对美国经济造成的损失至少为 9 970 亿美元。反过来，库尔

① web-of-knowledge.org。

② 1 艾字节（EB）= 1024 PB ≈ 10^6 TB ≈ 10^9 GB。——译者注

茨等（Kurtz et al.，2005）估计，史密森学会/美国国家航空航天局天体物理数据系统（Astrophysics Data System，ADS）通过提高寻找信息的效率，每年为天文学界节省约2.5亿美元。

20年前，这个信息发现的过程基本上包括翻阅书籍摘要、与同事和图书管理员讨论，以及浏览期刊。这是一个耗时的过程，如果材料必须从其他地方运来，可能需要更长的时间。现在，许多信息发现过程是由在线学术信息系统引导的，如WoS、Scopus[①]、SciFinder[②]、ADS[③]、inSPIRE[④]、ACM-DL[⑤]、PubMed[⑥]、MathSciNet[⑦]、微软学术搜索[⑧]、谷歌学术[⑨]、SSRN[⑩]、RePEc[⑪]、INSPEC[⑫]，以及许多其他大大小小的信息系统。

所有这些系统都是相对较新的，而且都在不断变化。它们都有一个共同的目标：为用户提供与其特定需求相关的文献资料。为了实现这一点，每个系统通过显示系统所判断的与用户当前需求相关的论文，来响应用户的操作。简单来讲就是系统会推荐论文供用户考虑。

最近，使用特别复杂的方法向用户推荐一些特定论文的搜索系统被称为“推荐系统（recommender system）”。推荐系统的成功例子有分析引文网络的特征因子推荐（Eigenfactor Recommends）[⑬]和分析合作关系图（coreadership graph）的Bx系统（Bollen & Van de Sompel，2006）。谷歌学术已经实现了一个基于被引和作者图的推荐系统。这些方法与当前计算机科学中“推荐系统”一词的使

① scopus.com。
② www.cas.org/products/scifinder。
③ adsabs.org。
④ inspirehep.net。
⑤ dl.acm.org。
⑥ pubmed.gov。
⑦ ams.org/mathscinet/。
⑧ academic.research.microsoft.com。
⑨ scholar.google.com。
⑩ ssrn.com。
⑪ repec.org。
⑫ www.theiet.org/inspec。
⑬ http://mas.eigenfactor.org/recommendation.php。

用相一致（Lü et al.，2012；Jannach，Zanker，Felferning，& Friedrich，2010）；通常这些方法用于推荐产品、书籍、电影、人物（约会交友）、音乐等。在学术论文领域，这种系统主要是为了提供浏览功能。

我们不采用这一定义。相反，我们将这些系统视为一个更大整体的组成部分，它们是由学术信息系统本身呈现的。在下文中，我们将推荐系统视为整个信息系统的一个方面，它将机器的巨大内存容量与人类用户的认知能力相结合，以实现人机协同。

推荐和搜索

从信息服务的对象——用户的角度来看，“搜索”“推荐”和“浏览”是不同的功能。“搜索”可以定义为返回用户提出的特定问题的答案，相当于一个人从记忆中检索事实。“推荐”可以定义为返回未声明或一般性问题的特定答案，相当于一个事实突然出现在脑海中。从这个意义上说，推荐系统实际上是一个社会过程的技术代理。用户通常认为“浏览”是一个偶然的过程，这就像在旧书桌上找到一本好书，或者在目录中找到一篇相关的论文。

从学术信息服务的角度来看，这些功能在本质上是相同的。搜索系统、浏览系统和推荐系统的目标都是为用户提供与其当前需求相关的论文。最佳结果在很大程度上取决于用户。显然，返回结果中最适合初学者的论文列表与最适合资深专家的论文列表并不相同。搜索系统越来越复杂，这完全模糊了搜索和推荐之间的语义差异。流行语“推荐是新的搜索”体现了这一变化①。

现代信息系统为用户提供了一个为每个用户定制的信息环境。学术信息系统的任务是协调用户智力环境的不断变化，以对用户独特的和不断变化的需求进行预测和响应。作为人类思维的延伸者和增强者，很明显，这些机器的能力和性能将在人类未来的发展中起到至关重要的作用。

关于搜索和推荐系统的文献很多（Lü et al.，2012），且这些系统在全球

① 2008 年，史蒂芬・格林（Stephen Green）在哈佛大学谈论 Minion 搜索引擎时发表的言论。

最有价值的工业公司名单中占据着突出的位置。若要获得相关综述，请参阅里奇、罗卡奇、夏皮拉和坎托（Ricci，Rokach，Shapira，& Kantor，2010）的论述。此外，计算机协会的推荐系统年度会议提供了当前最先进技术的快照。

在这里，我们不试图进行全面的文献综述；相反，我们着眼于推荐学术论文的一般问题和技巧，主要从我们自己的 ADS 工作中获取需要的例子。

学术推荐的独特问题

推荐是日常生活的一个重要组成部分，为去哪家餐馆、读哪本书、看哪部戏、买哪辆车等提供建议，是大多数报纸的重要特色。米其林指南[①]或消费者报告[②]等书籍和杂志有着悠久的历史。将推荐和广告之间的区别模糊化是一种常见且有利可图的做法，就像谷歌[③]和亚马逊[④]的成功所表明的。

与大多数商业或娱乐领域相比，学术论文是一个实质上更密集和变化更微妙的语料库。例如，ADS 中关于宇宙学（天体物理学的一个分支，它本身也是物理学的一个分支，比化学或医学小得多）这一单一学科的论文数量是 Videohound's Golden Movie Retriever[⑤]或 Netflix[⑥]上列出的电影数量的五倍。

学术论文的使用模式也带来了挑战。一篇论文的最高读者使用率是在论文发表或在线发布之日，在没有任何使用信息之前。此后，使用率会迅速下降。最大和最负盛名的天文学杂志《天体物理学杂志》10 年前论文的下载率中位数是每月一次。

引用提供了另一种可用于开发文献推荐机制的方式（Küçüktunç，Saule，Kaya，& Çatalyürek，2012），但其积累速度较慢。《天体物理学杂志》过去一年中被引最多的论文有 50—60 次被引，中位数论文有五次被引。

学术出版物的用户往往是具有高度洞察力的个人，通常在所读出版物的

① viamichelin.com。

② consumerreports.org。

③ google.com。

④ amazon.com。

⑤ movieretriever.com。

⑥ netflix.com。

学科方面拥有博士学位。这增加了用户和搜索 / 推荐系统之间的交互机会，因为这类用户通常对自己正在寻找的东西有详细的了解。这也使得纯推荐的任务更加困难，因为许多明显“最好”的推荐论文都是用户完全了解并且可能已经阅读过的论文。

学术信息花园

贝茨（Bates，1989）将信息搜索与浆果采摘进行了著名的比较，该信息系统的任务是提供一个长满美味浆果的灌木丛。今天（和明天）的信息系统所要做的不只是提供浆果，它们必须创建复杂的交互式虚拟花园。除了灌木丛中有美味的浆果（例如，查询返回的文件列表）外，还有多种（知识）路径和痕迹标记。在这个比喻中，搜索系统提供了浆果丛，用户界面提供了痕迹标记，推荐系统提供了路径。该花园与真实花园之间的区别在于，随着信息系统对用户需求的感知发生变化，信息花园的拓扑结构也会发生变化。花园的这种不断变化，使整个系统高度互动，成为真正的人机协作。

由于在与机器的主从关系中，人是主人，因此推荐功能受到了很大的限制，而推荐功能是系统中最受机器控制的部分。当主人要东西时，仆人应该去拿主人需要的东西，而不是拿回一套仆人认为最好的东西。然而，仆人可以被允许拿回其他主人认为相关的物品（其中“其他主人”可以是在信息空间中非常接近的人，可能有一些附加的标准）。

例如，一个典型的复杂用户查询可以是“我想看看德雷斯勒等发表的一篇论文，库尔茨等在最近一篇关于弱引力透镜的论文中引用过这一篇论文”。这个查询可以在大约 30 秒内（使用 ADS、WoS 或 SCOPUS 的默认设置）被询问并检索论文。使用像谷歌学术这样的基于推荐者的系统需要更长的时间。最有价值的学术商品是我们顶尖学者的时间；这给推荐系统带来了很大的限制。

ADS 推荐概述

自 1992 年 ADS 系统诞生以来，推荐技术就已经被引入到 ADS 系统中。在本节中，我们将讨论如何在 ADS 中实现这些技术，并将我们新的、精简的

（但仍处于 beta 测试阶段）用户界面系统作为模型。在下一节中，我们将讨论其实现的一些算法细节。

除了内置在搜索系统中的推荐系统之外，ADS 每周还提供一个定制的独立推荐 / 通知服务：myADS。通过使用用户的个人档案，以及使用和引用统计数据，根据前一周发布的论文，myADS 提供了用户应该阅读 / 已经阅读的内容视图。myADS 的几个版本都基于输入文献；基于 arXiv[①] 预印本服务（Ginsparg，2011）数据的第一作者版本，可以在"http://adsabs.harvard.edu/myADS/cache/267336764_PRE.html"中找到。该页面包含八个简短的论文列表，每个都是一种推荐形式。例如，第一作者的页面左上角的列表显示了引用 MJK 所著论文的最新论文。这个页面每周五都会改变；大约 50% 的在职天文学家会订阅 myADS。

有两种基本的推荐类型：一种是针对用户特定请求的（查询），另一种是用户没有明确请求的。两者之间的区别不在算法上，而是在于它们如何通过用户界面呈现。与许多类似的系统一样，ADS 用户界面的核心由三个主要页面组成：查询页面、结果 / 列表页面和文档 / 摘要页面。在每个页面上，系统都有关于用户当前需求的不同信息，每个页面上可用的选项和推荐器反映了这一点。其他网络服务设计显然是可能的；我们将这三个页面作为一个具体的例子，说明如何将推荐技术整合到学术信息系统中。

查询页面

ADS 主查询页面包含三个主要元素：查询输入框、查询类型切换和推荐窗格。我们对其依次进行描述。

对 ADS 系统的查询可以是自由格式，也可以使用高度结构化的查询语言将查询输入到查询框中，或者将两者结合使用。最常见的查询结构提供了提示，并且一旦用户开始填写查询框，自动完成功能就可以提供可能的查询（请注意，这本身就是一种推荐类型）。

查询框下面有七个开关，用于指示系统如何响应查询。选择其中一个选项并填写查询框，就将启动用户指定的推荐。这七种查询类型分为两组：其中

① arxiv.org。

四种是简单排序，三种是更复杂的字段查询。

四个排序选项按某个值将查询结果排序。因为一个查询的结果可能非常大 [例如，查询“redshift survey（红移测量）”将返回将近 24 000 个文档]，所以排序的功能完全可以作为一个推荐器：排在上面的结果就是您应该查看的结果。

（1）“最近”按发布日期对返回的文档进行排序。这是 ADS 以及大多数其他学术信息系统（例如 PubMed 或 WoS）的默认查询。

（2）“最相关”根据几个指标组合排序，包括日期、查询词在文档中的位置、作者在作者列表中的位置、引用统计信息和使用统计信息。这种查询在商业搜索引擎中很流行，如谷歌或必应。

（3）“被引最多”仅根据被引次数对返回的文档进行排序，被引最多的文档排在最前面。

（4）“最热门”是根据最近的下载次数排序的。

另外三个“探索该领域”选项与简单排序不同，因为返回的文档不一定直接回应查询；相反，它们在截取的、已排序的查询列表上使用了二阶算子（下一节将详细介绍），以形成被推荐论文的列表。

（1）“人们正在看”返回查询定义的子领域中人们当前正在大量阅读的论文列表。

（2）“专家引用的内容”显示查询定义的领域中，最相关的论文所引用最多的那些论文。这些论文通常根本不对应查询，而是关注查询定义的子领域中使用的方法。

（3）“综述和介绍性论文”只返回查询定义的子领域。这是通过查找在所需主题上引用了许多高被引论文的论文来实现的。

这些选项共同为知识渊博的用户提供了指导机器助手运算的能力。结果列表要么引导用户找到所需的论文，要么为更复杂的人机交互提供基础。

推荐窗格根据计算机对用户及其最近操作的了解，显示用户未明确请求的论文列表。有三种不同的列表；用户通过选项卡界面确定要查看的列表。

或许最有用的列表显示了当天 arXiv 电子预印本服务所发布的论文，并根据用户的兴趣简介进行分类：每日 myADS-arXiv。这提供了一个相当完整的（对于天体物理学和 arXiv 完全整合了的其他领域）的最新答案：“今天我感兴趣的新事物是什么？”

另外两个列表基于用户最近的搜索历史。一种是用户最近浏览的论文（基本上是短期记忆）。另一种显示的是与最近浏览、最近发布和非常受欢迎的论文相似（通过文本相似性）的论文。

结果 / 列表页

几乎所有的搜索和检索系统（比如 Bing.com、Buy.com、Kayak.com、Scirus.com、Data.gov）都有返回结果的列表。通过这些页面，用户可以与系统进行详细的交互。在这些列表页中，可以修改和优化选择标准，以及可以选择特定的某些结果。在前面信息花园的隐喻中，用户可以选择一些浆果，并决定沿着标记的路径走得更远，或者要求系统创建一个新的花园。

十年前，几乎所有的结果列表页面都是简单的结果列表。现在这类页面通常有两到三列，其中一列用于结果列表。在双列格式中，有一列（通常在左侧）通常提供筛选 / 修改列表（构面）的可能方法的列表；在三列格式中，附加列（通常在右侧）列出不会更改列表的建议或推荐。谷歌、必应[①]和雅虎[②]结果页面的“推荐”部分包括广告。除了允许过滤结果列表中的出版物之外，构面还添加了一层有用的信息：谁是这个领域最多产的作者？谁的合著者最多？这个领域还在积极宣传吗？被审阅的文献与未被审阅的文献的比率是多少？

目前数字图书馆正在使用这三种设计：单面板（MathSciNet）、双面板（ACM 数字图书馆）和三面板（PubMed）版本。ADS 采用双面板模式，不允许显示未经请求的论文推荐。这一设计决策源于文献发现过程的主从观点。主人（用户）要求提供一份具体的论文列表；任何额外的论文列表都必然会占用用户所请求论文的展示空间。对于非常大的显示界面来说，这可能不是问题，但目前的趋势是向更小的显示界面（例如笔记本电脑、平板电脑、手机）发展。

列表页是用户对系统返回的推荐具有最大控制权的页面。除了最具体的查询（如“get *JASIST* 56，36”），系统响应总是返回根据某些期望的标准排序

① bing.com。

② yahoo.com。

后的文档。用户可以过滤、截取或编辑这些列表，然后可以使用（编辑后）列表中文档的组合属性进一步从数据库中提取信息。

这些通常复杂的人机交互可以从多部图的运算（Kurtz，2011）或属性列表的运算（Kurtz，Eichhorn，Accomazzi，Grant & Murray，2002）来理解。这些算子使用列表中论文的组合属性从整个数据库中提取信息。一个典型的例子如下。

（1）返回包含短语“弱透镜”的所有论文（在查询页面完成）。

（2）将论文过滤至只包括关于阿贝尔 383（Abell 383）星系团的论文。

（3）将论文过滤至仅包含基于哈勃太空望远镜（HST）数据的论文。

（4）按日期对这些论文进行排序。

（5）将列表截取至只包括发表不到一年的论文。

（6）查找过去三个月内阅读过其中一篇或多篇论文的所有用户。

（7）将用户过滤至仅包括根据使用模式分类可能是科学家的人员。

（8）找到这些科学家用户在过去三个月内阅读的所有论文。

（9）根据阅读每篇论文的用户数量对论文列表进行排序，并将排序后的列表返回给用户。

由这个查询产生的论文列表将显示目前对阿贝尔 383 星系团附近的弱透镜 HST 测量感兴趣的科学家们所关注的内容。通过构造该查询，有兴趣的科学家可以发现具有相似兴趣的天文学家的共有知识。这显然是一个非常依赖人机协同的定制推荐。在实际操作方面，用户必须在这里输入原始短语（“弱透镜”），单击两个按钮（Abell 383 和 HST），滑动日期滑块确定日期，然后单击“最多共同阅读”按钮。

最多共同阅读是“列表”页上提供的推荐功能之一；“查询”页面上的“人们正在读”查询是使用最多共同阅读功能实现的。“查询”页面上的另外两个“探索该领域”选项是利用另外两个推荐功能实现的：获取参考文献列表功能在“专家引用的内容”选项中使用；获取引用列表功能在“综述和介绍性论文”选项中使用。获取参考文献列表只需整理原始列表中论文的所有参考文献列表，并返回已整理列表，按原始列表中引用各论文的论文数量排序。这给出了原始列表施引最多的论文。获取引用列表整理了对原始列表中每篇论文进行施引的所有论文列表，并返回一份已整理列表，按被施引论文引用的原始列表中的论文数量排序。这给出了那些对原始列表中主题进行最多讨论的论文。另一个功能获取列表中的所有论文，将它们组合起来，并将它们视为个体文档。然后根据文本相似性计量，返回最接近此组合的论文（按接近度排序）。

最终推荐器的功能与其他功能有所不同，因为它不能与（可能经过过滤和编辑的）查询列表结合使用。ADS 允许用户创建、编辑、保存和重新调用列表。作者经常使用此功能来准备手稿的参考书目。引用助手功能将推荐那些不在列表中但是在引文参考网络中与这些论文相邻的论文。这旨在帮助查找缺失的参考文献。

构面或筛选器也可以视为对用户的建议或推荐，以供用户对文献列表进行可能的额外限缩。哪些是最有用的可能限缩，显然是与具体情境相关的问题。例如，典型的主题查询可以返回成千上万的论文，其中包含成千上万的个人作者。哪些应该位于“作者”构面的顶部？简单的、与情境相关的指标可以使“向我展示有关弱透镜的最新论文”所查询的构面与“向我展示最受欢迎 / 被引最多等的有关弱透镜”查询的构面不同。

文档 / 摘要页面

“摘要”页面的主要功能是为用户提供一篇论文的集中描述，足以让用户决定是否下载和阅读。通过进入“摘要”页面，用户已经将他或她当前的兴趣告知了系统，这样就可以给出有用的推荐。在 ADS 实例中，这个页面包含标题、作者、期刊名和摘要的标准元数据，但它也包含到附加信息的链接和两组推荐建议：一组是用户导向的，一组是自动的。

这四个用户指定的推荐与“列表”页面上的四个功能几乎相同（与从单论文列表中获得的结果的唯一区别是排序顺序），但是可能比它们的扩展更常见。按这四个按钮中的任一个都返回推荐论文的列表。“参考文献”按钮返回论文引用的论文列表，“引用”按钮返回引用该论文的论文列表，“共同阅读”按钮返回阅读本篇论文的科学家最近阅读的论文列表，“相似论文”按钮返回根据加权文本相似度计算得出的与本篇论文最相似的论文列表。这个“摘要”页面还包括一个有八篇推荐论文的面板。单击其中任何一个将返回推荐论文的“摘要”页面。这些论文都是通过不同的算法计算出来的（Henneken et al., 2011），但每个推荐都是基于最近在主要期刊上发表的，并且在向量空间中接近于原始论文的论文列表。这个向量空间是我们根据所有近期主要期刊论文的参考文献列表中的论文所附的索引项，以及这些论文在专业天文学研究者中的读者群模式创建的。

以向量空间中原始论文附近的论文列表（邻近列表）为例，推荐的八篇论文是：邻近列表中最接近原始论文的论文；最近三个月内阅读过邻近列表论文的科学家们阅读最多的一篇论文；科学家在阅读了邻近列表中某篇论文之后紧跟着阅读最频繁的论文；科学家在阅读邻近列表中某篇论文之前阅读频率最高的论文；在最近三个月内阅读过邻近列表中某篇论文的科学家们阅读最多的30 篇论文中最新的一篇；邻近列表论文施引最频繁的论文；引用邻近列表论文数量最多的论文；最后是按名称提到被邻近列表论文提到的天体（恒星、星系……）数量最多的论文。最后一个功能使用的是斯特拉斯堡（法国）数据中心 SIMBAD 数据库的数据[①]（Wenger et al.，2000）。

实施技术和细节

在 ADS 中搜索和发现工具的实际操作非常简单。我们区分“一阶”查询和“二阶”查询（Kurtz，1992；Kurtz et al.，2002）。一阶查询涉及搜索词和排序顺序。一个例子可能是“把包含‘弱透镜’短语的论文按被引次数排序”。构面允许通过进一步过滤来修改这些查询，例如，“将列表限缩在霍克斯特拉引用的论文中，这些论文或使用哈勃太空望远镜的数据，或使用欧洲南方天文台的数据，且使用哈勃深场的数据”。这里的技巧不在于如何执行查询（这是相当标准的），而是让用户可以轻松地使用这些功能。

二阶查询是将论文列表作为输入，并根据原始列表中条目的属性返回不同的列表。当定义原始列表的参数选择得当，并且为二阶查询选择的属性有意义时，这种方法可以得到非常具体的结果。列表可以由用户创建或编辑，如在“列表”页上的“获取共同阅读”“参考文献”和“引用”列表查询，也可以直接从一级查询中获取，如“查询”页面上的三个“探索该领域”选项。上面的阿贝尔 383 示例演示了用户中介查询的复杂程度。

---

① simbad.u-strasbg.fr。

“查询”页面上的“综述和介绍性论文”选项是一个自动链接一阶和二阶查询的示例。例如，以“弱透镜”作为原始查询，其过程如下。

（1）返回包含短语“弱透镜”的论文。

（2）按被引次数对列表进行排序。

（3）截取此列表以获取包含短语“弱透镜”的200篇被引最多的论文。

（4）对于这200篇论文中的每一篇，检索引用它的论文列表。

（5）整理这些列表，并按出现频率对整理后的列表进行排序，以便让引用这200篇论文中数量最多的论文排在最前面。

这将返回对所需主题有广泛讨论的论文（在本例中为“弱透镜”），通常这些论文是综述论文。自1996年起，ADS就开始提供这种功能。

除了我们向用户公开的运算之外，还可以使用其他二阶算子。“摘要”页的推荐窗格所使用的程序列出了其中几个算子。随着数据对象及其属性的多部网络变得更加丰富和广泛，可能还会开发更多的对象。例如，作者是具有属性的数据对象，可以想象使用这些属性的查询。有些人可能会觉得问题“给我看看在阅读了日本研究机构年轻作家近期发表论文的研究者中，最受欢迎的论文”是有用的。ADS已经包含了回答这个问题所需的所有信息，除了作者的年龄或出生年份。

ADS还使用部分匹配词技术，通过文本相似度来确定文档之间的距离。目前，我们与几乎所有物理学和天文学技术文献的出版商合作，建立了在以上领域发表的、几乎所有论文的全文总集。我们预计这些全文数据将成为未来论文相似性计量的基础，因此，目前实施的这些方法将会过时。

基本上，我们现在使用两种不同的方法。第一种方法涉及加权后的词计数，由全面的、涉及特定主题的同义词列表进行修改（Kurtz et al.，1993），这是自SMART系统（Salton & Lesk，1965）以来的标准技术。第二种方法是一种特征向量法，它将论文中与参考文献相关的索引项与大量用户的使用模式相结合（Kurtz，Accomazzi，Henneken，Di Milia，& Grant，2010），然后作为输入。这些技术来自库尔茨（Kurtz，1993），基于奥索里奥（Ossorio，1966）的工作。我们期望在不久的将来，建立一个基于潜在狄利克雷分配（Blei，Ng，& Jordan，2003）的论文相似性系统。如果成功，将取代这两种方法。

测度有效性

学术交流是一个与一般商业领域有着本质上不同的领域。在商业领域中，没有那么高互动性的推荐系统。Amazon.com 可以根据销售额建立一个指标，Match.com 网站根据结婚率，Netflix.com 根据用户排名，谷歌广告根据点击率，什么样的指标可以衡量一个高度互动的学术信息系统的有效性？

当然，信息系统的某些组成部分可以通过点击率来衡量。例如，可以很容易地想象不同的推荐算法可以在“摘要”页面的“推荐”面板中进行比较。然而，这些被推荐的论文只是整个服务中极小的一部分。按相关性对查询结果进行排序也很有问题。与某人相关的并不一定与其他人相关，仅 ADS 的查询页面上就有七种不同类型的排名，没有理由相信这七个类型是完整的或独特的。

即使可以测量特定的查询类型，要做什么也不是很清楚，因为查询本身嵌入在更大的情境中。例如，可以合理地预期“重要性”的计量可以被定义，基于网络的方法如特征因子（West，Bergstrom，& Bergstrom，2009；West & Vilhena，本书第 8 章）可以显示出更好的性能，尽管并不比简单的被引次数好多少（Davis，2008）。

如果这是一个独立的查询，讨论将以计量结束，但是，事实并非如此。查询是包含用户的系统的一部分，用户必须决定调用此查询排序，并且可以选择在进一步的查询中使用结果。用户了解查询正在做什么是至关重要的。即使对于 ADS 的大量用户（基本上都是物理博士），理解基于被引的排名比理解基于被引的连通矩阵（或其他类似技术）主特征向量特征值的排名要容易得多。

学术信息系统的目标是提高研究质量。很少有人会争辩说，这些系统并没有改善研究工作，但它们究竟改进了多少呢？库尔茨等（Kurtz et al.，2000）设计了一种方法来衡量（当时新的）数字文献系统与旧的纸质系统的影响。他们假设在纸质时代，研究者不会浪费时间（平均而言）去图书馆读一篇论文。由于电子文件基本上是即时可用的，他们建议，那些不再必需的去图书馆影印文件的时间成本，可以算作通过使用数字技术获得的额外研究时间。库尔茨等（Kurtz et al.，2005）利用这项技术，发现通过 ADS 使用电子文档为全球天体物理学研究工作贡献了 736 个研究者年的额外全时当量，约占世界天文学家的

7%。莱斯克（Lesk，2011）认为这可能是一个低估，因为它没有考虑到论文平均质量的提高，而这正是搜索技术改进的结果。

学术信息系统不只是推荐论文。例如，“哈佛催化剂（Harvard Catalyst）”[①]是一个涵盖医学研究的信息系统。作为特点，它推荐可能的人作为合作者。这可能是一个非常有用的功能，但是，考虑到隐私问题，即使是在原则上，也很难想象除了小道消息之外还有其他可靠的方法来确定这些推荐的质量。

随着这些系统的成熟，可能会出现相似技术间的差异比较，表现更好的将替代表现较差的。这些系统还是相当新的，而且变化很快。它们的能力和效能更依赖于各自创建者的视野和所提供数据的质量，而不是任何优化技术。

结论和未来方向

推荐对于有效利用我们新的数字环境至关重要。十年前，各个领域的推荐技术都很相似。例如，ADS 在 1996 年提供了查找“引用这些论文的论文也引用了”的服务；不久之后，Amazon.com 推出了“买这本书的人也买了”的功能。然而，现在研究文献的路径已经偏离了主流。

就信息密度、使用频率和用户期望而言，研究文献的推荐问题与更为常见的商业应用有很大的不同。仅仅依靠算法手段是不可能解决这个问题的：信息太密集，使用频率太低，研究者 / 用户的期望值太高。学术推荐系统必须是人与机器的紧密合作。

这种合作正变得非常强大。在机器辅助记忆的帮助下，天体物理学家可以“记住”12.5 万篇包含“红移”一词的论文中的每一个词，那么他们现在需要阅读哪些论文来促进他们的研究呢？学术信息系统（更具体地说是学术推荐系统）的当前任务是开发一种方法，使用户可以在庞大的存储“花园”中搜索并找到所需的“浆果”。

目前已取得了惊人的进展。现在，了解这个问题的答案就很简单了——“这个领域的其他人都在读什么，我应该读什么”。自动获取相关科学家子群的共有知识有点科幻小说的味道（Kurtz，2011），但现在这种情况已司空见

① catalyst.harvard.edu。

惯。这个领域还很年轻，肯定会发生重大变化。没有一个 40 岁以上的人在本科时学会使用任何重要的现代学术信息系统，因为它们当时并不存在。几乎每一个重要资助项目的主要研究者，以及每一所重点大学的教授，都学会了使用纸质研究文献。未来这将不复存在。信息系统正变得更加丰富、更加复杂，并且更加紧密地相互连接和操作。论文、人、研究对象、数据集、仪器、组织等现在都是数据对象，具有能以多种方式组合和使用的属性。这些系统的推荐功能部分将继续负责使研究者能充分利用这些能力。

致谢

我们特别感谢由阿尔贝托 · 阿科玛齐（Alberto Accomazzi）领导的 ADS 团队。每当我们在文中用“我们”这个词来指代 ADS 时，实际上是指 ADS 团队。我们感谢与鲁迪 · 舍伯 - 库尔茨（Rudi Scheiber-Kurtz）、保罗 · 金斯帕格（Paul Ginsparg）、赫伯特 · 范 · 德 · 桑佩尔（Herbert Van de Sompel）、卡尔 · 伯格斯特罗姆（Carl Bergstrom）、约翰 · 博伦（Johan Bollen）、吉姆 · 格雷（Jim Gray）、杰夫 · 肖（Geoff Shaw）和彼得 · 奥索里奥（Peter Ossorio）的对话。ADS 由美国国家航空航天局拨款资助（NNX12AG54G）。

参考文献

Bates, M. J. (1989). The design of browsing and berrypicking techniques for the online search interface. *Online Review*, 13, 407–424.

Blei, D. M., Ng, A. Y., & Jordan, M. I. (2003). Latent Dirichlet allocation. *Journal of Machine Learning Research*, 3, 993–1022.

Bollen, J., & Van de Sompel, H. (2006). An architecture for the aggregation and analysis of scholarly usage data. In *Proceedings of the 6th ACM/IEEE-CS Joint Conference on Digital Libraries* (pp. 298–307). New York: ACM.

Davis, P. M. (2008). Eigenfactor: Does the principle of repeated improvement result in better journal impact estimates than raw citation counts?*Journal of the American Society for Information Science and Technology*, 59, 2186–2188.

Gantz, J. F. (2008). *The diverse and exploding digital universe*［White paper］. Retrieved from http://www. emc. com/collateral/analyst-reports/diverse-exploding- digital-universe. pdf.

Ginsparg, P. (2011). ArXiv at 20. *Nature*, 476, 145–147.

Henneken, E. A., Kurtz, M. J., Accomazzi, A., Grant, C., Thompson, D., Bohlen, E., et al. (2011). Finding your literature match—a recommender system. *Astrophysics and Space Science Proceedings*, 1, 125–134.

Jannach, D., Zanker, M., Felferning, A., & Friedrich, G. (2010). *Recommender systems: An introduction*. Cambridge: Cambridge University Press.

Küçüktunç, O., Saule, E., Kaya, K., & Çatalyürek, Ü. V. (2012). Recommendation on academic networks using direction aware citation analysis. *arXiv:* 1205. 1143. Retrieved from http://arxiv.org/abs/1205. 1143.

Kurtz, M. J. (1992). Second order knowledge: Information retrieval in the terabyte era. In A. Heck & F. Murtagh (Eds.), *Astronomy from large databases II. European Southern Observatory Conference and Workshop Proceedings,* 43, 85–97.

Kurtz, M. J. (1993). Advice from the oracle: Really intelligent information retrieval. In A. Heck & F. Murtagh (Eds.), *Intelligent information retrieval: The case of astronomy and related space sciences. Astrophysics and Space Science Library,* 182, 21–28. doi: 10. 1007/978-0-585-33110-2_3.

Kurtz, M. J. (2011). The emerging scholarly brain. In A. Accomazzi (Ed.), *Future professional communication in astronomy II. Astrophysics and Space Science Proceedings,* 1, 23–35. doi: 10. 1007/978 -1-4419-8369-5_3.

Kurtz, M. J., Accomazzi, A., Henneken, E., Di Milia, G., & Grant, C. S. (2010). Using multipartite graphs for recommendation and discovery. In Y. Mizumoto, K. I. Morita, & M. Ohishi (Eds.), *Astronomical data analysis software and systems XIX. Astronomical Society of the Pacific Conference Proceedings,* 434, 155–158.

Kurtz, M. J., Eichhorn, G., Accomazzi, A., Grant, C. S., Demleitner, M., & Murray, S. S. (2005). Worldwide use and impact of the NASA astrophysics data system digital library. *Journal of the American Society for Information Science and Technology*, 56, 36–45. doi: 10. 1002/asi. 20095.

Kurtz, M. J., Eichhorn, G., Accomazzi, A., Grant, C. S., & Murray, S. S. (2002). Second order bibliometric operators in the Astrophysics Data System. In J. -L. Starck & F. Murtagh (Eds.), *Astronomical data analysis II. Society of Photo-Optical Instrumentation Engineers* (*SPIE*) *Conference Series*, 4847, 238–245.

Kurtz, M. J., Eichhorn, G., Accomazzi, A., Grant, C. S., Murray, S. S., & Watson,

J. M. (2000). The NASA astrophysics data system: Overview. *Astronomy & Astrophysics, Supplement Series*, 143, 41–59.

Kurtz, M. J., Karakashian, T., Grant, C. S., Eichhorn, G., Murray, S. S., & Watson, J. M., et al. (1993). Intelligent text retrieval in the NASA astrophysics data system. In R. J. Hanisch, R. J. V. Brissenden, & J. Barnes (Eds.), *Astronomical data analysis software and systems II. Astronomical Society of the Pacific Conference Proceedings,* 52, 132–136.

Lesk, M. E. (2011). Encouraging scientific data use—Michael Lesk [Blog post] . Retrieved from http://www. scilogs. com/the_fourth_paradigm/encouraging- scientific-data-use-michael.

Lü, L., Medo, M., Yeung, C. H., Zhang, Y. -C., Zhang, Z. -K., & Zhou, T. (2012). Recommender systems. ArXiv e-prints: 1202. 1112. Retrieved from http://arxiv. org/abs/1202. 1112.

Ossorio, P. G. (1966). Classification space—a multivariate procedure for automatic document indexing and retrieval. *Multivariate Behavioral Research*, 1, 479–524.

Ricci, F., Rokach, L., Shapira, B., & Kantor, P. B. (Eds.). (2010). *Recommender systems handbook*. New York: Springer Verlag.

Salton, G., & Lesk, M. E. (1965). SMART automatic document retrieval system— an illustration. *Communications of the ACM*, 6, 391–398.

Spira, J. (2010). Information overload now $997 billion: What was changed? [Blog post] . Retrieved from http://www. basexblog. com/2010/12/16/io-997.

Wenger, M., Ochsenbein, F., Egret, D., Dubois, P., Bonnarel, F., Borde, S., et al. (2000). The SIMBAD astronomical database: The CDS reference database for astronomical objects. *Astronomy & Astrophysics, Supplement Series*, 143, 9–22. doi: 10. 1051/aas: 2000332.

West, J., Bergstrom, T., & Bergstrom, C. (2009). Big Macs and Eigenfactor scores: Don't let correlation coefficients fool you. *Journal of the American Society for Information Science and Technology*, 61, 1800–1807.

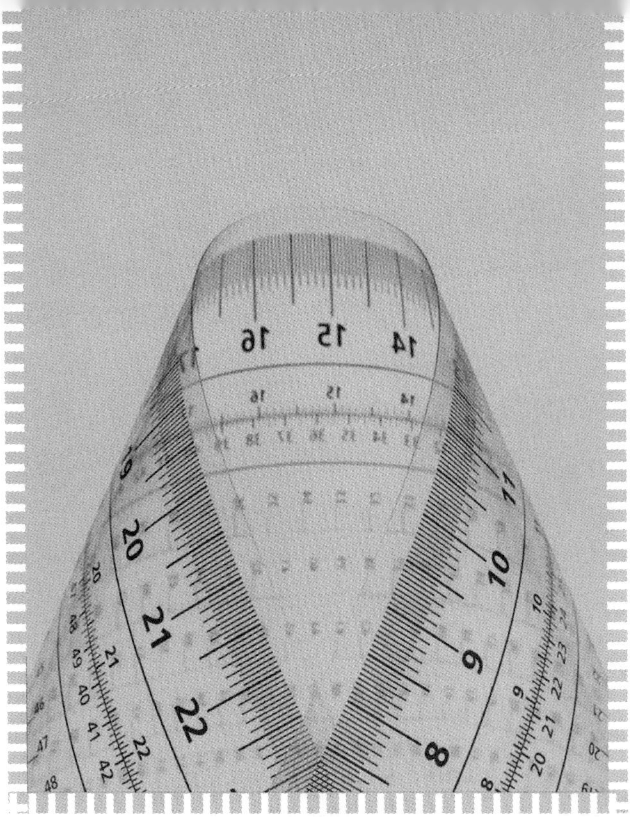

第四篇 替代的计量指标

第 14 章
替代计量学

杰森·普里姆
Jason Priem

引言

本章讨论替代计量学（altmetrics，alternative metrics 的缩写）。这是一种通过观察在线工具和系统的活动，发现以前难以察觉的学术影响痕迹的方法。我认为，虽然被引很有用，但忽略了许多重要的影响，而越来越多的学者正在使用的 Mendeley、推特和博客等在线工具，可以让我们衡量这些隐性的影响。下面，我将定义“替代计量学”，并讨论有关替代计量学来源的研究——既包括绘制这些来源增长趋势的研究，也包括测量有关来源活动的科学计量学研究。在讨论了替代计量学的潜在用途之后，我将考虑替代计量学的局限性，并提出有待进一步研究的领域。

什么是替代计量学

问题：思想不会留下好的痕迹

本章不会追溯引文挖掘的知识与历史渊源，感兴趣的读者可以阅读本书德·贝利斯所著章节（第 2 章）中的概述。就当前目的而言，我们只需阐述一个众所周知的事实：思想虽然是看不见的，但并非无法追踪，它们会留下痕迹。40 年来，文献计量学家孜孜不倦地搜寻、跟踪、编目和分析了一种特殊的痕迹，即其貌不扬但力量强大的“同行认可的小弹丸（pellet of peer recognition）”——引用（Merton，1988）。

然而，随着他们这样做，文献计量学学界内外都越来越多地认识到，这些踪迹并不构成一个全面的数据源。许多重要的研究没有被引，据估计“美国只有大约 15%—20% 的科学家写过经同行评议的论文”（King & Tenopir，2004）。许多重要的人工作品通常没有被引用（MacRoberts & MacRoberts，2010），尤其是数据集——一个日益重要的科学产品。尤金 · 加菲尔德指出，“被引频率反映了期刊的价值和对期刊的使用，但毫无疑问，也有一些非常有用的期刊并不经常被引用”（Garfield，1972）。正如社会建构主义者所说（Bornmann & Daniel，2008），引用常常被应用于默顿的科学规范概念没有考虑到的目的。最重要的是，引用是一种缓慢的、僵化的正式交流系统的产物，而科学思想本身则是在杂乱无章、快速发展的非正式的隐形学院中诞生、培育和培养出来的（Price & Beaver，1966）。科学交流的核心既不是正式的出版物，也不是引用，而是“访问、个人联系和信件”（Bernal，1944）。正因为如此，引用通常是影响力“犯罪现场”的迟到访客（De Bellis，2009）。

解决方案：观察新轨迹

网络的日益普及正在创造一种环境，在这种环境中，学者和其他用户可以创建新的轨迹，揭示曾经看不见的学术活动。与其他知识工作者一样，学者们的日常工作也在不可阻挡地向网络转移。与此同时，学术背景——包括翻烂的手稿和走廊上的对话——被推到了舞台上。许多在线工具的使用量正在大幅增长——随着“天生数字化”的一代进入终身职位，这种增长似乎还会继续。最近的几项研究表明，参考文献管理器、微博和书签服务等社交媒体工具在学者的工作流程中正变得越来越重要。13% 的英国学者经常在新型学术交流形式中使用 Web 2.0（Proctor et al.，2010）；80% 的学者拥有社交媒体账户（Tinti Kane，Seaman，& Levy，2010）。英国的一项研究报告称，10% 的博士生“使用和重视”推特进行研究，而且社交媒体工具正在影响学术工作流程（Carpenter，Wetheridge，Smith，Goodman，& struijvé，2010）。

重要的是，虽然这些工具在学术实践发挥了辅助作用，但似乎并没有重塑它。以前，研究者可能读过一篇论文，喜欢它，便将其保存在盒子或卷宗里，在午餐时与同事讨论，在下一篇论文中引用，甚至在会议上给予正式支持或推荐。现在，她可能会从一本在线期刊上下载它，保存在她的参考文献管理器里，在推特和博客上与同行讨论，并在 Faculty of 1000 上推荐。不同之处在于，后面这些活动中每一步都留下了可追寻的踪迹。

当然，人们对追踪思想流动的替代方式的兴趣并不新鲜。过去已经提出了许多替代和补充引用的方法，并成功加以应用。科学计量学家追踪并分析了各种新型的影响踪迹，包括致谢（Cronin & Overfelt，1994）、专利（Pavitt，1985）、导师指导（Marchionini，Solomon，Davis，& Russell，2006）、新闻文章（Lewison，2002）、教学大纲中的阅读材料（Kousha & Thelwall，2008），以及许多其他单独存在或以不同方式组合的材料（Martin & Irvine，1983）。这些方法各有优缺点，而且都产生了有趣的发现。然而，它们也有一个共同的弱点：收集它们既困难又耗时，尤其是与以诸如汤森路透的 Web of Science 和爱思唯尔的 Scopus 等商业索引收集的引文相比。

事实上，在线评估影响的想法本身并不是一个新概念。网络计量学的实践者追踪数字化轨迹已经有一段时间了（Almind & Ingwersen，1997）。然而，可扩展性一直是一个令人担忧的问题。尽管这种方法被誉为针对引用计量范围狭小、测速缓慢等缺点的解决方法（Cronin，Snyder，Rosenbaum，Martinson，& Callahan，1998），但在许多方面，这种方法未能达到早期预期（Thelwall，2010）。这在很大程度上是由于数据收集的困难——鉴于商业搜索引擎在其专有索引上进行了大量投资，并且对这类搜索感兴趣的用户相对较少，这一困难几乎没有理由得到解决。

最新的在线影响指标的来源不同于早期的离线或在线的引用选项。该来源基于具有明确边界和数据类型的工具、环境，以及（在许多情况下）结构化的可访问互联网应用程序接口（web API），因此它们更容易被自动收集（Priem & Hemminger，2010）。这使得它们可以被大规模使用，追溯除引用（或者专利）数据之外的其他罕见数据。在这些开放 API 的基础上，出现了许多基于互联网的软件工具，它们可以聚合、处理和呈现来自多个 API 的数据。早期的工具包括 ReaderMeter、CitedIn、ScienceCard 和美国公共科学图书馆的论文层级计量（Public Library of Science Article Level Metrics，PLoS ALM）。其中，只有 PLoS ALM 在撰写本文时似乎仍处于集中开发阶段，而且更适合于期刊而不是研究者个体使用。

最近，Webometric Analyst 软件包向收集的数据中添加了 Mendeley 参考文献。科学计量学家应特别注意的两个聚合器（aggregator）[①] 是 total-impact[②] 和 Altmetric[③]。前者在多个学术产品（包括幻灯片、数据集、软件和论文）上聚合了十几个不同的替代计量指标（包括维基百科的引用、Mendeley 的使用和推特推文）。这是开放源码并且是免费的。后者是一款商业产品，可以很好地覆盖推特、Mendeley、主流新闻媒体、Reddit 等。这些工具正处于快速发展阶段。

替代计量学

替代计量学（jasonpriem，2010；Priem，Taraborelli，Groth，& Neylon，2010）是对学术影响计量指标的、基于在线工具和在线环境活动的研究和使用。与“文献计量学”或“科学计量学”的情况不同，该术语既用于描述研究领域，又用于描述计量指标本身（可能有人主张使用其中特定的一种含义）。由于替代计量学与测量学术活动相关，除了在用于追踪非科学的学术活动时，它相当于科学计量学的子集。由于它还涉及测量互联网上的活动，因此替代计量学是网络计量学的真子集。它的独特之处在于，它更侧重于在线工具和环境，而不是整个网络。虽然在理论上，任何网络工具或环境都可以支持替代计量学，但在实践中，替代计量学的研究者会投机取巧地寻找“开源 API 所灌溉的富饶数据牧场”。他们也关注那些有着大量且不断增长的学术性使用的工具。到目前为止，这些工具包括维基百科、社交参考文献管理器，如 Mendeley 和 CiteULike、博客、推特以及其他一些将在下一节讨论的工具。

替代计量学的来源：研究综述

中后期的一些来源指出了替代计量学的潜力，并呼吁进行进一步的研究（Jensen，2007；Neylon & Wu，2009；Taraborelli，2008）。从那时起，研

① 指整合其他互联网产品或服务信息，并在单独渠道发布的产品或服务。——译者注

② total-impact.org。

③ http://altmetric.com/。

究进展迅速。然而，需要注意的是，替代计量学仍处于初级阶段。由于“文献引文分析大约用了一代人的时间（20 年）才被接受为学术影响力的衡量标准”（Vaughan & Shaw，2005），我们不应期待这一方法与其他新指标有任何不同。虽然替代计量学的研究还处于非常早期的阶段，但已经有几种方法在它的研究中显示出了自己的作用。下一节所示的每一个方法都已用于验证被引指标。

方法

与既定指标的相关性和预测性

加菲尔德（Garfield，1979）使用了一种相关性和预测性的方法，来证明被引次数是衡量个人影响力的依据，并展示了被引次数如何预测未来的诺贝尔奖获得者。纳林总结了早期将被引与受尊敬指标联系起来的努力（Narin，1976）。到目前为止，这是替代计量学研究中常用的方法，但应谨慎使用。我们不应该期望甚至希望新的指标与传统的指标之间存在完美的相关性（Sugimoto，Russell，Meho，& Marchionini，2008）；替代计量学的部分价值在于它能衡量各种形式的影响力，而这些影响力部分或完全与被引所采集的内容无关。例如，艾森巴赫（Eysenbach，2012）一直在利用推特进行预测工作，同时有几项研究考察了被引与参考文献管理器涵盖范围之间的相关性（Haustein & Siebenlist，2011；Li，Thelwall，& Giustini，2011），或者多个替代计量指标与被引之间的关系（Priem，Piwowar，& Hemminger，2012；yan & Gerstein，2011）。

内容分析

从莫拉夫西克和穆鲁格桑（Moravcsik & Murugesan，1975）对 30 篇高能物理学论文的被引进行了颇具影响力的分类开始，针对被引语境分析的研究已经有了悠久的传统（Bornmann & Daniel，2008）。克罗宁等人（Cronin et al.，1998）分析了学者的网络提及率，塞尔瓦尔等人（Kousha & Thelwall，2006；Thelwall，2003）分析了学术超链接的语境。类似的研究也已经研究了替代计量学，特别是推文（Letierce，Passant，Breslin，& Decker，2010；Priem &

Costello，2010；Ross，Terras，Warwick，& Welsh，2011）。自动提取语境信息的技术可用于分离和描述推文中的语境信息（Stankovic，Rowe，& Laublet，2010）。

创作者反馈

创作者反馈研究也被称为“施引者动机”或“施引者行为”研究（Borgman & Furner，2002）。在这里，研究者通过访谈或调查来调查作者创建特定类型记录的原因。博恩曼和丹尼尔（Bornmann & Daniel，2008）回顾了许多创作者对传统被引的反馈研究，这些研究始于布鲁克斯（Brooks，1986）基于访谈的研究和温克勒（Vinkler，1987）基于调查的研究。最近，克罗宁和奥弗菲特（Cronin & Overfelt，1994）使用调查来确定作者创建致谢的动机，普里姆和科斯特洛（Priem & Costello，2010）使用访谈来调查学者在推特上引用的动机。

流行性研究

尽管不同学科之间的引用实践各不相同，但这一实践是普遍的。另一方面，替代计量学指标的分布取决于纳入了哪些被检视的学术工具。因此，许多对替代计量学有用的研究较少关注于计量指标，而更多地关注于简单地描述给定环境的学术性使用情况。下面讨论其中的一些研究。

按来源划分的重大替代计量学发现

替代计量学的一个重要属性是能跟踪对广大或一般受众及学者的影响。这反映在表 14.1 中，该表按受众划分了影响类型。本节回顾了和替代计量学相关的发现，依次讨论了表 14.1 中的每个单元格。我重点介绍了与衡量学术影响相关的发现，但也挑选了表明不同沟通渠道和媒体的流行度和接受度的研究。本节讨论的大多数研究都集中在单一来源上。两个讨论多来源的重要研究使用了来自开放获取出版商——美国公共科学图书馆（PLoS）的论文集（Priem et al.，2012；Yan & Gerstein，2011），这要归功于 PLoS 的论文层级计量（ALM）API，该 API 按论文列出替代计量学数据列表，使其成为早期替代计量学调查的有用测试集。我首先讨论对公众影响的指标。这些影响是至关重要的，而且不仅仅是对具有直接公共利益的研究（例如，医学研究）。由于大多数研究都是由公众间接资助的，因此公众意识和公共宣传很重要，特别是在经济不景气的时候。

表 14.1　按类型和受众划分的替代计量学来源

	一般用户	学术用户
推荐	基于网络的主流媒体	Faculty of 1000
被引	维基百科	来自经同行评议后的文献的被引
对话	推特、脸书、博客	学术博客、论文评语、学者的推文
参考文献	社交书签	社交参考文献管理器
阅读	HTML 视图	PDF 下载

公开渠道

主流媒体

刘易森（Lewison，2002）跟踪研究了大众媒体对学术论文的提及率，发现期刊被引率和主要新闻媒体的引用率之间几乎没有关系，表明这是一种不同形式的合理影响。然而，其他研究表明，这些提及似乎会影响被引率，这意味着两者并非完全没有联系（Kiernan，2003）。从那时起,《卫报》和《纽约时报》等许多主要新闻媒体都推出了开放的 API，这些 API 使搜索文本变得更加容易，或者至少存在了可以自动抓取的简易信息聚合（Really Simple Syndication，RSS）订阅源。Altmetric.com 网站为其中的许多内容提供了一个方便的界面；这应该会鼓励更多的工作来跟踪这种形式的影响。

维基百科

对于大多数人，尤其是学生（Head & Eisenberg，2010；Schweitzer，2008），维基百科是获取信息的第一选择。因此，影响维基百科意味着以一种深刻的方式影响世界。维基百科的引用可以被认为是与学术引用平行的公共引用（关于后者的讨论超出了本章的范围，但它被包含在表 14.1 中作为参考点）。尼尔森（Nielsen，2007）指出，维基百科中的引用与期刊引文报告中的数据有很好的相关性，这就在维基百科的影响和更传统的语境之间建立了一种关系。普里姆等（Priem et al.，2012）报告称，大约 5% 的 PLoS 论文在维基百科中被引用，并报告了归一化的维基百科引用与传统引用之间的相关性在 0.1—0.4，因期刊而异。Wikimedia Research 的 Cite-o-Meter 工具显示了在维基百科上被引最多的学术出版商的最新排行榜。

对话（推特）

推特提供了丰富的数据来源，但是对于学术影响力的调查者来说却很困难。与本章讨论的许多工具不同，推特并没有让用户与研究产品产生明显的互动。正如我们将在后面看到的，推特被一些学者大量使用，但非学者用户占了推特用户的大部分。鉴于此，我们假设推文来自普通读者，除非给出相反的证据（这种相反的证据可能来自传记信息、粉丝名单或推特内容，Altmetric.com 网站使用一种算法来决定）。这一假设得到了 PLoS 数据集中推文和被引之间接近零的相关性的支持（Priem et al.，2012），这表明 PLoS 的高显示度吸引了许多非学术读者。另一方面，艾森巴赫（Eysenbach，2012）对《医学互联网研究杂志》（Journal of Medical Internet Research，JMIR）论文的研究发现，推文和被引之间有着明显的联系：两年后，推文排名前四分之一的论文出现在被引排名前四分之一的可能性相比两年前要高出 11 倍。这可能是因为 JMIR 的推特用户更有可能是引用这项工作的同一批学者。推特用户的身份需要更多的研究加以描述。

对话（社会新闻）

社会新闻网包括 Reddit、Digg 和 Slashdot 等网站。勒曼和加尔斯蒂安（Lerman & Galstyan，2008）证明，早期的 Digg 预测了新闻故事后期的重要性，这鼓励人们对学术出版物进行预测效度的类似调查。然而，尽管诺曼建议使用“Slashdot 指数”来衡量学术影响力（Cheverie，Boettcher，& Buschman，2009），但还没有出现跟踪学术论文在这种推荐网站上被提及的情况的研究。Reddit 是一个特别有趣的案例，因为用户可以创建有聚焦的子话题版块

（subreddit）。虽然这可能会迅速出现、变异和消失，但在撰写本文时，还有一些子话题版块是围绕付费学术论文、讨论最新科学研究（据报道有近 200 万读者）和其他内容而建立的，这使得子话题版块成为未来替代计量学研究的一个有趣的主题。

对话（书签）

对学术资源的社交书签的一小部分研究集中在 Delicious[①]（Lund，Hammond，Flake，& Hannay，2005）。丁、雅各布、卡佛莉、弗里德和张（Ding，Jacob，Caverlee，Fried，& Zhang，2009）发现，"科学领域，如生物信息学、生物学和生态学，也是出现频率最高的标签之一"，这表明至少有一些学者使用该服务。普里姆等（Priem et al.，2012）报告说，大约 10% 的 PLoS 的论文在 Delicious 上加了书签。

HTML 视图

随着开放获取活动的发展，我们可以有意义地谈论非学术读者的数量。HTML 下载与 PDF 下载分开报告，可能有助于识别非学术读者。普里姆等（Priem et al.，2012）观察到 HTML 视图倾向于与其他公共影响指标聚集在一起。这可能是因为一般公众更倾向于只阅读摘要，或快速浏览论文文本，而学者更倾向于下载和打印论文。进一步研究 HTML 视图和 PDF 下载之间的比例，可以发现关于公众如何与开放获取的研究文献互动的有趣结果。

学者

除了追踪对传统隐形受众的学术影响，替代计量学还可以追踪以前隐藏的学术影响。

Faculty of 1000

Faculty of 1000（F1000）是一个发表重要论文评语的服务平台，由一些选定的学者组成的核心"教授团队"进行评判。维茨、威登和维特洛普

① http://delicious.com。

（Wets，Weedon，Velterop，2003）认为，F1000 是有价值的，因为它评估了论文层级的影响，并添加了统计指标所不具备的人性化评估。其他人则不同意（“Revolutionizing Peer Review?”，2005），指出 F1000 得分与期刊影响因子之间存在非常强的相关性（r = 0.93）。这就是说，这项服务显示出了一定的价值，因为超过 2/3 世界顶级研究机构每年都要为使用 F1000 支付订阅费（Wets et al.，2003）。此外，F1000 已经被证明可以发现“仅仅依赖文献计量指标会导致‘研究者’错过”的有价值的论文（Allen，Jones，Dolby，Lynn，& Walport，2009）。在 PLoS 数据集中，F1000 推荐与被引或其他替代指标计数没有密切联系，并在因子分析中形成了单独的因子，这表明它们跟踪的是一种相对不同的影响。

对话（学术博客）

在该语境下，学术博客区别于流行博客是介于博客作者的专业知识和资质。尽管这是一个有用的区别，但这个区别肯定是不精确的。一种方法是将调查限制在 ResearchBlogging（Growth & Gurney，2010；Shema & Bar-Ilan，2011）等仅限科学领域的聚合器上。学术博客的显示度在稳步增长，学者们已经在其博客上发表了自己的论文（Efimova，2009），学术博客作者的队伍中包括几位菲尔兹奖得主、诺贝尔奖获得者和其他杰出学者（Nielsen，2009）。经济学家和诺贝尔奖得主保罗·克鲁格曼（Paul Krugman）也是博客作者，他认为博客正在取代工作论文，而后者已经取代了经济学期刊作为发行工具（Krugman，2012）。考虑到它的重要性，关于学术博客的替代计量学研究出人意料地少之又少。然而，现有的研究表明，博客具有更多正式交流的特征，包括被引论文的长尾分布（Groth & Gurney，2010；Shema & Bar-Ilan，2011）。虽然学术博客可以匿名写作，但大多数博客都是用真名写的（Shema & Bar-Ilan，2011）。

对话（推特）

推特上的学者使用该服务进行各种活动，包括教学（Dunlap & Lowenthal，2009；Junco，Heiberger，& Loken，2011），参加会议（Junco et al.，2011；Letierce et al.，2010；Ross et al.，2011），引用学术论文（Priem & Costello，2010；

Weller，Dröge，& Puschmann，2011），以及从事非正式交流（Ross et al.，2011；Zhao & Rosson，2009）。推特的引用是一个特别有趣的数据源，因为它们捕获了早期重要工作所伴随的非正式讨论。令人鼓舞的是，有证据表明，发推文的学者在创建和阅读推特时都认真对待推特的引用（Priem & Costello，2010）。如图 14.1 所示，推特上的学者人数正在稳定增长。这项研究还发现，在五所代表大学的大约 10 000 名博士生和教职员工的样本中，每 40 名学者中就有一名学者拥有活跃的推特账户。尽管有人认为推特只被年轻学者使用，但是并没有发现排名与推特使用有明显关联，而且教职员工在推特上讨论他们和其他人学术工作的可能性是年轻学者的两倍。

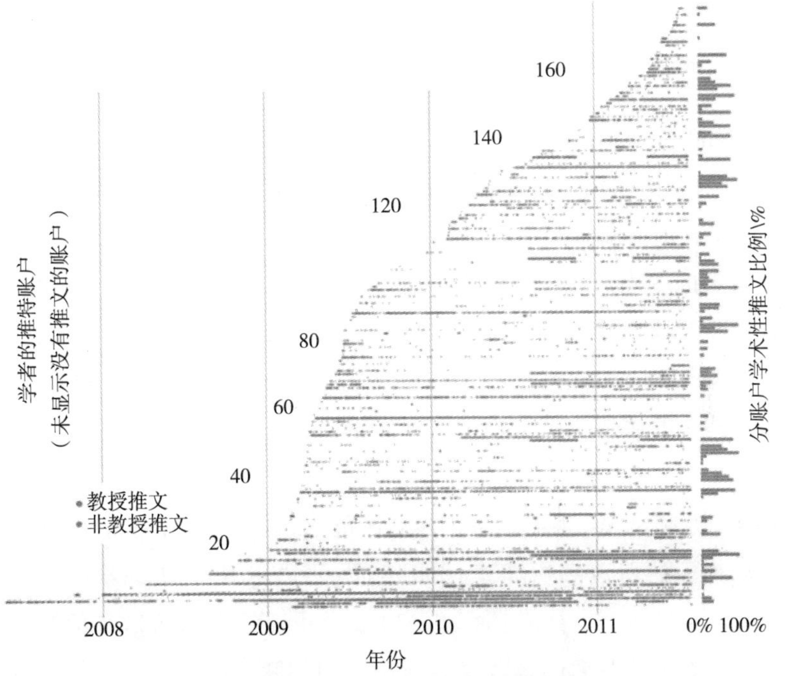

图 14.1 积极使用推特的学者数量的增长趋势

来自普里姆等（Priem et al., 2011）

对话（论文评语）

随着博客和其他社交媒体平台的发展，许多期刊在过去 10 年中在其在线平台上增加了论文层级的评论功能。从理论上讲，在这些平台中进行的讨论是了解科学思想早期影响的另一个有价值的视角。然而，在实践中，许多评论系统都是虚拟世界的鬼城。在一份顶级医学期刊的样本中，整整一半的评论系统闲置着，完全没有使用过（Schriger，Chehrazi，Merchant，& Altman，2011）。但是，评论也并不是普遍不成功的，一些期刊 50%—76% 的论文拥有评论。在《英国医学杂志》的一个样本中，平均每篇论文有近 5 条评论（Gotzsche，Delamothe，Godlee，& Lundh，2010）。此外，许多论文可能在其他环境中积累评论。越来越多的外部评论网站允许用户对在其他地方发表的论文发表评论。在过去几年，评论往往“来也匆匆，去也匆匆”。尼伦（Neylon，2010）认为，在线论文评语正在蓬勃发展，尤其是对于有争议的论文，但是“人们在自己的空间里发表评论要舒服得多”（即在他们的博客和推特上）。

参考文献管理器

像 Mendeley 和 CiteULike 这样的参考文献管理器是替代计量学数据的非常有用的来源，并且是目前研究最多的。尽管学者使用电子参考文献管理器已有一段时间了，但最新代产品为科学计量学家提供了查询学者数据集的机会，使人们对学者的书库产生了非常深刻的印象。不过，有三个要点值得总结。首先，最重要的社交参考文献管理器是 CiteULike 和 Mendeley。关于另一个流行的参考文献管理器 Zotero 的研究较少（Lucas，2008）。Papers 和 ReadCube 是较新的、较小的参考文献管理器。Connotea 和 2Collab 在处理作弊方面均表现不佳，现在都关闭了。其次，社交参考文献管理器的使用基础非常庞大，而且增长迅速，尤其是 Mendeley，它的覆盖率能与 Scopus 和 Web of Science（WoS）等商业数据库的覆盖率相媲美（Bar-Ilan et al.，2012；Haustein & Siebenlist，2011；Li et al.，2011；Priem et al.，2012）。最后，与大多数其他替代计量指标相比，被参考文献管理器收录与被引之间的联系更为紧密。通过使用各种数据集，研究者报告称用户的 Mendeley 库中的收录与 WoS 引用之间的相关性为 0.46（Bar-Ilan，2012）、0.56（Li et al.，2011）和 0.5（Priem et al.，2012）。这种更密切的关系可能是因为参考文献管理器在引用工作流程中的重要性。然而，由于缺乏完美，甚至强烈的相关性，这也意味着，这种替代指标也捕捉到了被引记录中没有反映的影响。人们对使用社交书签进行推荐尤其感兴趣（Bogers & van den Bosch，2008；Jiang，He，& Ni，2011）。

PDF 下载

正如前面所讨论的，目前大多数关于下载的研究并没有将 PDF 下载中的 HTML 视图隔离开来。然而，有大量的研究在调查论文下载次数和它们与后期被引的关系，而且这一研究还在不断增加。几位研究者发现下载次数可以预测以后的被引，或相关性（Perneger，2004；Brody，Harnad，& Carr，2006）。MESUR 项目是迄今为止这些研究中规模最大的一个，它利用关联使用事件来创建学科之间联系的新地图，并以新颖的方式使用下载和被引数据分析潜在指标（Bollen，et al.，2009a）。帅、佩佩和博伦（Shuai，Pepe，& Bollen，2012）指出，下载和推特引用是相互作用的，推特很可能给新论文带来更多流量，同时推特也反映了读者的兴趣。

用途、局限性和未来研究

用途

替代计量学的几种用途已经被提出，主要是利用它们的速度、广度和多样性来进行评估、分析和预测。

评估

替代计量学的广度可以支持更全面的评估工作。通过从易于获取的“聚合部分指标（converging partial indicators）”（Martin & Irvine，1983）对分数进行三角测量，一批替代计量指标都可以帮助解决个体测量的可靠性问题。替代计量学还可以支持对越来越重要的非传统学术产品的评估，如数据集和软件，目前这些产品在被引记录中的代表性不足（Howison & Herbsleb，2011；Sieber & Trumbo，1995）。影响更广泛的研究也可以得到更丰厚的回报。尼伦（Neylon，2012）列举了一个引人注目的例子，说明推特如何揭示研究论文的临床用途——没有推特，这种用途将难见天日，也不会得到奖励。替代计量学的速度在评估中也很有用，特别是对于那些研究尚未积累可观被引的年轻学者。最重要的是，替代计量学可以帮助打开一扇关于学者们“科学‘街头信誉'”的窗口（Cronin，2001），帮助奖励那些在谈话、教学、方法经验等方面对同事产生微妙影响，但其被引记录却未得到变动的研究者。当然，潜在的评估者必须意识到，不加批判地应用任何计量指标都是危险的，而替代计量学更是如此，它的研究基础还不足以支持高风险的决策。

分析

替代计量学提供的具有前所未有的范围和粒度的工具可以极大地造福理科学生。一些人建议使用回归分析（Harnad，2009）组合多种指标，或者使用主成分分析（Bollen，Van de Sompel，Hagberg，& Chault，2009）或时间序列分析（Kurtz et al.，2005）组合指标，以确定影响的“潜在”形式——这里的影响相当于斯皮尔曼的 *g*。然而，在许多方面，这种方法会误入歧途。影响总是回避这样一个问题：“什么受到了影响？”只要对这些问题的答案不统一，简化方法就会失效。相反，不以潜在影响考虑，而是基于不同的受众、产品和目标，考虑不同类型的影响可能更有用（Piwowar，2012）。普里姆等（Priem et al.，2012）从对 25 000 篇 PLoS 论文的聚类分析中发现了五种影响类型的证据（图 14.2），包括“热门点击”（图 14.2 中的 C 组）和被大量参考但被引相对不足的论文（图 14.2 中的 B 组）。

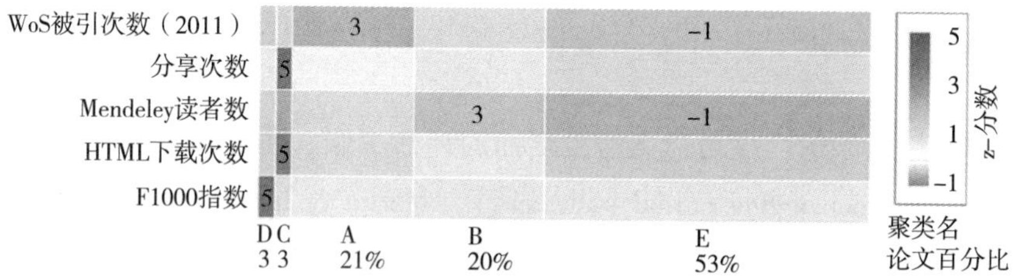

图 14.2　基于替代计量学事件类型的论文聚类

列显示聚类中心；行代表替代计量学指标。颜色较深的单元格（5、3）表示聚类中心位于给定指标的相对较高的标准化值上（Priem et al.，2012）

替代计量学的时间分辨率有可能帮助科学计量学家更好地理解知识是如何在不同通信系统的各种密度介质中移动的。图 14.3 给出了个体论文的示例。它表明，Delicious、CiteULike 和 PLoS 的评论在论文发表后立即活跃起来。大约四个月后，又出现了第二波活动，可能是由于论文的第一次外部引用引起了读者的注意。

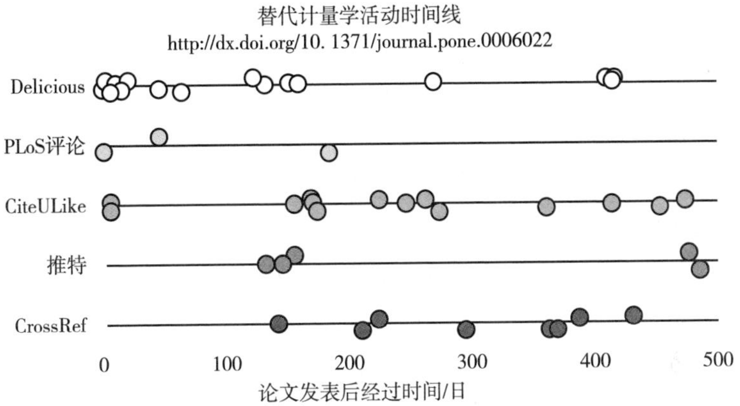

图 14.3 与单篇论文相关的事件

按论文发表后的时间计算。每个点代表一个事件（Priem et al.，2012）

预测

替代计量指标在大多数情况下都很快。它们通常在发表后几天就开始积累（Kurtz et al.，2005；Priem，Costello，& Dzuba，2011），并有潜力成为其他类型使用的领先指标来支持"学术探究的胚胎"（Harnad & Carr，2000）。像图 14.3 所示的这些数据可以跨数千或数百万篇论文进行聚合，从而产生强大的预测模型。

基于社交媒体的预测在不同领域已经证明了惊人的有效性，包括预测股票价格、选举结果和电影票房回报（Asur & Huberman，2010；Bollen，Mao，& Zeng，2011；Tumasjan，Sprenger，Sandner，& Welpe，2010）。替代计量学可以支持将同样的技术扩展到学术趋势和研究前沿。王、王和徐（Wang，Wang，& Xu，2012）展示了这种方法的潜力，他们使用来自期刊《科学计量学》的下载数据和关键词数据来确定新兴的研究领域。在这里，与传统的被引指标相比，替代计量学指标的速度具有巨大的价值。使用传统的被引进行趋势检测就像在最初的几次降雨之后预测天气一样，而替代计量学在预测能力方面可能是一次媲美于雷达预测的飞跃。

推荐

尽管以前有人提出过基于被引的论文推荐系统（McNee，2006；Kurtz & Henneken，本书第 13 章），但它们没有得到广泛使用，这主要是因为被引跟踪固有的滞后。当被引记录赶上的时候，研究者的兴趣往往已经发生了变化。替代计量学指标的速度在这方面可能很有价值。人们可以想象每天都会收到基于可信任同行综合判断的电子邮件推荐，帮助修复困扰了现代研究读者的“过滤器故障”（Shirky，2008）。这样的系统如果得到广泛使用，将与同行评议系统互为补充，通过跟踪与最近发表的文献之间的互动关系，来利用以读者为中心的审阅者团队（Neylon & Wu，2009）。这样的“软同行评议”（Taraborelli，2008）系统可以汇总读者群指标以及用户生成的评论，帮助读者判断论文的重要性和相关性。虽然这不太可能取代传统的同行评议，但它可以支持发表速度更快的“发表后同行评议”期刊，或者为传统出版物增加一层开放的质量控制。

一个更激进的用途是完全摆脱传统的同行评议。既然有了一个足够先进的推荐系统，人们肯定会想，我们到底为什么需要同行评议呢？有可能是因为聚合的读者群、对话以及对可信任同行集体的可及性足以起到披沙拣金的作用。许多人建议“解构”（Smith，2003）或“解耦”期刊来利用这一点。若扩展开放获取模式，这样的期刊将为付费作者提供一个复印、评论、翻译和其他服务的购物车。在出版时，读者可以使用他们自己强大的过滤系统，围绕着他们同行的聚合读者群、对话和集体判断来发现最有希望阅读的材料。通过利用集体使用信息，分散的同行评议系统可能会以类似于谷歌基于聚合链接形成对互联网进行过滤的方式来过滤文献。

局限性

尽管替代计量学具有潜力，但它还是招致了批评。这些担忧往往集中在三个方面：缺乏理论、易于被操纵和出现偏差。

首先，替代计量学缺乏一个连贯的理论体系，在替代计量学能被广泛应用之前，这种缺失应该得到弥补。然而，也应该承认，缺乏理论并没有阻止其他指标在实践中发挥作用。我们只需关注文献计量学本身就可以找到这方面的例子。早在 1979 年，加菲尔德承认我们在理论上对引用的理解存在差距，但认为这不应排除文献计量学的使用：

> 我们对社会学因素如何影响被引率知之甚少……另一方面，我们知道被引率在一定程度上说明了个人工作的贡献，至少从效用和科学界其他人对它的兴趣来看是这样。（Garfield，1979）

今天的替代计量学也是如此。引入测量影响的新来源，如专利（Oppenheim，2000）、致谢（Cronin et al.，1998）、导师指导（Marchionini et al.，2006；Sugimoto，本书第 19 章）和学术超链接（Ingwersen，1998）等，这些通常都是在坚实的理论基础提出之前引入的。事实上，很难想象会发生什么。替代计量学理论的提出应该是这一新领域的优先事项，但不是先决条件。

第二个问题是替代计量指标计数容易被操纵。同样，这是一个合理的关注点，但我们不应认为现有的计量标准不受此影响。任何指标都会诱发利用它的企图（Espeland & Sauder，2007）。期刊影响因子是一个值得注意的例子，它体现了一个被大量舞弊的计量指标。该计量指标的重要性日益增加，导致了一系列人为提高被引分数的技巧和窍门（Falagas & Alexiou，2008），包括最近形成的“引用卡特尔”（Davis，2012；Franck，1999）——期刊在其中串通，相互引用。一个极端的例子是，一位学者可疑的编辑行为足以让亚历山大大学（“甚至不是亚历山大最好的大学”）跻身《泰晤士高等教育》（Times Higher Education）200 强排行榜（Guttenplan，2010；Gingras，本书第 6 章）。对于每一种类似的极端情况，都可能有更多的案例没有被发现。

也就是说，相对容易创建和使用的社交媒体资料似乎让不法分子更容易生成虚假数据，这一点无疑是事实。事实上，社交媒体指标的人为注水已是学术界外的既定做法。不过，成功的企业和工具已经进化出免疫系统来对抗这类舞弊，这一系统以反作弊和反舞弊度量的形式出现。其中最引人注目的也许是谷歌。由于数百万美元的流量受到威胁，广告商用“黑帽子（black-hat）”搜索引擎优化攻击了谷歌搜索结果（Malaga，2010）。虽然这些方法并非完全不成功，但它们并没有大幅削弱用户对谷歌搜索结果价值的信任。谷歌使用各种日新月异的算法来区分作弊网站和合法网站。类似的统计技术——“算法取证”也可以帮助控制社交媒体舞弊。例如，自动化的 WikiScanner 工具揭露并帮助纠正了企业篡改维基百科词条的行为（Borland，2007）。对于推特用户，Twitteraudit 扫描关注者名单，使用优化的算法来发现机器用户。在学术界，SSRN 预印本服务器测量并报告该处所发布论文的下载统计信息。这些统计数据对于某些学科的评估已经变得非常重要，并因此引起了舞弊（Edelman & Larkin，2009）。社会科学研究网络（Social Science Research Network，SSRN）利用算法取证技术，根据观察到的数百万合法下载的属性来检测欺诈下载。研究多种社交媒体生态系统的方法的一个特别优点是，不同来源的数据可以交叉校准，暴露出在单一来源中不可见的可疑模式。PLoS 的“DataTrust”使用这种方法来发现虚假的替代计量学计数。虽然在这方面还需要更多工作，但有证据表明，适当滤筛和谨慎解读的社会指标可能会相对稳健，尽管有人试图利用它们。

替代计量学的第三个担忧是，它们将存在系统性偏差——特别是对更年轻或更时尚的研究者或渠道。替代计量学会创造一门由肤浅的、追求名利的自恋者主导的科学，不断追逐下一个潮流吗？虽然我们没必要油嘴滑舌、玩世不恭地说“那与现在有什么不同？”，但它包含了一定的真理性：科学家们在许多场合——从会议到邮件列表，再到向大众媒体发布新闻稿——不断地宣传其本人和想法。如果新的衡量标准奖励了那些最大限度利用现有技术在同行之间引发对话并激发公众想象力的科学家，这些偏差肯定是我们可以接受的。有效和成功地利用现有的通信技术来有力宣传本人想法是否需要回避，这一点还很不清楚。此外，几乎没有证据证实关于正在采用新通信技术的研究者的人口统计分布的朴素假设。例如，普里姆等（Priem et al.，2011）发现，博士生在推特上的活跃程度并不比大学教师高。这就是说，就像引用一样，我们应该竭尽全力地使用替代计量学指标进行同类比较。据传闻称，像数字人文这样的领域，大多数学者都使用推特，与较保守的技术学科相比，它产生的推文数量当然会不同。

未来研究

替代计量学的新颖性为后续研究提供了许多机会。最迫切的是需要进行对环境和内容的分析调查，以便更全面地了解学者如何使用替代计量学所依据的工具和环境。参考文献管理器中包含的内容意味着什么？为什么、何时研究者将内容加入书签？博客文章中参考论文的链接与文献中的传统引用有何不同？这些和类似的问题需要得到更全面的回答，然后才能以最谨慎的方式使用替代计量学。

在替代计量学中添加更多的网络（network）视角也很重要。从历史上看，文献计量学家出人意料地很少使用网络分析方法。引用文献中的情况正在发生变化，这一受欢迎的趋势也应该延伸到替代计量学。网络感知测量在为推荐和评估算法提供信息方面尤为重要。正如普列戈（Priego，2012）所观察到的，替代计量学事件（如推文）的数量不如它们来自谁那么重要。搜索引擎在索引互联网的初期面临类似的问题。仅计算链接并不充分，因为某些链接比其他链接更重要。像谷歌的 PageRank 算法和相关方法都使用链接页面的权重——由其他链接页面的权重递归计算——来加权链接。类似的方法对替代计量学也很重要：诺贝尔奖获得者的推文在许多方面比普通公众的推文更有意义（而且可以说，也比传统的被引更有意义）。

可视化也为替代计量学带来了希望。替代计量学的多维性和复杂性使可视化更具挑战性，但也更重要。复合计量指标的创建是另一个有价值的研究项目。我们可能不在乎 Mendeley 和脸书提及的绝对数目，而关注它们之间的比例。非常低的脸书点赞数可能是受欢迎程度低的迹象，但它会使得 Mendeley 中被大量添加的书签更加引人注目，这代表一种学术价值的标志——一个学术影响回归方程中的负项。对于其他指标或更复杂的指标组合，可能存在类似的关系。最后，替代计量学的研究者应该继续扩大他们调查的数据来源的数量和种类，考察 YouTube 视频、Slideshare 演示、VIVO 简介、SSRN 和 Academia.edu 下载、Stack Overflow 声誉等的学术影响。

替代计量学是一个年轻但正在成长的领域。就目前而言，可能更多的是希望，而不是结果，但有希望就足以支撑进一步的研究。我们看到的结果让我们有充分的理由相信，像其他信息工作者一样，学者们将继续把他们的工作转移到在线工具和环境中。从某种程度上说，这些工具允许我们窥探曾经秘藏的过程——其程度似乎是相当大的——替代计量学将愈加重要，通过更直接地观察学术思想的轨迹，来理解学术影响的隐藏故事。

参考文献

Allen, L., Jones, C., Dolby, K., Lynn, D., & Walport, M. (2009). Looking for landmarks: The role of expert review and bibliometric analysis in evaluating scientific publication outputs. *PLoS ONE*, 4 (6), e5910.

Almind, T. C., & Ingwersen, P. (1997). Informetric analyses on the World Wide Web: Methodological approaches to "webometrics. "*Journal of Documentation*, 53 (4), 404–426.

Asur, S., & Huberman, B. A. (2010). Predicting the future with social media. *arXiv: 1003. 5699*. Retrieved from http://arxiv. org/abs/1003. 5699.

Bar-Ilan, J. (2012). *JASIST@mendeley*. Presented at altmetrics12: An ACM Web Science Conference 2012 Workshop, Evanston, IL.

Bar-Ilan, J., Haustein, S., Peters, I., Priem, J., Shema, H., & Terliesner, J. (2012). Beyond citations: Scholars' visibility on the social Web. *arXiv: 1205. 5611*. Retrieved from http://arxiv. org/abs/1205. 5611.

Bernal, J. D. (1944). *The social function of science*. London: Routledge.

Bogers, T., & Van den Bosch, A. (2008). Recommending scientific articles using citeulike. In *Proceedings of the ACM 2008 Conference on Recommender Systems* (pp. 287–290). New York: ACM.

Bollen, J., Mao, H., & Zeng, X. (2011). Twitter mood predicts the stock market. *Journal of Computational Science*, 2 (1), 1–8.

Bollen, J., Van de Sompel, H., Hagberg, A., Bettencourt, L., Chute, R., Rodriguez, M. A., et al. (2009a). Clickstream data yields high-resolution maps of science. *PLoS ONE*, 4 (3), e4803.

Bollen, J., Van de Sompel, H., Hagberg, A., & Chute, R. (2009b). A principal component analysis of 39 scientific impact measures. *PLoS ONE*, 4 (6): e6022.

Borgman, C. L., & Furner, J. (2002). Scholarly communication and bibliometrics. *Annual Review of Information Science & Technology*, 36 (1), 2–72.

Borland, J. (2007, August 8). See who's editing Wikipedia—Diebold, the CIA, a campaign. *Wired*. Retrieved from http://www. wired. com/politics/onlinerights/news/2007/08/wiki_tracker?currentPage=1.

Bornmann, L., & Daniel, H. D. (2008). What do citation counts measure?A review of studies on citing behavior. *Journal of Documentation*, 64 (1), 45–80.

Brooks, T. A. (1986). Evidence of complex citer motivations. *Journal of the American Society for Information Science*, 37 (1), 34–36.

Carpenter, J., Wetheridge, L., Smith, N., Goodman, M., & Struijvé, O. (2010). *Researchers of tomorrow annual report, 2009–2010*. JISC/British Library. Retrieved from http://explorationforchange. net/index. php/rot-home. html.

Cheverie, J. F., Boettcher, J., & Buschman, J. (2009). Digital scholarship in the university tenure and promotion process: A report on the sixth scholarly communication symposium at Georgetown

University Library. *Journal of Scholarly Publishing*, 40 (3), 219–230.

Cronin, B. (2001). Bibliometrics and beyond: Some thoughts on web-based citation analysis. *Journal of Information Science*, 27 (1), 1–7.

Cronin, B., & Overfelt, K. (1994). The scholar's courtesy: A survey of acknowledgement behaviour. *Journal of Documentation*, 50 (3), 165–196.

Cronin, B., Snyder, H. W., Rosenbaum, H., Martinson, A., & Callahan, E. (1998). Invoked on the Web. *Journal of the American Society for Information Science*, 49 (14), 1319–1328.

Davis, P. (2012, April 10). The emergence of a citation cartel. *The Scholarly Kitchen*. Retrieved from http://scholarlykitchen. sspnet. org/2012/04/10/emergence- of-a-citation-cartel.

De Bellis, N. (2009). *Bibliometrics and citation analysis: From the Science Citation Index to cybermetrics*. Lanham, MD: Scarecrow Press.

Ding, Y., Jacob, E. K., Caverlee, J., Fried, M., & Zhang, Z. (2009). Profiling social networks: A social tagging perspective. *D-Lib Magazine*, 15 (3/4).

Dunlap, J., & Lowenthal, P. (2009). Tweeting the night away: Using Twitter to enhance social presence. *Journal of Information Systems Education*, 20 (2), 129–135.

Edelman, B. G., & Larkin, I. (2009). Demographics, career concerns or social comparison: Who games SSRN download counts?*SSRN eLibrary*. Retrieved from http://papers. ssrn. com/sol3/papers. cfm?abstract_id=1346397.

Efimova, L. (2009). PhD—Mathemagenic. *Mathemagenic*. Retrieved from http://blog. mathemagenic. com/phd.

Espeland, W. N., & Sauder, M. (2007). Rankings and reactivity: How public measures recreate social worlds. *American Journal of Sociology*, 113 (1), 1–40.

Eysenbach, G. (2012). Can tweets predict citations?Metrics of social impact based on Twitter and correlation with traditional metrics of scientific impact. *Journal of Medical Internet Research*, 13 (4).

Falagas, M., & Alexiou, V. (2008). The top-ten in journal impact factor manipulation. *Archivum Immunologiae et Therapiae Experimentalis*, 56 (4), 223– 226.

Franck, G. (1999). Scientific communication—a vanity fair?*Science*, 286 (5437), 53–55.

Garfield, E. (1972). Citation analysis as a tool in journal evaluation. *Science*, 178 (4060), 471–479.

Garfield, E. (1979). Is citation analysis a legitimate evaluation tool? *Scientometrics*, 1 (4), 359–375.

Gotzsche, P. C., Delamothe, T., Godlee, F., & Lundh, A. (2010). Adequacy of authors' replies to criticism raised in electronic letters to the editor: Cohort study. *BMJ,* 341: c3926.

Groth, P., & Gurney, T. (2010). *Studying scientific discourse on the Web using bibliometrics: A chemistry blogging case study*. Presented at WebSci10: Extending the Frontiers of Society On-Line, Raleigh, NC. Retrieved from http://journal. webscience. org/308.

Guttenplan, D. D. (2010, November 14). Questionable science behind academic rankings. *New York Times*. Retrieved from http://www. nytimes. com/2010/11/15/education/15iht-educLede15. html.

Harnad, S., & Carr, L. (2000). Integrating, navigating, and analysing open eprint archives through open citation linking (the OpCit project). *Current Science*, 79 (5), 629–638.

Harnad, S. (2009). Open access scientometrics and the UK research assessment exercise. *Scientometrics*, 79 (1), 147–156.

Haustein, S., & Siebenlist, T. (2011). Applying social bookmarking data to evaluate journal usage. *Journal of Informetrics*, 5 (3), 446–457.

Head, A. J., & Eisenberg, M. B. (2010). How today's college students use Wikipedia for course-related research. *First Monday*, 15 (3). Retrieved from http://firstmonday. org/htbin/cgiwrap/bin/ojs/index. php/fm/article/view/2830/2476.

Howison, J., & Herbsleb, J. D. (2011). Scientific software production: Incentives and collaboration. In *Proceedings of the ACM 2011 Conference on Computer Supported Cooperative Work* (pp. 513–522). New York: ACM.

Ingwersen, P. (1998). The calculation of Web impact factors. *Journal of Documentation*, 54 (2), 236–243.

Jasonpriem. (2010, September 28). I like the term #articlelevelmetrics, but it fails to imply *diversity* of measures. Lately, I'm liking #altmetrics. Retrieved from https://twitter. com/#!/jasonpriem/status/25844968813.

Jensen, M. (2007, June 15). The New Metrics of Scholarly Authority. The Chronicle of Higher Education. Retrieved from http://www. lexisnexis. com/us/lnacademic/frame. do?tokenKey=rsh-20. 918629. 3985793049&target=results_listview_resultsNav&reloadEntirePage=true&rand=1254107715289&returnToKey=20_T7441126159&parent=docview.

Jiang, J., He, D., & Ni, C. (2011). Social reference: Aggregating online usage of scientific literature in CiteULike for clustering academic resources. *Proceeding of the 11th Annual International ACM/IEEE Joint Conference on Digital Libraries* (pp. 401–402). Ottawa, Canada: ACM.

Junco, R., Heiberger, G., & Loken, E. (2011). The effect of Twitter on college student engagement and grades. *Journal of Computer Assisted Learning*, 27 (2), 119–132.

Kiernan, V. (2003). Diffusion of news about research. *Science Communication*, 25 (1), 3–13.

King, D., & Tenopir, C. (2004). An evidence-based assessment of the "author pays" model. *Nature web focus: Access to the literature*. Retrieved from http://www. nature. com/nature/focus/accessdebate/26. html.

Kousha, K., & Thelwall, M. (2006). Motivations for URL citations to open access library and information science articles. *Scientometrics*, 68 (3), 501–517.

Kousha, K., & Thelwall, M. (2008). Assessing the impact of disciplinary research on teaching: An automatic analysis of online syllabuses. *Journal of the American Society for Information Science and Technology*, 59 (13), 2060–2069.

Krugman, P. (2012). Open science and the econoblogosphere. *Paul Krugman Blog*. Retrieved from http://krugman. blogs. nytimes. com/2012/01/17/open-science-and-the-econoblogosphere.

Kurtz, M. J., Eichhorn, G., Accomazzi, A., Grant, C. S., Demleitner, M., Murray, S. S., et al. (2005). The bibliometric properties of article readership information. *Journal of the American*

Society for Information Science, 56 (2), 111–128.

Lerman, K., & Galstyan, A. (2008). Analysis of social voting patterns on digg. In *Proceedings of the First Workshop on Online Social Networks* (pp. 7–12). New York: ACM.

Letierce, J., Passant, A., Breslin, J., & Decker, S. (2010). Understanding how Twitter is used to spread scientific messages. Presented at the Web Science Conference, Raleigh, NC. Retrieved from http://journal. webscience. org/314/2/websci10_submission_79. pdf.

Lewison, G. (2002). From biomedical research to health improvement. *Scientometrics*, 54 (2), 179–192.

Li, X., Thelwall, M., & Giustini, D. (2011). Validating online reference managers for scholarly impact measurement. *Scientometrics*, 91 (2), 461–471.

Lucas, D. V. (2008). A product review of Zotero. Master's thesis, University of North Carolina at Chapel Hill. Retrieved from http://ils. unc. edu/MSpapers/3388. pdf.

Lund, B., Hammond, T., Flack, M., & Hannay, T. (2005). Social bookmarking tools (II). *D-Lib Magazine*, 11 (4), 1082–9873.

MacRoberts, M. H., & MacRoberts, B. R. (2010). Problems of citation analysis: A study of uncited and seldom-cited influences. *Journal of the American Society for Information Science and Technology*, 61 (1), 1–12.

Malaga, R. A. (2010). Search engine optimization—black and white hat approaches. *Advances in Computers: Improving the Web*, 78, 1–39.

Marchionini, G., Solomon, P., Davis, C., & Russell, T. (2006). Information and library science MPACT: A preliminary analysis. *Library & Information Science Research*, 28 (4), 480–500.

Martin, B. R., & Irvine, J. (1983). Assessing basic research: Some partial indicators of scientific progress in radio astronomy. *Research Policy*, 12 (2), 61–90.

McNee, S. M. (2006). Meeting user information needs in recommender systems. Unpublished doctoral dissertation, University of Minnesota.

Merton, R. K. (1988). The Matthew effect in science, II. *Isis*, 79, 606–623.

Moravcsik, M. J., & Murugesan, P. (1975). Some results on the function and quality of citations. *Social Studies of Science*, 5 (1), 86–92.

Narin, F. (1976). *Evaluative bibliometrics: The use of publication and citation analysis in the evaluation of scientific activity*. Cherry Hill, NJ: Computer Horizons.

Neylon, C. (2010, December 6). Forward linking and keeping context in the scholarly literature. *Science in the Open*. Retrieved from http://cameronneylon. net/blog/forward-linking-and-keeping-context-in-the- scholarly-literature.

Neylon, C. (2012, August 10). *Research assessment to support research impact*. University of Cape Town, Cape Town: South Africa. Retrieved from http://www. slideshare. net/CameronNeylon/research-assessment-to-support- research-impact.

Neylon, C., & Wu, S. (2009). Article-level metrics and the evolution of scientific impact. *PLoS Biology*, 7 (11), e1000242.

Nielsen, F. (2007). Scientific citations in Wikipedia. *First Monday*, 12 (8). Retrieved from http://firstmonday. org/ojs/index. php/fm/article/view/1997/1872.

Nielsen, M. (2009). Doing science online. *Michael Nielsen Blog*. Retrieved from http://michaelnielsen. org/blog/doing-science-online.

Oppenheim, C. (2000). Do patent citations count?In B. Cronin & H. B. Atkins (Eds.), *The web of knowledge: A festschrift in honor of Eugene Garfield* (ASIS Monograph Series, pp. 405–434). Medford, NJ: ASIS.

Pavitt, K. (1985). Patent statistics as indicators of innovative activities: Possibilities and problems. *Scientometrics*, 7 (1–2), 77–99. doi: 10. 1007/BF02020142.

Perneger, T. V. (2004). Relation between online "hit counts" and subsequent citations: prospective study of research papers in the *BMJ. BMJ* (*Clinical Research Ed.),* 329 (7465), 546–547. doi: 10. 1136/bmj. 329. 7465. 546.

Piwowar, H. (2012, January 31). 31 flavors of research impact through #altmetrics. *Research Remix*. Retrieved from http://researchremix. wordpress. com/2012/01/31/31-flavours.

Price, D. J. de S., & Beaver, D. (1966). Collaboration in an invisible college. *American Psychologist*, 21 (11), 1011–1018.

Priego, E. (2012, August 24). "Altmetrics": Quality of engagement matters as much as retweets. *Guardian Higher Education Network*. Retrieved from http://www. guardian. co. uk/higher-education-network/blog/2012/aug/24/measuring- research-impact-altmetic.

Priem, J., & Costello, K. (2010). How and why scholars cite on Twitter. *Proceedings of the 73rd ASIS&T Annual Meeting*. Pittsburgh, PA: ASIS&T.

Priem, J., Costello, K., & Dzuba, T. (2011). *Prevalence and use of Twitter among scholars*. Presented at the Metrics 2011 Symposium on Informetric and Scientometric Research, New Orleans. Retrieved from http://jasonpriem. org/self- archived/5uni-poster. png.

Priem, J., & Hemminger, B. H. (2010). Scientometrics 2. 0: Toward new metrics of scholarly impact on the social Web. *First Monday*, 15 (7). Retrieved from http://firstmonday. org/htbin/cgiwrap/bin/ojs/index. php/fm/article/view/2874/2570.

Priem, J., Piwowar, H. A., & Hemminger, B. M. (2012). Altmetrics in the wild: Using social media to explore scholarly impact. *arXiv: 1203. 4745*. Retrieved from http://arxiv. org/abs/1203. 4745.

Priem, J., Taraborelli, D., Groth, P., & Neylon, C. (2010). Altmetrics: A manifesto. Retrieved from http://altmetrics. org/manifesto.

Procter, R., Williams, R., Stewart, J., Poschen, M., Snee, H., Voss, A., & Asgari- Targhi, M. (2010). Adoption and use of Web 2. 0 in scholarly communications. *Philosophical Transactions of the Royal Society A: Mathematical, Physical and Engineering Sciences,* 368 (1926), 4039–4056. doi: 10. 1098/rsta. 2010. 0155.

Revolutionizing peer review? (2005). *Nature Neuroscience*, 8 (4), 397.

Ross, C., Terras, M., Warwick, C., & Welsh, A. (2011). Enabled backchannel: Conference Twitter use by digital humanists. *Journal of Documentation*, 67 (2), 214–237.

Schriger, D. L., Chehrazi, A. C., Merchant, R. M., & Altman, D. G. (2011). Use of the Internet by print medical journals in 2003 to 2009: A longitudinal observational study. *Annals of Emergency Medicine*, 57 (2), 153–160.

Schweitzer, N. J. (2008). Wikipedia and psychology: Coverage of concepts and its use by undergraduate students. *Teaching of Psychology*, 35 (2), 81–85.

Shema, H., & Bar-Ilan, J. (2011). *Characteristics of researchblogging. org science blogs and bloggers*. Presented at altmetrics11: Tracking scholarly impact on the social Web (an ACM Web Science Conference 2011 workshop), Koblenz, Germany. Retrieved from http://altmetrics. org/workshop2011/shema-v0.

Shirky, C. (2008). *It' s not information overload: It' s filter failure.* Presented at the Web 2. 0 Expo, New York. Retrieved from http://www. youtube. com/watch?v=LabqeJEOQyI&feature=youtube_gdata.

Shuai, X., Pepe, A., & Bollen, J. (2012). How the scientific community reacts to newly submitted preprints: Article downloads, Twitter mentions, and citations. *arXiv: 1202. 2461*. Retrieved from http://arxiv. org/abs/1202. 2461.

Sieber, J., & Trumbo, B. (1995). (Not) giving credit where credit is due: Citation of data sets. *Science and Engineering Ethics*, 1 (1), 11–20.

Smith, J. W. T. (2003). The deconstructed journal revisited—a review of developments. *ICCC/IFIP Conference on Electronic Publishing—ElPub03–From Information to Knowledge* (pp. 2–88). http://elpub. scix. net/cgi- bin/works/show_id=280_elpub2008&sort=DEFAULT&search=Galina&hits=2/Bro wseTree? field=series&separator=: &recurse=0&order=AZ&value=ELPUB%3a2003&first=0.

Stankovic, M., Rowe, M., & Laublet, P. (2010). Mapping tweets to conference talks: A goldmine for semantics. *The Third Social Data on the Web Workshop SDoW2010, collocated with ISWC2010, Shanghai, China*. Retrieved from http://ceur-ws. org/Vol-664.

Sugimoto, C. R., Russell, T. G., Meho, L. I., & Marchionini, G. (2008). MPACT and citation impact: Two sides of the same scholarly coin?*Library & Information Science Research*, 30 (4), 273–281.

Taraborelli, D. (2008). Soft peer review: Social software and distributed scientific evaluation. In *Proceedings of the 8th International Conference on the Design of Cooperative Systems* [COOP' 08] . Carry-Le-Rouet, France.

Thelwall, M. (2003). What is this link doing here?Beginning a fine-grained process of identifying reasons for academic hyperlink creation. *Information Research*, 8 (3).

Thelwall, M. (2010). Webometrics: Emergent or doomed?*Information Research*, 15 (4). Retrieved from http://informationr. net/ir/15-4/colis713. html.

Tinti-Kane, H., Seaman, J., & Levy, J. (2010). *Social media in higher education: The survey*. Retrieved from http://www. slideshare. net/PearsonLearningSolutions/pearson-socialmediasurvey2010.

Tumasjan, A., Sprenger, T. O., Sandner, P. G., & Welpe, I. M. (2010). Predicting elections with Twitter: What 140 characters reveal about political sentiment. *Proceeding of the Fourth International AAAI Conference on Weblogs and Social Media* (pp. 178–185). Menlo Park, CA: AAAI Press.

Vaughan, L., & Shaw, D. (2005). Web citation data for impact assessment: A comparison of four science disciplines. *Journal of the American Society for Information Science*, 56 (10), 1075–1087.

Vinkler, P. (1987). A quasi-quantitative citation model. *Scientometrics*, 12 (1–2), 47–72.

Wang, X., Wang, Z., & Xu, S. (2012). Tracing scientists' research trends realtimely. *arXiv: 1208. 1349*. Retrieved from http://arxiv. org/abs/1208. 1349.

Weller, K., Dröge, E., & Puschmann, C. (2011). Citation analysis in Twitter: Approaches for defining and measuring information flows within tweets during scientific conferences. In *Proceedings of Making Sense of Microposts Workshop* (# MSM2011, pp. 1–12), co-located with Extended Semantic Web Conference, Crete, Greece.

Wets, K., Weedon, D., & Velterop, J. (2003). Post-publication filtering and evaluation: Faculty of 1000. *Learned Publishing*, 16, 249–258.

Yan, K. -K., & Gerstein, M. (2011). The spread of scientific information: Insights from the Web usage statistics in PLoS Article-Level Metrics. *PLoS ONE*, 6 (5), e19917.

Zhao, D., & Rosson, M. B. (2009). How and why people Twitter: The role that micro-blogging plays in informal communication at work. In *Proceedings of the ACM 2009: International Conference on Supporting Group Work* (pp. 243–252). New York: ACM.

第 15 章
用于科研评估的网络影响计量

卡万·高沙　迈克·塞尔瓦尔
Kayvan Kousha & Mike Thelwall

引言

定量研究影响评估主要依赖于对 Scopus、Web of Science（WoS）或中文引文索引等传统引文索引中已发表的学术文献（主要是期刊论文）之间的引用关系进行分析。由于实际原因，这些只能涵盖有限的科学文献子集，尽管一些索引最近收录的内容已经从影响大、以英文为主的期刊论文扩展到类型更广泛的文档，包括会议记录、书籍和预印本。例如，汤森路透推出的“互联网引用索引（Web Citation Index）”，收录了来自近 45 万个全文互联网资源的引文数据，包括预印本、会议记录、技术报告、论文和白皮书（Thomson Scientific，2006），还提供了每年约一万卷的图书引文索引（Thomson Scientific，2012）。这些更广泛类型的信息源，特别是书籍和专著，通常用来监测社会科学和人文科学的研究影响（Nederhof，2006）。其他对科学进步至关重要但很少带来正式发表的学术活动，如教学、讨论和演讲，有时可能会以传统引文索引无法检测到的方式对研究加以施引。

信息科学家认为，由于互联网资源越来越多地用于研究和学术交流，将文献计量学方法从传统的引文索引扩展到互联网是可能的（Borgman & Furner，2002；Cronin，2001）。这是因为互联网包括大量的数字化对象（例如，论文、课程教学大纲、演示文稿、博客、科学视频和图像），这些数字化对象可能对评估研究的影响很有用。图 15.1 概述了 1996—2011 年发表的论文中引用网页的程度。它显示，在 Scopus 索引的四大主题领域的学术出版物中，被引用的网络来源的数量不断增长。这些数据表明，互联网对学术研究的重要性与日俱增。

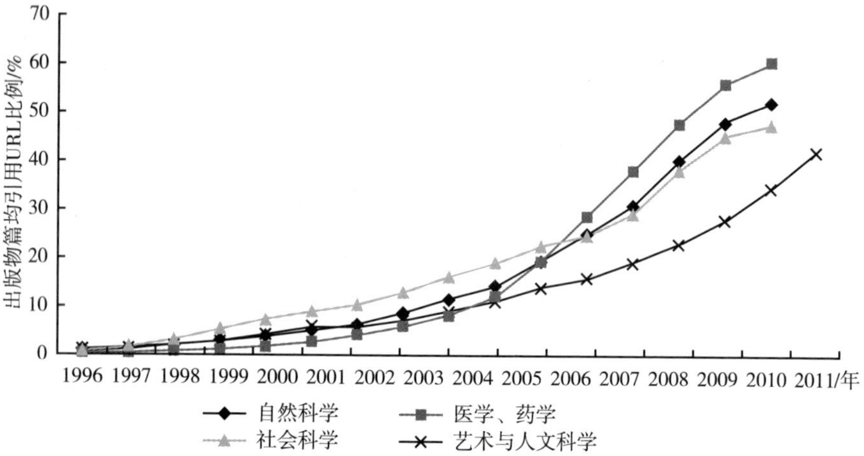

图 15.1 Scopus（1996—2011）在四大主题领域中引用的 URL（作者个人数据）

早期的网络影响评估是基于传统文献计量学指标（如期刊被引）与网络链接（Almind & Ingwersen，1997；Ingwersen，1998；Rousseau，1997）、网络摘录的引文（Kousha & Thelwall，2007a；Vaughan & Shaw，2005）或下载和使用的统计数据（Bollen & Van de Sompel，2008；Brody，Harnad，& Carr，2006）之间的相似性进行的。然而，社交媒体的出现带来了许多替代指标（Priem，本书第 14 章）。“科学计量学 2.0”类型的分析（Priem & Hemminger，2010）包括推特（Eysenbach，2011；Priem & Costello，2010）、博客（Kjellberg，2010；Shema，Bar Ilan，& Thelwall，2012）、在线参考文献管理器（Jiang，He，& Ni，2011；Li，Thelwall，& Giustini，2012）和社交书签（Haustein & Siebenlist，2011）。

本章讨论如何使用网络计量学来评估学术研究的影响，无论是人工作品、论文、研究者还是机构。我们认为，网络影响评估应该通过纳入新类型的影响来源（例如，演示文稿或教学大纲）和新类型的产出（例如，在线视频或科学博客）来对传统的影响计量进行补充。

一般的网络影响评估

本节讨论评估网络影响的不同方法，包括超链接、文本和 URL 引用。

网络超链接

网络超链接与引文一样，是一种虚拟的文档间连接。它的来源和目标可以是一个部门、一个在线资源、一位个体学者、一家企业或任何其他通过网络呈现的东西。超链接比传统的引用更加多样化，因此对于更广泛类型的引文分析非常有用。英格沃森（Ingwersen，1998）首次演示了如何使用这些方法计算整个国家的网络影响。大多数早期的研究试图通过显示超链接数量与传统被引指标的相关性，来验证超链接作为特定语境中影响的证据。这背后的理论基础是，如果超链接反映了学术影响的一个方面，那么它们应该与被引次数（即既定的影响指标）呈正相关。即使它们反映了学术交流的不同方面，这也应该是正确的，因为学术交流的两个方面不太可能完全无关。也有其他尝试来验证超链接在影响评估中的使用，如超链接创建原因的内容分析（Bar Ilan，2004；Wilkinson，Harries，Thelwall，& Price，2003）。

早期的网络出现了第一批在线开放获取期刊和印刷期刊网站。超链接指标的一个合理用途是评估整个期刊的在线影响，与期刊影响因子（JIF）并行。一系列调查发现，由于期刊网站上超链接数量和内容数量的学科差异，JIF 并不等同于基于期刊网站超链接数量的指标（Vaughan & Hysen，2002）。

超链接的第二个潜在用途是评估整个大学的在线影响，其目的是制作大学排行榜，帮助学术界确定各国院校的地位。在实践中，大多数研究主要以方法论为重点，测试收集超链接及计数的不同方法。他们将大学网站的超链接数量（有时根据大学规模进行归一化）与有关大学研究质量的外部信息相关联，并且在此过程中只选择这些外部信息可以获得的国家。结果大体上是正相关的，在线和离线指标之间发现了高度的相关性（Thelwall & Harries，2004）。基于网络数据对大学进行排名的想法以世界大学网络排名（Aguillo，Granadino，Ortega & Prieto，2006）的形式蓬勃发展，而这促进了开放获取研究。

从方法论的角度来看，超链接研究的一个明显发现是，由于部分网站偶尔会大规模复制链接造成异常，更可取的是计数超链接站点，而不是超链接页面（Thelwall，2002）。使用的超链接要么由网络爬虫收集，要么通过查询商业搜索引擎（包括 AltaVista 和雅虎）收集。不同的来源给出的结果是具有可比性的，但不是完全相同的。商业搜索引擎有两个优势：它们更容易使用；其查询范围可以包括整个网络，而不仅仅计算一组固定网站之间的链接。从主流搜索引擎中撤销所有的超链接搜索——在撰写本文时仍然如此——已经破坏了超链接网络影响研究。然而，正如下面所讨论的，URL 引用和标题提及已经作为超链接搜索的合理替代方案进行网络影响分析（Thelwall，Sud，& Wilkinson，2012）。

文本：网络引用和网络提及

传统的引文提供了足够的细节来唯一地标识被引文献。所有标准样式都符合这一点，包括芝加哥格式和哈佛格式。互联网包含许多类似引用与对人和组织的提及，这些都有可能被用于研究评估。

最早研究网络提及（web mention）来进行影响评估的尝试是通过商业搜索引擎查询被频繁引用的学者的名字，然后对结果进行分类。学者的名字在各种学术环境中被引用，比如会议页面、课程阅读列表、当前公告、资源指南、个人或机构主页、列表服务和目录（Cronin，Snyder，Rosenbaum，Martinson，& Callahan，1998）。网络的持续发展使得随后的类似研究更加困难。我们中的一位（塞尔瓦尔）最近评估了一组欧洲音乐学校里音乐家的网络档案，其基本假设是，在缺乏发表研究方向的情况下，音乐家的名气是其学术贡献的良好指标。

沃恩和肖（Vaughan & Shaw，2003）使用了“网络引用（web citation）”一词来指代某个网页中确切论文标题的出现，尽管其他人已经通过网络查询策略对其进行了操作，同时还包括额外的文献信息（例如作者姓名、来源标题或出版年份）（Kousha & Thelwall，2008）。因此，网络引用次数可以反映出版物在网页上被提及的频率。商业搜索引擎（例如谷歌、必应）已用于识别影响指标的网络引用。大多数网络引用分析已将网络影响力指标与常规对应指标（例如 WoS 上的被引）进行了比较，以评估这些网络指标是否与研究评估相关。

例如，一项研究将网络引用次数与图书情报学期刊论文的传统被引指标进行了比较，发现它们之间存在显著的相关性（Vaughan & Shaw，2003）。这一结果随后在其他领域和期刊上得到了证实（Kousha & Thelwall，2007a；Vaughan & Shaw，2005），为传统的和网络提取的研究影响计量之间的关系提供了初步的定量证据。然而，对若干科学和社会科学学科的进一步定性研究表明，分别只有 23% 和 19% 的谷歌网络引用来自在线文档中的参考文献。相比之下，大多数网络引用是为了导航（如科学数据库或在线书目）或自我宣传（即个人或机构简历）而创建的（Kousha & Thelwall，2007b）。由于这些创建引用的非标准原因，网络引用永远都不应该被认为是在测量影响力。这会削弱结果的价值，但不会使其失效，因为网络引用仍然可以用作研究影响的指标。

网络引用 / 提及计数的实际应用包括为传统引文索引之外的对象计算指标，这些对象包括新期刊、预印本和白皮书。

URL 引用

URL 引用是网页文本对特定 URL 的提及，无论其是否嵌入了超链接（见后文）。因此，URL 引用次数是捕获不同网络对象（例如，开放获取论文、在线视频、博客帖子或其他网络文档）的网络引用的另一种方法。即使商业搜索引擎不允许超链接查询，也可以使用 URL 引用查询。这是一个重要的优势。下面是对一篇开放获取期刊论文的 URL 引用的谷歌查询。期刊论文 URL 后面的站点——“-site: ”——部分，排除了可能是由于导航原因（例如，在目录中）而创建的 URL 引用。如：

“informationr.net/ir/5 - 4/paper82.html” –site: informationr.net/ir

URL 引用既不同于超链接引用，也不同于网络引用，它对于在线影响评估有一些优势和劣势。URL 引用搜索相对于网络引用搜索（例如，对论文标题的确切提及）的优点是：URL 是唯一的，因此 URL 引用次数的计算可以防止错误匹配。然而，URL 引用搜索只对统计开放获取论文或其他数字对象的引用有用，尤其是在合理地期望引用明确提及 URL 的情况下。URL 引用搜索的另一个主要限制是它不能挖掘嵌入在线文档的图片或标题中的超链接引用。

个体论文的 URL 引用次数的实际应用之一是计算期刊的 JIF，以及传统引文索引之外的论文和其他数字产物的被引次数。

混合方法

网络引用、URL 引用和超链接都可以检索相互重叠且唯一的结果，以便进行在线影响评估。例如，网络引用查询可能会丢失某些网络文档中的 URL 引用，而 URL 引用将无法捕获嵌入标题或图像中的超链接引用。因此，有人试图使用一种组合的数据收集方法，即网络 /URL 引用计数，来聚合这两个来源（Kousha & Thelwall，2007a）。

基于网络数据库的影响评估

文献数据库对出版物的索引有不同的政策，因此它们的覆盖范围可能与综合性学术文献集（例如，在语言、来源类型方面）迥异。因此，对影响的计量受到数据库覆盖率的限制。许多人认为，传统引文索引对科学文献的选择性覆盖会导致不具代表性的影响计量（MacRoberts & MacRoberts，1996；Moed，2005），尤其是在社会科学和人文学科（Archambault，Vignola Gagne，Cote，Larivière，& Gingras，2006；Glänzel，1996；Hicks，1999）。例如，汤森路透的艺术与人文学科引文索引（A&HCI）中的出版物数量为 1 689 篇（A&HCI，2012），而爱思唯尔的 Scopus 数据库索引了约 3 500 份艺术和人文学科出版物（Scopus Arts & Humantics Coverage，2011）。

基于网络的自动引文索引和其他文档搜索工具的开发是一个转折点，它使人们能从传统引文数据库中提取不同类型的网络指标。因此，许多研究使用了 CiteSeer、谷歌学术、谷歌图书和其他在线数据库来调查替代影响指标。

专业引文索引

早期从在线数据库获取替代性被引指标的尝试是基于专业数字图书馆的。例如，CiteSeer 是一个自立自主的引文索引，主要涵盖计算机科学和信息科学领域的在线出版物（例如，后印本或预印本）。若比较 CiteSeer 索引的在线计算机科学论文的被引次数和 WoS 的被引次数，可发现 CiteSeer 的被引时间更近，尤其是来自会议论文的被引（Goodrum，McCain，Lawrence，& Giles，2001）。可扩展标记语言（eXtended Markup Language，XML）研究领域也是如此，CiteSeer 的被引次数也超过了 WoS 数据库（Zhao & Logan，2002）。不过，目前尚不清楚汤森路透随后推出的会议录引文索引是否改变了这种局面。

谷歌学术

自 2004 年谷歌学术搜索问世以来，许多研究都将其用作文献计量分析的在线引文数据库（Eysenbach，2011；Meho 和 Yang，2007）。尽管谷歌学术似乎可以提供比传统产品更大的引文索引，但是像大多数网络影响来源一样，它会产生错误的匹配和夸大的被引次数（Jacsó，2005，2006），并且缺乏可靠的文献计量分析所需的质量控制机制（Aguillo，2012；Delgado-López-Cózar & Cabezas-Clavijo，2012）。然而，随着开放获取出版物（包括预印本和后印本）数量的不断增加，以及谷歌学术对在线出版物广泛的地理和语言覆盖，当传统的引文索引（WoS）不可用或覆盖范围不足时，将谷歌学术的被引指标（被引次数、h 指数等）用于小规模的影响力计算似乎是合理的，特别是在社会科学、艺术和人文科学中。然而，对于重要的大规模研究评估活动，谷歌学术作为传统引文数据库的替代品应该被谨慎使用，因为它有可能被操纵，而且它包含了未经同行评议的文档。

谷歌图书

虽然人们普遍承认书籍在社会科学和人文科学的研究交流中具有的重要性（Huang & Chang，2008；Nederhof，2006），但在科研评价中很少使用图书引文分析。一个原因是，传统的基于期刊的引文数据库并不是主要为了图书引文分析而设计的，因此大多数图书引文分析都是基于对选定的非图书出版物的引用文献的分析，如 WoS 索引论文（Bar Ilan，2010a；Butler & Visser，2006）。此外，在传统的引文数据库中，早期图书之间缺乏引用这一点对于基于图书的学科的影响评估来说是一个问题。

一个实际的问题是，除了同行评议之外，如何评估以书籍为基础的学科内学者或院系的研究表现。书籍和专著往往比期刊论文长得多，这使得大规模的同行评议评估活动趋向复杂化。例如，2008 年提交给英国研究评估活动（Research Assessment Exercise，RAE）的社会科学和人文学科书籍比例为31%，而自然科学领域只有1.2%（Kousha，Thelwall，& Rezaie，2011）。对于基于书籍的学科领域的影响评估，文献计量学家需要一个包含大量书籍的数据库（Garfield，1996）。认识到这一需求，汤森路透最终于2011年发布了“图书引文索引”，但谷歌图书是基于网络的免费替代品，目前在文献计量分析方面更为全面。

谷歌图书（http://books.google.com）包含大量数字化图书，并允许全文本关键字搜索。虽然它不包含引文索引，但谷歌图书的全文搜索功能使其成为查找书籍、书籍章节和专著中参考文献的唯一大型来源，尽管它也会生成一些错误匹配，并且其内容覆盖范围是未知的。高沙和塞尔瓦尔（Kousha & Thelwall，2009）将谷歌图书搜索中的引用与WoS中对期刊论文样本的引用进行了比较。在社会科学和人文科学领域，谷歌图书的被引次数是WoS被引次数的31%—212%，但在自然科学领域只有3%—5%，除了计算机领域（46%；可能是因为计算机会议记录经常以书籍形式出版）。因此，谷歌图书搜索对于图书导向的学科的研究评估（例如，评估部门或晋升和终身教职）很有价值，尽管它也需要少量的手动数据清理来处理错误匹配。随后的一项研究将谷歌图书搜索中对提交给2008年英国研究评估活动的1 000本书籍的引用与书籍导向的七个学科类别的Scopus引用进行了比较，发现谷歌图书的被引次数是Scopus的1.4倍，这意味着至少在英国，谷歌图书被引可以成为支持研究评估活动中同行评议的一个有价值的工具（Kousha et al.，2011）。

总而言之，谷歌图书对于监测基于书籍的学科的研究表现是非常有用的。它是一个实用的工具，在没有可用的替代性在线数据来源时，可用于个别研究者或部门的小规模影响评估，它的覆盖面优于汤森路透的图书引文索引。

互联网上的新型影响评估

网络影响分析的一个有趣的特点是，它有可能从引文索引中难以寻觅的学术文档类型中生成影响指标（Barjak，2006；Palmer，2005）。在互联网出现之前，“大约90%发表在期刊论文上的科学成果都是通过非正式交流领域的渠道传播的”（Schubert，Zsindely，& Braun，1983）。随后，一些非正式学术信息部分向网络转移，促使人们研究可能对影响评估有帮助的新型互联网资源，如在线课程阅读清单、报告和博客。

在线课程教学大纲

网络上有未知数量的大学课程大纲和阅读清单。来自在线教学大纲和阅读清单的引用反映了研究的教育影响，这在以前是不可能使用文献计量学方法进行评估的。现在，通过网络搜索可以做到这一点。例如，高沙和塞尔瓦尔（Kousha & Thelwall，2008）利用提交给网络搜索引擎的自动构建的查询，从在线教学大纲中识别了对 12 个学科领域、超过七万篇期刊论文的引用。其次数之多足以证明许多社会科学学科（包括政治科学和信息科学）的研究具有教育效用。

当然，搜索引擎没有将所有的在线教学大纲编入索引，许多在线教学大纲存储在密码保护的数据库中。然而，希望证明其研究的教育影响的研究者可以使用这种方法生成影响的定量证据。

在线演示

会议和研讨会的演示是传播包括计算机科学在内的许多学科的研究成果的重要方法（Bar-Ilan，2010b）。尽管许多科学报告后来都以期刊论文或会议记录的形式发表（Bird & Bird，1999），但有些可能永远不会正式发表。在某些学科领域，科学报告的发表量不到 1/3（Fennewald，2005；Miguel-Dasit，Marti-Bonmati，Aleixandre，Sanfeliu，& Valderrama，2006；Montane & Vidal，2007）。此外，在演示和随后的全文发表之间可能会存在很大的时间间隔（如泌尿学为两年；Autorino，Quarto，Di Lorenzo，De Sio，& Damiano，2007）。因此，在一些演示特别重要但其内容很少及时发表的领域，传统的被引次数无法对研究进行充分评价。

塞尔瓦尔和高沙（Thelwall & Kousha，2008）考虑了在线演示中的引用对影响评估的价值。根据对引用了 1 807 份 ISI 索引期刊（包含 10 个自然科学和 10 个社会科学学科）列表中任何论文的 PPT 文件的搜索，发现演示文稿对整个期刊的影响评估是有用的，但是对于个体论文的影响评估来说，数量并不够（Thelwall & Kousha，2008）。然而，许多学术报告也有 PDF 或 HTML 格式，但没有实际的搜索方法来分离这些格式以更广泛地评估演示文稿的影响。如果新的在线演示格式（例如 slideshare.net 或 slideshow.com）变得流行并且可以搜索引用，这种情况可能会改变。

下载次数

科学出版物的使用通常是使用被引次数而不是读者信息来评估的，部分原因是对于单独的论文来说，后者不可能准确确定（Haustein，本书第 17 章）。然而，随着互联网的出现，现在可以计算各种与使用有关的指标。特别地，一篇论文被下载的次数可能是一个很好的指标，虽然下载并不意味着阅读，且读者可能更喜欢纸质版本（Bollen & Van de Sompel，2008；Bollen，Van de Sompel，Smith，& Luce，2005）。人们试图根据从服务器日志中提取的下载数据来评估数字图书馆文件的影响（Bollen & Luce，2002；Kaplan & Nelson，2000）。后续研究发现了研究论文的被引和下载之间存在关系的证据（Brody et al.，2006；Kurtz et al.，2005）。在期刊层级上，期刊下载即时指数（Wan，Hua，Rousseau，& Sun，2010）、使用影响因子和使用半衰期（Schloegl & Gorraiz，2010）等下载指标是有用的。在比较期刊之间的下载次数时，需要记住的一个重要问题是，如果它们位于不同的数字图书馆，技术因素可能使结果失去效力。

社交网络影响计量

最近的一项调查表明，有很多学者通过社交网络工具来宣传、分享或访问研究，特别是在社会科学和人文领域（Rowlands，Nicholas，Russell，Canty，& Watkinson，2011）。这支持了基于非标准的学术来源和指标进行开发在线计量来评估学术研究影响的呼吁（Priem & Hemminger，2010）。例如，ImpactStory 提供了基于读者的统计数据和指标，以评估科学出版物在在线读者方面的影响。

科学博客可以用来讨论研究结果和“非正式的出版后同行评议”（Shema et al.，2012；另见 Bar-Ilan 等，本书第 16 章）。例如，Scopus 出版物对主要博客的引用从 2003 年前的 21 次急剧增加到 2011 年的略低于 5 000 次（表 15.1）。然而，基于两种图书馆情报学期刊的博客引用，高沙、塞尔瓦尔和雷扎伊（Kousha，Thelwall，& Rezaie，2010）得出结论，源于博客的引用太少，不值得统计。然而，并非所有领域都是如此。

替代计量学的研究表明，各种其他在线资源可以用于研究影响评估，包括社交书签（Haustein & Siebenlist，2011）、推特（Eysenbach，2011；Priem & Costello，2010）和在线参考文献管理器（Li et al.，2012）。需要更多的研究来了解为什么社交网络引用会发生，以及这些引用提供关于读者群和所使用证据的频率。

表 15.1　近年引用社交网站的 Scopus 出版物数量①（作者个人数据）

年份	维基百科	博客②	视频分享③	文件分享④	一般社交网站⑤	在线参考文献管理器⑥	专业社交网站⑦	图片分享⑧	总计
2002及以前	0	21	0	0	0	0	0	0	21
2003	9	34	0	0	0	0	0	0	43
2004	83	66	0	0	0	0	0	0	149
2005	359	184	0	0	0	0	0	2	545
2006	1 210	313	6	1	1	2	0	2	1 535
2007	2 143	609	53	6	6	2	0	11	2 830
2008	3 189	1 098	144	40	24	8	1	12	4 516
2009	4 844	2 252	431	220	71	37	5	31	7 891
2010	6 449	3 717	767	713	158	67	18	61	11 950
2011	7 176	4 910	1 188	1 195	285	157	26	81	15 018
总计	25 462	13 204	2 589	2 175	545	273	50	200	44 498

注：①不包括 Wikipedia.org、Facebook.com、Twitter.com、YouTube.com 等参考文献列表中的一般引文。

②对 WordPress.com、ScienceBlogs.com 等 68 家主要博客的引用。

③对 YouTube.com、Ted.com、Vimeo.com 等 15 家主要视频共享网站的引用。

④对 DropBox.com 和 Scribd.com 等七家主要文件共享网站的引用。

⑤对 Facebook.com、Twitter.com 和 MySpace.com 三家主要一般社交网站的引用。

⑥对 CiteULike.org 和 Mendeley.com 等八家主要在线参考文献管理网站的引用。

⑦对 LinkedIn.com 等两家专业社交网站的引用。

⑧对 Ficker.com 和 PhotoBucket.com 两家图片分享网站的引用。

学术出版之外：非传统产出的网络影响

虽然上述讨论主要涉及传统学术出版物的影响，但学者们也参与了其他有形产出（如视频）的活动，这些活动可以通过评估来确定其价值。表 15.1 概述了一系列社交网站被正式引用的频率，为其内容的学术价值提供了证据。在 Scopus 索引的出版物中，不同类型的网站被引用的情况一直呈稳步上升的趋势。例如，虽然 2003 年维基百科的文章和博客文章分别只有九次和 34 次被引，2006 年只有六次对在线视频的引用，但这几个数字分别大幅上升到 2011 年的 7 176、4 910 和 1 188。表 15.1 给出了一些证据，证明非标准产出在科学上是有用的。

一些研究分析了包括视频在内的特定类型的非标准科学产出的影响。在线视频通过演示科学实验或录制学术报告和讲座等方式，在科学交流中发挥着越来越重要的作用。作者以新颖的方式引用这些视频，以支持跨学科领域的研究，从自然科学和医学的实时科学演示和实验室实验，到艺术和人文学科的艺术产出（如音乐和舞蹈）（Kousha & Thelwall，2012；Kousha，Thelwall，& Abdoli，2012）。在影响测量方面，TED（Technology Entertainment Design，http://www.ted.com/）的一项研究表明，开发一系列视频的在线影响指标是可能的（Sugimoto & Thelwall，2013）。这不限于观看人数，而是包括从 YouTube 获得的人口统计数据，因此可以进行更深入的影响分析。

理想情况下，一个科学家的整体贡献可以通过单一的指标来评估，这个指标结合了传统的引用和对非传统产出的引用。然而，由于非传统产出吸引了各种各样的受众，这似乎不太可能。将科普视频的下载次数与技术演示的下载次数进行比较是不公平的。合乎逻辑的解决方案似乎是使用多个独立的指标来描述科学家的贡献，而不是使用独立的统计数据（Thelwall，Kousha，Weller，& Puschmann，2012）。

结论

利用网络评估研究影响的方法有很多。在大多数情况下，网络影响指标不需要订阅数据库。然而，它们的真正优势是，与传统的引文索引相比，尽管后者现在包括更多的来源类型，但是前者的覆盖面更广。然而，与学术引用相比，网络影响指标普遍缺乏质量控制，因此在研究评估中应谨慎使用。从替代计量学运动的流行可以看出，网络影响指标可以占据一个细分市场，它既可以通过网络上更广泛的资源类型来补充传统指标，也可以提供未来可能的引文影响的早期指标。然而，使用网络影响统计数据来提供非传统产出（如视频）价值的证据似乎更加棘手，这种方法是否被广泛采用还有待观察。最后，随着网络的发展，网络影响的新来源很可能会出现，旧的来源可能会消失，这使得网络影响评估研究成为一项必要的工作。

致谢

本章由欧盟 FP7 ACUMEN 项目提供部分资助（课题号：266632）。

参考文献

Aguillo, I. F. (2012). Is Google Scholar useful for bibliometrics?A webometric analysis. *Scientometrics*, 91 (2), 343–351.

Aguillo, I. F., Granadino, B., Ortega, J. L., & Prieto, J. A. (2006). Scientific research activity and communication measured with cybermetrics indicators. *Journal of the American Society for Information Science and Technology*, 57 (10), 1296–1302.

Almind, T. C., & Ingwersen, P. (1997). Informetric analyses on the World Wide Web: Methodological approaches to "webometrics. "*Journal of Documentation*, 53 (4), 404–426.

Archambault, E., Vignola-Gagne, E., Cote, G., Larivière, V., & Gingras, Y. (2006). Benchmarking scientific output in the social sciences and humanities: The limits of existing databases. *Scientometrics*, 68 (3), 329–342.

Arts & Humanities Citation Index. (2012). Retrieved from http://ip- science. thomsonreuters. com/cgi-bin/jrnlst/jlresults. cgi?PC=H.

Autorino, R., Quarto, G., Di Lorenzo, G., De Sio, M., & Damiano, R. (2007). Are abstracts presented at the EAU meeting followed by publication in peer-reviewed journals?A critical analysis. *European Urology*, 51 (3), 833–840.

Bar-Ilan, J. (2004). A microscopic link analysis of academic institutions within a country—the case of Israel. *Scientometrics*, 59 (3), 391–403.

Bar-Ilan, J. (2010a). Citations to the "Introduction to Informetrics" indexed by WoS, Scopus and Google Scholar. *Scientometrics*, 82 (3), 495–506.

Bar-Ilan, J. (2010b). Web of Science with the Conference Proceedings Citation Indexes: The case of computer science. *Scientometrics*, 83 (3), 809–824.

Barjak, F. (2006). The role of the Internet in informal scholarly communication. *Journal of the American Society for Information Science and Technology*, 57 (10), 1350–1367.

Bird, J. E., & Bird, M. D. (1999). Do peer-reviewed journal papers result from meeting abstracts of the biennial conference on the biology of marine mammals?*Scientometrics*, 46 (2), 287–297.

Bollen, J., & Luce, R. (2002). Evaluation of digital library impact and user communities by analysis of usage patterns. *D-Lib Magazine*, 8 (6).

Bollen, J., & Van de Sompel, H. (2008). Usage impact factor: The effects of sample characteristics on usage-based impact metrics. *Journal of the American Society for Information Science and Technology*, 59 (1), 136–149.

Bollen, J., Van de Sompel, H., Smith, J. A., & Luce, R. (2005). Toward alternative metrics of journal impact: A comparison of download and citation data. *Information Processing & Management*, 41 (6), 1419–1440.

Borgman, C. L., & Furner, J. (2002). Scholarly communication and bibliometrics. *Annual Review of Information Science & Technology*, 36, 3–72.

Brody, T., Harnad, S., & Carr, L. (2006). Earlier web usage statistics as predictors of later citation impact. *Journal of the American Society for Information Science and Technology*, 57 (8), 1060–1072.

Butler, L., & Visser, M. S. (2006). Extending citation analysis to non-source items. *Scientometrics*, 66 (2), 327–343.

Cronin, B. (2001). Bibliometrics and beyond: Some thoughts on web-based citation analysis. *Journal of Information Science*, 27 (1), 1–7.

Cronin, B., Snyder, H. W., Rosenbaum, H., Martinson, A., & Callahan, E. (1998). Invoked on the Web. *Journal of the American Society for Information Science*, 49 (14), 1319–1328.

Delgado-López-Cózar, E., & Cabezas-Clavijo, Á. (2012). Google Scholar Metrics: An unreliable tool for assessing scientific journals. *El Profesional de la Informaci6n*, 21 (4), 419–427.

Eysenbach, G. (2011). Can Tweets predict citations?Metrics of social impact based on Twitter and correlation with traditional metrics of scientific impact. *Journal of Medical Internet Research*, 13 (4).

Fennewald, J. (2005). Perished or published: The fate of presentations from the Ninth ACRL Conference. *College & Research Libraries*, 66 (6), 517–525.

Garfield, E. (1996). Citation indexes for retrieval and research evaluation. *Consensus Conference on the Theory and Practice of Research Assessment*, Capri. Retrieved from http:// www. garfield. library. upenn. edu/papers/ciretreseval- capri2. pdf.

Glänzel, W. (1996). A bibliometric approach to social sciences, national research performances in 6 selected social science areas, 1990–1992. *Scientometrics*, 35 (3), 291–307.

Goodrum, A. A., McCain, K. W., Lawrence, S., & Giles, C. L. (2001). Scholarly publishing in the Internet age: A citation analysis of computer science literature. *Information Processing & Management*, 37 (5), 661–675.

Haustein, S., & Siebenlist, T. (2011). Applying social bookmarking data to evaluate journal usage. *Journal of Informetrics*, 5 (3), 446–457.

Hicks, D. (1999). The difficulty of achieving full coverage of international social science literature and the bibliometric consequences. *Scientometrics*, 44 (2), 193– 215.

Huang, M. -H., & Chang, Y. -W. (2008). Characteristics of research output in social sciences and humanities: From a research evaluation perspective. *Journal of the American Society for Information Science and Technology*, 59 (11), 1819–1828.

Ingwersen, P. (1998). The calculation of Web impact factors. *Journal of Documentation*, 54 (2), 236–243.

Jacsó, P. (2005). Google Scholar: The pros and the cons. *Online Information Review*, 29 (2), 208–214.

Jacsó, P. (2006). Deflated, inflated and phantom citation counts. *Online Information Review*, 30 (3), 297–309.

Jiang, J., He, D., & Ni, C. (2011). Social reference: Aggregating online usage of scientific literature in CiteULike for clustering academic resources. In *Proceedings of the ACM/IEEE Joint Conference on Digital Libraries* (pp. 401–402). Ottawa, Ontario, June 13-17, 2011.

Kaplan, N. R., & Nelson, M. L. (2000). Determining the publication impact of a digital library. *Journal of the American Society for Information Science and Technology*, 51 (4), 324–339.

Kjellberg, S. (2010). I am a blogging researcher: Motivations for blogging in a scholarly context. *First Monday*, 15 (8).

Kousha, K., & Thelwall, M. (2007a). Google Scholar citations and Google Web/URL citations: A multi-discipline exploratory analysis. *Journal of the American Society for Information Science and Technology*, 58 (7), 1055–1065.

Kousha, K., & Thelwall, M. (2007b). How is science cited on the web?A classification of Google unique web citations. *Journal of the American Society for Information Science and Technology*, 58 (11), 1631–1644.

Kousha, K., & Thelwall, M. (2008). Assessing the impact of disciplinary research on teaching: An automatic analysis of online syllabuses. *Journal of the American Society for Information Science and Technology*, 59 (13), 2060–2069.

Kousha, K., & Thelwall, M. (2009). Google Book search: Citation analysis for social science and the humanities. *Journal of the American Society for Information Science and Technology*, 60 (8), 1537–1549.

Kousha, K., & Thelwall, M. (2012). Motivations for citing YouTube videos in the academic publications: A contextual analysis. In Proceedings of STI 2012 Montréal (pp. 488–497), Montréal, Québec, September 5-8, 2012.

Kousha, K., Thelwall, M., & Abdoli, M. (2012). The role of online videos in research communication: A content analysis of YouTube videos cited in academic publications. *Journal of the American Society for Information Science and Technology*, 63 (9), 1710–1727.

Kousha, K., Thelwall, M., & Rezaie, S. (2010). Using the Web for research evaluation: The Integrated Online Impact indicator. *Journal of Informetrics*, 4 (1), 124–135.

Kousha, K., Thelwall, M., & Rezaie, S. (2011). Assessing the citation impact of books: The role of Google Books, Google Scholar, and Scopus. *Journal of the American Society for Information Science and Technology*, 62 (11), 2147–2164.

Kurtz, M. J., Eichhorn, G., Accomazzi, A., Grant, C., Demleitner, M., Murray, S. S., et al. (2005). The bibliometric properties of article readership information. *Journal of the American Society for Information Science and Technology*, 56 (2), 111–128.

Li, X., Thelwall, M., & Giustini, D. (2012). Validating online reference managers for scholarly impact measurement. *Scientometrics*, 91 (2), 461–471.

MacRoberts, M. H., & MacRoberts, B. R. (1996). Problems of citation analysis. *Scientometrics*, 36 (3), 435–444.

Meho, L., & Yang, K. (2007). Impact of data sources on citation counts and rankings of LIS faculty: Web of Science vs. Scopus and Google Scholar. *Journal of the American Society for Information Science and Technology*, 58 (13), 2105–2125.

Miguel-Dasit, A., Marti-Bonmati, L., Aleixandre, R., Sanfeliu, P., & Valderrama, J. C. (2006). Publications resulting from Spanish radiology meeting abstracts: Which, where and who. *Scientometrics*, 66 (3), 467–480.

Moed, H. K. (2005). *Citation analysis in research evaluation*. New York: Springer.

Montane, E., & Vidal, X. (2007). Fate of the abstracts presented at three Spanish clinical pharmacology congresses and reasons for unpublished research. *European Journal of Clinical Pharmacology*, 63 (2), 103–111.

Nederhof, A. J. (2006). Bibliometric monitoring of research performance in the social sciences and the humanities: A review. *Scientometrics*, 66 (1), 81–100.

Palmer, C. L. (2005). Scholarly work and the shaping of digital access. *Journal of the American Society for Information Science and Technology*, 56 (11), 1140–1153.

Priem, J., & Costello, K. L. (2010). How and why scholars cite on Twitter. *Proceedings of the American Society for Information Science and Technology*, 47 (1), 1–4.

Priem, J., & Hemminger, B. M. (2010). Scientometrics 2. 0: Toward new metrics of scholarly impact on the social Web. *First Monday*, 15 (7).

Rousseau, R. (1997). Sitations: An exploratory study. *Cybermetrics,* 1 (1).

Rowlands, I., Nicholas, D., Russell, B., Canty, N., & Watkinson, A. (2011). Social media use in the research workflow. *Learned Publishing*, 24 (3), 183–195.

Schloegl, C., & Gorraiz, J. (2010). Comparison of citation and usage indicators: The case of oncology journals. *Scientometrics*, 82 (3), 567–580.

Schubert, A., Zsindely, S., & Braun, T. (1983). Scientometric analysis of attendance at international scientific meetings. *Scientometrics*, 5 (3), 177–187.

Scopus Arts & Humanities Coverage. (2011). Retrieved from http://www. info. sciverse. com/scopus/scopus-in-detail/arts-humanities.

Shema, H., Bar-Ilan, J., & Thelwall, M. (2012). Research blogs and the discussion of scholarly information. *PLoS ONE*, 7 (5): e35869.

Sugimoto, C. R., & Thelwall, M. (2013. Scholars on soap boxes: Science communication and dissemination via TED videos. *Journal of the American Society for Information Science and*

Technology, 64 (4), 663–674.

Thelwall, M. (2002). Conceptualizing documentation on the Web: An evaluation of different heuristic-based models for counting links between university web sites. *Journal of the American Society for Information Science and Technology*, 53 (12), 995–1005.

Thelwall, M., & Harries, G. (2004). Do the web sites of higher rated scholars have significantly more online impact?*Journal of the American Society for Information Science and Technology*, 55 (2), 149–159.

Thelwall, M., & Kousha, K. (2008). Online presentations as a source of scientific impact?: An analysis of PowerPoint files citing academic journals. *Journal of the American Society for Information Science and Technology*, 59 (5), 805–815.

Thelwall, M., Kousha, K., Weller, K., & Puschmann, C. (2012). Assessing the impact of online academic videos. In G. Widen-Wulff & K. Holmberg (Eds.), *Social information research* (pp. 195–213). Bradford, UK: Emerald.

Thelwall, M., Sud, P., & Wilkinson, D. (2012). Link and co-inlink network diagrams with URL citations or title mentions. *Journal of the American Society for Information Science and Technology*, 63 (4), 805–816.

Thomson Reuters. (2012). Book Citation Index in Web of Science. Retrieved from http://wokinfo. com/media/pdf/bkci_fs_en. pdf.

Thomson Scientific. (2006). Web Citation Index. Retrieved from http://scientific. thomson. com/tutorials/wci/wci1tut1. html.

Vaughan, L., & Hysen, K. (2002). Relationship between links to journal web sites and impact factors. *Aslib Proceedings*, 54 (6), 356–361.

Vaughan, L., & Shaw, D. (2003). Bibliographic and web citations: What is the difference? *Journal of the American Society for Information Science and Technology*, 54 (14), 1313–1322.

Vaughan, L., & Shaw, D. (2005). Web citation data for impact assessment: A comparison of four science disciplines. *Journal of the American Society for Information Science and Technology*, 56 (10), 1075–1087.

Wan, J. K., Hua, P. H., Rousseau, R., & Sun, X. K. (2010). The journal download immediacy index (DII): Experiences using a Chinese full-text database. *Scientometrics*, 82 (3), 555–566.

Wilkinson, D., Harries, G., Thelwall, M., & Price, L. (2003). Motivations for academic web site interlinking: Evidence for the web as a novel source of information on informal scholarly communication. *Journal of Information Science*, 29 (1), 49–56.

Zhao, D. Z., & Logan, E. (2002). Citation analysis using scientific publications on the Web as data source: A case study in the XML research area. *Scientometrics*, 54 (3), 449–472.

第 16 章
Web 2.0 中的参考文献

朱迪特·巴－伊兰　哈达斯·谢玛　迈克·塞尔瓦尔
Judit Bar-Ilan, Hadas Shema, & Mike Thelwall

引言

互联网和万维网对科学传播产生了重大影响。甚至在 Web 2.0 应用出现之前，科学家就使用电子邮件和讨论列表来交换信息、创建主页，以电子方式访问论文，将他们的出版物上传到互联网上，以及接收有关会议和资助的信息。Web 2.0 倡议增强了网络交互性、共享性和协作性，从而进一步影响了学术交流。伴随 Web 2.0，科学家们有了博客、YouTube 和脸书等平台，使他们能更广泛地向公众传播他们的研究工作信息和观点，并与公众进行互动和讨论。Web 2.0 平台为展示研究成果提供了有用的手段。目前，随着人们越来越重视科学对社会的影响，以及关心“纳税人的钱是怎么花的”等需求，互联网的作用日渐明显。

关于科学和 Web 2.0 平台，出现了以下几个有意义的问题。

（1）研究者如何看待这些平台的有用性和有效性?

（2）我们如何衡量这些平台对科学和科学家的“影响”?

（3）这些平台对科学的“影响”与传统的文献计量方法之间有什么关系?

本章简要回顾了讨论第一个问题的研究。然后，本章介绍了文献计量学的一个新分支——替代计量学（Priem，Taraborelli，Groth，& Nelon，2010；Priem，本书第 14 章）。它提出了考察基于网络的平台对科学所产生“影响”

的计量指标。注意，我们有意将术语“影响”加了引号。根据牛津英语词典的说法，“影响”就是对某物或某人产生（明显的）效果（“Impact”，2012）。Web 2.0 平台在科学领域的应用是最近才出现的，它是否会对科学研究的方式产生显著影响还有待观察。本章重点关注科学博客和开放式参考文献管理器——这些网站根据科学引文的规则引用学术成果，并且可以用替代性指标测量学术成果。

研究者和 Web 2.0

本节回顾一些旨在探讨研究者对 Web 2.0 应用的态度的研究。这些应用中有许多是新的，其中一些是暂时的。因此，在提出评估这些平台效果的指标之前，我们应该尝试了解研究者赋予它的科学价值。

英国研究信息网络（Research Information Network，RIN[①]）就不同领域科学家的信息需求和使用，包括他们对 Web 2.0 平台的使用，与不同的合作者进行了一系列案例研究。人文学者仍然严重依赖印刷资料，但他们越来越多地利用当代技术，在个人网站或资料库中发表他们的作品、维护博客，并参与其他社交媒体（RIN，2011b）。

有些人还使用在线参考文献管理器 Zotero。有些人文学者使用推特和脸书来讨论、传播研究成果。一些人对这些平台的质量保证表示怀疑，并担心如何向公众展示他们的研究成果。相比之下，物理学家使用维基和电子邮件列表，并且严重依赖 arXiv 和美国国家航空航天局天体物理数据系统（ADS）之类的资料库（Kurtz & Henneken，本书第 13 章）。化学家们，至少是本案例研究的参与者，很少使用 Web 2.0，但是地球科学的案例研究表明，博客是与公众交流的一种手段。参与星系动物园（Galaxy Zoo）公民科学项目的科学家是物理学领域唯一一个大量使用 Web 2.0 服务的群体（RIN，2011a）。在生命科学的早期研究中（RIN，2009），除了研究中用于分享信息的维基被提及外，几乎没有提及 Web 2.0 平台，可能是因为生命科学家对 Web 2.0 平台的使用不太持开放态度，或者是因为这项研究比其他研究早了两年。

---

① http://rinarchive.jisc-collections.ac.uk。

加利福尼亚大学伯克利分校高等教育研究中心（Harley，Acord，Earl-Novell，Lawrence，& King，2010）进行了另一组案例研究，以了解教授在学术交流和档案出版物方面的需求和实践。他们发现，科学传播的实践包括向预印资料库提交成果，或在个人网站上发表。在早期就公开分享科学成果是罕见的，在许多领域，年轻的学者特别担心过早地暴露他们的想法。该研究的结论是，“认为面向研究理念或研究数据的早期公开的 Web 2.0 平台将在最具竞争力的机构的学者中传播还为时过早”（Harley et al.，2010）。在接受访谈的来自不同学科的 160 名学者看来，社交平台并不是传播和接收信息的常用方式。由于缺乏同行评议和质量控制，大多数受访者认为维护博客是浪费时间。然而，大量受访者提到了一些“好”的博客，一些受访者还阅读了与他们的研究相关的博客，但他们普遍抱怨没有时间关注博客。格鲁兹、斯塔夫斯和威尔克（Gruzd，Staves，& Wilk，2011）对美国信息科学与技术学会的 51 名成员进行了采访。他们发现，大多数机构的任期和晋升过程没有考虑到在线社交媒体的使用。然而，他们推测这种情况在未来可能会改变。

除了案例研究和访谈，研究者还可以通过其他方式了解 Web 2.0 平台的价值，包括分析现有的 Web 2.0 页面和介绍（Bukvova，2011），以及开展调查。庞特和西蒙（Ponte & Simon，2011）进行了一项调查，收到了 349 份对发送至邮件列表的问卷的答复。受访者主要来自社会科学和计算机科学学科。他们被问及评价研究者的不同相关性标准。被引和出版质量排名最高，而个人网页、个人博客、专业网络会员和用户生成的标签服务分别被约 60%、70%、75% 和 85% 的受访者认为无关紧要。格鲁兹、戈尔岑和麦（Gruzd，Goertzen，& Mai，2012）调查了 367 名学者（主要来自社会科学），发现“作为收集和传播学术信息的合法可信的途径，博客和微博被越来越多的人接受”。学者们还指出，出于职业目的参与社交媒体会耗费时间，并造成不必要的干扰。与前面提到的研究不同，这项调查的结果显示，学者们喜欢阅读或评论博客文章，尽管只有少数人维护博客。除了时间限制，他们还担心潜在的负面风险。研究表明，学术社交网站（如 academia.edu 和 researchgate）和在线参考文献管理器正变得越来越受欢迎。最后，8% 的受访者表示，他们所在机构的任期 / 晋升过程考虑到了社交媒体活动。

尼古拉斯与罗兰兹（Nicholas & Rowlands，2011）进行了一项大规模调查，邀请了大约 10 万人参加。他们收到了 2 414 份研究者的回复：1 923 人（80% 的受访者）使用社交媒体工具，491 人不使用。27% 的受访者在研究中使用了社交网络工具，15% 的受访者使用博客（尚不清楚这是否与阅读或写作有关），9% 使用微博，9% 使用社交标签和书签。据报道，在研究中使用社交媒体最多的是地球科学（该领域 95% 的受访者表示使用过），而商业和管理领域则为 74%（注意，80% 的受访者是活跃的社交媒体用户）。在研究周期中，社交媒体和博客主要用于传播研究结果、研究合作、识别研究机会和文献回顾。微博主要用于传播研究成果。能感知到的主要优势是进行国际交流的能力、更快的传播速度，以及与学术界以外的人取得联系的能力。主要的障碍是缺乏时间、权威和可信度方面的问题。

总而言之，学术界似乎对社交媒体工具有一定的使用，且对于这些工具的使用部分取决于领域，但许多人认为这些工具是浪费时间。然而，有迹象表明，在未来的研究中，社交媒体工具将被更广泛地使用，因此，考虑测量其“影响”的方法是合理的。

替代计量学

替代计量学是文献计量学的一个新分支，旨在“扩展我们对影响的看法，以及影响产生的原因”（Priem et al.，2010），并衡量在线学术工具的影响。一些工具已经得到开发，为单个作者或单个论文提供替代计量标准（例如，ImpactStory - http://impactstory.org），个人计量标准也基于博客引用、推特提及、参考文献管理器读者和其他社交媒体。这里我们讨论两个平台：科学博客和参考文献管理器。

科学博客

科学博客已在学术界变得很流行。享誉的学术媒体，如《国家地理》《自然》《科学美国人》和《公共科学图书馆》期刊，都拥有科学博客网络。《自然医学》上一篇讨论博客和同行评议的社论认为：“在线科学博客是评论已发表研究的一个有价值的论坛，但它们目前的重要性在于补充而不是取代现有的同行评议制度（‘完善同行评议？’，2011）。”本章通过大量的实例说明了科学博客的各种功能及其在学术交流中的重要性。

在博客和正式的科学话语之间

2010年12月2日，《科学》杂志发表了一篇由美国国家航空航天局（NASA）的科学家撰写的在线论文，声称他们发现了在DNA中使用砷而不是磷的细菌（Wolfe-Simon et al.，2010）。有关《科学》的博客对这些发现深表怀疑（Zivkovic，2011），科学家们在推特上发表了大量关于该主题的推文。这些批评也出现在同行评议的期刊（Katsnelson，2010）和主流媒体的文章（Grossman，2010；Overby，2010）上，而这些期刊和文章援引了博客。在《科学》发表任何相关的技术评论（包括来自不列颠哥伦比亚大学的博客作者兼微生物学家Rosemary Redfield所作的评论）之前，科学界已经在网上对该论文进行了彻底的评论和批评。2012年7月，《科学》杂志发表了两篇论文（其中一篇是Redfield参与合著的）反驳了Wolfe-Simon的论文，并指出细菌的DNA中需要磷（Schiermeier，2012）。这一点以及其他例子表明，博客对于讨论和批判性地评估显示度高的研究特别有用，并且可能识别标准同行评议过程中忽略的缺陷。

社会变革——爱思唯尔抵制运动

2012年1月21日，菲尔兹奖获得者蒂莫西·高尔斯（Timothy Gowers）在他的博客上宣布他打算抵制学术出版商爱思唯尔。他通过列举爱思唯尔的高价格、对反开放获取立法的支持以及激进的销售技术来证明这个决定是正确的。高尔斯的一个读者很快开通了一个名为“知识的代价”的网站（http://thecostfknowledge.com），在该网站上人们可以公开抵制爱思唯尔。由于高尔斯最初的帖子，抵制活动被主要的同行评议期刊广泛报道，如《科学》和《自然》（De Vrieze，2012；Whitfield，2012），以及《纽约时报》（*New York Times*）、《卫报》（*The Guardian*）和其他主流媒体（Lin，2012；Jha，2012）。截至2012年8月，已有1.26万人公开了抵制爱思唯尔的决定。

调查性科学博客

博客为学术界提供具体服务的另一种方式是调查科学中明显的渎职行为。“学术厨房”（The Scholarly Kitchen）博客的菲尔 · 戴维斯（Phil Davis）收到了“一位关心此事的科学家提供的”关于异常施引行为的提示（Davis，2012）。Davis 使用了期刊引用报告（JCR）数据，发表了关于“引用卡特尔”存在的证据（Davis，2012）。引用卡特尔即编辑团队“共同努力”改善各自期刊的影响因子。在一个案例中，《医学科学箴言报》（*Medical Science Monitor*）发表了一篇对 2010 年研究的综述，引用了 490 篇论文，其中 445 篇发表在 2008—2009 年的《细胞移植》（*Cell Transplantation*）杂志上。而这篇评论的作者里有三位是《细胞移植》的编辑。汤森路透最终暂停了 JCR 中四份期刊中的三份，并且另一个名为“撤稿观察”（Retraction Watch）的博客报道称，其中两篇有操纵嫌疑的论文已被撤回（Oransky，2012）。

作为计量来源的博客

博客对学术期刊论文的引用可能被用作影响证据的另一个来源（例如替代计量学指标）。一项研究表明，使用谷歌博客搜索来计算一组已发表论文的博客引用是可能的，至少在小范围内是可行的（Kousha，Thelwall，& Rezaie，2010）。虽然博客引用比学术引用少很多，但前者仍可能是研究对更广泛的讨论（尤其是在社会科学和人文科学）有影响的有用证据。但是，必须对科学博客进行评估才能确定其作为计量标准来源的有效性。

科学期刊及其论文通常是可持续的，出版商和图书馆都保留有过去的期刊。期刊可以连续出版数年、数十年甚至几个世纪。正如克罗宁（Cronin，1981）所说，期刊论文的引用是“学术成就景观中被冻结的足迹；见证思想流转的足迹”。与这些“冻结的足迹”相比，博客的可持续性是值得怀疑的。2006 年，《自然新闻》公布了一份由科学家撰写的 50 篇科普博客的名单（Butler，2006）。截至 2012 年 8 月（图 16.1），两个（4%）博客已经无法访问，16 个（32%）处于不活跃状态（超过一年未发布新帖或正式宣布关闭），三个（6%）处于休眠状态（其中两个博客距离上一次发帖不到一年但超过六个月，还有一个博客发布了中断公告）。总体而言，29 个（58%）博客是活跃的，其中 16 个仍使用 2006 年的地址，13 个已使用新地址。

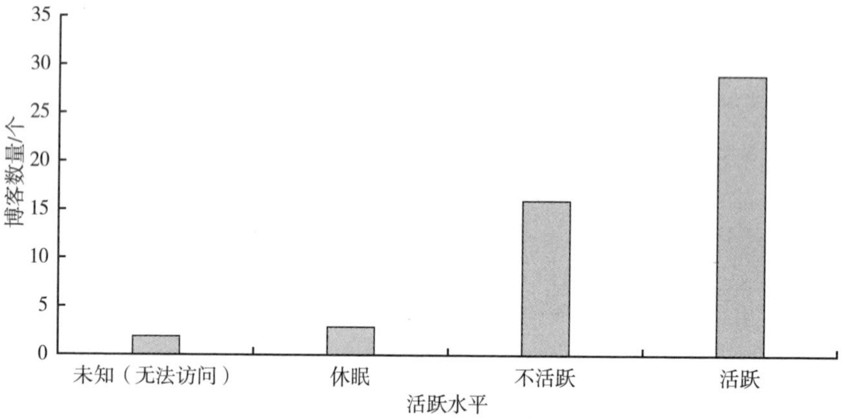

图 16.1　2006 年的科普博客及其 2012 年 8 月的活动水平

（作者自己的数据）

科学博客中出现的一个有趣现象是，一些博主选择以结构化的方式引用其来源，就像被引用的期刊一样。ResearchBlogging.org（RB）汇总专门参考经同行评议的研究的博客论文。它是一个自我选择的聚合器，允许博主以学术引用的形式引用同行评议的研究成果。讨论经同行评议的研究的博主可以向该聚合器注册，当他们在博客中标记相关帖子时，这些帖子就会出现在聚合器网站上，从而实现一站式访问不同作者的各种研究评论。该网站有人工编辑，他们确保提交给聚合器的博客遵循指导原则，并具有适当的质量。它还具有替代计量学角色，因为它是为每篇 PLoS 论文显示的论文层级计量（ALM）之一。

ResearchBlogging.org 的第一项研究是由格罗斯（Groth）和古尔尼（Gurney）在 2010 年做的，聚焦 295 个标记为“化学”的聚合帖子。这些帖子中引用的文献大多是最新的，且来自顶级期刊：71% 的被引论文来自化学领域排名前 20 的期刊；21% 来自所有学科排名前 60 的出版物。另一项研究（Shema，Bar-Ilan，& Thelwall，2012a）主要聚焦在 2010 年 1 月 1 日至 2011 年 1 月 15 日期间在 RB 上发表了至少 20 篇文章的知名博客和博主。所选择的博客都是非商业性的，由一名或两名作者撰写。样本包括 126 个博客和 135 个博主。最受欢迎的博客类别是“生命科学”（占 39%），其次是“心理学”“精神病学、神经科学和行为科学”和“医学”（19%）。关于“社会科学与人文科学”和“计算机科学与工程”的博客最不受欢迎（分别为 5% 和 1%）。这项研究证实了格罗斯和古尔尼发现的对高影响力期刊的偏好。博客文章中引用最多的期刊是《科学》《自然》和《美国国家科学院院刊》（*PNAS*）。这些博主受过高等教育（32% 拥有博士学位，27% 是研究生），且 59% 隶属于大学或研究机构，这可以解释他们对学术引用风格的熟悉程度。大部分（84%）博主以自己的名字写作，这表明他们将博客视为职业发展的助推器，或至少将其视为与职业无关。

RB 使用的标签系统主要关注生命科学和自然科学。例如，“天文学”有 10 个子标签，“心理学”有 21 个，“生物学”有 28 个。另一方面，“历史”“经济学”和“社会学”只是“社会科学”标签的子标签。这种标签偏差可能是由于代表性不足的学科的博主缺乏在RB中进行聚合的意识或意愿所造成的[①]。在特定领域缺乏合适的标签，也可能是博主决定不聚合到 RB 中的一个因素，从而形成了反馈循环；另一种可能是 RB 的标签系统仅仅反映了一个现实，即大多数关于经同行评议的研究的博客都发生在某些领域。事实上，授予生命科学博士学位的人数正在上升［美国国家科学基金会科学资源统计处（National Science Foundation，Division of Science Resources Statistics），2010a］，而且在美国，超过 2/3 的学术博士后是在生命科学和医学领域（美国国家科学基金会科学资源统计处，2010b）。这可以部分解释我们样本中生命科学博客和论文的主导地位。此外，根据《科学美国人》博客编辑波拉 · 齐夫柯维契（Bora Zivkovic）的说法，博客“由研究生、博士后和年轻教师撰写，少数由本科生和终身教职员工撰写，几篇由科学教师撰写，仅少数由专业记者撰写。”（Bonetta，2007）

从技术上讲，RB 的界面更新相当缓慢，到 2012 年 8 月已经有一段时间没有更新了。有可能在未来，它将被更年轻、更全面的姊妹网站 ScienceSeeker.org 所取代。与 RB 类似，ScienceSeeker 允许博主创建结构化的引用并将其聚合。此外，它还聚合了不使用结构化引用风格的科学博客上的帖子，只要这些博客已经得到编辑的批准。它还允许对引用了参考出版物的帖子和博客进行过滤搜索。ScienceSeeker 将推特整合到自己的主页中，展示推特上流行的科学博

① 有关其他科学博客聚合器的信息，请参阅 http://scienceblogging.org。

客文章。

自引式博客

在正式的科学交流中，引用自己的作品是常见的做法，并且在文献计量学文献中有很好的记载。为了了解科学博客是否有此特征，一项研究（Shema，Bar-Ilan，& Thelwall，2012b）调查了四个 RB 学科类别：“生态 / 保护”“计算机科学 / 工程”“数学”和“哲学”，并对较小的“数学”类别进行了全面研究（至 2012 年 4 月 30 日），其他类别则在 2010 年 1 月 1 日至 2012 年 4 月 30 日期间抽样。只有使用真实姓名的博主和他们签名的帖子才包括在内。属于多个类别的帖子在每个类别中分别计算。图 16.2 显示了一个属于多个类别的自引式帖子。

图 16.2　属于多个 RB 类别的自引式帖子

与我们之前的研究（Shema et al.，2012a）相比，在自引的博主中，拥有博士学位的博主比例更高（80%，而一般样本中为 32%），其中更多（82%）隶属于研究机构或大学（一般样本为 59%）。自引式帖子的占比总体较低，但因学科而异，在“数学”类别中自引式帖子占比最高（10%），“计算机科学”和“哲学”的比例略低（9%），“生态学”最低（5%）。

这种低自引率可以从几个方面解释：在学术界，正式出版是必要的（“不出版就出局”），而博客更像是一种课外活动。即使是科学博客作者，写博客时也可以不参考自己的研究，而学术出版物通常基于作者以前的工作，因为研究者倾向于进行相关的研究。此外，博主有匿名发表文章的自由，而学术作者则没有。科学博客作者不一定要在同行评议的期刊上发表论文。如果博主只是本科生或专业科普作家，他手上可能没有经过同行评议程序的出版物可供自引。似乎拥有博士学位并附属于研究机构的博主可能比其他科学博主撰写更多经过评议的论文，因此有更多可供引用的出版物。这与福勒和阿克尼斯（Fowler & Aksnes，2007）以及科斯塔斯、列文和博登斯（Costas，Leeuwen，& Bordons，2010）关于生产力和自引之间呈正相关关系的研究结果一致。

总之，科学博客似乎填补了科学交流的空白。它们与正式的学术话语共享某些特征，同时允许对同行评议的文献和研究界感兴趣的主题进行快速、非正式的讨论。

参考文献管理器

Endnote、Bibtex 和 RefWorks 等成熟的参考文献管理器旨在帮助作者在写作时管理参考文献，并根据适当的引用样式帮助格式化引文。其中一些较新的软件还允许参考文献共享和论文存储，或链接到存储项。

一些参考文献管理器，如 BibSonomy①、CiteULike②、Connota③和 Mendeley④，具有附加功能，例如报告为特定条目添加书签的系统用户数。这些服务有时被称为学术社交书签服务。为项目添加书签的用户在 Mendeley 上称为“读者”（从现在起我们使用这个术语），读者数量表示系统中有多少用户表达了对特定条目的兴趣，并将其详细信息保存到他们的库中。尽管书签作者在 Mendeley 被称为读者，但他们可能没有读过这篇加了书签的论文，即使他们读过，他们对论文的看法也是未知的。这与科学博客非常不同，在科学博客中，博主对引用的论文发表评论，因此，似乎可以放心地假设他们已经阅读了被引用的论文，并且他们通常在博客帖子上表达自己对论文的观点。但是，参考文献管理器有很多用户，而且在这些系统上，读者数量是很容易获取的，因此读者数量

① http://www.BibSonomy.org。

② http://www.CiteULike.org。

③ http://www.connotea.org。

④ http://www.mendeley.com。

很自然地被提议作为一个替代指标，尽管还不清楚它计量了什么样的影响。另一方面，似乎可以合理地假设一个已经被数百名读者加入书签的条目可能会引起人们的兴趣，假如它不是人为生成的噪声。在这个意义上，“读者”可以比作“施引者”，读者数量可以比作被引次数。在这一章的后面，我们将讨论几个这方面的研究。

除了读者数量，像 BibSonomy 和 CiteULike 这样的系统也可以研究用户分配给书签条目的自定义文本标签的分布情况。这些标签补充了作者和索引提供的关键词，可以用于发现（Kipp，2011；Lee & Schleyer，2010）。标签可以帮助聚类条目，可以指向“热门”主题，以及在这些主题中被许多用户添加书签的条目（Haustein & Siebenlist，2011；Haustein，本书第 17 章）。柯和陈（Ke & Chen，2012）在一篇论文中研究了 1 600 篇图书馆情报学（LIS）领域的论文在 CiteULike 中的标记模式。该论文的目的是识别标签类型，但作者也提供了最常见的标签列表。最热门的标签按频率的降序排列是：信息（information）、信息行为（information behavior）、相似性（similarity）、共引（cocitation）和人为因素（human factors）——这显示出标签作为一种用于条目分类的数据源的价值。

由于社交书签服务包含了大量的、关于用户保存的学术性论文的可访问信息，因此可以对它们进行不同的信息计量学分析。例如，博雷戈和弗莱（Borrego & Fry，2012）研究了一组 370 000 条以上的 BibSonomy 记录，这些记录由大约 3 000 名用户创建。只有包含源 URL 的记录才会被考虑。几乎一半的书签条目是期刊论文，其次是会议论文和书籍。马、杜洪、哈代和伯尔纳（Ma，Duhon，Hardy，& Börner，2009）也分析了 BibSonomy 系统中 250 000 条以上的记录。与博雷戈和弗莱相似的是，他们发现论文占书签条目的 50%。他们创建了一个书签记录所覆盖的学科领域的可视化[①]，并列出了最常被添加书签的期刊，其中《荷兰物理 A》（*Physica A*）位居榜首。物理学、经济学和统计学的期刊尤其喜欢被读者添加书签。

豪斯坦和西本利斯特（Haustein & Siebenlist，2011）定义了用于研究在线参考文献管理器中期刊使用情况的四个指标：使用率、使用扩散、论文使用强

① http://www.cmu.edu/joss/content/articles/volume11/7_Borner_Ma_files/09- BibSonomy.JPG。

度和期刊使用强度。这里我们讨论其中的两个：使用率和论文使用强度。使用率是指在一定的时间内，系统中添加书签的论文数量占期刊上发表的论文总数的比例。论文使用强度是期刊中每篇添加了书签的论文的平均读者数。这些指标被应用于 45 种固体物理学期刊在 2004—2008 年发表的论文。数据是从三个在线参考文献管理器 BibSonomy、CiteULike 和 Inntea 收集的，书签和读者数量被结合起来。使用率衡量参考文献管理器系统的覆盖率。《现代物理评论》期刊的使用率最高（0.630），而所有 45 种期刊的平均使用率低至 0.035（即 3.5% 的论文至少有一个读者）。所有期刊的论文使用强度为 1.17，《现代物理评论》的论文使用强度最高，为 3.89。需要注意的是，《现代物理评论》是所有物理期刊中影响因子最高的期刊：2011 年其影响因子为 43.933，是 JCR 期刊中 2011 年影响力排名第四的期刊。

豪斯坦和西本利斯特发现，平均而言，书签比被引次数更少。然而，赛义德、阿夫扎尔、拉蒂夫、斯托克和托赫特曼（Saeed，Afzal，Latif，Stocker，& Tochtermann，2008）发现，来自 2006 年国际万维网大会（World Wide Web Conference）的论文揭示了一种不同的趋势，至少对于那些被超过六个用户加标签的论文而言。书签是从 BibSonomy、CiteULike 和 Delicious（一个通用书签平台）收集的。他们发现相较于引用，论文更早收到标签。虽然这些论文在 2008 年收到的被引次数通常高于为其添加标签的用户数量，但在某些情况下，2006 年为该条目添加标签的用户数量超过了 2008 年及以前该项目收到的被引次数。总体而言，他们发现谷歌学术上的被引次数与 2006 年国际万维网大会论文的书签数量呈正相关（r=0.65）。

根据其网站（Mendeley，2012a）的信息，2012 年 8 月，Mendeley 包含 2.78 亿份用户文档，拥有 180 多万名会员。用户文档的数量包括重复项——也就是说，如果一个条目被 n 个用户添加了书签，则最多可以计算 n 次，因为 Mendeley 不能全面识别重复项。相比之下，CiteULike 仅包含 627 万个文档。我们找不到有关 Connotea 和 BibSonomy 规模的信息。这些数字可以与 Scopus（Elsevier，2012）的 4 700 万条记录和 WoS 的 4 600 万条记录相比较（Thomson Reuters，2011）。根据 Alexa（Alexa，2012）的研究，尽管存在看似巨大的规模差异，Mendeley 吸引的流量远低于其他三种服务。2012 年 7 月 19 日至 8 月 18 日期间，Mendeley 排名为 28 250，而 BibSonomy 为 7 952 名，Connotea 为

9 418 名，CiteULike 为 12 628 名。

不过，相对排名也有相当大的波动。例如，2011 年 9 月至 2012 年 7 月中旬，Mendeley 在四家网站中流量排名最高。这些服务的搜索设施并不是最佳的（Bar-Ilan et al.，2012；Li & Thelwall，2012；Haustein & Siebenlist，2011），搜索结果并不总是一致，结果重复是一个大问题（Bar-Ilan，2011；Hull，2010）。Mendeley 的覆盖范围与来自 Scopus 的 SCIMago① 数据相关（Kraker，Körner，Jack，& Granitzer，2012）。总体相关系数为 0.70，这表明至少近年来，Mendeley 中添加了书签的文档是 Scopus 数据库的较好近似。在生物学和计算机科学方面的覆盖率尤其广泛。对于一些出版商来说，Mendeley 会自动填充它的数据库（Gunn，personal communication，2012 年 6 月 21 日），因此它的文档数量很高，但目前并不是所有期刊都是如此［特别是后面提到的《美国信息科学与技术学会会刊》（*JASIST*）］。

Mendeley 在覆盖面上似乎是最大的参考文献管理器，许多研究已经计算了被引次数和读者数量之间的相关性。李、塞尔瓦尔和朱斯蒂尼（Li，Thelwall & Giustini，2012）对发表在《科学》和《自然》杂志上的 1 613 篇论文进行了研究。被引数据来自 WoS 和谷歌学术，读者数量来自 Mendeley 和 CiteULike。《科学》和《自然》是 Mendeley 网站上列出的两大“顶级出版物”（Mendeley，2012b）；因此，Mendeley 对这些期刊的覆盖率很高也就不足为奇了。它对《自然》和《科学》论文的覆盖率分别为 94% 和 93%，而 CiteULike 上对应的覆盖率只有 62% 和 60%。虽然在 Mendeley 上有大量的用户对《科学》和《自然》论文标记了书签，但在 WoS 上《科学》和《自然》论文的平均被引次数分别为 78 和 69，而 CiteULike 上的平均读者数量为 2.37 和 2.50，Mendeley 上的平均读者数量为 10.71 和 8.89。尽管如此，《科学》《自然》在 WoS 中的被引次数和在 Mendeley 上的读者数量之间的斯皮尔曼相关性仍然十分显著且相关系数很高，分别为 0.559 和 0.540。在 CiteULike 上，这一相关性也显著，但要低得多（分别为 0.366 和 0.304）。李等人（Li，2012）得出结论：“从一般读者的角度来看，在线参考文献管理器可能有助于研究影响的测量。”在最近的一项研究中，李和塞尔瓦尔（Li & Thelwall，2012）考虑了 2008 年在基因组学和遗传学领域期

① http://www.scimagojr.com/index.php。

刊上发表，并在 F1000[①] 上进行了评审的论文。F1000 是一个发表后的同行评议网站，由 5 000 多名专家参与评审和推荐生物学和医学领域的顶级论文。李和塞尔瓦尔的目的是将 F1000 的分数与 Mendeley 和 CiteULike 上的读者数量以及 WoS、Scopus 和谷歌学术中的被引数据进行比较。几乎所有入选的论文都出现在全体数据库中，除了 CiteULike，其覆盖率只有 68%（其他数据库的覆盖率超过 99%）。WoS 和 Scopus 的平均被引次数大约是 Mendeley 的平均读者数量的两倍，是 CiteULike 的平均读者数量的近 18 倍。谷歌学术上的被引次数平均比 WoS 和 Scopus 高出 30% 左右。在本样本中，Mendeley 和引文数据库之间的斯皮尔曼相关性高于之前的研究（0.687），而引文数据库与 CiteULike 的相关性基本保持不变（0.356）。期刊的影响因子（JIF）与读者数量、被引之间的相关性也分别得到了计算。有趣的是，JIF 和 Mendeley 之间的相关性（0.521）与 JIF 和引文数据库之间的相关性非常相似（约 0.568），而 JIF 和 CiteULike 之间的相关性仅为0.121。所有的相关性都非常显著。这表明，在 Mendeley 上，人们倾向于将影响因子较高的期刊上发表的论文标记为书签，而在 CiteULike 中，这种倾向则不那么明显，可能是因为 CiteULike 的文献覆盖面较小。

这两项研究考虑了在高影响力期刊上发表的论文以及从专家评估者那里得到高分的论文，但是对于一组普通论文而言，前文所说的相关性是否也如此之高？这个问题在两项研究中得到调查。第一项研究（Bar-Ilan et al.，2012）搜索了 2010 年科学技术指标国际会议上 57 位演讲者的出版物。演讲者的年龄和学术地位各不相同：一些人非常杰出，而另一些人则是刚开始学术生涯的学生。从 WoS 和 Scopus 检索到的所有出版物（共 1 136 篇）均在 Mendeley 和 CiteULike 中检索。有些论文被引相对较多，而有些则根本没有被引。有些论文相对较旧，有些最近才发表。即使是这组混合的论文，Mendeley 的覆盖率有 82%，而 CiteULike 的覆盖率只有 28%。Scopus 被引论文的平均被引次数为 19.5，WoS 为 21.1，而 Mendeley 和 CiteULike 的平均读者数量分别为 9.5 和 2.4。Mendeley 和 Scopus 之间的斯皮尔曼相关系数是 0.448，CiteULike 和 Scopus 之间的斯皮尔曼相关系数是 0.232。当数据集由《科学》和《自然》的论文组成时，这些相关性系数只是降低了一点（Li et al.，2012）。在另一项研究中，

① http://f1000.com。

Bar-Ilan（2012a，2012b）使用2001—2010年发表的*JASIST*论文作为数据集。尽管*JASIST*是LIS领域最著名的期刊之一，但其JIF（2.081）不能与《科学》（31.201）或《自然》（36.280）进行比较。因此，可以将这组论文视为“一般”数据集，其中约有10%（取决于数据库）基本没有被引用过。

尽管如此，Mendeley的覆盖率仍然很高（97.5%），这是众包带来的一个令人印象深刻的结果，因为*JASIST*并不是Mendeley自动索引的期刊之一。Mendeley读者数量与WoS、Scopus和谷歌学术的被引次数之间的斯皮尔曼相关性（相关系数分别是0.458、0.502和0.519）与上述研究中发现的相关性相似。因此，如果Mendeley继续流行下去，它似乎将成为一个有用的替代计量学数据源，不仅是对于显示度高的论文，而且对于普通论文也是如此。

结论

本章提供了科学博客和参考文献管理器在学术交流和在替代计量学中应用的价值的证据。社交媒体网站的主要问题之一是流行趋势的转变——例如，MySpace曾经是“最热门”的社交媒体网站，但它现在却被脸书超越。学术社交网站的一个例子是爱思唯尔的2collab，该平台于2011年4月停运。不能保证前文提到的工具将来还会存在，同时也不能保证用于管理参考文献的新工具不会超过现有工具。但是，即使特定工具及其功能会随时间变化，本章中提到的替代计量学方向也仍然有效。读者数量属于“使用”这一计量指标（Kurtz & Bollen，2010），其源头是在实体图书馆进行的流通和重排架研究（Peritz，1995；Rice，1979；Tsay，1998；Haustein，本书第17章）。因此，尽管数字环境提供了新的可能性，其中一些仍可以通过类似传统文献计量的技术进行测量。另一方面，可用信息的数量和信息处理、传播、审查和讨论的速度给文献计量学/替代计量学带来了新的挑战。

致谢

本章由欧盟FP7 ACUMEN项目提供部分资助（课题号：266632）。我们要感谢《科学美国人》博客编辑波拉·齐夫柯维契在查证《自然新闻》2006

年所列科学博客的当前状态方面所提供的帮助。

参考文献

Alexa. (2012). Homepage. Retrieved from http://www. alexa. com/.

Bar-Ilan, J. (2011). *Articles tagged by "bibliometrics" on Mendeley and CiteULike*. Presented at the 2011 ASIS&T SIG/MET Symposium on Informetric and Scientometric Research (Metrics 2011), New Orleans.

Bar-Ilan, J. (2012a). *JASIST@mendeley*. Presented at the ACM Web Science Conference Workshop on Altmetrics, Evanston, IL. Retrieved from http://altmetrics. org/altmetrics12/bar-ilan.

Bar-Ilan, J. (2012b). JASIST 2001–2010. *Bulletin of the American Society for Information Science and Technology*, 38 (6), 24–28.

Bar-Ilan, J., Haustein, S., Peters, I., Priem, J., Shema, H., & Terliesner, J. (2012). Beyond citations: Scholars' visibility on the social Web. In *Proceedings of the 17th International Conference on Science and Technology Indicators*, vol. 1, 98-109 Montreal, Canada: Science-Metrix and Université du Québec à Montréal Retrieved from http://arxiv. org/abs/1205. 5611.

Bonetta, L. (2007). Scientists enter the blogosphere. *Cell*, 129, 443–445.

Borrego, A., & Fry, J. (2012). Measuring researchers' use of scholarly information through social bookmarking data: A case study of BibSonomy. *Journal of Information Science*, 38 (3), 297–308.

Bukvova, H. (2011). Scientists online: A framework for the analysis of Internet profiles. *First Monday*, 16 (10). Retrieved from http://firstmonday. org/htbin/cgiwrap/bin/ojs/index. php/fm/article/viewArticle/3584/ 3065.

Butler, D. (2006). Top five science blogs. *Nature*, 442, 9. doi: 10. 1038/442009a.

Costas, R., Leeuwen, T. N., & Bordons, M. (2010). Self-citations at the meso and individual levels: Effects of different calculation methods. *Scientometrics*, 82 (3), 517–537.

Cronin, B. (1981). The need for a theory of citing. *Journal of Documentation*, 37 (1), 16–24.

Davis, P. (2012, April 10). The emergence of a citation cartel [Blog post] . Retrieved from http://scholarlykitchen. sspnet. org/2012/04/10/emergence-of-a- citation-cartel.

De Vrieze, J. (2012, February 1). Thousands of scientists vow to boycott Elsevier to protest journal prices. *Science Insider*. Retrieved from http://news. sciencemag. org/scienceinsider/2012/02/thousands-of-scientists-vow-to-b. html.

Elsevier (2012). What does it cover? Retrieved from http://www. info. sciverse. com/scopus/scopus-in-detail/facts.

Fowler, J., & Aksnes, D. W. (2007). Does self-citation pay?*Scientometrics*, 72 (3), 427–437.

Gowers, T. (2012, January 21). Elsevier—my part in its downfall [Blog post] . Retrieved from http://gowers. wordpress. com/2012/01/21/elsevier-my-part-in-its- downfall.

Grossman, L. (2010, December 7). Doubts brew about NASA's new arsenic life. *Wired*. Retrieved from http://www. wired. com/wiredscience/2010/12/arsenic-life- under-fire.

Groth, P., & Gurney, T. (2010). *Studying scientific discourse on the Web using bibliometrics: A chemistry blogging case study*. Presented at WebSci10: Extending the Frontiers of Society On-Line, Raleigh, NC.

Gruzd, A., Goertzen, M., & Mai, P. (2012). Survey results highlights: Trends in scholarly communication and knowledge dissemination in the age of social media. *Social Media Lab Report*. Retrieved from http://socialmedialab. ca/?p=4308.

Gruzd, A., Staves, K., & Wilk, A. (2011). Tenure and promotion in the age of online social media. In *Proceedings of the American Society for Information Science and Technology Conference*. Retrieved from http://www. asis. org/asist2011/proceedings/submissions/154_FINAL_SUBMISSIO N. doc.

Harley, D., Acord, S. K., Earl-Novell, S., Lawrence, S., & King, C. J. (2010). Assessing the future landscape of scholarly communication: An exploration of faculty values and needs in seven disciplines. Berkeley: Center for Studies in Higher Education, UC Berkeley. Retrieved from http://escholarship. org/uc/cshe_fsc.

Haustein, S., & Siebenlist, T. (2011). Applying social bookmarking data to evaluate journal usage. *Journal of Informetrics*, 5 (3), 446–457.

Hull, D. (2010, September). How many unique papers are there in Mendeley? [Blog post] . Retrieved from http://duncan. hull. name/2010/09/01/mendeley.

Impact. (2012). *Oxford English Dictionary*. Retrieved from http://www. oed. com.

Jha, A. (2012, April 9). Academic spring: How an angry maths blog sparked a scientific revolution. *The Guardian*. Retrieved from http://www. guardian. co. uk/science/2012/apr/09/frustrated-blogpost-boycott-scientific-journals?commentpage=2#start-of-comments.

Katsnelson, A. (2010). Microbe gets toxic response. *Nature*, 468, 741. doi: 10. 1038/468741a.

Ke, H. -R., & Chen, Y. -N. (2012). Structure and pattern of social tags for keyword selection behaviors. *Scientometrics*, 92 (1), 43–62.

Kipp, M. E. I. (2011). User, author and professional indexing in context: An exploration of tagging practices on CiteULike. *Canadian Journal of Information and Library Science*, 35 (1), 17–48.

Kousha, K., Thelwall, M., & Rezaie, S. (2010). Using the web for research evaluation: The Integrated Online Impact Indicator. *Journal of Informetrics*, 4 (1), 124–135.

Kraker, P., Körner, C., Jack, K., & Granitzer, M. (2012). Harnessing user library statistics for research evaluation and knowledge domain visualization. In *Proceedings of the 21st International Conference Companion on the World Wide Web* (pp. 1017–1024). New York: ACM.

Kurtz, M., & Bollen, J. (2010). Usage bibliometrics. *Annual Review of Information Science & Technology*, 44, 1–64.

Lee, D. H., & Schleyer, T. (2010). A comparison of MESH terms and CiteULike social tags as metadata for the same items. In *Proceedings of the 1st ACM International Health Informatics Symposium* (pp. 445–448). New York: ACM.

Li, X., & Thelwall, M. (2012). F1000, Mendeley and traditional bibliometric indicators. In *Proceedings of the 17th International Conference on Science and Technology Indicators* (vol 2, pp.

451–551). Montreal, Canada, Science Metrix and Université du Québec à Montréal.

Li, X., Thelwall, M., & Giustini, D. (2012). Validating online reference managers for scholarly impact measurement. *Scientometrics*, 91 (1), 461–471.

Lin, T. (2012, February 14). Mathematicians organize boycott of a publisher. *New York Times*, p. D7.

Ma, N., Duhon, R. J., Hardy, E. F., & Börner, K. (2009). BibSonomy anatomy. Viszards Session at Sunbelt 2009. Retrieved from http://www. kde. cs. uni- kassel. de/ws/Viszards09/presentations/6_boerner.

Mendeley. (2012a). Homepage. Retrieved from http://www. mendeley. com.

Mendeley. (2012b). Research papers. Retrieved from http://www. mendeley. com/research-papers.

National Science Foundation, Division of Science Resources Statistics. (2010a). *Doctorate recipients from U. S. universities: 2009* (Special Report NSF 11–306). Arlington, VA. Retrieved from http://www. nsf. gov/statistics/doctorates.

National Science Foundation, Division of Science Resources Statistics. (2010b). *Science & engineering indicators: 2010, Chapter 2: Higher education in science and engineering.* Retrieved from http://www. nsf. gov/statistics/seind10/c2/c2s4. htm.

Nicholas, D., & Rowlands, I. (2011). Social media use in the research workflow. *Information Services & Use*, 31, 61–83. Retrieved from http://iospress. metapress.com/content/23032g726121kqw4/fulltext. pdf.

Oransky, I. (2012, July 5). A first? Papers retracted for citation manipulation [Blog post] .

Retrieved from http://retractionwatch. wordpress. com/2012/07/05/a-first- papers-retracted-for-citation-manipulation.

Overbye, D. (2010, December 14). Poisoned debate encircles a microbe study's result. *New York Times*, p. D4.

Perfecting peer review? [Editorial] . (2011, January 7). *Nature Medicine,* 17, 1–2. doi: 10. 1038/nm0111-1.

Peritz, B. C. (1995). On the association between journal circulation and impact. *Journal of Information Science*, 21 (1), 63–67.

Ponte, D., & Simon, J. (2011). Scholarly communication 2. 0: Exploring researchers' opinions on Web 2. 0 for scientific knowledge creation, evaluation and dissemination. *Serials Review*, 37 (3), 149–156. doi: 10. 1016/j. serrev. 2011. 06. 002.

Priem, J., Taraborelli, D., Groth, P., & Neylon, C. (2010). Altmetrics: A manifesto. Retrieved from http://altmetrics. org/manifesto.

Rice, B. A. (1979). Science periodicals use study. *Serials Librarian*, 4 (1), 35–47.

RIN. (2009). *Patterns of information use and exchange: Case studies of researchers in the life sciences*. A Research Information Network Report. Retrieved from http://rinarchive. jisc-collections. ac. uk/our-work/using-and-accessing- information-resources/patterns-information-use-and-exchange-case-studie.

RIN. (2011a). *Collaborative yet independent: Information practices in the physical sciences*. A

Research Information Network Report. Retrieved from http://rinarchive. jisc-collections. ac. uk/our-work/using-and-accessing-information- resources/physical-sciences-case-studies-use-and-discovery-.

RIN. (2011b). *Reinventing research? Information practices in the humanities.* A Research Information Network Report. Retrieved from http://rinarchive. jisc- collections. ac. uk/our-work/using-and-accessing-information- resources/information-use-case-studies-humanities.

Saeed, A. U., Afzal, M. T., Latif, A., Stocker, A., & Tochtermann, K. (2008). Does tagging indicate knowledge diffusion?An exploratory case study. In *Proceedings of the 2008 Third International Conference on Convergence and Hybrid Information Technology* (pp. 605–610). Washington, DC: IEEE.

Schiermeier, Q. (2012). Arsenic-loving bacterium needs phosphorus after all. *Nature*. doi: 10. 1038/nature. 2012. 10971.

Shema, H., Bar-Ilan, J., & Thelwall, M. (2012a). Research blogs and the discussion of scholarly information. *PLoS ONE*, 7 (5), e35869. doi: 10. 1371/journal. pone. 0035869.

Shema, H., Bar-Ilan, J., & Thelwall, M. (2012b). Self-citation of bloggers in the science blogosphere. In A. Tokar, M. Beurskens, S. Keuneke, M. Mahrt, I. Peters, C. Puschmann, et al. (Eds.), *Proceedings of the 1st International Conference on Science and the Internet* (*CoSci12*) (pp. 183-192). Düsseldorf, Germany: Düsseldorf University Press.

Thomson Reuters. (2011). *The definitive resource for global research: Web of Science.* Retrieved from http://thomsonreuters. com/content/science/pdf/Web_of_Science_factsheet. pdf.

Tsay, M. -Y. (1998). The relationship between journal use in a medical library and citation use. *Bulletin of the Medical Library Association*, 86 (1), 31–39.

Whitfield, J. (2012). Elsevier boycott gathers pace. *Nature*. doi: 10. 1038/nature. 2012. 10010.

Wolfe-Simon, F., Blum, J. S., Kulp, T. R., Gordon, G. W., Hoeft, S. E., Pett-Ridge, J., et al. (2010). A bacterium that can grow by using arsenic instead of phosphorus. *Science*[Online early access] . Retrieved from http://www. sciencemag. org/content/332/6034/1163. short.

Zivkovic, B. (2011, September 30). #Arseniclife link collection [Blog post] . Retrieved from http://blogs. scientificamerican. com/a-blog-around-the- clock/2011/09/30/arseniclife-link-collection.

第17章 读者群指标

斯蒂芬妮·豪斯坦
Stefanie Haustein

期刊感知与使用

期刊的价值通常主要（若非唯一）由期刊被引的程度来衡量。但是，科学研究的观众并不局限于施引者。许多读者不是研究的生产者。因此，有必要将“纯”读者群的计量指标——那些阅读了一篇期刊论文，但没有引用它的人——纳入期刊评估中。将读者视角纳入期刊评估这一概念已被反复提倡，并在学术传播系统中扮演着重要角色（Butkovich，1996；Rousseau，2002；Langlois & Von Schulz，1973；Bure，Eltinger，& Heller，1992；Schlögl & Gorraiz，2006）。作者根据受众的概念来选择他们希望提交作品的期刊，图书馆员依靠感知的读者群来管理馆藏，编辑和出版商应用读者群指标来监测期刊在学术市场上的表现（Rousseau，2002）。

传统上，图书馆员通过调查或监测流通数据来收集关于用户阅读行为的信息。各书目的使用量统计是通过重排架、读者的观察或者馆际互借和文件传递数据收集的，从这些数据中得出的统计数据被用来评估和优化当地的馆藏（Butkovich，1996）。尽管编制阅读统计数据耗时且结果往往不准确，但这些数据帮助图书馆员确定了订阅的各种期刊的使用量，因此可以帮助图书馆员去取消订阅那些未被充分利用的期刊（Langlois & Von Schulz，1973；Bustion et al.，1992；Schlögl & Gorraiz，2006）。

对读者进行定性调查成本很高，但是提供了详细的有关阅读行为的信息（关于谁阅读了什么、多久阅读一次、阅读持续时间，以及阅读目的）。调查还可能要求参与者根据主观的感知对期刊的重要性进行排名（Kohl & Davis, 1985）。1977 年开始，特诺皮尔开展了几次读者调查，并发表了关于科学家阅读行为的重要结果（Tenopir 和 King，2000）。

对图书馆数据进行定量分析和对读者进行定性调查非常耗时，但可以提供有关本地用户阅读行为的有用快照。尽管读者的统计数据受到特定机构偏差的影响（反映了机构的主题范围，或者它是研究导向还是教学导向），但调查可能基于更广泛的受众，并反映了参与者的主观感知情况（Butkovich, 1996）。

用引用测量使用情况

估算期刊使用情况的另一种间接方法是引文分析。引文反映了全球范围内正式的学术交流，因此可以得出关于期刊对国际科学界影响的更一般的结论。格罗斯和格罗斯（Gross & Gross，1927）在分析 1926 年《美国化学学会杂志》（*Journal of the American Chemical Society*）中列出的 3 663 篇参考文献时，第一次将基于被引的期刊评估应用在图书馆的馆藏管理中。

随着第一个大型引文数据库"科学引文索引"（SCI）的发展，引文分析变得更加可行（Garfield，1955，1972）。从那时起，引文分析已成为研究评估中的一种流行工具，并在很大程度上取代了阅读统计数据。今天在期刊评价中，基于被引的排名和指标，以及期刊影响因子（JIF）在图书馆员、作者和读者选择期刊的过程中起着重要的作用。随着 WoS 和 Scopus 等引文数据库的出现，期刊影响力已等同于期刊被引，JIF 已成为评价学术期刊的黄金标准，也是最流行的文献计量学指标之一（Glänzel & Moed，2002）。用被引代替"使用"的问题是，我们无法知晓期刊论文对"纯"读者的影响。即使纯读者不发表论文（因此不引用），他们也可以在日常工作和新技术开发中应用期刊内容（Schlögl & Stock，2004；Rowland & Nicholas，2007；Stock，2009）。在大学里，纯读者主要是本科生和研究生（Duy &Vaughan，2006）。

有关施引行为和施引动机的研究表明，纯读者并不是唯一可能阅读但不引用作品的人（MacRoberts & MacRoberts，1989）。当使用被引来衡量期刊影响力时，应该记住，我们并不是在分析总读者群，读者群由“对期刊文献有不同需求和不同要求”的作者和读者组成（Rowlands & Nicholas，2007）。正如特诺皮尔和金（Tenopir & King，2000）所说：“科学界代表着科技期刊论文潜在作者的世界，但并非所有科学家都定期发表，甚至只发表一次。因此，作者群体的特征与整个科学界的特征有所不同。”（Tenopir & King，2000）

普赖斯和古尔西（Price & Gursey，1976）根据发表频率区分了七种不同类型的研究者。据估计，未发表论文的研究者占科学界的 1/3（Price & Gursey，1976；Tenopir & King，2000）。纯读者（即未发表论文的读者）代表了引文分析没有覆盖到的一种期刊使用的形式。因此，正如克罗宁等所指出的，基于被引的指标一般不能反映学术期刊和文献的全部影响力：

> 虽然传统的引文分析可以告诉我们很多关于知识影响的形式基础，但很自然地，它没有告诉我们许多其他形式的影响。这些形式包括个人的想法、思维和一般意义上专业存在的总体影响。（Cronin，Snyder，Rosenbaum，Martinson，& Callahan，1998）

英国研究理事会强化了这一认识，它承认研究除了产生“学术”影响外，还可以产生“经济和社会”影响（Research Councils UK，2011）。

20 世纪 80 年代，培格曼出版社（Pergamon Press）的高级编辑斯堪兰（Scanlan，1987）提到了引文分析，尤其是 JIF，对于面向行业的期刊的无效性。虽然研究的商业影响在一定程度上可以被专利分析所涵盖，但塞尔瓦尔（Thelwall，2012）列举了基于被引的期刊指标不足以计量的其他影响的实例。他指出，JIF 对专业期刊、教育期刊和政策性研究期刊存在着系统性偏差，更有利于理论期刊。一种更准确地分析学术期刊的方法是把被阅读和被引作为影响的两个不同方面，因此期刊使用和期刊被引也将作为期刊评价的两个独立维度。这种多维方法的优势是突出期刊在不同领域的优势和劣势，以便用户（即读者）、作者和图书馆员可以选择最适合其特定需求的期刊（Haustein，2011，2012）。

下载量等统计数据

随着转向电子出版，有关期刊论文访问频率的数据可以通过出版商服务器上收集的日志文件获得。电子阅读的统计数据可以根据论文下载次数和点击率来计算。因此，图书馆出于馆藏管理的目的重新发现了基于读者的使用研究（Gorraiz & Gumpenberger，2010）。在罗兰兹和尼古拉斯（Rowlands & Nicholas，2005）的一项调查中，研究者一致认为下载比被引更能反映研究的有用性。此外，读者群是影响作者选择投稿期刊的最重要因素之一（Tenopir & King，2000；Rowlands & Nicholas，2005）。

出版商服务器上收集的日志文件提供了有关在何处、何时、如何，以及谁访问了哪些内容的详细信息。它们允许直接、连续地获取整个读者群的使用数据。与基于读者调查、读者观察和重排架的使用统计数据相比，电子读者数据的收集是自动化和快速的（Nicholas et al.，2008；Schlögl & Gorraiz，2011），而前者的这些数据很难被管理或监测，也很难反映读者的总体使用情况（因为只有一部分读者的数据）。本地印刷和在线使用之间的高度相关性支持了阅读行为可以通过下载数据来测量的假设（Duy & Vaughan，2006；Emrani，Moradi-Salari，& Jamali，2010）。现在，阅读数据成为图书馆优化订阅方案的一种重要依据。许多图书馆员利用当地全文访问的统计数据来计算实际的成本效益比，从而帮助他们识别未被使用的出版物并证明取消对其订阅的合理性（Hahn & Faulkner，2002；Baker & Read，2008；Emrani et al.，2010）。

作为使用指标的效度

关于全文访问量的可用性的问题主要涉及它们在多大程度上反映了实际的使用情况（即出版物的读者人数）。虽然像 COUNTER[①]（Counting Online Usage of NeTworked Electronic Resources，网络化电子资源的在线使用量统计）这样的计量指标在很大程度上标准化了使用量，但“全文访问”的含义可以

① http://www.projectcounter.org。

是快速浏览一篇论文的标题或摘要，也可以是仔细地阅读；在某些情况下，全文访问甚至可以包括将一篇论文分发给同事或将其列入大学课程的阅读列表（Nicholas et al.，2008）。

在计算全文访问量时，没有任何指标可以判断用户是否真的阅读了论文，或者有多少人通过一次下载就获得了访问权限。此外，通过自存档（即开放获取）和打印方式的访问也被忽略。下载和点击率是估计读者数量，而不是测量（Thelwall，2012）。通过重排架来监测印刷品的使用情况也是如此；对期刊的使用可以包括从查找目录到影印某一期的几篇论文（Duy & Vaughan，2006）。戴维斯（Davis，2004）报告说，70%—80% 的实际使用量没有被重排架的统计数据采集。

引用也有类似的局限性。文档可引而不读，或读而不引。即使被阅读和引用，两次被引也不一定同样重要。在前文方法部分中反复提到的参考文献与导言部分中列出的文档之间是有区别的，更不用说负面引用（MacRoberts & MacRoberts，1989）。的确，下载数据会受到作者和出版商的影响，但是引用也不能免于操纵。虽然大部分自引可能是正当的（作者可能以前就某特定主题撰写过论文，当再次就该主题撰写论文时适当引用自己之前的同主题的论文），但众所周知，有作者会故意不适当地引用自己的文献，以增加其被引总数和 h 指数。也有报道称，编辑强迫作者引用他们的期刊，以增加相应期刊的 JIF（Yu & Wang，2007；Wilhite & Fong，2012）。在进行评价时，作者自引和期刊自引需要被排除在外，但是“引用卡特尔”带来的舞弊却不容易识别和抵消（Franck，1999）。

与被引的相关性

一些研究发现，下载次数与被引次数之间存在正相关关系，但相关性太弱，无法得出下载次数和被引次数衡量的是同一事物这一结论（Li，Thelwall，& Giustini，2012）。在早期的研究中，佩内格（Perneger，2004）分析了 153 篇论文在发表后一周的下载率，并将其与五年后这些论文在 WoS 中的被引率进行了比较，发现皮尔逊相关系数 $r = 0.50$。作为 MESUR 项目的一部分，该项目收集了 10 亿个使用事件，以“定义、验证和交叉验证一系列基于使用的学术影响计量”（Bollen，Van de Sompel，& Rodriguez，2008），博伦和范 · 德 · 桑佩尔（Bollen & Van de Sompel，2008）计算了 3 146 种期刊的使用影响因子。这项分析是根据 2004 年加利福尼亚州州立大学系统（CSU）九个主要机构在 2003 年和 2002 年发表的论文的全文下载次数得出的，发现常规 JIF 与基于下载次数的“JIF”之间存在较弱的负相关性，这表明 CSU 使用最多的期刊一般来说 JIF 较低。

这证实了一个假设，即本地下载数据可能与引文影响有很大差异（Bollen & Van de Sompel，2008）。布罗迪、哈纳德和卡尔（Brody，Harnad，& Carr，2006）发现 arXiv 和 Citebase 上近 15 000 个物理学预印本的下载次数之间存在 r = 0.46 的相关性，并发现出版后最初六个月的下载次数对两年后的被引次数具有最高的预测能力（皮尔逊相关系数为 0.83）。2008 年发表的 4 000 篇美国公共科学图书馆（PLoS）论文被引次数和 PDF 下载次数之间的斯皮尔曼相关系数为 0.48（Yan & Gerstein，2011）。刘、方和王（Liu，Fang，& Wang，2011）发现 2005 年发表在中国眼科期刊上的 1 622 篇论文的下载次数和被引次数之间的斯皮尔曼相关系数为 0.49，并发现 3% 的论文在下载次数和被引次数之间存在较大差异。那些使用率高但引用率低的出版物有应用导向，或者包含关于重要会议的新闻和摘要。

严和格斯坦（Yan & Gerstein，2011）定义了使用率的老化模式的两个阶段。与被引不同的是，使用量在发表后不久即达到峰值，通常在最初两个月内；从第一个月到第二个月快速下降后，它们缓慢下降，符合幂律分布。这两个阶段反映了典型的传播过程，即在论文发表后不久研究者就关注到这些文献，并同时将其传递给同事。一篇论文越老，受到的关注就越少，因此被传播的机会就越小（Yan & Gerstein，2011）。万、华、鲁索和孙（Wan，Hua，Rousseau & Sun，2010）指出，当利用被引曲线和下载曲线之间的标准化互协方差计算相关性时（即当被引曲线向后移动两到三年时），相关性最强。图 17.1 显示了 PLoS 生物学论文每年的下载次数和被引次数分布。被引次数通常在发表后几年达到峰值（取决于学科），之后它会稳步减少，这表明发表内容已经过时（Moed，Van Leeuwen，& Reedijk，1998）。然而，由于电子出版和预印本的可用性，学术交流过程（即阅读 - 引用 - 阅读循环）已经加快了（Brody et al.，2006）。莫伊德（Moed，2005）、施罗格和戈雷兹（Schlögl & Gorraiz，2010，2011）研究了被引半衰期和使用半衰期之间的差异：其中等相关性证实了下载量与被引量不同的影响。尽管如此，这些都应被视为影响的补充指标，因为如果同时使用这两种指标，就能更全面地说明影响。

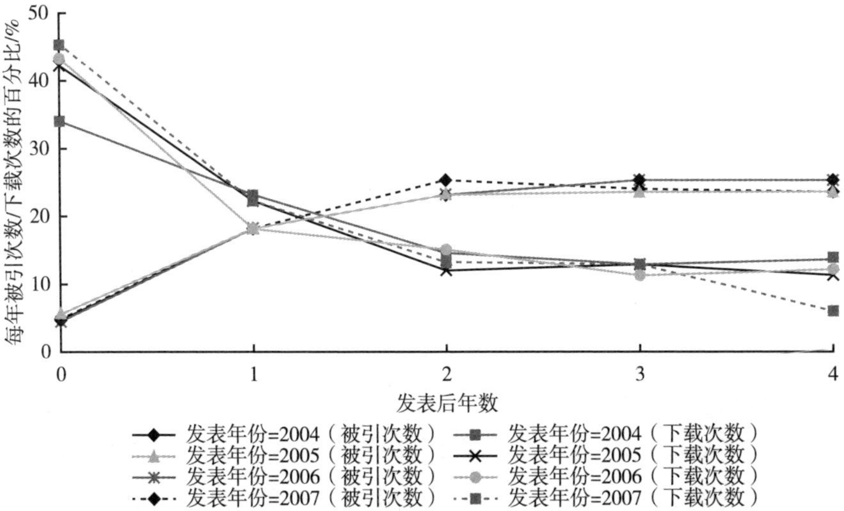

图 17.1 2004—2007 年发表的 PLoS 生物学文献收到的被引次数和下载次数的年度分布

虽然大多数下载次数是在发表当年产生的，但被引次数在 2—4 年后达到顶峰

现实中的局限性

虽然已经引入了相当多的指标，且所有这些指标都以使用统计数据为基础，并以类似于被引指标的方式计算（Rowlands & Nicholas，2007；Bollen et al.，2008；Schlögl & Gorraiz，2010；Wan et al.，2010），但数据聚合仍然是有问题的。全球使用统计数据的问题在于，除了数量有限的探索此类数据潜力的案例研究外，这些数据是不可用的。一般来说，商业出版商不愿将使用情况透明化，不愿与公众共享使用数据。因为低使用率可能会对论文投稿和图书馆订阅产生负面影响。从商业角度来看，使用率数据是高度敏感的（Borrego & Fry，2012），这导致出版商出于推广目的将全球下载统计数据限制在几个选定的列表中，例如 ScienceDirect 上“最热门的 25 篇论文”[①]。

① http://top25.sciencedirect.com。

出版商向订阅机构提供的是本地下载统计数据。尽管 COUNTER 等标准已经存在，并在一定程度上提高了数据质量，但本地统计数据往往是不可比的，缺乏一致性，最重要的是不够详细，无法提供有意义的使用信息（Baker & Read，2008；Haustein，2012）。即使提供了准确的基于论文的使用统计数据，本地的数据也是有偏误的，不一定反映出一本期刊对更广泛的学术界的影响。

开放获取期刊的情况则不同，与传统的订阅期刊不同，它不必担心使用率低会严重影响利润。PLoS 期刊在使用统计数据方面堪称典范。自 2009 年以来，他们提供了详细的基于论文的使用情况数据，与 COUNTER 期刊报告不同，这些数据可用于计算期刊使用情况的有意义的相关指标（图 17.2）。PLoS 论文层级计量（ALM）背后的思想是，读者可以通过跟踪文档的“总体表现和覆盖范围”，根据不同的标准马上轻松地识别出热门文档（PLoS，2012）。严和格斯坦（Yan & Gerstein，2011），贾马利和尼克扎德（Jamali & Nikzad，2011）利用这些数据分析了与 PLoS 期刊相关的全球阅读行为。

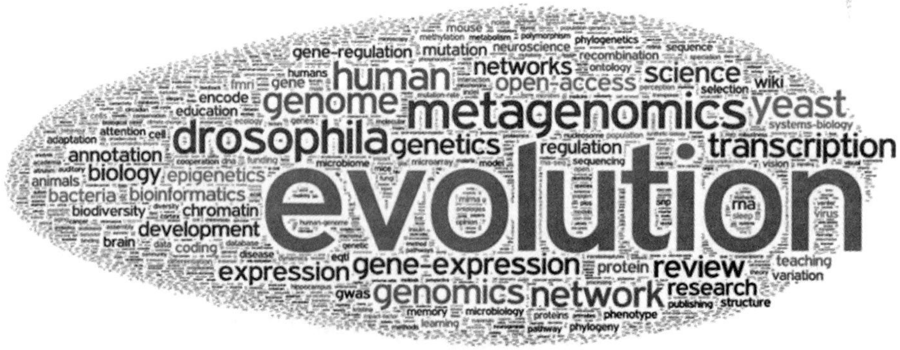

图 17.2　CiteULike 用户为 PLoS 生物学在 2004—2007 年间出版的文档分配的 9 575 个标签组成的词云

总的来说，842 个特有的文档被加上了 3 634 次书签，这相当于 67.0% 的覆盖率，且平均每个文档有 4.3 个标签用户

只要订阅期刊不提供全球下载统计数据，就需要一个替代的、独立于出版商的数据源来访问与学术期刊和文档使用相关的数据，而在线参考文献管理

器和以学术为中心的社交书签网站[①]被认为是一个可能的选择。

替代计量学：反映在社交网络上的学术影响力

随着 Web 2.0 的发展，在线平台可以基于众包的（即用户生成的）内容。彼得斯（Peters，2009）比较了两种基本的 Web 2.0 工具——共享服务（即 YouTube 和 Flickr）和社交书签服务（Delicious）。后者与 CiteULike 一起在 2004 年末进入学术界，使研究者可以在线管理、搜索和共享学术文献（Hammond，Hannay，Lund，& Scott，2005；Reher & Haustein，2010）。许多类似的参考文献管理器（如 Connotea[②]、BibSonomy、Zotero 和 Mendeley）也紧随其后。Mendeley 声称是最大的研究目录，其中包含 2.81 亿个书签和 6 800 万个特有的文档。截至 2012 年 8 月，其中包括由 180 万用户众包的 3 200 万份特有的 PDF 文档（Ganegan，2012）[③]。相比之下，WoS 的引文数据库目前包含约 5 200 万篇文献[④]。

有了这些新的来源，就可以独立于出版商分析学术资源的在线使用情况。跟踪学术内容在社交媒体中的使用情况意味着研究者能更广泛地分析影响（Li et al.，2012）。替代计量学运动促进了基于推文、博客、用户评论和社交网络平台的替代影响指标和检索方法的调查（Taraborelli，2008；Neylon & Wu，2009；Priem & Hemminger，2010；Priem，Taraborelli，Groth，& Neylon，2010；Priem，本书第 14 章）。

---

① 就学术文献的使用而言，将文献元数据存储在在线参考文献管理器中与将其添加到社交书签平台没有区别。因此，学术性书签服务和 Web 2.0 参考文献管理器被视为一致。

② Connotea 于 2013 年 3 月停止服务。

③ 书签（“用户文档”）和用户的数量于 2012 年 8 月 28 日从网址 http://www.mendeley.com 检索获得。

④ SCI-E，SSCI，A & HCI，CPCI-S 中的文档数从网址 http://apps.webofknowledge.com 检索获得。

Web 2.0 数据在学术交流中的代表性

随着电子下载统计数据的引入，Web 2.0 使用数据的可用性让我们不禁要问：这些数据实际上测量的是什么？社交网络活动在多大程度上反映了学术成果的实际使用和用处？谁在使用这些新的在线工具？这些新的在线工具又在多大程度上被使用？Mendeley 和 CiteULike 的用户群体是学术共同体的代表，还是偏向于年轻、精通 Web 2.0 的研究者和学生？就算没有人口统计学偏差，用户群体的规模是否大到足以代表全球的读者群？

调查显示，Web 2.0 工具在学者中并不流行。在 2007 年，接受调查的高能物理学家和凝聚态物理学家中只有不到 10% 的人尝试过社交书签服务，只有 1% 的人认为它们有用（Ginsparg，2007）。在威尔和蒙克曼（Ware & Monkman，2007）对 3 040 名学者的调查中，有 7% 的人使用了社交书签。年轻学者（36 岁以下的受访者中有 10% 使用社交书签）、物理学家和工程师（9%）和亚洲参与者（14%）使用社交书签的比例更高。这些研究（Bar-Ilan et al.，本书第 16 章）表明，学术界并不一定处于社交媒体的前沿，研究者需要更多的时间来采纳这些系统。在适当的时候，社交书签和参考文献管理系统可能成为学术文献全球使用数据的可靠来源（Li et al.，2012）。

虽然社交书签还处于起步阶段，但 Mendeley 的发展表明，这种情况可以很快改变。与 arXiv 在物理学界一夜之间取得的成功类似，Mendeley 的用户文档数量（即用户创建的文档数量）在不到两年的时间里（从 2010 年 10 月到 2012 年 8 月），从 4 400 万篇到 2.81 亿篇，增长了六倍[①]，而案例研究表明这些文档对学术期刊有极高的覆盖率（Bar-Ilan et al.，本书第 16 章）。因此，Mendeley 可能是最有希望的新的评估来源，因为它具有最大的用户群体、最大的覆盖面、每个文档最高的读者数量，以及使用与被引次数之间的最强相关性（Li et al.，2012）。虽然 CiteULike 的覆盖率较低，但它可以被认为是一个有用的社交标签来源（Haustein，Peters，& Terliesner，2011；Bar-Ilan et al.，2012）。书签和标签作为监测学术影响的替代来源的可能性将在后文描述。然而，还需要更多定性的用户研究，才能确定 Web 2.0 参考文献管理在学术界的

① 书签（用户文档）和用户的数量于 2012 年 8 月 28 日从网址 http://www.mendeley.com 检索获得。

真正相关性，并确认用户数量对研究评估的价值。

作为全球读者群数据的社交书签

使用社交书签或在线参考文献管理器中存储的文献条目作为下载的替代数据源，会引发这样一个问题：这些数据是否真的代表了学术文献的读者群。由于书签的目的性和其具有社交信号的特性，书签数据可能比下载统计数据更能反映使用情况。如果用户也分配标签，情况尤其如此。书签数据的优点是，与被引和下载一样，使用数据是作为现有工作流程的副产品生成的。例如，与推特不同，搜索和管理文献是学术交流过程的一个既定部分（Taraborelli，2008；Neylon & Wu，2009；Priem & Hemminger，2010；Borrego & Fry，2012；Li et al.，2012）。塔拉博雷利认为：

> 社交书签数据可能比使用数据提供更稳健的指标，因为它们来自用户有意识的行为——他们对一个条目感兴趣而加以标记以供将来使用，这不是来自纯粹的导航模式。将一个条目标记为书签比仅仅跟踪一个链接更能估计用户的兴趣。从这个意义上讲，社交书签系统可能会提供给定科学领域中经常被阅读和引用的论文的准确数据。（Taraborelli，2008）

尼古拉斯等（Nicholas et al.，2008）开展的一项广泛的深度日志分析显示，2/3 的论文浏览实际上持续不到三分钟，这表明相当数量的全文访问是粗略的。相比之下，文档的书签可能更有目的性，特别是如果用户尝试用标签注释文档的话。因此，如果有一个具有代表性的用户社群，书签的数量就可以作为衡量文档受欢迎程度的指标，这可能比下载统计数据更可靠。其中一个主要的优势是书签数据可以在全球范围内获得，并且独立于出版商。因此，与被引相比，对读者群的影响是可以测量的（Taraborelli，2008；Haustein & Siebenlist，2011；Borrego & Fry，2012）。

书签数据提供了有关哪些论文被使用、使用频率和被多少用户使用的信息。基于论文的信息允许计算充分归一化的全球使用统计数据，这些统计数据可以通过与基于被引的等效方法相似的方法进行计算。与下载不同，一个用户的使用量只计算一次。因此，除了使用量之外，数据还显示了无重复用户的数量（即对社群成员的影响）。因此，可以根据扩散来确定期刊影响。对于在选择待发表期刊的作者、对监测期刊受众认知感兴趣的编辑和出版商而言，有关期刊是被广泛受众浏览还是被小范围受众浏览的信息非常重要（Haustein & Siebenlist，2011）。

操纵书签计数的可能性是存在的，但是由于用户需要登录，并且每个用户账号只能为一个文档添加一次书签，因此它比下载统计数据更少受到“舞弊”的影响（Taraborelli，2008）。博雷戈和弗莱（Borrego & Fry，2012）发现BibSonomy中的大多数书签（78%）仅由14个用户创建。考虑到这些书签是在几天内创建的，因此可以怀疑这些用户是故意想要提高使用率的数字图书馆管理员。这种人为生成的使用数据很容易被识别然后删除。

更严重的问题是在线参考文献管理器中文献元数据的不完整性和错误。这通常会导致被多个用户添加书签的论文不能被识别为同一篇论文。因此，不仅书签服务的社交方面丢失（即无法识别相似的内容或用户），而且很难检索书签并将使用情况与文档相匹配。豪斯坦和西本利斯特（Haustein & Siebenlist，2011）指出，最好应用基于不同元数据字段的搜索策略来检索CiteULike、Connotea和BibSonomy上的书签。类似地，巴 - 伊兰等（Bar-Ilan et al.，2012）通过研究发现，Mendeley应用程序接口（API）只返回一条记录，这可能导致在多接口的情况下损失大量用户。在巴 - 伊兰等（Bar-Ilan et al.，2012）的案例研究中，从Mendeley检索到的33%的记录不包含数字对象标识符（DOI），API将完全忽视这些记录。从这些平台检索使用数据目前还涉及一定程度的数据清理。

作为众包主题索引的社交标注

大多数学术性的社交书签系统允许用户用关键字（即标签）来标注收藏文档。标签可以从其他用户获取，也可以由用户自己选择，而无须遵循任何索引规则。这种资源的众包型标注的概念称为社交标注（social tagging）。由平台全体用户为平台的资源添加标签称为“大众分类（folksonomy）”（Vanderwal，2005；Peters，2009）；单一用户添加的所有标签称为“个人分类（personomy）”；而分配给某一文档的所有标签称为“文档分类（docsonomy）”。

文档分类为出版物提供了一个新的用户视角。也就是说，社交标注生成了一个额外的元数据层，反映了读者的观点（Peters，Haustein，& Terliesner，2011；Haustein & Siebenlist，2011；Haustein et al.，2011）。标签和标签频率可以直接反映读者的观点。由于标签的不可控性，有意义的频率分布首先需要在一定程度上实现术语统一化。塔拉博雷利（Taraborelli，2008）建议使用标签密度（即每个文档的标签数）作为语义相关性的计量。

一些研究将社交标签与传统索引词进行了比较，包括医学主题词（Medical Subject Headings，MeSH）（Lin，Beaudoin，Bul，& Desai，2006；Kipp，2011；Lee & Schleyer，2012），美国国会图书馆标题表（Library of Congress Subject Headings，LCSH）（Yi & Chan，2009；Lu，Park，& Hu，2010），以及文献标题和摘要中的术语。彼得斯等（Peters et al.，2011）和豪斯坦等（Haustein et al.，2011）将 CiteULike、Connotea 和 BibSonomy 上物理学出版物的标签，与标题、摘要术语、作者关键词、INSPEC 主题词和 WoS 的自动索引项进行了比较。为了提高准确性和术语匹配，术语在个体文档层级进行比较，而不是像诺尔和梅内尔（Noll & Meinel，2007）提出的在整个大众分类层级；为了获得更同质的集合，还对术语进行了广泛的预处理（拼写统一和词干处理）。标签和术语之间的相似度平均较低。标签和标题的重叠程度最大，而标签和专业分配的词汇的差异最大。林等人（Lin et al.，2006）怀疑这是由于传统索引和社交标注的目标不同。虽然专业索引器试图用受控词来表示整个文档的内容，但用户似乎“突出显示了他们最感兴趣的部分内容或事实”（Lin et al.，2006）。因此，社交标签提供了用户对论文内容的看法。将标签在期刊层级汇总，例如用标签云的方式进行可视化呈现，其频率分布可用于表示读者对期刊内容的看法。图 17.2 显示了从 2007 年到 2011 年在 PLoS 生物学上发布的 842 个文档的标签云——该 1 256 份文档中的 67% 在 CiteULike 中至少有一个用户。根据标签应用或文档发布的日期对标签进行分析，可以揭示主题趋势或帮助发现热门话题（Haustein，2012）。

结论

要衡量面向整个共同体的学术影响时，将读者的观点纳入期刊评估至关重要。引文分析已替代了耗时、昂贵且有偏的局部使用研究，它只反映了一篇文献对那些本身是作者的读者的影响，这些作者通过施引来表明这篇文献的影响。随着文献发表实现了从印刷到电子出版的转变，大规模的使用研究在技术上已经成为可能。存储在出版商服务器的日志文件中的论文层级使用数据，可以提供有关何时、何地使用了论文中哪些内容以及使用频率的信息。这种基于论文的下载数据使计算期刊使用指标成为可能，类似于基于被引的指标，前者反映了更广泛意义上的影响，例如对技术应用、教育、卫生政策和其他社会问题的影响。在实践中，与下载数据相关的最大问题是可获取性问题。除了少数开放获取的期刊，其他许多全球统计数据都不可获取，因为出版商认为这些数据过于商业敏感，无法与公众分享。以 COUNTER 报告的形式提供给订阅机构的本地数据是有偏的，而且由于这些数据是在期刊层级，而不是论文层级统计的，因此不够详细，无法进行必要的标准化。随着在线社交参考文献管理器和学术文献书签服务的推出，期刊使用的其他来源现在已经可用。书签数据的优点是，它们是作为现有工作流程（即阅读和管理学术文献）的副产品创建的。论文书签相比被引能捕捉更广泛的影响，同时与下载数据相比，它更具目的性，也更难被操纵。

替代计量学的主要问题是数据的代表性。这里的代表性包含两个方面：一是谁在使用这些资源，二是对使用量的覆盖率。需要更多的定性研究来探索用户在多大程度上代表了更广泛的学术共同体，以及找出使用书签系统的目的。未来，如果研究者能将参考文献管理功能从本地硬盘（甚至从书架上的文件夹）转移到社交网络，那么书签数据就可以用来监测基于论文的期刊使用情况，标签也可以提供读者对内容的看法。

社交网络的快速发展必能使更多能代表学术文献读者群的数据变得可用。期刊和研究评估工作必须收集和反映这些数据，超越引文的局限，全面了解学术的实际影响。这也将允许学者——以及那些资助、提拔和评估他们的人——检查他们的工作对学者和公众的更广泛的影响。

参考文献

Baker, G., & Read, E. J. (2008). Vendor supplied usage data for electronic resources: A survey of academic libraries. *Learned Publishing*, 21 (1), 48–57.

Bar-Ilan, J. (2012). *JASIST@mendeley*. Presented at ACM Web Science Conference 2012 Workshop. Retrieved from http://altmetrics. org/altmetrics12/bar- ilan.

Bar-Ilan, J., Haustein, S., Peters, I., Priem, J., Shema, H., & Terliesner, J. (2012). Beyond citations: Scholars' visibility on the social Web. In *Proceedings of the 17th International Conference on Science and Technology Indicators* (Vol. 1, pp. 98– 109). Montreal, Canada.

Bollen, J., & Van de Sompel, H. (2008). Usage impact factor: The effects of sample characteristics on usage-based impact metrics. *Journal of the American Society for Information Science and Technology*, 59 (1), 136–149.

Bollen, J., Van de Sompel, H., & Rodriguez, M. A. (2008). Towards usage-based impact metrics: First results from the MESUR project. In *Proceedings of the 8th ACM/IEEE-CS Joint Conference on Digital Libraries* (pp. 231–240). New York: ACM.

Borrego, A., & Fry, J. (2012). Measuring researchers' use of scholarly information through social bookmarking data: A case study of BibSonomy. *Journal of Information Science*, 38 (3), 297– 308.

Brody, T., Harnad, S., & Carr, L. (2006). Earlier web usage statistics as predictors of later citation impact. *Journal of the American Society for Information Science and Technology*, 57 (8), 1060–1072.

Bustion, M., Eltinge, J., & Harer, J. (1992). On the merits of direct observation of periodical usage—an empirical study. *College & Research Libraries*, 53 (6), 537– 550.

Butkovich, N. J. (1996). Use studies: A selective review. *Library Resources & Technical Services*, 40 (4), 359–368.

Cronin, B., Snyder, H. W., Rosenbaum, H., Martinson, A., & Callahan, E. (1998). Invoked on the Web. *Journal of the American Society for Information Science*, 49 (14), 1319–1328.

Davis, P. M. (2004). For electronic journals, total downloads can predict number of users. *PortalLibraries and the Academy*, 4 (3), 379–392.

Duy, J., & Vaughan, L. (2006). Can electronic journal usage data replace citation data as a measure of journal use?An empirical examination. *Journal of Academic Librarianship*, 32 (5), 512–517.

Emrani, E., Moradi-Salari, A., & Jamali, H. R. (2010). Usage data, e-journal selection, and negotiations: An Iranian consortium experience. *Serials Review*, 36 (2), 86–92.

Franck, G. (1999). Scientific communication—a vanity fair?*Science*, 286 (5437), 53–55.

Ganegan, F. (2012, August). Filtering the research record and farming big data. Retrieved from http://www. swets. com/blog/filtering-the-research-record-and- farming-big-data#.

Garfield, E. (1955). Citation indexes for science: A new dimension in documentation through association of ideas. *Science*, 122 (3159), 108–111.

Garfield, E. (1972). Citations as a tool in journal evaluation: Journals can be ranked by frequency and impact of citations for science policy studies. *Science*, 178 (4060), 471–479.

Ginsparg, P. (2007). Next-generation implications of Open Access. *CTWatch Quarterly,* 2 (3). Retrieved from http://www. ctwatch. org/quarterly/articles/2007/08/next-generation-implications-of- open-access.

Glänzel, W., & Moed, H. F. (2002). Journal impact measures in bibliometric research. *Scientometrics*, 53 (2), 171–193.

Gorraiz, J., & Gumpenberger, C. (2010). Going beyond citations: SERUM—a new tool provided by a network of libraries. *Library Quarterly*, 20 (1), 80–93.

Gross, P. L. K., & Gross, E. M. (1927). College libraries and chemical education. *Science,* 66 (1713), 385–389.

Hahn, K., & Faulkner, L. (2002). Evaluative usage-based metrics for the selection of e-journals. *College & Research Libraries*, 63 (3), 215–227.

Hammond, T., Hannay, T., Lund, B., & Scott, J. (2005). Social bookmarking tools (I). *D-Lib Magazine*, 11 (4). Retrieved from http://www. dlib. org/dlib/april05/hammond/04hammond. html.

Haustein, S. (2011). Taking a multidimensional approach toward journal evaluation. In *Proceedings of the 13th International Conference of the International Society for Scientometrics and Informetrics* (Vol. 1, pp. 280–291). Durban, South Africa.

Haustein, S. (2012). *Multidimensional journal evaluation: Analyzing scientific periodicals beyond the impact factor*. Berlin: De Gruyter Saur.

Haustein, S., Peters, I., & Terliesner, J. (2011). Evaluation of reader perception by using tags from social bookmarking systems. In *Proceedings of the 13th International Conference of the International Society for Scientometrics and Informetrics* (Vol. 2, pp. 999–1001). Durban, South Africa.

Haustein, S., & Siebenlist, T. (2011). Applying social bookmarking data to evaluate journal usage. *Journal of Informetrics*, 5 (3), 446–457.

Jamali, H. R., & Nikzad, M. (2011). Article title type and its relation with the number of downloads and citations. *Scientometrics*, 88 (2), 653–661.

Kipp, M. E. I. (2011). Tagging of biomedical articles on CiteULike: A comparison of user, author and professional indexing. *Knowledge Organization*, 38 (3), 245– 261.

Kohl, D. F., & Davis, C. H. (1985). Ratings of journals by ARL library directors and deans of library and information science schools. *College & Research Libraries*, 46 (1), 40–47.

Langlois, D. C., & Von Schulz, J. V. (1973). Journal usage survey—method and applications. *Special Libraries*, 64 (5–6), 239–244.

Lee, D. H., & Schleyer, T. (2012). Social tagging is no substitute for controlled indexing: A comparison of Medical Subject Headings and CiteULike tags assigned to 231, 388 papers. *Journal of the American Society for Information Science and Technology*, 63 (9), 1747–1758.

Li, X., Thelwall, M., & Giustini, D. (2012). Validating online reference managers for scholarly impact measurement. *Scientometrics*, 91 (2), 461–471.

Lin, X., Beaudoin, J., Bul, Y., & Desai, K. (2006). Exploring characteristics of social classification. In *Proceedings of the 17th Annual ASIS&T SIG/CR Classification Research Workshop*. Austin, TX.

Liu, X., Fang, H., & Wang, M. (2011). Correlation between download and citation and download-citation deviation phenomenon for some papers in Chinese medical journals. *Serials Review*, 37 (3), 157–161.

Lu, C., Park, J. -R., & Hu, X. (2010). User tags versus expert-assigned subject terms: A comparison of LibraryThing tags and Library of Congress Subject Headings. *Journal of*

Information Science, 36 (6), 763–779.

MacRoberts, M. H., & MacRoberts, B. R. (1989). Problems of citation analysis—a critical review. *Journal of the American Society for Information Science*, 40 (5), 342–349.

Moed, H. F. (2005). *Citation analysis in research evaluation*. Dordrecht: Springer.

Moed, H. F., Van Leeuwen, T. N., & Reedijk, J. (1998). A new classification system to describe the ageing of scientific journals and their impact factors. *Journal of Documentation*, 54 (4), 387–419.

Neylon, C., & Wu, S. (2009). Article-level metrics and the evolution of scientific impact. *PLoS Biology*, 7 (11), e1000242.

Nicholas, D., Huntington, P., Jamali, H. R., Rowlands, I., Dobrowolski, T., & Tenopir, C. (2008). Viewing and reading behaviour in a virtual environment—the full-text download and what can be read into it. *Aslib Proceedings*, 60 (3), 185–198.

Noll, M. G., & Meinel, C. (2007). Authors vs. readers: A comparative study of document metadata and content in the WWW. In *Proceedings of the 2007 ACM Symposium on Document Engineering* (pp. 177–186). Winnipeg, Canada.

Perneger, T. V. (2004). Relation between online "hit counts" and subsequent citations: Prospective study of research papers in the BMJ. *British Medical Journal*, 329 (7465), 546–547.

Peters, I. (2009). *Folksonomies: Indexing and retrieval in Web 2. 0*. Berlin: De Gruyter Saur.

Peters, I., Haustein, S., & Terliesner, J. (2011). Crowdsourcing in article evaluation. In *Proceedings of the 3rd International Conference on Web Science— ACM Web Science Conference*. New York: ACM.

Price, D. J. S., & Gürsey, S. (1976). Studies in Scientometrics I. Transience and continuance in scientific authorship. *International Forum on Information and Documentation,* 1 (2), 17–24.

Priem, J., & Hemminger, B. (2010). Scientometrics 2. 0: Toward new metrics of scholarly impact on the social Web. *First Monday*, 15 (7). Retrieved from http://firstmonday. org/htbin/cgiwrap/bin/ojs/index. php/fm/article/viewArticle/2874/ 2570.

Priem, J., Taraborelli, D., Groth, P., & Neylon, C. (2010, October). Altmetrics: A manifesto. Retrieved from http://altmetrics. org/manifesto.

Public Library of Science (PLoS). (2012). Article level metrics. Retrieved from http://article-level-metrics. plos. org/alm-info.

Reher, S., & Haustein, S. (2010). Social bookmarking in STM: Putting services to the acid test. *ONLINE: Exploring Technology & Resources for Information Professionals*, 34 (6), 34–42.

Research Councils UK. (2011, March). Types of impact. Retrieved from http://www. rcuk. ac. uk/documents/impacts/TypologyofResearchImpacts. pdf.

Rousseau, R. (2002). Journal evaluation: Technical and practical issues. *Library Trends*, 50 (3), 418–439.

Rowlands, I., & Nicholas, D. (2005, September). *New journal publishing models: An international survey of senior researchers*. Newbury, UK: Publishers Association and International Association of STM Publishers.

Rowlands, I., & Nicholas, D. (2007). The missing link: Journal usage metrics. *Aslib*

Proceedings, 59 (3), 222–228.

Scanlan, B. D. (1987). Coverage by Current Contents and the validity of impact factors—ISI from a journal publisher's perspectives. *Serials Librarian*, 13 (2–3), 57–66.

Schlögl, C., & Gorraiz, J. (2006). Document delivery as a source for bibliometric analyses: The case of Subito. *Journal of Information Science*, 32 (3), 223–237.

Schlögl, C., & Gorraiz, J. (2010). Comparison of citation and usage indicators: The case of oncology journals. *Scientometrics*, 82, 567–580.

Schlögl, C., & Gorraiz, J. (2011). Global usage versus global citation metrics: The case of pharmacology journals. *Journal of the American Society for Information Science and Technology*, 62 (1), 161–170.

Schlögl, C., & Stock, W. G. (2004). Impact and relevance of LIS journals: A scientometric analysis of international and German-language LIS journals— citation analysis versus reader survey. *Journal of the American Society for Information Science and Technology*, 55 (13), 1155–1168.

Stock, W. G. (2009). The inflation of impact factors of scientific journals. *ChemPhysChem*, 10 (13), 2193–2196.

Taraborelli, D. (2008). Soft peer review: Social software and distributed scientific evaluation. In *Proceedings of the 8th International Conference on the Design of Cooperative Systems* (pp. 99–110). Carry-le-Rouet, France.

Tenopir, C., & King, D. W. (2000). *Towards electronic journals: Realities for scientists, librarians, and publishers*. Washington, DC: Special Libraries Association.

Thelwall, M. (2012). Journal impact evaluation: A webometric perspective. *Scientometrics*, 92 (2), 429–441.

Vander Wal, T. (2005, January). Folksonomy explanations. Retrieved from http://www. vanderwal. net/random/entrysel. php?blog=1622.

Wan, J. K., Hua, P. H., Rousseau, R., & Sun, X. K. (2010). The journal download immediacy index (DII): Experiences using a Chinese full-text database. *Scientometrics*, 82 (3), 555–566.

Ware, M., & Monkman, M. (2007). *Peer review in scholarly journals: Perspective of the scholarly community—an international study*. Publishing Research Consortium. Retrieved from http://www. publishingresearch. net/documents/PeerReviewFullPRCReport- final. pdf.

Wilhite, A. W., & Fong, E. A. (2012). Coercive citation in academic publishing. *Science*, 335 (6068), 542–543.

Yan, K. -K., & Gerstein, M. (2011). The spread of scientific information: Insights from the web usage statistics in PLoS article-level metrics. *PLoS ONE*, 6 (5), e19917.

Yi, K., & Chan, L. M. (2009). Linking folksonomy to Library of Congress Subject Headings: An exploratory study. *Journal of Documentation*, 65 (6), 872–900.

Yu, G., & Wang, L. (2007). The self-cited rate of scientific journals and the manipulation of their impact factors. *Scientometrics*, 73 (3), 321–330.

第18章 评估法官的工作

彼得·A. 胡克
Peter A. Hook

引言

对计量学的兴趣绝非仅限于学术研究和学术界。事实上，现代文献计量学在很大程度上要归功于司法引文索引的早期发展。作为机构的法院和组成法院的法官对公民的生活有巨大影响。这可以在规范个人、公司和政府行为的裁决中看到。法院在州、联邦或国际层面上相互影响。此外，法官个体、诉讼人和学者在整体上对其他法官和多成员法院具有可观的影响[①]。本章回顾了用于衡量某法院对另一法院、某法学家对另一法学家的影响，以及每年、每个任期内，或者当法院成员更替时，多成员法院内法学家总体合意水平的计量标准、实证观察和计算技术。其目的是在夏皮罗（Shapiro，1992）[②]的最初努力的基础上，使科学计量学界接触到法学学者和政治学家所做的传统和替代性计量工作。这些研究，以及所做的原创贡献，都是建立在司法体系中明确的、系统化的引用和观点合意标记的悠久历史基础上。

① 法学家（jurist）和法官（judge）在本文可互换使用。

② 弗雷德·夏皮罗或许是最活跃、最知名的法律文献计量学家（Shapiro，1992；Shapiro & Pearse，2012）。他分析了美国的法律评论文章、法律书籍（Shapiro，2000a）和法律学者（Shapiro，2000b）的被引排名。

基于判例的司法体系与引文和主题基础设施的兴起

在不列颠群岛发展并出口到其殖民地的普通法司法体系在很大程度上依赖于判例（Von Nessen，1992）[①]。法院发表的意见对其管辖的下级法院具有约束力（“纵向判例”；Tiersma，2010）。这些相同的意见在其他同等级别的法院以及其他司法管辖区的法院都具有说服力。此外，法院通常受到自己先前判决的限制，在推翻这些判决之前会给予它们极大的尊重（“遵循先例或横向判例”；Tiersma，2010）。

因此，当务之急是律师、法官和公民能找到并使用涉及特定法律问题和事实情景的案件。在标准化的判例汇编、出版出现之前（Tiersma，2007），帮助律师查找相关案件的第一批工具是“缩节本（abridgement）”（Fitzherbert，1565）、“法律注释（institute）”（Coke，1628）和“评述（commentary）”（Blackstone，2001）。这些作品根据法律或事实的主题来组合、描述和组织案件。库珀（Cooper，1982）、夏皮罗（Shapiro，1992）和奥格登（Ogden，1993）调查了律师了解相关判例的其他早期工具。

感谢弗兰克·谢泼德 1875 年的司法案例引证索引

科学计量学受益于美国司法体系的引用基础设施。虽然关于弗兰克·谢泼德（Frank Shepard）为伊利诺伊州案件创建引文索引的具体年份存在争议——1873 年（Dabney，2008）或 1875 年（Ogden，1993；Surrency，1990）——但没有争议的是，谢泼德创建的公司随后为美国所有司法管辖区提供了案例和法规引证索引。

虽然不是第一批司法引证索引（legal citator），但谢泼德的引证索引成了司法实践的主要内容，而“谢泼德化”（Shepardize）[②] 一词在该领域也变得

---

① 相比之下，大陆法系国家（如法国和德国）历来依赖成文法（法典），而不是法官制造的法律。然而，目前大多数西方司法传统是两者的混合体（Merryman & Pérez-Perdomo，2007）。

② 指利用谢泼德引证索引查阅某一案例的后续引用历史。——译者注

司空见惯。最初，后续案例的引证参考被写在胶粘标签上，贴在案例报告的页边空白处，紧靠案例开头。通过这种方式，引证参考起到了手动超链接的作用。科学计量学的先驱尤金 · 加菲尔德（Garfield，1961）明确承认，科学引文索引和其他知识领域的后续索引的想法源自谢泼德的司法引证索引（Garfield，1955，1979）。加菲尔德的工作极大地促进了科学计量学和其他信息科学领域的发展——例如，通过克莱伯格（Kleinberg，1998，1999）的中介性学术研究，加菲尔德的工作影响了佩奇和布林的 PageRank 算法（Brin & Page，1998），即谷歌网络搜索引擎核心的相关性排序算法（Battelle，2005；Hopkins，2005）。

韦氏主题和钥匙码系统的原子特异性

自 1897 年以来，韦氏出版公司（West Publishing）为美国判例法提供了索引和摘要服务（*Century Edition of the American Digest*，1897），该服务旨在识别所有独立案件的判决结果，对其进行摘录和编写摘要，并利用韦氏出版公司的分类法为它们分配主题（Doyle，1992；Hanson，2002；Snyder，1999；Thomson/West，2011）。这种做法一直延续到今天，司法案件以这种方式编制索引的原子化程度超过大多数其他学科或文献。此外，这些相同的摘要以眉批的形式印制，并作为编辑前页出现在美国判例汇编系统（National Reporter System）（Surrency，1990）的印刷版案例卷宗之前。因此，律师可以很容易地在案例卷宗中找到具体的司法要点，因为韦氏出版公司每个眉批所涵盖的材料都是用案例表达来表示的。一些学者利用丰富的主题基础设施，即韦氏主题（West Topic）和钥匙码系统（Key Number System）（Ho & Quinn，2010；Hook，2007b，2007c）进行了分析。

引文编码处理（关系标记）

利佩兹（Lipetz，1965）提出了 29 种关系标记（relationship indicator）来增强科学文献引文索引的有用性。他明确承认谢泼德的司法引证索引已经连续数代使用这种关系标记。早在 1903 年，谢泼德的引证索引包括“卷号左边的一套字母系统，用于表明案件是否得到确认、批评、区分、解释、遵循、协调、限制、修改或推翻”（Ogden，1993）。随后，谢泼德的引证索引包括了对最初被引案例内容子集的引用。这是通过参考韦氏眉批编号来完成的。因此，如果一个案件有多重判决结果，律师只需调查对部分案件的引证，这些案件讨论了他感兴趣的眉批所涵盖的判决结果。关系标记和具体内容标记等两个特征极大地提高了司法引证索引的效用和效率，并先于利佩兹（Lipetz，1965）、弗罗斯特（Frost，1979）和邓肯、安德森和麦卡利斯（Duncan，Anderson，& McAlese，1981）提出的创新[①]。

1997 年，在谢泼德与律商联讯（LexisNexis，一家大型司法数据库公司和出版商）合作之后（后来被律商联讯收购），韦氏出版公司（美国另一家大型司法数据库提供商）推出了一个名为 KeyCite（Dabney，2008）的司法引证索引竞品。这种新型引证索引的创新之一是处理深度的星级（depth-of-treatment star）。KeyCite 采用 1—4 星的评分标准，告诉用户他们最初的案例在随后案例中被广泛讨论的程度。至少有一位研究者在制作特定主题的引用地图时使用过处理深度的指标（Hook，2007b）。此外，处理深度指标与谢泼德长期使用的其他司法关系标记不同，不过随后都在各自在线平台上得到简化。谢泼德（律商联讯）和 KeyCite（韦氏出版公司）都开始使用红色、黄色和绿色的警告符号（仿照红绿灯）来告知律师后续的案件和法规处理。2005 年，韦氏出版公司还引入了图形界面的 KeyCite（Gordon，2005），它直观地描述了一个案件是如何通过多级上诉系统处理的，以及整个过程中每一步产生的文档（带引证）。律商联讯最近在其 LexisAdvance 在线搜索平台中引入了类似的功能。

评估法院相互影响的研究

虽然在结构层面上，有些法院在宪法上有义务遵循其上级法院的判例，但更有趣的是某法院对另一法院在自愿情境下的相对影响。普通法司法体系、法规或法条的解释，以及国际准则的确立，必然要求对过去的法律问题不断地

① 读者可参考克罗斯（Cross，2012）和杨（Yung，2012）了解其他引用关系标记，这对法学研究有用。

加以处理，并对新的法律问题和事实模式做出新的回应。因此，法律模因在同一行政区划的不同法院之间、在特定的国家内、在国家和各种国际法院之间渗透。由于司法意见几乎总是以全文数据库的形式发布、广泛传播并经常以电子方式提供，因此能进行实证研究。引用惯例标准化了引用某一特定法院的先前判例的方式，为一个法院使用另一个法院的司法意见的次数计算提供了便利。

法院的影响——国际

许多研究追踪了一个国家的法院对其他国家法院的影响。阿福特（Aft，2011）调查了研究美国最高法院对外国法院和国际法院影响的实证工作，回应了最高法院影响力正在减弱的批评。具有相似历史背景（即同一司法家族的法院）或地理位置相近的法院更有可能相互引用。一些学者对美国判例法在加拿大法院的使用进行了实证研究（通过计量指标）（Bushnell，1986；Liptak，2008；MacIntyre，1966；Manfredi，1990；McCormick，1997，2009）。还有学者研究了美国判例在外国司法管辖区的使用，包括澳大利亚（Smyth，2008b；Von Nessen，1992，2006）、以色列（Gorney，1955）和欧洲人权法院（De Wolf & Wallace，2009）。

也有研究分析了外国判例在美国的运用情况。夏皮罗（Shapiro，1992）识别了可能是分析美国法院对其他法院（包括美国和英国）判例的引用频率的最初两部计量著作（Committee on Law Reporting，1895；Committee on Library and Legal Literature，1895）。鉴于最近关于美国最高法院援引国际判例是否恰当的辩论，卡拉布雷西和辛达尔（Calabresi & Zimdahl，2005）调查了最高法院 200 多年来的历史实践，并列举了最高法院或多或少可能援引国际判例的实例。扎林（Zaring，2006）扩展了援引外国案件的范围，将美国联邦司法系统的各级单位对外国判例的引用都包括在内。也有研究考察国际性法院（国际法院、欧洲人权法院等）对其他国际性法院和个别国家法院的影响（Lupu & Voeten，2010；Miller，2002；Voeten，2010）。此外，也有实证研究和论文考察了其他国家的判例在国际上被引用的案例：澳大利亚（Smyth，2002；Topperwen，2002）、加拿大（Roy，2004；Smithey，2001）、新西兰（Mathieson，1963）和南非（Smithey，2001）。

法院的影响——国内

还有一些实证研究评估了同一国家内法院之间的影响。当研究对象是诸如美国这样的大型联邦体系时特别有趣，在联邦体系中，有许多地理子实体发挥着法学“实验室”的作用（见 1932 年布兰代斯大法官在新国家冰业公司诉利布曼案件上的异议）。弗里德曼、卡根、卡特赖特和惠勒（Friedman，Kagan，Cartwright，& Wheeler，1981）针对美国州法院之间的影响进行了一项大型实证研究；该研究还包括对州最高法院意见的平均长度的跟踪分析。汉森（Hanson，2002）对四个州最高法院的意见及其对州外案件的引用率进行了为期 25 年的分析（1975—2000 年），以验证关键字搜索（与韦氏主题和钥匙码系统相反）能发现更多相关案件的假设。他的结果没有定论。布莱克和斯普里格斯（Black & Spriggs，2013）针对美国最高法院意见被后续的美国最高法院意见和联邦上诉法院意见引用的频率下降这一问题进行了研究。其他学者研究了美国州法院之间的引证情况，包括布隆伯格（Blumberg，1998）、卡尔代拉（Caldeira，1983，1985，1988）、弗里德曼等（Friedman et al.，1981）、哈里斯（Harris，1982，1985）、莫特（Mott，1936）、纳加尔（Nagal，1962）。此外，至少有一项研究发现了特定观点（侵权概念）在州法院的传播（Canon & Baum，1981）。澳大利亚学者也展开了国内法院之间的引文分析（Fausten，Nielsen，& Smyth，2007；Smyth，1999a，1999b，2007，2008a，2009b；Smyth & Fausten，2008）。

特定法学家的影响

已经有研究对特定法学家的被引次数进行了评估和排名。这些研究试图实证确定对法律的发展及其司法同行产生重大影响的法学家。克罗斯和斯普里格斯（Cross & Spriggs，2010）确定了美国各级联邦司法机构引用最多的最高法院法官（以及意见）。科斯玛（Kosma，1998）进行了类似的分析。此外，还有人进行了计量研究，以确定被引最多的美国联邦上诉法院法官（Choi & Gulati，2004；Klein & Morrisroe，1999；Landes，Lessig，& Solimine，1998）。也有学者通过类似的研究对澳大利亚高等法院的法官进行了评估（Smyth，2000b）。

法院引用什么

出庭的从业者和学者都会想知道法院在其意见中引用的作品类型。因此，有研究对法院引用的不同类型的资源进行了分解和量化。这些资源包括主要资源（案例、法规、宪法、行政法规）以及次要资源（论文、法律评论文章、词典等）。

梅里曼（Merryman，1954，1978）对加州最高法院的两项研究是分析某一法院引用的主要、次要材料的开创性研究。纽顿（Newton，2012）研究了 2001—2011 年美国最高法院引用法律评论文章的频率，并对法官个体、被引学者和被引法律评论进行了细分。马兰戈拉（Marangola，1998）的一项研究调查了马萨诸塞州最高司法法院在基本权利方面引用马萨诸塞州宪法（而不是美国宪法）的频率。司法联邦主义（judicial federalism）这一概念也是比尔曼（Bierman，1995）针对纽约州最高法院提出的。波斯纳和桑斯坦（Posner & Sunstein，2006）写了一篇论文，指出该州的相对年龄与其对州外判例的引用频率之间的相关性。曼茨（Manz，2002）研究了辩护材料（当事方的简介）中引用的权威观点与美国最高法院最终在其观点中引用内容之间的关系。这项工作还包含法院引用的次要材料的详尽书目。随后的研究包括对美国最高法院（Acker，1990；Berring，2000；Petherbridge & Schwartz，2012）和澳大利亚法院（Smyth，2000a，2009a）的分析。

案例引文网络研究

越来越多的研究从网络分析的角度来分析法院的产出。这些研究分析了法院意见（节点）之间的引文链接，并基于网络测量技术做出推断。

最早的法院引文网络研究之一是由卡尔德拉（Caldeira，1988）进行的，他使用聚类方法和多维尺度分析了 1975 年美国 50 个州法院系统和哥伦比亚特区的法院案例引文连通性。福勒、约翰逊、斯普里格斯、琼和沃贝克（Fowler，Johnson，Spriggs，Jeon，& Wahlbeck，2007）利用美国最高法院的大量案例数据来区分内指向和外指向的重要案件。他们还证明了网络中心性高的案例与未来引用频率之间的相关性。

克罗斯、史密斯和托马西奥（Cross，Smith，& Tomarchio，2006，2008）分析了美国最高法院从 1937 年到 2005 年的 48 000 个实质性（非程序性）案件。他们研究了网络内聚度（平均度数、密度、直径和聚类）以及它们随时间的变化。作者假设，更大的网络内聚力表明更多地依赖判例，并确定了内聚力指标增加和减少的时间跨度。克罗斯和另一合作团队（Cross，Spriggs，Johnson，& Wahlbeck，2010）对美国最高法院判决意见中的引用进行了研究，确定了被引案件的网络中心性。网络中心性被视为“某一最高法院意见在所有意见的引文网络中的嵌入程度”（Cross et al.，2010）。其他与司法相关的引文网络研究包括博马里托、卡茨和泽尔纳（Bommarito，Katz，& Zelner，2009），布莱特、马泽加和布希埃（Boulet，Mazzega，& Bourcier，2011），钱德勒（Chandler，2005，2007），卡兹等（Katz et al.，2011），卡兹和斯塔福德（Katz & Stafford，2010），卢普和沃顿（Lupu & Voeten，2010），史密斯（Smith，2007），惠伦（Whalen，2013）。

多成员法院内的合意性计量

共现分析已经应用于法院。较高级别的法院通常由多名法学家组成，他们每人通过投票赞成或反对特定的结果。在许多司法体系中，多成员法院发表的意见是各个法学家的合意。由此产生的共同投票统计数据可以用来对法院及其成员进行实证研究，以确定其成员和可能的摇摆法官在意识形态上的认同。这也被称为群体分析，即“识别合议庭大法官中投票一致的团体”（Bradley & Ulmer，1980 年）。摇摆法官（Swing justice），也被称为中间法官，是指不属于两个主要投票集团任意一边的法官。摇摆法官经常决定案件的结果（Martin，Quinn，& Epstein，2005；Schultz & Howard，1975）。大众媒体上已经有这类共同投票的司法统计数据，可用于前述的分析（Greenhouse，2005b；Hossain & Cox，2006）。

法官的共同投票数据分析已经进行了几十年，并且胡克（Hook，2007a）对此展开了调查。从 1956 年任期开始，《哈佛法律评论》每年都公布美国最高法院九位大法官的共同投票矩阵（“Supreme Court，1956 Term”，1957；

"Supreme Court 2010 Term：The Statistics"，2011）。《哈佛法律评论》报道最高法院法官之间不同合意水平的方法（联合、同意、异议和一起审理的案件总数的不同组合）也被用来报道州最高法院法官的共同投票情况（Betz，1992；Crandley，Stephenson，Kerridge，& Peabody，2011）。其他未使用《哈佛法律评论》方法的研究也提供了州法院的共同投票数据（Blackwell，2009；Martin，1996）。其他研究按具体问题领域将最高法院的共同投票数据进行了分解（Epstein，Segal，Spaeth，& Walker，2012；Riggs，1988；Schultz & Howard，1975；Wilkins，Worthington，Reynolds，& Nielsen，2005）。对学者特别有帮助的是，美国最高法院 64 年来的共同投票数据（1946—2010 年）可以在最高法院数据库中免费获得（Spaeth et al.，2012 年）。然而，至少有一位学者批评了数据库中案例的主题编码（Shapiro，2009）。其他学者对 1838—2009 年最高法院的共同投票数据进行了分析（Chabot & Chabot，2011）。

针对美国最高法院的传统数据分析集中在非全票通过的案例上（Pritchett，1948；Schultz & Howard，1975），因为只有这些案例才能揭示最高法院的推理和意识形态上的不协调。然而，分析中遗漏了能表征法院法官之间总体合意（或缺乏合意）的指标。胡克（Hook，2007a）创建了聚合和谐度指标（Aggregate Harmony Metric），以获取美国最高法院在特定任期内的总体共识，包括意见一致的案件。这一百分比指标是指任意两名法官在某一特定任期内的主要意见组成的矩阵之和（《哈佛法律评论》O 方法），除以这些法官在特定年份共同审理的案件总数的矩阵之和（《哈佛法律评论》N 方法）。表 18.1 和表 18.2 包含了最近五年聚合和谐度指标的更新。舒尔茨和霍华德（Schultz & Howard，1975）报告了两种类似的合意计量方法，即 1930—1965 年每五年一次、1968—1973 年每年一次的全票通过判决的百分比和每个判决的平均反对票数。

表 18.1　聚合和谐度（ΣO/ΣN）（Hook，2007a）

任期	自然法庭	合意聚合百分比（O 方法）	累积 O 计数	累积 N 计数
2006	Roberts 2	56	1 443	2 573
2007	Roberts 2	58	1 428	2 473

续表

任期	自然法庭	合意聚合百分比（O 方法）	累积 O 计数	累积 N 计数
2008	Roberts 2	54	1 514	2 808
2009	Roberts 3	56	1 709	3 052
2010	Roberts 4	61	1 661	2 712

表 18.2　最高级（每个任期内合意的最高和最低百分比）（O 方法）

（Hook，2007a）

任期	合意的最高百分比（O 方法）	合意的最高百分比法官 1	合意的最高百分比法官 2	合意的最低百分比（O 方法）	合意的最低百分比法官 1	合意的最低百分比法官 2
2006	79	Roberts	Alito	35	Stevens	Thomas
2007	75	Kennedy Roberts	Roberts Alito	36	Stevens	Thomas
2008	74	Kennedy	Roberts	35	Stevens	Alito
2009	77	Kennedy	Roberts	34	Stevens Stevens	Scalia Thomas
2010	84	Kennedy	Roberts	44	Thomas	Ginsburg

法院工作的可视化呈现

怀特（White，2005）对美国最高法院法官之间的共同投票行为进行了空间可视化研究。第一个研究或许是普里切特（Pritchett，1941）的法官的线性分布研究。图尔斯通和德根（Thurstone & Degan，1951）使用因子分析生成了法官在 1943 年和 1944 年任期内共同投票模式的三维向量空间表示。舒伯特还使用因子分析得出了法官的空间分布（Schubert，1962，1963）。随后，许多其他学者使用共同投票数据来生成大法官之间投票关系的空间表示。斯佩斯和阿尔特菲尔德（Spaeth & Altfeld，1985）制作了大法官之间影响关系的非自动化图表。其他学者使用了基于贝叶斯测量模型的马尔可夫链蒙特卡罗方法来生成法院的可视化表示（Epstein，Knight，& Martin，2003；Epstein，Martin，

Quinn，& Sgar，2007；Martin & Quinn，2002；Martin et al.，2005）。还有一些人使用统计尺度技术来生成上诉法院投票模式的可视化（Epstein，Martin，Segal，& Westerland，2007）。约翰逊、博尔加蒂和罗姆尼（Johnson，Borgatti，& Romney，2005）使用网络可视化技术，而西罗维奇（Sirovich，2003）使用向量模型和奇异值分解。胡克（Hook，2007a）采用了多维尺度分析和网络布局技术。

对共同投票数据可视化的好处在于可视化方法可以对大型数据集进行有效汇总并向观看者简洁地传达信息。格林豪斯（Greenhouse，2005a）描述了两个童年好友如何一起进入美国最高法院—— 伯格（Burger）和布莱克门（Blackmun）。在他们的第一个任期（1970 年），这两位大法官在 78% 的时间里意见一致。这是那个任期中最高的合意百分比。1985 年，也就是他们一起在最高法院任职的最后一年，布莱克门已经走到了自由主义的极端，他和他儿时的朋友伯格只有 48% 的时间里意见一致。这两个任期内的多维尺度分析清楚地说明了这种变化（图 18.1 和图 18.2）。

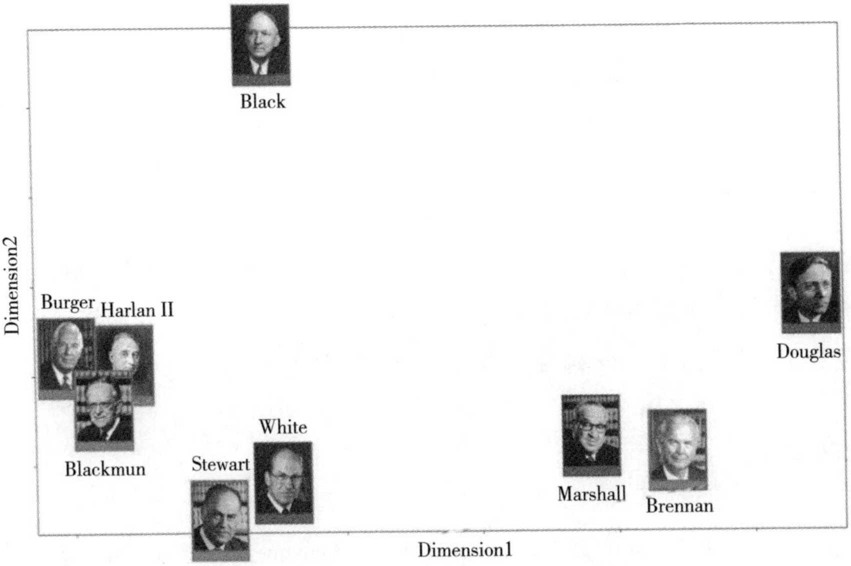

图 18.1　1970 年美国最高法院任期

对法官伯格和布莱克门的投票合意性进行多维尺度分析，可知这一时期他们在意识形态上是相近的（照片使用已获得美国最高法院馆长办公室的许可）

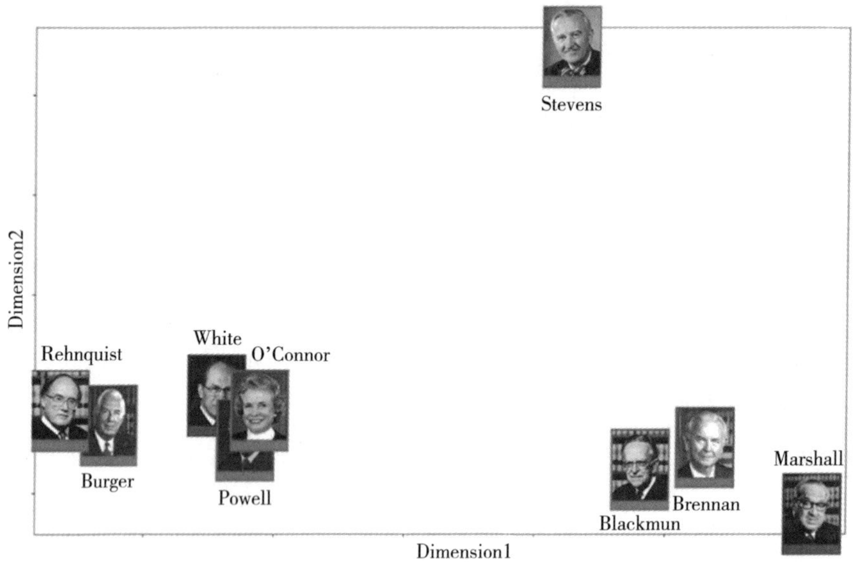

图 18.2　1985 年美国最高法院任期

布莱克门法官已经放弃了他儿时的朋友伯格的知识指导，并站在了最高法院的自由派一边（照片使用已获得美国最高法院馆长办公室的许可）

结论

已有大量文献使用计量指标、实证观察和计算方法来评估法官的工作。科学计量学界可以从更深入了解法学学者和政治学家所做的计量工作中受益，反之亦然。科学计量学界尤其应该理解基于司法界的引证索引的创新。毕竟，“在科学领域，出版物及其相互联系是研究事业的副产品，而在司法界，出版物及其相互联系是这一学科的核心”（Shapiro，1992）。

参考文献

Acker, J. R. (1990). Thirty years of social science in Supreme Court criminal cases. *Law & Policy*, 12 (1), 1–23.

Aft, A. B. (2011). Respect my authority: Analyzing claims of diminished U. S. Supreme Court influence abroad. *Indiana Journal of Global Legal Studies*, 18 (1), 421–454.

Battelle, J. (2005). *The search: How Google and its rivals rewrote the rules of business and transformed our culture*. New York: Portfolio.

Berring, R. C. (2000). Legal information and the search for cognitive authority. *California Law Review*, 88 (6), 1673–1708.

Betz, K. W. (1992). Examination of the Indiana Supreme Court docket, dispositions, and voting in 1991. *Indiana Law Review*, 25 (4), 1469–1483.

Bierman, L. (1995). Dynamics of state constitutional decision-making: Judicial behavior at the New York Court of Appeals. *Temple Law Review*, 68 (3), 1403–1456.

Black, R. C., & Spriggs, J. F. (2013). Citation and depreciation of U. S. Supreme Court precedent. *Journal of Empirical Legal Studies*, 10 (2), 325–358.

Blackstone, W. (2001). *Blackstone's commentaries on the laws of England in four volumes.* Edited with an introduction by Wayne Morrison (9th ed. in modernized English). London: Cavendish.

Blackwell, K. (2009). Shipping up to Boston: Voting of the Massachusetts Supreme Judicial Court in non-unanimous criminal cases from 2001–2008. *Albany Law Review*, 72 (3), 673–700.

Blumberg, D. (1998). Influence of the Massachusetts Supreme Judicial Court on state high court decisionmaking 1982–1997: A study in horizontal federalism. *Albany Law Review*, 61 (5), 1583–1624.

Bommarito, M. J., Katz, D. M., & Zelner, J. (2009, June 08–12). *Law as a seamless web?Comparison of various network representations of the United States Supreme Court corpus (1791– 2005).* Paper presented at the 12th International Conference on Artificial Intelligence and Law—ICAIL '09, Barcelona, Spain.

Boulet, R., Mazzega, P., & Bourcier, D. (2011). Network approach to the French system of legal codes—part I: Analysis of a dense network. *Artificial Intelligence and Law*, 19 (4), 333–355.

Bradley, R., & Ulmer, S. S. (1980). Examination of voting behavior in the Supreme Court of Illinois: 1971–1975. *Southern Illinois University Law Journal*, 5 (3), 245– 262.

Brin, S., & Page, L. (1998). The anatomy of a large-scale hypertextual Web search engine. *Computer Networks and ISDN Systems,* 30 (1–7), 107–117.

Bushnell, S. I. (1986). The use of American cases. *University of New Brunswick Law Journal*, 35, 157–181.

Calabresi, S. G., & Zimdahl, S. D. (2005). The Supreme Court and foreign sources of law: Two hundred years of practice and the juvenile death penalty decision. *William and Mary Law Review*, 47 (3), 743–909.

Caldeira, G. A. (1983). On the reputation of state supreme courts. *Political Behavior*, 5 (1), 83–108.

Caldeira, G. A. (1985). The transmission of legal precedent: A study of state supreme courts. *American Political Science Review*, 79 (1), 178–194.

Caldeira, G. A. (1988). Legal precedent: Structures of communication between state supreme courts. *Social Networks*, 10 (1), 29–55.

Canon, B. C., & Baum, L. (1981). Patterns of adoption of tort law innovations: An application of diffusion theory to judicial doctrines. *American Political Science Review*, 75 (4), 975–987.

Century edition of the American Digest. (1897). St. Paul, MN: West Publishing Co.

Chabot, C. K., & Chabot, B. R. (2011). Mavericks, moderates, or drifters— Supreme Court voting alignments, 1838–2009. *Missouri Law Review*, 76 (4), 999– 1044.

Chandler, S. J. (2005). *The network structure of the Uniform Commercial Code: It's a small world after all*. Paper presented at the 2005 Wolfram Technology Conference, Champaign, IL. Retrieved from http://library. wolfram. com/infocenter/Conferences/5800.

Chandler, S. J. (2007). The network structure of supreme court jurisprudence. *Mathematica Journal*, 10 (3), 501–526.

Choi, S. J., & Gulati, G. M. (2004). Choosing the next Supreme Court justice: An empirical ranking of judge performance. *Southern California Law Review*, 78 (1), 23–117.

Coke, E. (1628). *The first part of the institutes of the laws of England: Or, commentary upon Littleton*. London: Printed for the Societie of Stationers.

Committee on Law Reporting. (1895, August 27–30). *Report of the Committee on Law Reporting*. Paper presented at the Eighteenth Annual Meeting of the American Bar Association, Detroit.

Committee on Library and Legal Literature. (1895, August 6–8). *Report of the Committee on Library and Legal Literature*. Paper presented at the Seventh Annual Meeting of the Virginia State Bar Association, White Sulphur Springs, WV.

Cooper, B. D. (1982). Anglo-American legal citation: Historical development and library implications. *Law Library Journal*, 75 (1), 3–33.

Crandley, M. J., Stephenson, P. J., Kerridge, J., & Peabody, J. (2011). Examination of the Indiana Supreme Court docket, dispositions, and voting in 2010. *Indiana Law Review*, 44 (4), 993–1007.

Cross, F. B. (2012). The ideology of Supreme Court opinions and citations. *Iowa Law Review*, 97 (3), 693–751.

Cross, F. B., Smith, T. A., & Tomarchio, A. (2006). *Determinants of cohesion in the Supreme Court's network of precedents*. San Diego Legal Studies Paper No. 07–67. University of Texas at Austin. Retrieved from http://papers. ssrn. com/sol3/papers. cfm?abstract_id=924110.

Cross, F. B., Smith, T. A., & Tomarchio, A. (2008). The Reagan revolution in the network of law. *Emory Law Journal*, 57 (5), 1227–1258.

Cross, F. B., & Spriggs, J. F. (2010). The most important (and best) Supreme Court opinions and justices. *Emory Law Journal*, 60 (2), 407–502.

Cross, F. B., Spriggs, J. F. I., Johnson, T. R., & Wahlbeck, P. J. (2010). Citations in the U. S. Supreme Court: An empirical study of their use and significance. *University of Illinois Law Review*, (2): 489–576.

Dabney, L. C. (2008). Citators: Past, present, and future. *Legal Reference Services Quarterly*, 27 (2–3), 165–190.

De Wolf, A. H., & Wallace, D. H. (2009). The overseas exchange of human rights juris prudence: The U. S. Supreme Court in the European Court of Human Rights. *International Criminal Justice Review*, 19 (3), 287–307.

Doyle, J. (1992). Westlaw and the American digest classification scheme. *Law Library Journal*, 84, 229–257.

Duncan, E. B., Anderson, F. D., & McAleese, R. (1981). *Qualified citation indexing: Its relevance to educational technology.* Paper presented at the First Symposium on Information Retrieval in Educational Technology, Aberdeen, Scotland.

Epstein, L., Knight, J., & Martin, A. D. (2003). The political (science) context of judging. *Saint Louis University Law Journal*, 47 (3), 783–817.

Epstein, L., Martin, A. D., Quinn, K. M., & Segal, J. A. (2007). Ideological drift among Supreme Court justices: Who, when, and how important. *Northwestern University Law Review*, 101 (4), 1483–1541.

Epstein, L., Martin, A. D., Segal, J. A., & Westerland, C. (2007). The judicial common space. *Journal of Law Economics and Organization*, 23 (2), 303–325.

Epstein, L., Segal, J. A., Spaeth, H. J., & Walker, T. G. (2012). *The Supreme Court compendium: Data, decisions, and developments* (5th ed.). Thousand Oaks, CA: SAGE/CQ Press.

Fausten, D., Nielsen, I., & Smyth, R. (2007). A century of citation practice on the Supreme Court of Victoria. *Melbourne University Law Review*, 31 (3), 733–804.

Fitzherbert, A. (1565). *La graunde abridgement: Collect par le judge tresreuerend monsieur Anthony Fitzherbert, dernierment conferre auesq* [*ue*] *la copy escript, et per ceo correct, aueques le nombre del fueil, per quel facilement poies trouer les cases cy abrydges en les lyuers dans, nouelment annote, iammais deuaunt imprimee: Auxi vous troues les residuums de lauter liuer places icy in ceo liuer en le fyne de lour apte titles*. London: In aedibus Ricardi Tottell, duodecimo Nouembris.

Fowler, J. H., Johnson, T. R., Spriggs, J. F., Jeon, S., & Wahlbeck, P. J. (2007). Network analysis and the law: Measuring the legal importance of Supreme Court precedents. *Political Analysis*, 15 (3), 324–346.

Friedman, L. M., Kagan, R. A., Cartwright, B., & Wheeler, S. (1981). State supreme courts: A century of style and citation. *Stanford Law Review*, 33 (5), 773– 818.

Frost, C. O. (1979). The use of citations in literary research: A preliminary classification of citation functions. *Library Quarterly*, 49 (4), 399–414.

Garfield, E. (1955). Citation indexes for science. *Science*, 122 (3159), 108–111.

Garfield, E. (1961). *Science citation index*. Philadelphia: Institute for Scientific Information.

Garfield, E. (1979). *Citation indexing: Its theory and application in science, technology, and humanities*. New York: Wiley.

Gordon, S. L. (2005). Update XXII: What's new on LexisNexis, Westlaw, Loislaw, and VersusLaw. *Legal Information ALERT*, 24 (10), 1–14.

Gorney, U. (1955). American precedent in the Supreme Court of Israel. *Harvard Law Review*, 68 (7), 1194–1210.

Greenhouse, L. (2005a). *Becoming Justice Blackmun: Harry Blackmun' s Supreme Court journey*. New York: Times Books / Henry Holt.

Greenhouse, L. (2005b, July 2). Court in transition: News analysis: Consistently, a pivotal role: Groundbreaking justice held balance of power. *New York Times*, p. A1.

Hanson, F. A. (2002). From key words to key numbers: How automation has transformed the law. *Law Library Journal*, 94 (4), 563–600.

Harris, P. (1982). Structural change in the communication of precedent among state supreme courts, 1870–1970. *Social Networks*, 4 (3), 201–212.

Harris, P. (1985). Ecology and culture in the communication of precedent among state supreme courts, 1870–1970. *Law & Society Review*, 19 (3), 449–486.

Ho, D. E., & Quinn, K. M. (2010). How not to lie with judicial votes: Misconceptions, measurement, and models. *California Law Review*, 98 (3), 813– 876.

Hook, P. A. (2007a). The aggregate harmony metric and a statistical and visual contextualization of the Rehnquist Court: 50 years of data. *Constitutional Commentary*, 24 (1), 221–264.

Hook, P. A. (2007b). *Network derived domain maps of the United States Supreme Court: 50 years of co-voting data and a case study on abortion.* Paper presented at the International Workshop and Conference on Network Science 2007, Queens, NY.

Hook, P. A. (2007c, June 25–27). *Visualizing the topic space of the United States Supreme Court.* Paper presented at the 11th International Conference of the International Society for Scientometrics and Informetrics, CSIC, Madrid, Spain.

Hopkins, K. (2005). Most highly cited. *Scientist (Philadelphia),* 19 (20), 22–27.

Hossain, F., & Cox, A. (2006, Sunday, July 2). Percentage of times that pairs of justices agreed in nonunanimous decision in the 2005–6 term. *New York Times,* p. 22.

Johnson, J. C., Borgatti, S. P., & Romney, K. (2005). *Analysis of voting patterns in U. S. Supreme Court decisions.* Paper presented at the Sunbelt XXV, International Sunbelt Social Network Conference, Redondo Beach, CA. Abstract available at http://www. socsci. uci. edu/~ssnconf/conf/SunbeltXXVProgram. pdf.

Katz, D. M., Gubler, J. R., Zelner, J., Bommarito, M. J., Provins, E., & Ingall, E. (2011). Reproduction of hierarchy?: A social network analysis of the American law professoriate. *Journal of Legal Education*, 61 (1), 76–103.

Katz, D. M., & Stafford, D. K. (2010). Hustle and flow: A social network analysis of the American Federal Judiciary. *Ohio State Law Journal*, 71 (3), 457–509.

Klein, D., & Morrisroe, D. (1999). The prestige and influence of individual judges on the U. S. courts of appeals. *Journal of Legal Studies*, 28 (2), 371–391.

Kleinberg, J. (1998, January 25–27). *Authoritative sources in a hyperlinked environment.* Paper presented at the Ninth Annual ACM-SIAM Symposium on Discrete Algorithms, San Francisco.

Kleinberg, J. (1999). Authoritative sources in a hyperlinked environment. *Journal of the ACM*, 46 (5), 604–632.

Kosma, M. N. (1998). Measuring the influence of Supreme Court justices. *Journal of Legal Studies*, 27 (2), 333–372.

Landes, W. M., Lessig, L., & Solimine, M. E. (1998). Judicial influence: A citation analysis of federal courts of appeals judges. *Journal of Legal Studies*, 27 (2), 271– 332.

Lipetz, B. -A. (1965). Improvement of the selectivity of citation indexes to science literature through inclusion of citation relationship indicators. *American Documentation*, 16 (2), 81–90.

Liptak, A. (2008, September 18). U. S. court is now guiding fewer nations: American exception: A loss of influence. *New York Times*, p. A1.

Lupu, Y., & Voeten, E. (2010). Precedent on international courts: A network analysis of case citations by the European Court of Human Rights. *British Journal of Political Science*, 42 (2), 413–439.

MacIntyre, J. M. (1966). Use of American cases in Canadian courts. *University of British Columbia Law Review*, 2 (3), 478–490.

Manfredi, C. P. (1990). The use of United States decisions by the Supreme Court of Canada under the Charter of Rights and Freedoms. *Canadian Journal of Political Science / Revue canadienne de science politique,* 23 (3), 499–518.

Manz, W. H. (2002). Citations in Supreme Court opinions and briefs: A comparative study. *Law Library Journal*, 94 (2), 267–300.

Marangola, R. A. (1998). Independent state constitutional adjudication in Massachusetts: 1988–1998. *Albany Law Review*, 61 (5), 1625–1679.

Martin, A. D., & Quinn, K. M. (2002). Dynamic ideal point estimation via Markov chain Monte Carlo for the U. S. Supreme Court, 1953–1999. *Political Analysis*, 10 (2), 134–153.

Martin, A. D., Quinn, K. M., & Epstein, L. (2005). The median justice on the United States Supreme Court. *North Carolina Law Review*, 83 (5), 1275–1322.

Martin, H. C. (1996). Statistical compilation of the opinions of the Supreme Court of North Carolina terms 1993–1994 through 1994–1995. *North Carolina Law Review*, 74 (6), 1851–1862.

Mathieson, D. L. (1963). Australian precedents in New Zealand courts. *New Zealand Universities Law Review*, 1, 77–112.

McCormick, P. (1997). The Supreme Court of Canada and American citations 1945–1994: A statistical overview. *Supreme Court Law Review*, 8, 527.

McCormick, P. (2009). American citations and the McLachlin Court: An empirical study. *Osgoode Hall Law Journal*, 47 (1), 83–129.

Merryman, J. H. (1954). Authority of authority: What the California Supreme Court cited in 1950. *Stanford Law Review*, 6 (4), 613–673.

Merryman, J. H. (1978). Toward a theory of citations: An empirical study of the citation practice of the California Supreme Court in 1950, 1960, and 1970. *Southern California Law Review*, 50 (3), 381–428.

Merryman, J. H., & Pérez-Perdomo, R. (2007). *The civil law tradition: An introduction to the legal systems of Europe and Latin America* (3rd ed.). Stanford, CA: Stanford University Press.

Miller, N. (2002). An international jurisprudence?The operation of "precedent" across international tribunals. *Leiden Journal of International Law*, 15 (3), 483– 526.

Mott, R. (1936). Judicial influence. *American Political Science Review*, 30, 295– 315.

Nagal, S. S. (1962). Sociometric relations among American courts. *Southwestern Social Science Quarterly*, 43 (2), 136–142. New State Ice Co. v. Liebmann, 285 U. S. 262 (1932).

Newton, B. E. (2012). Law review scholarship in the eyes of the twenty-first century Supreme Court justices: An empirical analysis. *Drexel Law Review*, 4 (2), 399–416.

Ogden, P. (1993). "Mastering the lawless science of our law": A story of legal citation indexes. *Law Library Journal*, 85 (1), 1–48.

Petherbridge, L., & Schwartz, D. L. (2012). Empirical assessment of the Supreme Court's use of legal scholarship. *Northwestern University Law Review*, 106 (3), 995–1032.

Posner, E. A., & Sunstein, C. R. (2006). The law of other states. *Stanford Law Review*, 59 (1), 131–179.

Pritchett, C. H. (1941). Divisions of opinion among justices of the U. S. Supreme Court, 1939–1941. *American Political Science Review*, 35 (5), 890–898.

Pritchett, C. H. (1948). *The Roosevelt Court: A study in judicial politics and values 1937–1947*. New York: Macmillan.

Riggs, R. E. (1988). Supreme Court voting behavior: 1986 term. *BYU Journal of Public Law*, 2 (1), 15–34.

Roy, B. (2004). An empirical survey of foreign jurisprudence and international instruments in charter litigation. *University of Toronto Faculty of Law Review*, 62 (2), 99–148.

Schubert, G. (1962). The 1960 term of the Supreme Court: A psychological analysis. *American Political Science Review*, 56 (1), 90–107.

Schubert, G. (1963). Judicial attitudes and voting behavior: The 1961 term of the United States Supreme Court. *Law and Contemporary Problems*, 28 (1), 100–142.

Schultz, W. B., & Howard, P. K. (1975). Myth of swing voting: Analysis of voting patterns on the Supreme Court. *New York University Law Review*, 50 (4), 798–868.

Shapiro, C. (2009). Coding complexity: Bringing law to the empirical analysis of the Supreme Court. *Hastings Law Journal*, 60 (3), 477–543.

Shapiro, F. R. (1992). Origins of bibliometrics, citation indexing, and citation analysis: The neglected legal literature. *Journal of the American Society for Information Science and Technology*, 43 (5), 337–339.

Shapiro, F. R. (2000a). The most-cited legal books published since 1978. *Journal of Legal Studies*, 29 (1), 397–407.

Shapiro, F. R. (2000b). The most-cited legal scholars. *Journal of Legal Studies*, 29 (1), 409–426.

Shapiro, F. R. (Ed.). (2001). *Collected papers on legal citation analysis*. Littleton, CO: Fred B. Rothman.

Shapiro, F. R., & Pearse, M. (2012). The most-cited law review articles of all time. *Michigan Law Review*, 110 (8), 1483–1520.

Sirovich, L. (2003). A pattern analysis of the second Rehnquist U. S. Supreme Court. *Proceedings of the National Academy of Sciences of the United States of America*, 100 (13), 7432–7437.

Smith, T. A. (2007). Web of law. *San Diego Law Review*, 44 (2), 309–354.

Smithey, S. I. (2001). A tool, not a master: The use of foreign case law in Canada and South Africa. *Comparative Political Studies*, 34 (10), 1188–1211.

Smyth, R. (1999a). What do intermediate appellate courts cite?A quantitative study of the citation practice of Australian state supreme courts. *Adelaide Law Review*, 21 (1), 51–80.

Smyth, R. (1999b). What do judges cite?An empirical study of the authority of authority in the Supreme Court of Victoria. *Monash University Law Review*, 25 (1), 29–53.

Smyth, R. (2000a). The authority of secondary authority: A quantitative study of secondary source citations in the Federal Court. *Griffith Law Review*, 9 (1), 25–51.

Smyth, R. (2000b). Who gets cited: An empirical study of judicial prestige in the High Court. *University of Queensland Law Journal*, 21 (1), 7–22.

Smyth, R. (2002). Citations by court. In M. Coper, G. Williams, & A. Blackshield (Eds.), *The Oxford companion to the High Court of Australia* (p. 98–99). Melbourne: Oxford University Press.

Smyth, R. (2007). The citation practices of the Supreme Court of Tasmania, 1905–2005. *University of Tasmania Law Review*, 26 (1), 34–62.

Smyth, R. (2008a). A century of citation: Case-Law and secondary authority in the Supreme Court of Western Australia. *University of Western Australia Law Review*, 34 (1), 145–167.

Smyth, R. (2008b). *Citations of foreign decisions in Australian state supreme courts over the course of the twentieth century: An empirical analysis*. Monash University. ExpressO. Retrieved from http://works. bepress. com/russell_smyth/1.

Smyth, R. (2009a). *Citing outside the law reports: Citations of secondary authorities on the Australian state supreme courts over the twentieth century*. Monash University. ExpressO. Retrieved from http://works. bepress. com/russell_smyth/2.

Smyth, R. (2009b). Trends in the citation practice of the Supreme Court of Queensland over the course of the twentieth century. *University of Queensland Law Journal*, 28 (1), 39–80.

Smyth, R., & Fausten, D. (2008). Coordinate citations between Australian state supreme courts over the 20th century. *Monash University Law Review*, 34 (1), 54–74.

Snyder, F. (1999). The West Digest System: The Ninth Circuit and the Montana Supreme Court. *Montana Law Review*, 60, 541–597.

Spaeth, H. J., & Altfeld, M. F. (1985). Influence relationships within the Supreme Court: A comparison of the Warren and Burger Courts. *Western Political Quarterly*, 38 (1), 70–83.

Spaeth, H. J., Epstein, L., Ruger, T., Whittington, K., Segal, J. A., & Martin, A. D. (2012). The Supreme Court Database. Retrieved from http://scdb. wustl. edu.

Supreme Court, 1956 term. (1957). *Harvard Law Review*, 71 (1), 94–106.

Supreme Court 2010 term: The statistics. (2011). *Harvard Law Review*, 125 (1), 362–377.

Surrency, E. C. (1990). *A history of American law publishing*. New York: Oceana Publications.

Thomson/West. (2011). *West's analysis of American law: With key number classifications* (2011th ed.). St. Paul, MN: West.

Thurstone, L. L., & Degan, J. W. (1951). A factorial study of the Supreme Court. *Proceedings of the National Academy of Sciences of the United States of America*, 37 (9), 628–635.

Tiersma, P. M. (2007). The textualization of precedent. *Notre Dame Law Review*, 82 (3), 1187–1278.

Tiersma, P. M. (2010). *Parchment, paper, pixels: Law and the technologies of communication*. Chicago: University of Chicago Press.

Topperwien, B. (2002). Foreign precedents. In M. Coper, G. Williams, & A. Blackshield (Eds.), *The Oxford companion to the High Court of Australia* (p. 280). Melbourne: Oxford University Press.

Voeten, E. (2010). Borrowing and nonborrowing among international courts. *Journal of Legal Studies*, 39 (2), 547–576.

Von Nessen, P. E. (1992). Use of American precedents by the High Court of Australia, 1901–1987. *Adelaide Law Review*, 14 (2), 181–218.

Von Nessen, P. E. (2006). Is there anything to fear in transnationalist development of law?The Australian experience. *Pepperdine Law Review*, 33 (4), 883–924.

Whalen, R. (2013). Modeling annual Supreme Court influence: the role of citation practices and judicial tenure in determining precedent network growth. In R. Menezes, A. Evsukoff, & M. C. González (Eds.), *Complex Networks* (pp. 169– 176). Heidelberg: Springer.

White, G. E. (2005). Unpacking the idea of the judicial center. *North Carolina Law Review*, 83 (5), 1089–1186.

Wilkins, R. G., Worthington, S., Reynolds, J., & Nielsen, J. J. (2005). Supreme Court voting behavior: 2004 term. *Hastings Constitutional Law Quarterly*, 32 (4), 909–986.

Yung, C. R. (2012). Supreme Court opinions and the justices who cite them: A response to Cross. *Iowa Law Review Bulletin*, 97, 41–50.

Zaring, D. (2006). Use of foreign decisions by federal courts: An empirical analysis. *Journal of Empirical Legal Studies*, 3 (2), 297–331.

第19章 学术谱系

卡茜迪·R. 杉本
Cassidy R. Sugimoto

引言

学术谱系（academic genealogy）是通过导师与学生构成的链条，对知识传承开展的定量研究。在大多数情况下，这里的“导师与学生”指的是博士生导师和博士生，虽然博士生导师这一概念曾被某些项目随意地阐释。例如，数学谱系计划项目将谱系追溯到1380年——比研究型学位论文或博士学位设立早了几个世纪（Clark，2006）。虽然学术谱系有时被称为“知识谱系”或“科学谱系”，但一方面，它不应与前者混淆，前者是用来描述任何类型的知识的影响（不一定是正式的或机构里的导师）（Lubek et al.，1995）；另一方面，它也不应与后者混淆，后者是一个用来将家族史研究提升到科学层面的术语（Davenport，1915）。

学术谱系曾被批评可推广性和严格性低，仅用于表彰杰出的学者或满足学者对其学术先祖的好奇心。对于早期的引文分析也有类似的批评，由于手工收集数据较为麻烦，这些分析往往只是本地案例研究，可推广性和使用价值有限。然而，随着引文索引的兴起，现在有了收集大规模学术谱系数据的来源和方法，这使得在这个领域进行严格研究成为可能。学术谱系不再是那些试图追根溯源的学者们的专属领域，同样引起了那些从历史、哲学、社会学和科学角度研究科学的学者们的兴趣。

学术谱系的基本假设是学科通过知识转移活动进行传播（Abbott，1999；Turner，2000）——在本案例中，是通过博士生导师指导。正如库恩（Kuhn，1996）和其他人所指出的，学科是建立在一定范式上的，是指导学者在特定领域实践的准则。人们认为，许多实践都是在与信任的导师的互动过程中，以默认和显性两种方式进行转移（Girves & Wemmerus，1988）。学术谱系提供了一种手段来衡量和分析这些互动，并研究指导和“规训（disciplining）”之间的关系（Abbott，2001；Foucault，1975，1995）。作为研究学科知识转移的指标，学术谱系也可以用来考察在一个领域受到“规训”的教授迁移到另一领域时，学科之间的相互作用（Sugimoto，Ni，Russell，& Bychowski，2011）。某一学科的博士生跨转为另一个学科的教授，将对知识景观产生直接的影响，甚至可能改变下一代追随者的主题轨迹。

作为一个评估指标，学术谱系可以通过显示导师的贡献，尤其是那些指导能力强的人——那些有大量门生的人的贡献，来抵消“对无声证据的忽视”（Taleb，2010）。学术谱系指标（Russell & Sugimoto，2009）的作用是在更大的学术和学科领域内展示和情境化这些贡献。使用学术谱系作为评估指标的基本原理是相信“让一个科学家的工作产生超越时间的影响的最有效方法是这些科学家要指导更多的下一代学者……以便他们的思想、贡献和观点将继续影响科学思想”（Andraos，2005）。学者的一生是有限的，但他或她的贡献会通过一代又一代的学生而放大、增强和延续。

本章的目的是介绍学术谱系的概念，回顾以往的学术谱系研究，提供基于相应动机和结果的学术谱系分类法，勾勒出学术谱系研究的适当方法，并讨论学术谱系研究的意义和未来的研究方向。

已有研究现状

已发表的学术谱系研究包括神经科学（David & Hayden，2012）、有机化学（Andraos，2005）、数学（Chang，2010；Malmgren et al.，2010）、生理学（Bennett & Lowe，2005；Jackson，2011）、能量消耗（Durnin，1991）、灵长类动物学（Kelley & Sussman，2007）、运动和体育科学（Mitchell，1992；Montoye & Washburn，1980）、药物科学（Stella，2001；Tyler & Tyler，1992）、

图书馆和情报学（LIS）（Marchionini，Solomon，Davis，& Russell，2007；Russell & Sugimoto，2009；Sugimoto，Ni et al.，2011）和心理学（Bolling & Bolling，1948；Lubek et al.，1995；Newton，1995；Robertson，1994；Williams，1993）。在线研究项目的规模和覆盖范围也有不同。贝内特和洛威（Bennett & Lowe，2005）在他们的论文中提供了一个链接，该链接指向一家用于记录学术传承关系的网站。伊利诺伊大学香槟分校（UIUC）拥有一个化学家数据库[①]，得克萨斯大学奥斯汀分校计算机系为人工智能界收集学术谱系信息[②]。最大的单一学科数据库是“数学谱系计划（Mathematics Genealogy Project）”项目，由北达科他州立大学数学系主办。截至 2012 年 9 月 1 日，该项目包含 163 855 名数学家的数据。

MPACT 项目和学术家谱（academic family tree）这两个项目一开始时是单一学科数据库，而现在已经扩展到包括其他学科的数据。MPACT 项目由印第安纳大学伯明顿分校和北卡罗来纳大学教堂山分校联合主办。该项目最初仅研究 LIS，但在撰写本文时，该项目包含了来自 156 个国家的 319 所学校和 217 个学科的 9 037 名学者的数据。学术家谱作为神经科学网站 Neurotree.org 的拓展（David & Hayden，2012），是一个包含 28 个研究领域的跨学科项目。该数据库中每个学科的学者数量差异较大，多至神经科学的 37 387，少至摄食行为研究的 51。内容完全由用户提供。尽管该“家谱”是通过学科领域联结，但每个领域都有自己的门户网站。神经科学领域的增长速度大约是每周增加 150 个新学者，网站上有一个页面展示了不同学科领域的增长速度。然而，如前文提到的，该数据来源严重偏向于单一学科。

学术谱系的类型

学术谱系经历了其他科学计量学方法同样需要面对的批评——这一方法是仅仅为个人欢愉或褒扬某人而纸上谈兵的做法。自我价值感和荣誉确实是

① http://www.scs.illinois.edu/~mainzv/Web_Genealogy/index.php。在撰写本文时，该数据库包含来自 UIUC 和其他九所学校化学系教师的数据。该数据库总共包括 1 070 名导师、1 032 名学生和 44 位科学家（详细信息来自 Vera Mainz 的个人电子邮件通信）。

② http://aigp.eecs.umich.edu/about。尽管该站点不再活跃，但在 2013 年初，它声称拥有来自 16 个国家和地区的 1 569 所学校的 16 741 名研究者。

其中一些原因，然而，学术谱系研究背后动机更多元。更重要的是，许多研究问题可以通过构建一个学术谱系来回答。因此，我提出了学术谱系的五类型说：纪念型（honorific）、自我型（egotistical）、历史型（historical）、范式型（paradigmatic）与分析型（analytic）。下面将对每一种类型进行简要描述。然而，需要注意的是，这五种类型并不是相互排斥的，大多数学术谱系中至少体现出其中两种类型的特征。

纪念型

许多学术谱系都关注某位学者的后代，用来纪念这位学者，并展示他对后代学者的影响（Bennett & Lowe，2005）。在一项此类研究的结论中，读者“被鼓励去探索他们自己的学术遗产，来纪念那些为我们奠定学术道路的人”（Jackson，2011）。纪念型谱系通常是作为纪念文集、研讨会或会议的一部分准备，目的是为了纪念某一领域权威的、杰出的或最近去世的成员。那些纪念权威人物的谱系很可能是历史性的（Zitoun，Perret Clermont，& Barrelet，2008），而纪念杰出人物或最近去世人物的谱系往往仅关注下一代学者和当代的成就。

自我型

自我型学术谱系以个体或一小群学者为出发点追溯前人。通常情况下，研究者会进行个人化搜索，以了解他的学术祖先（Durnin，1991；Jackson，2011；Robertson，1994；Williams，1993），这项工作可能涉及一个院系、学校或其他团体。好奇心和社群建设的需要（Newton，1995）可以激励个人去进行自我型谱系研究。描绘与声名显赫的前辈之间的联系也会滋生一种确立自我或所在单元的感觉。吕贝克等（Lubek et al.，1995）就心理学家的学术谱系曾指出：

> 业余的谱系学家在追寻他们的家谱时，通常希望能发现一些显赫的祖先，为他们的血统增添几分魅力。集体谱系，比如心理学系的谱系，可能具有类似的功能。当我们认识到自己“继承”了心理学史上某位著名人物时，这可能会使我们的日常活动具有某种超越

的价值，因为我们认识到，虽然我们是库恩所说的常规科学领域的普通工作者，但我们仍然是由一群名人领导的历史事业的一部分。

在心理学中，证明某人是威廉·冯特（Wilhelm Wundt）[①]的后代（Lubek et al.，1995；Robertson，1994；Williams，1993）是一种标榜自我的形式。证明你的祖先获得过诺贝尔奖（Tyler & Tyler，1992）也是炫耀你的学术基因的一种方式。

历史型

任何类型的学术谱系可能都无可避免地具有历史性。显式历史型谱系是指利用学术谱系进行历史分析的谱系。在实践中，这种分析通常涉及纪念型谱系中关于学术影响的历史叙述，以及自我型谱系中每个导师的简史（Durnin，1991；Jackson，2011；Tyler & Tyler，1992）。历史型谱系的根本动机不是为了荣誉或授予任何个人威望，而是通过学术谱系来描述一个研究领域的发展历程。

"奠基人"往往是这类研究的核心，通过某个研究领域的当代学者，往前追溯到几个关键人物来识别该领域的先驱（Boring & Boring，1948）。例如，吕贝克等（Lubek et al.，1995）研究了加拿大五名心理学系的所有教师的学术谱系，发现75%的教师可以追溯到9位先驱人物。如此，我们可以利用实证研究确定某一领域中的权威人士。或者，权威人士也可以作为分析的起点，通过向后追踪其学术后代来展示该领域的发展历程（Tyler & Tyler，1992）。

其他研究围绕当代元老（Mitchell，1992）——该领域当前的知名学者来展开分析。追溯这些人的学术祖先可以帮助了解该领域是如何形成的。这些研究可以用来显示一个知识领域的发展历程（Kelley & Sussman，2007），学术谱系研究的网络性质可以帮助我们了解集体历史的多个方面（Lubek et al.，1995）。这一集体历史对新手来说有教学价值。正如安德劳斯（Andraos，2005）所评论的那样："当一个人知道思想演变的时间顺序，并将自己与塑造这些思想的

① 威廉·冯特（1832—1920），德国生理学家、心理学家、哲学家，被公认为"实验心理学之父"。——译者注

关键人物或关键人物的学术后代联系起来时，对什么是重要的、值得研究的问题及领域的预见能力就会显著提高。”向博士生新生展示这项研究，或者让他们搜索自己的谱系，对于学科入门都是有用的。

范式型

范式型谱系不仅可以用来定义人与人之间的正式关系，而且可以用来研究知识和认知实践在多大程度上通过这些关系传送。有人警告说，机构谱系（即通过形式上的世系追踪谱系）不应与知识谱系（即追踪思想如何通过导师、合作者和同事流动）混为一谈（Lubek et al.，1995）。然而，正如德·梅（De Mey，1992）对朱克曼（Zuckerman，1977）关于诺贝尔奖得主的研究所评论的那样：

> 虽然创新往往与反复无常且不可预测的活动相联系，但通过师徒关系，科学中也存在着令人印象深刻的连续性链条……学生不需要留在他们老师的专业领域来证明这种连续性……对科学领导和创新这一传统的保护和传承既有社会学意义，也有认知意义。利用自身在科学社会组织中的地位，老师可以更有效地将他们的学生介绍到领先的圈层和创新领域中。“高质量的指导”可能是塑造学生认知结构的最有效方法，当学生迁移到其他专业领域或遇到革命性动荡时，这些认知结构仍将保持完整。

研究已支持“令人印象深刻的连续性链条”的主张，并找到了不同学术世代之间的共同方法或相同认识论的证据（Jackson，2011；Kelley & Sussman，2007；Robertson，1994）。然而，吕贝克等（Lubek et al.，1995）警告说，如果不考虑到“科学上非连续发现的模型”，谱系树“有时会给出一个错误的连续性图景”，他还敦促采取更多的方法来解决这一局限性，这些方法要能对连续性和不连续性之间的区别敏感。

许多范式性质的研究缺乏严谨性，只是探索“显而易见”的理论、方法和实践在学术界的复制过程。然而，稳健的主题建模技术和大规模的学位论文数据的引入为探索范式型谱系提供了一个新的视角。以杉本、李、罗素、芬莱和丁（Sugimoto，Li，Russell，Finlay，& Ding，2011）为例，他们运用主题建模技术对 LIS 领域论文的标题和摘要进行了 80 年的时间跨度分析，揭示了主要的主题领域。考虑到每一个标题和摘要都会与某位导师指导下的某位学生相匹配，人们可以应用网络分析来揭示学术谱系和跨学术谱系的基本主题社群（Yan，Ding，Milojevi，& Sugimoto，2012）。定性分析也可以用来揭示思想和实践在学者之间的传播——与一位导师指导的一组学生进行访谈，可以深入了解通过正式导师指导关系所传递的知识、技能和实践的性质。

分析型

大型数据库的增长和严格的统计分析技术造就了一种新型的谱系。分析型学术谱系科学地解决明确的研究问题，并可以对学者和学术进行评估。这类研究通常是描述性和评估性的，在某些情况下是预测性的。早期的分析型谱系试图建立一套量化学术谱系的指标——个人担任导师和委员会成员的次数、各种加权后的类似指标，以及学术谱系的广度和深度（Marchionini et al.，2007；Russell & Sugimoto，2009）。随后的研究还试图研究谱系中个体之间的关系距离（David & Hayden，2012）。谱系指标被用作采用定量的方法来研究导师指导指标与其他学术生产力指标之间的关系（Sugimoto，Russell，Meho，& Marchionini，2008）。有证据表明，这种关系不是线性的，而是个体的，并且依赖学术生命周期中的时段。马尔姆格伦等（Malmgren et al.，2010）同样指出，在整个学术生命周期中，数学家的繁殖能力（即一个导师指导的学生数量）会有变化：高水平学者的繁殖能力在其作为导师生涯的前三分之二时间里高于预期，后三分之一时间里低于预期。也就是说，高水平学者在其学术生涯早期指导的学生比他后期指导的学生更有可能拥有大量的学术后代。

跨学科性的许多指标都是静态的——用于描述某一时间点某一学科的单元（如作者或文献）分布情况。然而，跨学科性也可以用不同时间点的导师背景来衡量，这提供了一个领域异质性的历时性指标。使用学术谱系进行跨学科研究是由杉本和倪等（Sugimoto，Ni，et al.，2011）提出的，该团队调查了 LIS 领域学位论文的导师和委员会成员获得学位的学科。这项研究表明，导师的学位对其学生论文的知识内容有直接的影响，当一位导师获得学位的学科与其之后的研究学科不一致时，他的学生在跨学科研究方面的表现明显不同于那些所获学位与之后研究领域统一的导师指导下的学生。这证明了通过导师 - 学生链条传递知识的路径，以及跨学科对导师 - 学生指导网络可能产生的影响。另外，学术谱系研究的历时性不仅可以用来研究一门学科的异质性，而且还可以研究学科在不同时间点的渗透性（Klein，1996）。对学科动态性的描述可以更好地表现“科学专业的生命周期”（De Mey，1992）。

网络科学为分析学术谱系提供了额外的机会。在某些领域，博士后与导师的导师合作是很常见的（Andraos，2005）。这种形式的学术近亲繁殖产生了强大的网络，并且可以帮助学者“特别有效地从学术圈内互相认识且私交甚好的人那里获得一致可靠的推荐信”（Andraos，2005）。研究还表明，博士出身有助于在学术传播中形成强大的“权力集团”。尤尔斯（Yoels，1971）发现一部分比例异乎寻常的编辑来自少数特定的博士项目，这种分布与全体博士项目的毕业率不成比例。此外，尤尔斯还透露，编辑委员会成员的博士出身往往与主编的博士出身相一致。这些研究表明，“马太效应”（Merton，1973）不仅为导师带来累积优势，也为学生带来剩余利益。很简单，“那些为科学做出杰出贡献的关键性学者或他们的直系（学术）后代指导下的学生被高度追捧为下一代学者”（Andraos，2005）。导师的学术繁殖能力与许多因素直接相关，包括出版物、被引和知名协会会员资格（Malmgren et al.，2010；Sugimoto et al.，2008）。未来对学术谱系的研究可以尝试找出更多的思路，发现博士生的生产力和成功与培养他们的学术网络直接相关的方式。

方法

从表面上看，学术谱系似乎相当简单：基于正式的学术隶属单位在个体之间建立联系。然而，有几种方法可以采取，并有各自的优点和缺点。如果变量没有明确地操作化，也有可能出现错误和误解。正如博令和博令（Boring & Boring，1948）在其心理学家学术谱系的构建中指出的那样：“我们与生者打交道的经验表明，我们很容易在与死者打交道时犯一些错误。”下文将回顾学术谱系搜索的方法，包括初始化搜索、操作化联系、确定数据源和可视化结果。

初始化搜索

学术谱系通常从包含单个体的或多个体的、有目的选取的样本开始。如果是纪念型谱系，则选择某个个体，并识别出该个体的所有后代（Bennett & Lowe，2005）。在自我谱系的情况下，当代学者（通常是研究的研究者）将确定他或她自己的谱系（即某人的导师和导师的导师，以此类推，直到找不到更多的信息）（Jackson，2011；Williams，1993）。单个体研究的目的要么是证明关键学者的重要性，要么是追溯个人谱系。

当动机是研究一个领域或学科的成长和发展的主要因素时，通常会选择多个体。与单个体研究类似，这些研究可以从后代或前辈的角度进行。某些典范作者可能会被选中，他们的集体家谱后代可能会被追踪，以勾勒出学科的参数。反过来，典范作者可以通过研究该学科所有的现有成员的谱系来确定（Lubek et al.，1995）。对于当代学者，可以通过高影响力场所的高产作者（Mitchell，1992；Montoye & Washburn，1980）、该学科代表性学校的博士毕业生（Sugimoto，Ni et al.，2011），或代表性学校或代表性协会的现任教职工来确定。

在挑选用来作为谱系“种子”的个体时，应格外小心。鉴于大多数的学术谱系研究都采用目的性抽样，在概括结果时应谨慎（除非研究目标明确是纪念型或自我型）。对历史型、范式型或分析型性质的研究应始终维护抽样的合理性，并且，当不可能普查时，须探索可能的抽样选项。

操作化联系

重要的是，任何学术谱系研究都必须从明确的操作化标准开始，以建立学生和导师之间的联系。对于最严格的研究来说，这意味着一定程度的正式关系，通常是作为学术导师、论文主席、专业教授或导师——也就是正式地、主要地负责指导学生完成博士学位的学习过程的人（Kelley & Sussman，2007；Lubek et al.，1995；Mitchell，1992；Robertson，1994；Williams，1993）。然而，这种操作并没有严格被遵循，特别是当学术谱系超越了现代博士教育体系和现代博士论文时。

有人批评将学术导师等同于导师，只使用博士生导师来表示学生和导师之间联系的做法。有人认为，许多人可以作为个人的主导师，而且个人往往受到非单一个体的“导师网（mentoring constellation）”的影响（Sugimoto，2012）。尽管如此，普遍的共识和实证证据（Sugimoto，2012）表明，博士生导师在大多数情况下是主要的导师，在大规模的谱系研究中是一个充分的代理变量。然而，在微观层面的分析中，除了正式的博士生导师关系，还可以看到其他非正式的智力联系，如博士后导师（Andraos，2005；Bennett & Lowe，2005；Jackson，2011；David & Hayden，2012）、合作者或其他非正式的导师和学生（Zittoun et al.，2008；Bennett & Lowe，2005；Durnin，1991）。

当在导师或学生身上找不到额外的可验证信息时，谱系中的链接将终止。其他可能的家谱间断点是罕见的非学术出身导师［“自我创业者”，如吕贝克等（Lubek et al.，1995）给他们贴上的标签］，以及没有自己的学术后代的人（主要是由于其进入了非学术职位）。还有一种做法是保持学科内的视角，并将家谱树上任何一个由学科外的人培训的树枝视为“学科间断点”（Lubek et al.，1995）。这些（通常是历史型或范式型）家谱的目标是创建一个有规律的同质家谱。这对于描述学科历史的范围和广度很有用。然而，有人建议，学术谱系不应避免这些间断点，而应利用它们来告知我们对学科的诞生、成长和相互作用的理解（Sugimoto，Ni et al.，2011）。这种跨学科的谱系将同质的学术家谱整合成一个“树冠”（“The Academic Family Tree”，n.d.），显示了博士教育和知识之间的相互联系性。

确定数据源

关于博士生导师和委员会成员最可靠的信息来源是实际的论文。理想情况下，姓名和角色将在封面的签名行下面或旁边印出。如果既找不到封面页，也找不到打印出来的名字，而且签名（假设有）无法辨认，那么下一个最佳来源就是致谢部分，在那里作者通常会明确感谢他们的导师和委员会成员。然而，致谢可能是含糊不清的，比如作者感谢许多老师但没有说明他们的角色。致谢也有助于理解过渡：作者可能会感谢多位导师，他们在博士生涯的某一阶段指导了他们，但由于各种原因（如离开大学、死亡等）没有在最后的论文上签字。在某些情况下，最终导师可能更多的是一个行政签署人，而不是一个真正的学术导师。然而，操作化必须保持严格，因为研究者不能负责在每种情况下识别“真正的导师”（见“操作化”的前面部分）。

最全面的学位论文数据源是 ProQuest 的学位论文和学位论文数据库，“涵盖了 40% 的主要大学的学位论文”（Andersen & Hammarfelt，2011）。在 1848—2009 年，它收录了包括 66 个国家的 1 490 个研究机构提供的约 230 万篇论文（Ni & Sugimoto，2012）。然而，ProQuest 严重偏向北美大学授予的英语学位，因此在全球研究中应谨慎使用。历史型研究、范式型研究和分析型研究的另一个限制是缺乏关于论文所属院系的信息。虽然最近的论文包含了这些信息，但大多数都没有。因此，要获得“学科样本”，研究者必须依赖 ProQuest 学科类别。尽管这些方法可能对确定某些学科很有用，但它们不适合确定高度跨学科的领域。杉本、罗素和格兰特（Sugimoto，Russell，& Grant，2009）详细介绍了按学科类别搜索然后通过检查论文的封面进行验证时产生的大量误报。还有一些错误的否定，这只有在从毕业学校或应届毕业生目录中生成的准确抽样框架下才能验证。简而言之，ProQuest 学科类别仅仅是学科性的代表，基于它们的推论应该承认其局限性。

数据库可以用来确定一个样本，但是它在编制学术谱系方面有一定的局限性：只有一半的论文包含导师的信息，包含委员会成员信息的论文更少。此外，大多数载有学位信息的学位论文都是过去 20 年的，这使得研究多代人变得困难。尽管如此，ProQuest 确实有一些优势：对于许多论文，它提供了一个“预览”，提供了论文的前 24 页，包括封面页和致谢部分，在那里可以找到学术谱系的信息。不幸的是，这意味着手工数据收集和输入——对于大型谱系项目而言，这是一项乏味而耗时的工作。此外，“预览”往往只对最近的论文开放。因此，在 1950 年之前进行学术谱系研究需要使用图书馆的实物资源——要么来自当地的馆藏，要么通过馆际互借。研究者应该记住，这些东西中有许多只能通过缩微胶片获得，所以有必要使用缩微胶片阅读器。

学者们也可能对探索开放获取来源提供的数据感兴趣。对于学位论文，规模最大的是网络论文和学位论文数字图书馆（Networked Digital Library of Theses and Dissertations，NDLTD），它收录了 100 多万篇论文。该网站还列出了许多其他电子学位论文（electronic thesis and dissertation，ETD）来源，其中许多是针对特定国家的。特定国家的来源往往是政府授权的，因此相当可靠并具有时效。

在许多情况下，论文本身并没有提供谱系所需的信息，必须参考其他来源。一些研究已经与谱系列出的学者进行直接交流（Kelley & Sussman，2007；Lubek et al.，1995；Montoye & Washburn，1980），包括查阅标准书目参考资料（Andraos，2005；Robertson，1994；Williams，1993）、讣告（Williams，1993），或恳求他人与作者联系更正或补充信息（Montoye & Washburn，1980）。最近的一些项目利用网络来获取和收集这些信息。例如，两个大型的网络学术谱系——数学谱系项目和学术家谱——使用众包内容作为他们的主要数据源。

用户生成的内容，无论是通过网络还是与学者的个人接触，都有很大的出错可能性。有一种倾向是“无意中模糊或删去籍籍无名的院校导师，以支持高显示度的学术导师”，从而“神话般地创建谱系联系”（Lubek et al.，1995）。在某些情况下，这些是无意而为的。先前的研究（Boring & Boring，1948）基于模糊的问题（例如，“在获得博士学位前，谁在心理上对你的影响最大？”）或更明确地表述为“你是谁的学生？”的问题进行了分析。这两个问题的答案往往并不完全符合学术谱系中所理解的博士生导师的概念。个人传记往往会根据历史虚构提供错误的信息，或者提供模棱两可的陈述（例如，“x 是 y 的学生”），这并不能准确地识别个人之间的关系。因此，验证性研究（David & Hayden，2012）对于确保众包型学术谱系数据的准确性是必要的。最后，学生和导师之间经常高度情绪化的关系可能会导致问题——在关系以糟糕的方式结束的情况下，学生或导师可能不愿意承认这种关系。在这种情况下，学生经常宣称论文委员会的另一位成员更像是一位“导师”，而不是官方主席。由于无法匿名，这就带来了与谱系有关的伦理问题。然而，鉴于数据的公开性，研究通常不需要获得机构审查委员会（institutional review board，IRB）或谱系表所提及的机构的许可。

可视化结果

出版的学术谱系可视化模拟了遗传家谱的结构：提供名字，在这些名字下面给出地点和日期，垂直线连接“父母”和“子女”，水平线连接学术上的“兄弟姐妹”。有一些软件可用于构建学术谱系［例如，凯利和萨斯曼（Kelley & Sussman，2007）使用的是 Microsoft Visio］，但许多学者还只是手动可视化或使用文字处理软件。一些学术谱系包含出生和死亡日期（Stella，2001；Tyler & Tyler，1992）；然而，更常见的是列出授予博士学位的毕业日期和机构（Andraos，2005；Mitchell，1992）。还有其他可视化方法，例如，在一个表格中列出一系列导师，没有任何垂直线（Robertson，1994）；提供每个导师的照片（Jackson，2011），以表格形式制作降序矩阵（Bennett & Lowe，2005）；或者通过生成一个包含分支中后代列表的树，来呈现树这一隐喻（Bennett & Lowe，2005）。然而，在印刷品（或传统的基于打印的）出版物中所能做的是有限的。

在线项目为生成学术谱系可视化提供了更大的灵活性。MPACT 项目使用 DOT 语言（由开源软件 Graphviz 提供）来提供表示学术谱系的有向图。这允许在向数据库添加新信息时自动呈现图示。此外，用户可以通过选择图中的任何节点，并基于该节点生成一个新的图（这里所有的子节点都是可视化的，并且提供了原始节点）来进行可视化交互。Neurotree 通过一组 PHP 脚本可视化家谱，其中包括每个人的简短传记信息页面（David & Hayden，2012）。然而，这是有局限性的，因为可视化只提供了导师之间的联系，而不是委员会成员之间或额外的学术影响之间的联系。其他在线项目使用了家庭谱系软件的变体（Bennett & Lowe，2005）或简单的网络编程语言，使用超链接导览谱系（例如数学谱系项目）。许多这样的在线项目提供个人化的家谱海报（例如，数学谱系项目的个人家谱海报收费 60 美元，院系海报收费 165 美元）。

结论

学位论文是一种关于科学成长和发展的未充分利用的信息来源（Andersen & Hammarfelt，2011）。我们对学科的产生和发展、知识的传播和科学的发展的了解主要是通过对期刊论文的分析绘制出来的。符号资本是通过确定出版物的数量、发表地点的影响因素和个体收到的被引次数来计算的。然而，正如许多人所指出的（Cronin & La Barre，2004；Larivieère，Archambault，Gingras，& Vignola Gagné，2006；Sula，2012），期刊论文并没有讲述整个故事，或者对于某些学科而言，甚至没有讲述故事的重要部分。此外，那些从事大量指导工作的人对学术的贡献在很大程度上被忽视了。学术谱系提供了一种认识和计量这些贡献的方法，并为理解知识扩散提供了一个新的视角。

这一章首次提供了学术谱系的分类和相应结果。尽管学术价值有限，但纪念型和自我型谱系的地位肯定存在：这些谱系突出了在学术生涯中进行指导的重要性，有助于在更大的学术领域中对工作进行情境化，并且可以用作教学工具。但是，大多数科学价值很可能来自历史型、范式型和分析型谱系，这为系统地描述学科历史，学科间和知识传播过程提供了机会。

网络科学的最新发展（West & Vilhena，本书第 8 章）和大数据倡议应有助于加强学术谱系的前沿研究。许多及时而重要的话题可以通过将学术谱系研究定位在网络科学的背景下来解决，如通过检查博士生导师网络中的偏差和权力集团。例如，一份关于美国国立卫生研究院（National Institutes of Health，NIH）资助的报告显示，白人申请者获得的奖项数量比例悬殊（Ginther et al.，2011）。《经济学人》（*Economist*）的一篇摘要给出了一个从社交网络角度出发的解释，认为导师可能会无意识地选择与自己相同种族的学生，从而在学术上保持持久的优势（“Racial Discrimination in Science”，2011）。这可以通过在学术谱系分析中加入种族和其他社会变量来进行实证检验。鉴于近几十年来博士生结构的变化，这一点尤为重要（Thurgood，Golladay，& Hill，2006）。此外，传闻证据表明，世系和学术谱系在学术交流和学术劳动力市场上造就了权力集团，其具有限制学术和学科流动的能力。分析型谱系可以用来检查、解释，并有希望根除这些和其他违反普遍科学规范的行为（Merton，1973）。

导师和博士生在致谢（Cronin，1991）和合著模式（Sugimoto & Cronin，2012；Sugimoto，2011）中留下了学术互动的痕迹。然而，对于许多导师 - 学生关系，除了论文的封面外，没有任何痕迹。揭示这些关系可以发现知识扩散、学术流动和学科发展的潜在路径，尤其是当学术谱系与其他科学计量和社会变量结合使用能提供学术景观的多维视角。

致谢

本章工作由印第安纳大学伯明顿分校的教师研究支持计划和美国国家科学基金会第 1158670 号拨款资助。

参考文献

Abbott, A. (1999). *Department and discipline: Chicago sociology at one hundred*. Chicago: University of Chicago Press.

Abbott, A. (2001). *Chaos of disciplines*. Chicago: University of Chicago Press. The academic family tree. (n. d.). Retrieved from http://Academictree. org.

Andersen, J. P., & Hammarfelt, B. (2011). Price revisited: On the growth of dissertations in eight research fields. *Scientometrics*, 88 (2), 371–383.

Andraos, J. (2005). Scientific genealogies of physical and mechanistic organic chemists. *Canadian Journal of Chemistry*, 83 (9), 1400–1414.

Bennett, A. F., & Lowe, C. (2005). The academic genealogy of George A. Bartholomew. *Integrative and Comparative Biology*, 45 (2), 231–233.

Boring, M. D., & Boring, E. G. (1948). Masters and pupils among the American psychologists. *American Journal of Psychology*, 61 (4), 527–534.

Chang, S. (2010). *Academic genealogy of mathematics*. Singapore: World Scientific Publishing Co.

Cronin, B. (1991). Let the credits roll: A preliminary examination of the role played by mentors and trusted assessors in disciplinary formation. *Journal of Documentation*, 47 (3), 227–239.

Cronin, B., & La Barre, K. (2004). Mickey Mouse and Milton: Book publishing in the humanities. *Learned Publishing*, 17, 85–98.

Davenport, C. B. (1915). The value of scientific genealogy. *Science*, 41 (1053), 337–342.

David, S. V., & Hayden, B. Y. (2012). Neurotree: A collaborative, graphical database of the academic genealogy of neuroscience. *PLoS ONE*, 7 (10), e46608.

De Mey, M. (1992). *The cognitive paradigm: An integrated understanding of scientific development*. Chicago: University of Chicago Press.

Durnin, J. V. G. A. (1991). Practical estimates of energy requirements. *Journal of Nutrition*, 121 (11), 1907–1913.

Foucault, M. (1995). *Discipline and punish: The birth of the prison* (A. Sheridan, Trans.). New York: Vintage Books. (Original work published 1975)

Ginther, D. K., Schaffer, W. T., Schnell, J., Masimore, B., Liu, F., Haak, L. L., et al. (2011). Race, ethnicity, and NIH Research awards. *Science*, 333 (6045), 1015–1019.

Girves, J. E., & Wemmerus, V. (1988). Developing models of graduate student degree progress. *Journal of Higher Education*, 59 (2), 163–189.

Jackson, D. C. (2011). Academic genealogy and direct calorimetry: A personal account. *Advances in Physiology Education*, 35 (2), 120–128.

Kelley, E. A., & Sussman, R. W. (2007). An academic genealogy on the history of American field primatologists. *American Journal of Physical Anthropology*, 132 (3), 406–425.

Klein, J. T. (1996). *Crossing boundaries: Knowledge, disciplinarities, and interdisciplinarities*.

Charlottesville: University Press of Virginia.

Kuhn, T. S. (1996). *The structure of scientific revolutions*. Chicago: University of Chicago Press (3rd ed.). (Original work published 1962).

Larivière, V., Archambault, É., Gingras, Y., & Vignola Gagné, É. (2006). The place of serials in referencing practices: Comparing natural sciences and engineering with social sciences and humanities. *Journal of the American Society for Information Science and Technology*, 57 (8), 997–1004.

Lubek, I., Innis, N. K., Kroger, R. O., McGuire, G. R., Stam, H. J., & Herrmann, T. (1995). Faculty genealogies in five Canadian universities: Historiographical and pedagogical concerns. *Journal of the History of the Behavioral Sciences*, 31 (1), 52– 72.

Malmgren, R. D., Ottino, J. M., & Amaral, L. A. N. (2010). The role of mentorship in protégé performance. *Nature*, 465 (3), 622–627.

Marchionini, G., Solomon, P., Davis, C., & Russell, T. (2006). Information and library science MPACT: A preliminary analysis. *Library & Information Science Research*, 28 (4), 480–500.

Merton, R. K. (1973). *The sociology of science: Theoretical and empirical investigations*. Chicago: University of Chicago Press.

Mitchell, M. F. (1992). A descriptive analysis and academic genealogy of major contributors to JTPE in the 1980s. *Journal of Teaching in Physical Education*, 11 (4), 426–442.

Montoye, H. J., & Washburn, R. (1980). Research quarterly contributors: An academic genealogy. *Research Quarterly for Exercise and Sport*, 51 (1), 261–266.

Newton, F. B. (1995). Academic genealogy: A staff development activity. *Journal of College Student Development*, 36 (1), 89–90.

Ni, C., & Sugimoto, C. R. (2012, October 25–31). *Using doctoral dissertations for a new understanding of disciplinarity and interdisciplinarity* [Poster] . Presented at the Annual Meeting of the American Society for Information Science & Technology, Baltimore.

Racial discrimination in science. (2011). *The Economist*. Retrieved from http://www. economist. com/node/21526320.

Robertson, J. M. (1994). Tracing ideological perspectives through 100 years of an academic genealogy. *Psychological Reports*, 75 (2), 859–879.

Russell, T. G., & Sugimoto, C. R. (2009). MPACT family trees: Quantifying academic genealogy in library and information science. *Journal of Education for Library and Information Science*, 50 (4), 248–262.

Stella, V. J. (2001). Invited editorial: My mentors. *Journal of Pharmaceutical Sciences*, 90 (8), 969–978.

Sugimoto, C. R. (2011). Collaboration in information and library science doctoral education. *Library & Information Science Research*, 33, 3–11.

Sugimoto, C. R. (2012). Are you my mentor?Identifying mentors and their roles in LIS doctoral education. *Journal of Education for Library and Information Science*, 53 (1), 2–19.

Sugimoto, C. R., & Cronin, B. (2012). Biobibliometric profiling: An examination of multifaceted approaches to scholarship. *Journal of the American Society for Information*

Science and Technology, 63 (3), 450–468.

Sugimoto, C. R., Li, D., Russell, T., Finlay, S., & Ding, Y. (2011). The shifting sands of disciplinary development: Analyzing library and information science (LIS) dissertations. *Journal of the American Society for Information Science and Technology*, 62 (1), 185–204.

Sugimoto, C. R., Ni, C., Russell, T. G., & Bychowski, B. (2011). Academic genealogy as an indicator of interdisciplinarity: An examination of dissertation networks in library and information science. *Journal of the American Society for Information Science and Technology,* 62 (9), 1808–1828. doi: 10. 1002/asi. 21568.

Sugimoto, C. R., Russell, T. G., & Grant, S. (2009). Library and information science doctoral education: The landscape from 1930–2007. *Journal of Education for Library and Information Science*, 50 (3), 190–202.

Sugimoto, C. R., Russell, T. G., Meho, L. I., & Marchionini, G. (2008). MPACT and citation impact: Two sides of the same scholarly coin?*Library & Information Science Research*, 30 (4), 273–281.

Sula, C. A. (2012). Visualizing social connections in the humanities: Beyond bibliometrics. *Bulletin of the American Society for Information Science & Technology*, 38 (4), 31–35.

Taleb, N. N. (2010). *The black swan: The impact of the highly improbable* (2nd ed.). New York: Random House.

Thurgood, L., Golladay, M. J., & Hill, S. T. (2006). *U. S. Doctorates in the 20th Century: Special Report*. Arlington, VA: National Science Foundation.

Turner, S. (2000). What are disciplines?And how is interdisciplinarity different?In P. Weingart & N. Stehr (Eds.), *Practising interdisicplinarity* (pp. 46–65). Toronto: University of Toronto Press.

Tyler, V. M., & Tyler, V. E. (1992). The academic genealogy of Arthur E. Schwarting, Phamacognosist. *Journal of Natural Products*, 55 (7), 833–844.

Williams, R. B. (1993). Contributions to the history of psychology: XCIII. Tracing academic genealogy. *Psychological Reports*, 72 (1), 85–86.

Yan, E., Ding, Y., Milojević, S., & Sugimoto, C. R. (2012). Topics in dynamic research communities: An exploratory study for the field of information retrieval. *Journal of Informetrics*, 6 (1), 140–153.

Yoels, W. C. (1971). Destiny or dynasty: Doctoral origins and appointment patterns of editors of the *American Sociology Review*, 1948–1968. *American Sociologist*, 6 (2), 134–139.

Zittoun, T., Perret-Clermont, A. -N., & Barrelet, J. -M. (2008). The socio-intellectual genealogy of Jean Piaget. In A. -N. Perret-Clermont & J. -M. Barrelet (Eds.), *Jean Piaget and Neuchâtel: The learner and the scholar*, pp. 109–118. New York: Psychology Press.

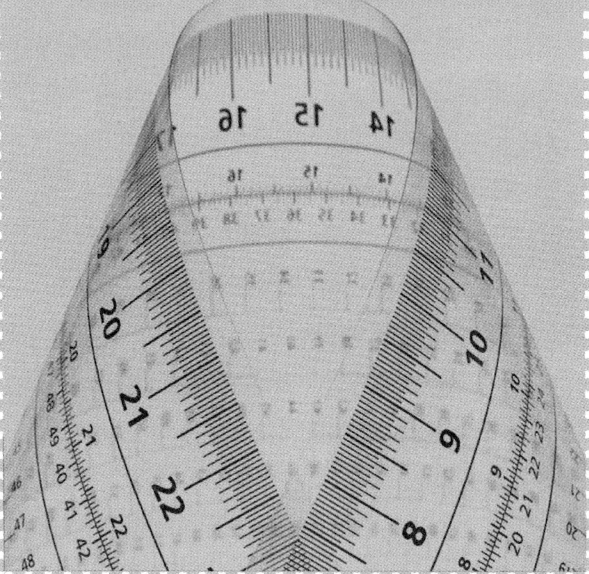

第五篇　视角

第 20 章
文献计量学的出版视角

朱迪思·卡马尔斯基 安德鲁·普鲁姆 马尤尔·阿明
Judith Kamalski Andrew Plume & Mayur Amin

文献计量学的历史背景

科学计量学的诞生可以追溯到 20 世纪上半叶，J.D. 贝尔纳（J. D. Bernal）的《科学的社会功能》（*Social Function of Science*，1939）为“科学之科学”的新萌芽的研究描绘了蓝图（Garfield，2009）。尤金·加菲尔德（Garfield，1955）发表了关于为科学创建引文索引的有影响力的建议。此后不久，“科学计量学之父”德里克·德·索拉·普赖斯发表了他的里程碑式著作《自巴比伦以来的科学》（*Science Since Babylon*，1961）和《小科学，大科学》（*Little Science，Big Science*，1963）。加菲尔德在 1964 年推出的《科学引文索引》（*Science Citation Index*）是一套五卷印刷版，涵盖 613 种期刊和 140 万条引文，为科学计量研究提供了第一个可广泛使用的资源。在这些资源中，已发表的文献是通过引用的参考文献联系在一起的。这促进了期刊指标的发明，包括加菲尔德的影响因子。作为科学质量的代表，人们对影响因子越来越感兴趣。

在随后的几十年里，科学计量学的研究主体——更宽泛地说，是文献计量学——有了长足的发展。随着时间的推移，科学计量学指标的用途已从侧重于期刊层级的分析和特定领域的研究，转向作者、研究所和国家层级的应用，这反映了科学计量学在科研评价和研究政策领域的成熟。随着文献计量指标使用量的增加，这些指标的复杂程度也在增加（表 20.1）。尽管如此，许多争论仍然集中在传统期刊影响因子的使用和滥用上——事实上，该领域的主要期刊《科学计量学》最近专门发行了一期专刊（Braun，2012）来讨论这一问题。

表 20.1　文献计量学指标的类型

类型（代）	描　　述	典型例子
第一代	基本指标；相对容易地从已经存在数十年的资源中获得	出版物数量；被引次数；期刊影响指标
第二代	相对 / 标准化的指标，针对特定偏差进行校正（例如，不同主题领域间的引用实践有差异）	相对或按领域归一化的被引率
第三代	基于网络中心性等参数的高级网络分析	影响权重；SCImago 期刊排名；“声望”指标

来源：经莫伊德和普鲁姆（Moed & Plume，2011）许可转载。

为什么出版商要参与这一研究领域

在这本书中，我们对文献计量学提出了不同的观点。这里，我们从出版组织的角度进行阐述。越来越多的出版商对文献计量学产生了兴趣，下文将详细解释其中若干原因。

第一个原因是，作为出版商，我们认为能帮助服务的研究团体更好地理解文献计量学的用途和价值。这是我们职责的一个重要组成部分。即使是相对简单的第一代指标（以影响因子为例，表 20.1）也可以在没有适当信息的情况下进行解释，即哪些得到了计算，指标如何随期刊规模、学科领域或时间的变化而变化（Amin & Mabe，2000）。文献计量指标可以引导用户获得重要的见解，但前提是必须了解其方法并尊重其局限性。没有单一的“完美”指标；文献计量学的能力在于，可以将多种指标结合起来，以提供多维的研究视角（Moed，Aisati，& Plume，2012）。让学术传播中的其他利益相关者意识到这一点是我们职责的重要方面。

第二个原因是，作为研究期刊、书籍和杂志的出版商，需要评估自己的产品，发现机会，跟踪业绩，并根据数量和质量评估我们在市场中的地位。因此，使用文献计量工具，将研究评估的视角投向自己。

第三个原因可能是最宽泛的原因，因为它包含了愿望：对我们所服务的研究社群及其变化方式建立基于证据的理解。只有对学术领域有一个完整和公正的认识，我们才能提供信息解决方案，满足人类知识前沿推动者的需求。

本章其余部分的结构源自上述三个原因。在接下来的内容中，将讨论我们在研究和学术传播中向利益相关者提供的信息，然后讨论我们作为学术出版商评估和改进自己的产品的方式，最后讨论我们如何试图更好地了解我们所服务的研究社群。

在研究和学术交流中告知利益相关者

我们进行的许多分析以及由此产生的结论都是为了提供信息或教育。如前所述，学术出版商的一个重要作用是帮助人们理解文献计量指标，并确保他们以知情的方式使用。在解释文献计量学原理时，我们的重点总是放在某个指标或方法在特定环境中的应用。例如，一篇关于“使用和滥用”期刊影响因子的已发表的论文（Amin & Mabe，2000）说明了影响因子作为期刊绩效评估工具的一些特性，并展示了对该指标的误用和误解可能导致不恰当的结论。在爱思唯尔，自 2001 年以来，我们定期举办编辑会议，并将其作为讨论和辩论的论坛，通常围绕期刊和作者的文献计量指标（后者以普遍存在的 h 指数为代表；Hirsch，2005）。这些年来，这些会议直接参与者有 2 500 多名期刊编辑，这些受人尊敬的高级研究者和思想领袖们所获得的见解在各自领域可能会影响更多人。最后，爱思唯尔寻求在学术界和整个出版业推广最佳实践，就道德规范实践和偏离社会规范对期刊声誉的影响等问题，提供及时且经过深思熟虑的指导方针（Huggett，2012）。

我们还与其他组织合作，向更广泛的受众传播关于恰当使用文献计量指标的信息。爱思唯尔与全球海洋生态系统动力学（Global Ocean Ecosystem Dynamics，GLOBEC）研究组织（Kamalski & Barranguet，2010）的合作就是这种合作关系的一个例子。GLOBEC 是 1990 年启动的一项研究计划，其宣称的目标是“促进我们对全球海洋生态系统、其主要或子系统的结构和功能及其对物理强迫的反应的理解，以便能发展预测海洋生态系统对全球变化的反应的能力（GLOBEC，2012）”。在实践中，这意味着关注短期影响，例如过度捕捞、我们使用海洋的方式的变化，以及从最广泛的意义上监测和理解全球长期变化的努力。为了庆祝 GLOBEC 成立 20 周年，我们进行了一项文献计量研究，以确定在 GLOBEC 出版物中影响最大的主题，以及最具生产力和被引率最高的作者和研究机构。图 20.1 再现了其中一项分析，图中显示了不同主题领域的不同影响趋势。

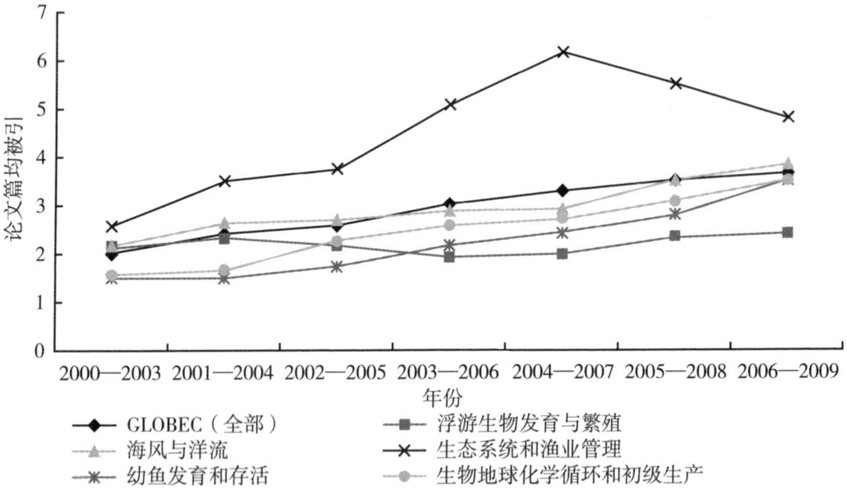

图 20.1　GLOBEC 输出的可识别的五个主要主题领域与整个 GLOBEC 的每篇论文的被引率

4 年滚动窗口中，例如，2006—2009 年的数据是基于 2006—2009 年发表论文的被引次数［经卡马尔斯基和巴兰古特（Kamalski & Barranguet，2010）许可复制］

评估和改进我们的产品

与期刊编辑一起，学术出版商致力于不断改进他们出版的期刊，以造福他们所服务的作者和读者群体。但是，如何衡量一项策略变革的实施是否成功？例如主题范围的转移，或引进一种新的论文类型。评估期刊绩效的指标很重要，而且广泛可用，但并非毫无争议（Corbyn，2009a，2009b）。越来越多的文献表明，期刊影响力因子本身的影响力正在下降（Reedijk & Moed，2008），并且越来越不能代表期刊内各篇论文的被引分布（Lozano，Larivière，Gingras，2012）。在过去的几年里，这导致了一系列新指标的发展，例如篇均来源期刊标准影响（Source Normalized Impact per Paper，SNIP）和 SCImago 期刊排名（SJR），两者都使用 Scopus 作为数据源（Colledge et al.，2010；González-Pereira，Guerrero Bote，& Moya Agonón，2010；Moed，2011）。与作为流行度衡量指标的影响因子不同，SJR 反映了加权网络中通过从其他期刊获得的被引转移到期刊上的声望（González-Pereira et al.，2010）。SNIP 可以说是所有期刊层级指标中最复杂的一个，它解释了学科领域之间被引潜力的差异，因此可以无偏地直接比较不同学科的期刊（Moed，2010）。在一篇客座社论中，琼斯、休格特和卡马尔斯基（Jones，Huggett，& Kamalski，2011）对这些期刊指标进行了更详细的概述。对于期刊出版商来说，SNIP 和 SJR 的优势在于其计算的期刊数量多于影响因子，主要是借助 Scopus 数据库中更广泛的全球文献覆盖率。

表 20.2 显示了爱思唯尔生物材料和生物工程期刊的三种不同指标。虽然这些期刊的影响因子的极大值与极小值之比超过 7 倍，SJR 值超过 8 倍，但应注意 SNIP 值是如何收缩到刚好超过 2.5 倍的范围内的。这一排名揭示了这些在广泛定义的生物材料和生物工程领域中覆盖范围各不相同的期刊，在使用不同的指标进行比较时表现大相径庭。例如,《胶体与表面 B：生物界面》(*Colloids and Surfaces B: Biointerfaces*）的影响因子排名第三，SJR 排名第四，但在 SNIP 排名中排名第六。相反,《仿生工程杂志》(*Journal of Bionic Engineering*）在影响因子和 SJR 方面排名第六，但在 SNIP 排名中上升到第四。事实上，与其他杂志进行比较，只有《生物材料》(*Biomaterials*）在所有三个指标中保持一致的排名（第一）。这些数据说明了在比较中包括一个以上指标的重要性，以便提供更公正的观点。然而，我们并不认为数字本身能提供一个完整的图景：文献计量指标的使用应始终与学术编辑和研究团体的知情意见相一致。

表 20.2　2011 年爱思唯尔生物材料和生物工程期刊的指标

期　刊	影响因子	SJR	SNIP
生物材料	7.404（1）	0.633（1）	3.730（1）
生物材料学报	4.865（2）	0.285（2）	1.979（3）
胶体与表面 B: 生物界面	3.456（3）	0.187（4）	1.222（6）
牙科材料	3.135（4）	0.159（5）	2.237（2）
生物医学材料力学行为杂志	2.814（5）	0.222（3）	1.454（5）
仿生工程学报	1.023（6）	0.073（6）	1.490（4）

注：括号中的值为按每个指标显示每份期刊的排名。

尽管像 SNIP 和 SJR 等较新的指标解决了人们关于影响因子的一些批评，但我们认识到，一份期刊对许多人来说意义非比寻常，而基于被引的指标只占其中一部分。例如，具有重要专业或应用领域的期刊（其中同行评议的期刊出版和引用并不是工作角色的核心要素）可能更强调一篇论文的有用性或适用性，而不管这篇论文随后是否在文献中被引用。对于这样的社群，以护理健康及社会科学的许多领域为例，论文使用的指标，例如即将到来的使用因子（COUNTER，2012），可能会更好地作为衡量期刊对其作品重要性的一个指标。

虽然文献计量指标用于建议期刊出版人员和编辑如何改进他们的期刊，但它也可以应用于更广泛领域的不断变化的景观，以确定新的期刊或会议可能适合的新兴领域。例如，我们经常感兴趣的是描绘整个研究领域的信息，反映几十种甚至几百种期刊的产出，确定新的研究主题的出现和旧主题的减少，以及可视化与这些主题相关的引用。图 20.2 显示了一组反映能源研究主题的期刊的分析示例。

图 20.2 清楚地揭示了能源研究领域的三重结构。该领域的化学方面以太阳能和燃料电池为范例，由美国化学学会期刊引领形成了相对“热门”的角落。相比之下，通常发表在电气与电子工程师学会（Institute of Electrical and Electronics Engineers，IEEE）期刊上的关于能源生成、转换和存储的工程视角在图例顶部形成了一个“冷门”的引用角落。与当前化石燃料发电有关的领域应用性更强，构成了图例的第三个角落，每篇论文的平均引用率最低。这类图例用于个别期刊的战略发展，并寻找适合于及时邀约综述文献的主题，在现有期刊内委托特刊，以及新期刊或会议的机会。

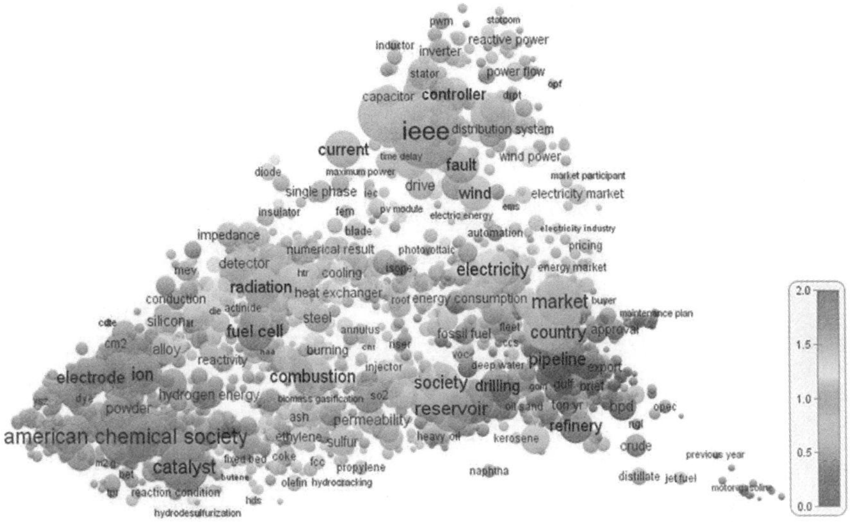

图 20.2　使用 VOS Viewer 的能源研究术语图（www.vosviewer.com）

根据 2005—2009 年发表的数十种相关期刊上的名词短语的共现情况，对每个名词短语进行映射。术语间的距离反映共现频率，气泡大小表示至少有一次该术语共现的论文数，气泡颜色表示按热力图比例尺，相对于地图上所有术语的总被引频率

了解我们所服务的学术共同体

学术出版商对作者出版和施引行为变化的基本驱动因素需要有清晰的认识，这是开发、传递促进研究的产品和服务的关键之一。爱思唯尔为英国政府商业、创新和技能部撰写的报告《英国研究基地的国际比较绩效》（Elsevier，2011）中发表的大部分论文，就是对潜在趋势的监测，这些趋势有可能改变学术出版领域的性质。该报告从投入（研发支出和人力资本）、过程（如研究合作）和产出（包括论文、使用、被引、专利等）的角度对英国的研究基础进行了全面的审视。

报告的一个关键见解是，尽管英国的研究者人数随着时间的推移相对稳定（近年来约为 25 万人），但这些数字掩盖了其中一部分人表现出的高度国际流动性。事实上，在 1996—2010 年，近 63% 的活跃研究者在英国附属机构下发表论文，同期也在一个或多个其他国家发表论文（图 20.3）。这种流动性，也被称为“脑力循环”，似乎是英国作为一个研究型国家成功的一个关键因素，因为 37% 的活跃的英国研究者似乎没有在另一个国家发表论文，他们的生产力和资历低于平均水平。在这项分析中确定的最大的单一流动群体是 44% 的活跃的英国研究者，他们表现出一种被称为“短暂流动”的模式，在国外停留不到两年，主要在英国附属机构或非英国附属机构下发表论文。这些临时研究者的生产力和资历都高于平均水平。在最近的一篇论文（Moed，Aisati，& Plume，2013）中，我们使用了一种不同的方法来挖掘 Scopus 作者档案数据，以跟踪国际研究流动性，并将这些观察结果扩展到英国以外的国家。

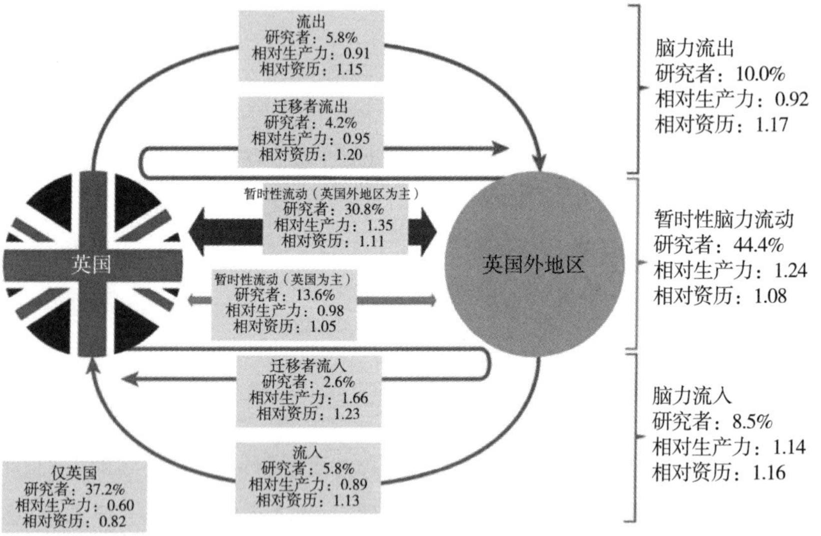

图 20.3　1996—2010 年英国研究者的国际流动性

根据其在 Scopus 出版物中列出的隶属关系，迁移研究者（脑力流出和流入）被定义为永久迁移或在国外两年或两年以上返回的个人（“海归”），而临时研究者（暂时性脑力流动）被定义为在国外停留不到两年的个人。相对生产力和相对资历分别定义为相对于所有英国研究者，每年发表的论文数与自首次出现在数据以来的出版活动年限。经爱思唯尔许可复制（2011）

文献计量分析还可以加深对小范围兴趣领域的理解。这类研究的一个例子是卡马尔斯基和柯比（Kamalski & Kirby，2012）对城市研究的分析。这项研究通过观察三大情境，考察了城市研究领域如何构建：第一，在构成汤森路透（Thomson Reuters）城市研究分类的狭义期刊群体中；第二，在被认为属于社会科学和行为科学范围内的更大期刊群体中；第三，在应用科学的子集中。结果表明，使用关键词分析，可以识别出“城市知识”的三个不同领域，它们既有重叠，又有显著差异。这样的文献计量分析可能有助于我们了解某一领域是如何运作的，存在哪些子群，以及这些子群如何相互作用。

科学中另一个我们经常使用分析工具的基础主题是国际合作。国际合作率正在上升（He，2009），国际合著论文已被证明对被引有积极影响（Glänzel，2001）。《自然》杂志上的一篇论文（Tijssen，Waltman，& Van Eck，2011）研究了不同国家之间的国际合作距离，发现在 1980—2009 年平均协作距离（即两个不在同一地点的合作作者相隔的线性距离）从 334 km 线性增加到 1 553 km。爱思唯尔对英国皇家学会《知识、网络和国家》报告（Royal Society，2011）所做的分析重申了国际合作与引文影响之间预先建立的积极联系;《英国研究基地国际比较表现》（Elsevier，2011）报告更进一步证明国际合著论文的引文影响超过了代表国内合作的论文。

讨论与结论

文献计量分析对于学术出版商来说是一个有用的工具，但并不能避免潜在的陷阱。对复杂系统应用计量和指标总是存在过度简化复杂系统的风险。因此，必须始终以专家意见补充这些数字。没有一个单一的指标可以提供整体情况，由专家意见酝酿一组计量指标面板通常是分析期刊业绩、某一学科领域或国家的变化、某家出版社出版的期刊和论文组合的整体定位的最佳方法。最具洞察力的文献计量研究通常来自文献计量学家和对其感兴趣的主题有专业知识的人之间的合作。

总之，本章中的文献计量分析的例子显示了商业出版环境中兴趣点的多样性。这种分析在出版中有多种用途，从单一期刊的狭窄层级（例如，通过查看期刊指标或期刊内的主题）到跨领域和跨地域的研究领域的最广泛视域（例如，通过研究话题变迁或国际研究者流动性）。正是因为这些原因，我们不断地寻找新的方法，从文献计量数据中获得见解，并尽可能广泛地使用这些数据。

参考文献

Amin, M., & Mabe, M. (2000). Impact factors: Use and abuse. *Perspectives in Publishing,* 1 (1). Retrieved from www. elsevier. com/framework_editors/pdfs/Perspectives1. pdf.

Bernal, J. D. (1939). *The social function of science*. London: Routledge.

Braun, T. (2012). Editorial in "special discussion issue on journal impact factors." *Scientometrics*, 92 (2), 207–208.

Colledge, L., Moya-Anegón, F., Guerrero-Bote, V., López-Illescas, C., El Aisati, M., & Moed, H. (2010). SJR and SNIP: Two new journal metrics in Elsevier's Scopus. *Serials*, 23 (3), 215–221.

Corbyn, Z. (2009a). Hefce backs off citations in favour of peer review in REF. *Times Higher Education*. Retrieved from http://www. timeshighereducation. co. uk/story. asp?storycode=407041.

Corbyn, Z. (2009b). A threat to scientific communication. *Times Higher Education*. Retrieved from http://www. timeshighereducation. co. uk/story. asp? storycode=407705.

COUNTER. (2012). Usage-based measures of journal impact and quality. Retrieved from http://www. projectcounter. org/usage_factor. html.

Elsevier (2011). *International Comparative Performance of the UK Research Base—2011*. London: Elsevier. Retrieved from http://www. bis. gov. uk/assets/biscore/science/docs/i/11-p123-international- comparative-performance-uk-research-base-2011. pdf.

Garfield, E. (1955). Citation indexes for science. *Science*, 122 (3159), 108–111.

Garfield, E. (2009). From the science of science to Scientometrics: Visualizing the history of science with HistCite software. *Journal of Informetrics*, 3 (3), 173–179.

Glänzel, W. (2001). National characteristics in international scientific co-authorship relations. *Scientometrics*, 51 (1), 69–115.

GLOBEC. (2012). Homepage. Retrieved from http://www. globec. org.

González-Pereira, B., Guerrero-Bote, V., & Moya-Agenón, F. (2010). A new approach to the metric of journals' scientific prestige: The SJR indicator. *Journal of Informetrics*, 4 (3), 379–391.

He, T. (2009). International scientific collaboration of China with the G7 countries. *Scientometrics*, 80 (3), 571–582.

Hirsch, J. E. (2005). An index to quantify an individual's scientific research output. *Proceedings of the National Academy of Sciences of the United States of America*, 102 (46), 16569–16572.

Huggett, S. (2012) Impact factor ethics for editors: How impact factor engineering can damage a journal's reputation. *Editor's Update, 36*. Retrieved from http://editorsupdate. elsevier. com/2012/06/impact-factor-ethics-for-editors.

Jones, T., Huggett, S., & Kamalski, J. (2011). Finding a way through the scientific literature: Indexes and measures. *World Neurosurgery*, 769 (1–2), 36–38.

Kamalski, J., & Barranguet, C. (2010). Mapping 20 years of global ocean ecosystem research. *Research Trends,* 19. Retrieved from http://www. researchtrends. com/issue19-september-2010/mapping-20-years-of- global-ocean-ecosystem-research.

Kamalski, J., & Kirby, A. (2012). Bibliometrics and urban knowledge transfer. *Cities (London),* 29 (Suppl. 2), S3–S8.

Lozano, G. A., Larivière, V., & Gingras, Y. (2012). The weakening relationship between the Impact Factor and papers' citations in the digital age. Retrieved from http://arxiv. org/abs/1205. 4328.

Moed, H. (2010). Measuring contextual impact of scientific journals. *Journal of Informetrics*, 4 (3), 265–277.

Moed, H. (2011). The source normalized impact per paper is a valid and sophisticated indicator of journal citation impact. *Journal of the American Society for Information Science and Technology*, 62 (1), 211–213.

Moed, H., Aisati, M., & Plume, A. (2013). Studying scientific migration in Scopus. *Scientometrics* 94 (3), 929–942.

Moed, H., Colledge, L., Reedijk, J., Moya-Agenón, F., Guerrero-Bote, V., Plume, A., et al. (2012). Citation-based metrics are appropriate tools in journal assessment provided that they are accurate and used in an informed way. *Scientometrics*, 92 (2), 367–376.

Moed, H., & Plume, A. (2011). The multi-dimensional research assessment matrix. *Research Assessment,* May 2011 (23). Retrieved from http://www. researchtrends. com/issue23-may-2011/ the-multi-dimensional-research- assessment-matrix.

Price, D. J. de Solla. (1961). *Science Since Babylon*. New Haven, CT: Yale University Press.

Price, D. J. de Solla. (1963). *Little science, big science*. New York: Columbia University Press.

Reedijk, J., & Moed, H. F. (2008). Is the impact of journal impact factors decreasing?*Journal of Documentation*, 64 (2), 183–192.

Royal Society. (2011). *Knowledge, Networks & Nations: Global Scientific Collaboration in the 21st Century*. London: The Royal Society. Retrieved from http://royalsociety. org/policy/projects/ knowledge-networks-nations/report.

Tijssen, R., Waltman, L., & Van Eck, N. J. (2011). Collaborations span 1, 533 kilometres. *Nature*, 473, 154.

第 21 章
科学计量与科学政策

朱莉亚·莱恩　马克·朗格特　丽贝卡·罗森
Julia Lane　Mark Largent & Rebecca Rosen

科学指标有很多用途。在这一章中，我们将讨论科学指标在科学政策中的应用，特别是重点讨论如何利用科学指标，帮助决策者了解科学投资对科学行为的影响。

计量指标在所有政策领域中都是通用的，并且大多数政策领域都使用知名指标为政策提供信息。例如，劳动力政策严重依赖失业率作为劳动力市场指标；经济政策依赖一大批衡量标准，包括国内生产总值（GDP）的增长率；教育政策制定者依赖由国际学生评估项目（PISA）测试衡量的国际数学和科学得分。这些衡量指标虽然往往不够完善，但却被广泛使用，其应用的理论依据也是决策者中众所周知的。然而，科学政策并非如此。除了数据存在、可以从中生成指标外，泛滥的科学指标通常没有明确的选择依据。

从现有数据生成指标可能会产生导致不良结果的激励性结构。在管理学文献中最常被引用的论文之一是“论奖励 A 而希望 B 是愚蠢的”（Kerr，1975），描述了管理层如何尝试将奖励与无效结果指标联系起来，从而导致可预测的结果和不希望得到的结果。当亨氏公司（Heinz Company）根据部门收入增加而奖励员工时，其经理会操纵发货和预付款的时间；当邓白氏（Dun & BradStreet）根据订阅量增加而奖励员工时，其员工会欺骗客户；当西尔斯（Sears）根据汽车维修量而奖励汽修工时，更多的汽车维修会得到客户的“授权”。

在本章中，我们认为，重要的是借鉴美国国家科学基金会的科技与创新政策学（Science of Science and Innovation Policy，SciSIP）项目的研究结果，以指导构建健全的理论和实证框架，制定良好的指标。科学指标需要建立在科学事业的组织框架内，这意味着要描述科学家和科学网络的行为，而不仅仅是被简单量化的科学出版物，这些出版物已经成为当今科学计量指标的主流。该框架被概括在图 21.1 中，它将个体科学家（或由科学家网络组成的科学团体）确定为产生科学思想的“引擎”。在这里，变革理论认为，资助和网络组合方式之间存在联系。反过来，科学网络与这些思想的创造、传播以及最终生成科学、社会、经济和劳动力“产品”的方式之间存在着联系。这种组织框架应成为构成任何衡量标准的基础。若没有这样一个框架，政策制定者只能依赖科学出版物，其结果是可以预测的：激励机制将鼓励更多的科学出版物，而不是更多更好的科学。

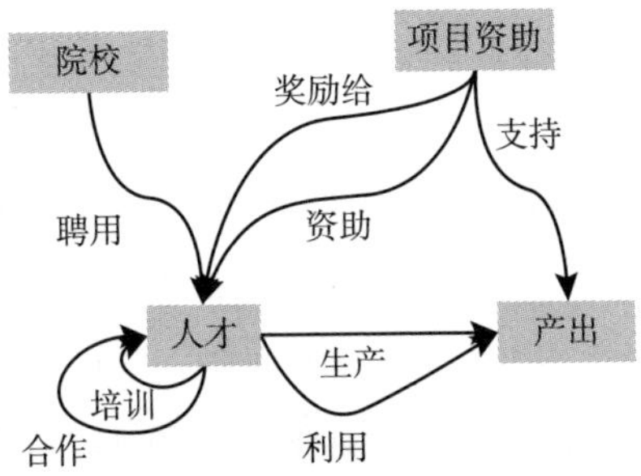

图 21.1　开发指标的框架

（资料来源：芝加哥大学 Ian Foster）

这一章回顾并讨论可能对科学机构有用的、对科学绩效而言或许是“好”的计量指标。这些指标应该基于多个分析单位：个体研究者、研究机构、资助机构，甚至整个科学部门。好的计量指标的开发需要在科学生产理论（知识的创造、传播和采用）、高质量数据的开发以及实践社群的检验等方面打下坚实的基础。

文献计量学

文献计量学已经成为科学计量学的主流。它们在许多情况下都有很大的价值，这当然也有助于我们理解出版物的文集。然而，它们在描述科学绩效方面的作用是有限的。事实上，文献计量学并不是用来描述科学事业的。普里姆和海明格（Priem & Hemminger）总结了近十年的研究，并断言：

> 评估者通常依赖从文献计量学和科学计量学的密切相关领域（Hood & Wilson，2001）得出的数值捷径，尤其是汤森科学的期刊影响因子（JIF）。然而，尽管这项计量指标很受欢迎，但它是缓慢的（Brody & Harnad，2005）、狭窄的（Anderson，2009）、隐秘且不可重现的（Rosner et al.，2007）、易于舞弊的（Falagas & Alexiou，2008），它基于期刊，而非其所载论文。（Priem & Hemminger，2010）

在文献计量学上有两个主要关注点。一是，如前所述，他们没有很好地探测到知识的创造、传播和采纳，所以他们没有采集到科学绩效；二是，他们创造了错误的激励机制，助长了滥竽充数的科学。事实上，伊欧安尼蒂斯（Ioannidis，2005）已经证明，大多数已发表的研究结果都是错误的；卡尔和杨（Young & Karr，2011）特别指责该系统，因为他们发现“任何来自观察性研究的主张都是错误的”。这对科学政策的影响是深远的。简单地说，如果资助机构和大学所带来的压力造成了“出版流水线”，结果大多数研究结果都是错误的，那么对科学的资助应该减少，而不是增加。应该对公布的结果进行更深思熟虑的审查，而不是生产更多的出版物。

我们的观点是，文献计量学从来不是用来衡量绩效的。它们是通过一套方法对文件进行分类，这些方法允许图书馆情报学专业人员对科技文献进行定量分析。另一方面，科学绩效本质上是关于知识的创造、传播和采纳，在没有任何合理的绩效指标来衡量知识的创造、传播和采纳的情况下，文献计量学已经被用来满足这一需求。

有用的科学指标

好的科学计量指标的基础应该建立在社会科学、图论和社会网络理论等领域的科学进步之上，这将使我们能正式描述科学家交流思想的方式。这些指标的产生应该建立在新技术的基础上，这些新技术能捕捉到科学互动的复杂性以及科学家与其活动间联系的数据。它们应该建立在使我们能合理地构造和使用数据的新技术之上，例如面向图形的数据库和自然语言处理技术的开发。最后，这一基础应该由一个实践社群来创建，他们开发和使用这些指标来制定和实施科学政策，并密切关注这些指标将建立的激励结构。

发展一个适当的科学计量指标理论显然很重要。采用计量指标通常是因为利益相关者想要简单、可量化的标准来衡量和奖励绩效和高显示度的行为（Gibbons，1998）。不幸的是，被引指标通常是基于它们的技术特征，而不是基于它们捕捉感兴趣的潜变量的能力。为了更换薄弱的指标，需要开发出能捕捉科学适当特征的替代性指标。事实上，正如美国联邦科技政策学研究路线图（“The Science of Science Policy”，2008）所解释的：“美国的联邦共同体缺乏理论框架来评估科学技术政策对新发现和其导致的社会福利结果的影响。”其他公开的挑战包括开发实时评估和决策工具，以评估公共部门对科学技术的投资在促进经济增长和社会福利上的贡献。

我们迫切需要理论将科学计量指标与关于科学如何运作的研究相联系。一些学术研究领域在研究科学事业和科学在社会中的作用方面有着悠久的历史。科学技术研究（science and technology studies，STS）学者、知识和科学的社会学家、科学历史学家和科学哲学家研究了科学发展和创新的过程，他们撰写了大量的文献，夯实了这些问题的理论基础。然而，与经济学家一样，科学研究者的工作很少被决策者用于分析和执行科学政策。美国科学技术政策办公室主任约翰·马伯格（John Marburger）指出了这一空白，他呼吁更好地协调和发展各学科的活动，以便为联邦政府制定一个更严格、更合理、更有效的科学政策议程，从而发展美国联邦科技政策学研究路线图。

理论

将科学计量指标和科学事业的学术研究联系起来的理论开始出现在各种学科中。经济学家将科学信息的生产作为一种商品来研究，从市场方面来看非常特殊：它由公共投资支付，但只有在特定条件下才与其他科学家分享（Haeussler，Jiang，Thursby，& Thursby，2009），免费提供给出版商，然后再转售给生产者及其承销者（Young，Ioannidis，& Al-Ubaydli，2008）。社会学家研究科学传播的社会学（Leydesdorff，2010），统计学家试图对其进行分类（Lambe，2007）。基于这些理论的指标已经在开发中：确定“明星”研究者和“明星”理念，并衡量学术团体和国家的科学绩效（“Academic Ranking of World Universities”，2012）。其他正在制定的指标涉及学术思想的采纳、传播以及科学界的演变与发展（Paley，2012）。许多学科正在研究指标的创建（以及激励机制的相关变化）如何改变任务的执行方式。

科学计量指标的理论基础应该独立于国别，而资助理论方面的国际合作可以极大地促进集体知识的生产。表 21.1 提供了一个很好的例子，说明了科学机构资助高质量指标开发的方式与适宜科学成果之间的联系。这是从美国国家科学基金会（Kiesler & Cummings，2007）支持的项目样本研究中得出的。

表 21.1　Kiesler & Cummings（2007）研究的项目成果

索引	条　　目
知识成果（“想法”）	开始新的研究领域，并在该领域开发新的模式或方法；提出新的授权或衍生项目，提交专利申请；在会议或研讨会上提交、发表论文、书籍或程序；因对该领域的贡献而获奖。Alpha=0.63（7 项）
工具成果（“工具”）	开发了新的方法，创建了新的软件，生成了新的数据集，生成了新的材料，创建了数据存储库，创建了共享数据的网站，创建了协作室，创建了全国调查，开发了新型仪器，创建了在线实验网站。Alpha=0.65（11 项）
培训成果（“人员”）	研究生完成学位论文，研究生 / 博士后获得学术工作，研究生 / 博士后获得行业工作，本科生 / 研究生接受培训，本科生进入研究生院。Alpha=0.70（5 项）
外展成果（“人员”）	与行业建立合作关系，通过研究形成社群关系，与研究者形成合作关系，与高中生或小学生建立合作关系，与博物馆或社群机构建立合作关系，与医疗机构建立合作关系。Alpha=0.45（6 项）

数据

开发更好的数据对于制定与政策相关的科学指标至关重要。文献指出了科学政策数据基础设施开发中的四个重点领域。

第一个是获取数据，描述科学家创造和传播知识的方式，以及非科学家吸收知识的方式。科学知识是一种学术、经济和社会商品。这些政策领域的知识交流可以追溯，但数据存在于全世界封闭的、通常是专有的数据库中。创建一个综合科学知识数据基础设施有许多重要的碎片化工作，这都是劳动密集型的，既需要科学家进行广泛的报告，也需要数据开发者进行大量的数据清理。不足为奇的是，这些努力还没有形成实践共同体，但这对数据的持续验证和流通至关重要。一项庞大的数据创建活动（COMETS，2012）通过知识创造、传输和编码，然后通过匹配所有期刊论文和引文、高影响力论文、高被引作者、UMI ProQuest 数字学位论文、美国公用事业专利、风险投资、IPO、基于互联网的公司数据和与主要上市公司的链接，将政府在研发方面的投资（美国国家科学基金会、美国国立卫生研究院、美国国防部和美国能源部拨款）链接起来。美国联邦科学基金机构和研究机构之间的 STAR METRICS（2012）合作将研究组合数据、大学管理数据以及美国专利数据联系起来，以确定谁在产生科学知识，谁在将这些知识商业化。其他研究者花费了大量精力创建并可视化将研究投入与产出联系起来的数据集（Börner & Scharnhorst，2009）。

至关重要的是，这种方法需要包括对科学知识传播新模式的深刻思考。科学、技术和创新指标的大量数据收集和研究，集中在源于文献计量学的论文层级和期刊层级指标上。仅在最近几年，人们才广泛收集和维护在线使用统计数据，使我们能从多方面描述科学出版物中呈现的知识的数字化范围。网络使用统计包括网页浏览量、论文下载次数和在线科学内容的后续页面浏览量。替代计量学这个总括性术语包含了人们跟踪由社交媒体推动的科学知识传播的方式（如出版物、会议记录、幻灯片和开放数据集）（Priem，本书第 14 章）。这包括在社交媒体网站和博客（如推特、脸书和 ScienceBlogs）上转发和讨论科学项目，并在像 Mendeley 这样的开放交换平台上共享这些项目。一些早期研究表明，网络使用指标与传统的论文层级和期刊层级指标（即被引指数和影响因子）之间存在正相关关系（Bar Ilan et al.，本书第 16 章）。然而，无论是传统的还是基于互联网的论文层级指标，都不能为科学政策分析和决策提供足够的材料[①]。

第二个核心要求是开发一个使知识的创造正确地归属于正确个人的系统。准确的知识归属，或作者的消歧义，是分配贡献的基础。上述以人为中心的科学事业知识传播框架表明，只要在数据库中获取与资助、产品、合作或组织相关的研究者或研究团队的身份，来自不同数据库的数据就可以链接在一起。科学是网络化的，但人或团队（网络）进行科学研究，其主要产品是知识，通过出版、培训和协作等方式传递给他人。知识也会为经济利益而转移，例如通过授权或采用新工艺或新产品的方式。从相互链接的数据库中获取研究者层级信息的能力最终将使科学资助政策的实证分析成为可能。

然而，消歧义是一个严峻挑战，尤其是在重名、改名，以及亚洲科学家贡献不断增加的情况下（他们许多人的名字和姓氏完全相同）。计算机科学家已经生成了匹配算法，这些算法利用研究者属性的元数据，例如电子邮件地址或组织，在合并的数据库中提供合理可靠的研究者消歧义置信水平。另一种方法是生成持久的研究标识号或代码，研究者可以使用它们来认领过去和将来的知识产品，包括期刊论文、会议记录和专利申请。一些早期的努力已经证明了在一些技术上的成功（InCommon 单点登录技术就是一个很好的例子[②]），但并没有产生广泛的用户群体。更为普遍接受的是知识产品本身的持久标识符，包括国际标准刊号（International Standard Serial Number，ISSN）。这是 1970 年开发的用于识别纸质出版物的数字代码，以及 2000 年开发的数字对象标识符（DOI），这可以存储出版物元数据。最近，开放研究者和贡献者 ID（Open Researchers and Contributor ID，ORCID[③]）国际非营利组织正在开发一个持久的研究者标识符和元数据存储库，并结合 API 技术集成到全球数据系统中。

---

① 不过，这方面正在进行新的工作。值得注意的是，由美国国家情报总监办公室资助的“科学博览会的预见和理解”（Foresight and Understanding from Scientific Exposition，FUSE）项目希望将技术和学科专业知识与大量的科学文献数据相结合，以确定技术涌现的模式。如果成功，这项工作将证明，对非常大的论文层级数据存储的复杂算法分析可以识别大数据系统的涌现属性（Murdick，2012）。

② http://www.incommon.org/。

③ http://about.orcid.org/。

ORCID 系统的部署将是至关重要的，如果围绕这项工作开发出一个大型和多样化的用户社群，那么对科学指标的影响可能是深远的。

虽然已经存在消歧义和获取个人贡献的技术手段，但科学界内部缺乏动力和激励。巴西科学和技术部的做法是一个非常好的例子，它支持国家研究者普遍采用独特的识别方法。该部门汇编、维护了Lattes数据库[①]，不收取用户费用。在全国使用 12 年后，Lattes 平台包含了个人组织的信息，这些信息描述了来自全国约 4 000 个机构的 100 多万研究者的科学知识创造和交流。Lattes 平台的成功有几个关键因素。一是巴西资助机构决定投资合适的基础设施，雇用了一个由系统和软件工程师组成的团队，他们广泛地与研究者社群反复讨论，以确定和响应他们的需求。二是决定制定适当的激励措施。研究者一次性输入他们的专业档案数据，然后使用他们的 Lattes 档案简化联邦科学基金的申请和报告流程。所有联邦资助的研究者必须有一个 Lattes 的个人档案和相关的网址。拨款申请的链接强烈激励研究者定期登录 Lattes，确保他们的数据完整和正确，其结果是当今最整洁的研究者数据库之一。

第三个因素是不需要自上向下开发数据基础设施。Lattes 系统最初是一个自上而下的项目，但后来有一个在线社群得到发展，并对数据质量和效度保持了强大的社会控制。如果有足够的激励措施，科学家可以发展出一种自下而上的方法，让科学家自愿贡献内容，就像维基百科和脸书等在线社群所做的事情。概念网络联盟（Concept Web Alliance）最初在生命科学领域非常有前景，可以通过集体干预来促进发展。汤森路透和爱思唯尔等公司在这一领域拥有广泛的知识，可以提供支持和帮助。

科学出版商、资助机构、研究机构和私营部门都投资开发了旨在创建此类社群的研究网络软件平台，尽管还没有任何一个平台的发展能够实现如同被大肆宣传的“科学家的脸书”的愿景。研究者网络平台允许科学家发布和维护在线个人档案，向他们的同事、组织、公众描述他们所从事的工作类型与创造分享知识的多种方式[②]。美国专利研究网络平台的例子包括爱思唯尔的 SciVal Experts、汤森路透的 ResearchInView 和 InfoEd 的 Genius 软件。英

① http://lattes.cnpq.br。

② 若希望全面比较各研究网络工具，见 http://en.wikipedia.org/wiki/Comparison_of_Research_Networking_Tools_and_Re search_Profiling_Systems。

国的 Symplectic Elements 在世界范围内有大量的应用。后来，爱思唯尔收购了 Mendeley，扩大了其在在线研究共享和协作工具方面的股份，ResearchGate 获得了 3 500 万美元的 C 轮融资，用于进一步开发面向研究者的社交网络软件。此外，还有另一个备受关注且迅速发展的在线研究网络社群是 VIVO 开源平台[①]，它最初由美国国立卫生研究院资助，现在作为一个非营利实体运营。VIVO 社群由研究者和互联网开发人员组成。其独特之处在于它完全基于链接的开放数据，这是一种对科学事业数据进行编码的方式。美国联邦科学基金机构也正在开发一个研究网络平台——SciENcv，该平台打算使用新技术和在线协作工具来简化拨款申请和报告流程。

最后一个要求是确保对数据的开放访问。可访问的数据是计量指标可复制性的核心，也是具有良好科学性的核心。开放数据尤其具有生成性，因为应用程序接口（API）技术排除了建立和维护一个“科学之科学”数据库的需要。相反，它将鼓励分析人员开发新的工具和技术，利用大数据制定基于证据的科学政策。这当然是可行的——新的计算能力已经出现，它以前所未有的广度、深度和规模促进了对数据的建模和仿真分析。目前，对数据提供者（包括研究者和出版社）的激励是不合理的，可以通过集体行动加以改变。

出版社有提供收费数据的动机，但不会向更广泛的研究社群提供访问权限，以协助复制和推广研究结果。同样，研究者也有各种动机不分享数据。在大多数领域，收集、记录、编制索引和归档数据都不会带来贡献，而且这样做需要大量的时间和金钱成本。国际资助机构可以采取行动改变这些准则。在前一种情况下，他们可以集中资源偿还出版社收集和记录引文数据的实际成本，然后向研究者提供访问权限。在后一种情况下，国际资助机构可以联合行动，改变激励方式。他们可以要求数据使用者将科学贡献给予数据创建者、提供者和文档编制者，可以像引用期刊论文一样，没有引用数据提供者 / 创建者 / 文档编制者可被视为剽窃。用户在访问数据时，其可作为用户协议的一部分让用户确认这一点。提交给资助机构的个人简介可以包括“数据创建 / 创建 / 编制”这一要素，以及数据被使用次数等指标。

① vivoweb.org。

实践

> 科技政策学这一学术领域的存在，是形成这种体系的必要前提。只有当足够数量的男性与女性以深入、周全、开放的态度遵循政策，政策才能合理地制定和执行。从最广泛的意义上讲，科学政策已经变得如此重要，以至于它值得专业人士进行持久的审查。这是科技政策学学科的承诺（Marburger，2011）。

推进计量指标的实践是至关重要的。这最好是通过建立一个科学共同体，来检验不同类型指标的科学效度。自 h 指数首次被提出以来，已经开发了大量的新指标（Hirsch，2005；Zhou，2008），并且存在着一场激烈的争论，探讨应该作为指标发展基础的适当的理论结构（Börner & charnhorst，2009；Leydesdorff，2008）。新的指标正在制定中。例如，MESUR 项目[①]已经创建了一个学者交流方式的语义模型，它从超过 10 亿个使用事件和超过 100 亿个语义语句中创建了一系列关系和语义互联网数据库。使用、被引和文献数据的结合可以用来开发学术影响的指标，这远远超出学术界使用的标准文献计量方法（Bollen，Rodriguez，& Sompel，2007）。

资助机构可以通过支持举办国家和国际研讨会，将活跃的研究者聚集在一起，来促进这种实践共同体。此外，可以提供激励措施，鼓励实践共同体利用已经出现的新的计算能力。这种能力以前所未有的广度、深度和规模促进了建模和模拟方面的仿真数据分析（Lane，2009；Lazer et al.，2009）。新工具为研究者提供了机会，通过与世界各地的同事合作来促进科学理解（National Science and Technology Council，2009）。资助机构可以通过虚拟观测站建立一个国际合作平台，为科学共同体提供一个制定指标、检验其有效性和建立实践共同体的机会。

---

① MESUR 是资源的学术使用指标（metrics from scholarly usage of resources）。见 http://www.mesur.org/MESUR.html。

科学指标可能是什么样

好的指标有许多特点，但最主要的一点是：它们应该建立在理解科技投资所需的理论和实证微观基础之上。

在这里，我们概述了一组指标的示例，这些指标将借鉴产业组织和创新理论的文献，以及互联网基础设施投资所取得的经验进步[①]。其概念方法可概述如下。

（1）一个科学项目可以被视为类似于一个公司——但是伴有“生产过程是开放的”的重要警告。从事该项目的个人（包括博士后和研究生）可以被视为公司的员工。

（2）每个项目的目标都是创造和传播科学思想，并推动其被采纳。

（3）科学家们通过各种潜在的可测量方式传递思想，包括出版物、演示文稿、博客、内部项目工作区和电子邮件。

（4）协作是传播思想的主要手段。

（5）科学家、政策制定者或私营企业都可以采用。

实证方法可以通过互联网基础设施的进步得到更多启发。许多科学和经济活动都可以通过电子方式获取，如 STAR METRICS 项目（Largent & Lane，2012）所示。方法可以概括如下。

（1）从研究机构的人力资源记录中收集项目团队的数据（Lane & Bertuzzi，2011）。

（2）网络内外合作的数据可以通过项目文档、科学家简历和常用的工作流程工具（如 Mendeley）获取。

（3）科学主题和想法，或关于文本文档内容的信息，可以使用自然语言处理和主题建模进行总结（Blee，2012）。

（4）合作网络在很大程度上可以使用现有的经济学、科学计量学和社会学工具来衡量。

（5）采纳程度可以通过网络的结构来衡量，比如规模、质量、分布和开

① 此处大部分借鉴了雅克·梅雷思（Jacques Mairesse）、保拉·斯蒂芬（Paula Stephan）和李·弗莱明（Lee Fleming）的联合研究成果。

放性。

（6）科学资助与科学成果之间的联系可以形式化表述为以下两种经济计量关系（或两组相互关联的回归方程）：

$$Y_{it}^{(1)} = Y_{it}^{(2)}\alpha + X_{it}^{(1)}\lambda + \varepsilon_{it}$$
$$Y_{it}^{(2)} = Z_{it}\beta + X_{it}^{(2)}\mu + \eta_{it}$$

式中，下标 i 和 t 表示项目团队和季度，ε 和 η 表示未观察到的因子与测量误差（可能包括个别未观测到的项目团队的特征）；产出变量用 $Y^{(1)}$ 计量，团队构成变量用 $Y^{(2)}$ 计量，两者都是由一组控制变量 $X^{(1)}$ 和 $X^{(2)}$ 决定的，它们可以重叠，并且是真正外生的，或者说是关键兴趣变量 Z 的先天决定变量。考虑这一点的一种方法是将团队比作公司，将团队负责人比作企业家，将科学产品比作实物产品。与所有的类比一样，类比不应该太过分，但在描述一个我们可以借鉴的重要知识体系方面，它是一个有用的组织结构［这一描述借鉴了莱恩（Lane）与雅克 · 梅雷斯（Jacques Mairesse）和保拉 · 斯蒂芬（Paula Stephan）合作的作品］。

这种形式化模型可以作为开发不同计量指标集的基础。这些系数可以用来分析团队构成如何被资助驱动，以及这种情况与科学研究领域有何不同。新的数据，比如 STAR METRICS 数据，现在已经用于检验这些问题。STAR METRICS 数据有几个关键特性。第一，它们是项目层级的数据。所有直接使用研究经费聘用的个人的季度信息可从该机构的人力资源记录中获得。第二，数据相当详细，包括每个人的职业信息与各时期从奖励资助中产生的收入比例。第三，这些数据还包括除了直属员工以外其他项目团队投入的信息。财务系统还提供了其他信息：数据记录了分配给合作机构的项目资金数额。它们还包括在供应商与基础设施支持（包括金融、信息技术、物理空间和研究服务）上花费的项目资金。

研究者很难在这一意义上进行精准合作，因为研究者在没有项目 / 团队数据的条件下无法识别研究者的状态。简单地说，虽然在论文的合著模式方面有大量的工作，但这些工作并不是对团队本身的分析。从这个意义上说，可以开发一组基于适当分析单元的可行计量指标，并使其在不同学科标准化。其中之一可能是在科学过程的不同阶段，想法被采纳的速度。就像在工业界中，基础研究经历了不同的阶段，直到其想法被采纳（图 21.2），每个研究领域的研究阶段都可以被记录和描绘出来。

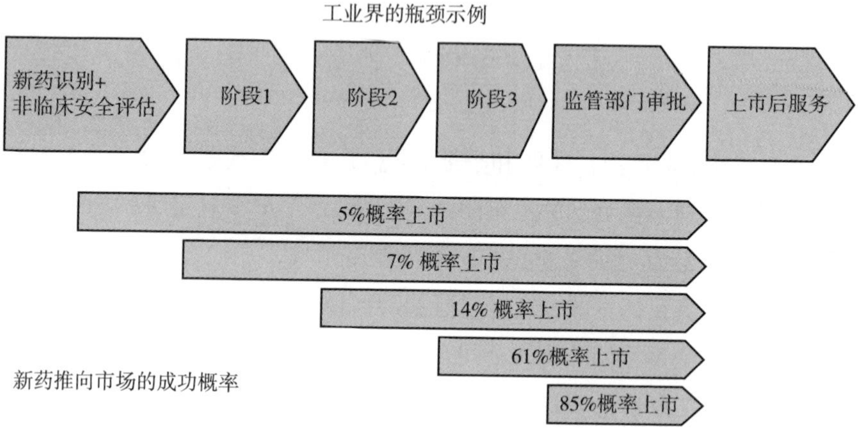

图 21.2　工业界中的瓶颈示例

我们可以而且应该开发出其他一套基于理论和经验的计量指标。但是，使计量指标科学化的关键在于，其底层模型应该基于人的互动，而不是基于文档研究。数据源应该是开放的和普遍可用的，而不是本质上的“黑盒子”。所有的数据、模型和工具都应该经过科学政策实践社群的测试。只有这样，才能验证计量指标，保证其可推广性和可复制性，这也是让科学计量指标成为科学的唯一方法。

总结

正如公司会取得它们投资想得到的回报，科学机构和国家可能也会得到它们投资想得到的成果。因此，科学家和科学基金机构需要在最初的基础上设计构建一个科学测量体系，其质量应不逊色于用于研究其他科学现象的体系。要建立这样一个高质量的体系，国际社会必须齐心协力。

参考文献

Academic Ranking of World Universities. (2012). In *Wikipedia*. Retrieved from http://en. wikipedia. org/wiki/Academic_Ranking_of_World_Universities Blei, D. (2012). Probabilistic topic models. *Communications of the ACM,* 55 (4), 77–84.

Bollen, J., Rodriguez, M., & Sompel, H. V. (2007). MESUR: Usage-based metrics of scholarly impact. In *Proceedings of the 7th ACM/IEEE-CS Joint Conference on Digital Libraries*. Vancouver, CA.

Börner, K., & Scharnhorst, A. (2009). Visual conceptualizations and models of science. *Journal of Informetrics*, 3 (3), 161–172.

COMETS. (2012). About COMETS. Retrieved from http://www. kauffman. org/COMETS/ About-COMETS. aspx.

Cummings, J. N., & Kiesler, S. (2007). Coordination costs and project outcomes in multi-university collaborations. *Research Policy*, 36 (10), 1620–1634. doi: 10. 1016/j. respol. 2007. 09. 001.

Gibbons, R. (1998). Incentives in organizations. *Journal of Economic Perspectives*, 12 (4), 115–132.

Haeussler, C., Jiang, L., Thursby, J., & Thursby, M. (2009). *General and specific information sharing among academic scientists*. Cambridge, MA: National Bureau of Economic Research.

Hirsch, J. (2005). An index to quantify an individual's scientific research output. *Proceedings of the National Academy of Sciences of the United States of America*, 102 (46), 16569–16572.

Ioannidis, J. P. A. (2005). Why most published research findings are false. *PLoS Medicine*, 2 (8), e124. doi: 10. 1371/journal. pmed. 0020124.

Kerr, S. (1975). On the folly of rewarding A while hoping for B. *Academy of Management Journal*, 18 (4), 769–783.

Kiesler, S., & Cummings, J. (2007). Modeling productive climates for virtual research collaborations [Powerpoint] . Retrieved from http://www. aaas. org/spp/scisip/ppts/SciSIP. 3. 2009_Cummings. pdf.

Lambe, P. (2007). *Organising knowledge: Taxonomies, knowledge and organisational effectiveness*. Oxford: Neal-Schuman.

Lane, J. (2009). Administrative transactions data. Working Paper No. 52, *Rat für Sozial und Wissenschafts Daten.* Retrieved from http://ideas. repec. org/p/rsw/rswwps/rswwps52. html.

Lane, J. I., & Bertuzzi, S. (2011). Measuring the results of science investments. *Science*, 331 (6018), 678–680.

Largent, M. A., & Lane, J. I. (2012). STAR METRICS and the science of science policy. *Review of Policy Research*, 29 (3), 431–438.

Lazer, D., Pentland, A., Adamic, L., Aral, S., Barabási, A. -L., Brewer, D., et al. (2009). Computational social science. *Science*, 323 (5915), 721–723.

Leydesdorff, L. (2008). Measuring research output with science & technology indicators. *SciVerse Topics*. Retrieved from http://www. scitopics. com/Measuring_Research_Output_with_Science_Technology_Indicators. html.

Leydesdorff, L. (2010). Luhmann reconsidered: Steps towards an empirical research programme in the sociology of communication. In C. Grant (Ed.), *Beyond universal pragmatics: Essays in the philosophy of communication* (pp. 149–173). Oxford: Peter Lang.

Marburger, J. H. (2011). Why policy implementation needs a science of science policy. In K. H. Fealing, J. I. Lane, J. H. Marburger, & S. S. Shipp (Eds.), *The science of science policy: A handbook* (pp. 9–22). Stanford, CA: Stanford University Press.

Murdick, D. (2012). Foresight and Understanding from Scientific Exposition (FUSE). Retrieved from http://dpcpsi. nih. gov/pdf/10_IARPA. pdf.

National Science and Technology Council. (2009). *Harnessing the power of digital data for science and society.* Retrieved from http://www. nitrd. gov/About/Harnessing_Power_Web. pdf.

Paley, W. B. (2012). Map of science in the journal *Nature*, *SEED* and *Discover* Magazines [website] . Retrieved from http://wbpaley. com/brad/mapOfScience.

Priem, J., & Hemminger, B. (2010). Scientometrics 2. 0: Toward new metrics of scholarly impact on the social Web. *First Monday*, 15 (7).

Science of Science Policy, The: A Federal Research Roadmap. (2008). Retrieved from http://scienceofsciencepolicy. net/category/tags/roadmap.

STAR METRICS. (2012). What is STAR METRICS? Retrieved from https://www. starmetrics. nih. gov.

Young, N., Ioannidis, J., & Al-Ubaydli, O. (2008). Why current publication practices may distort science. *PLoS Medicine*, 5 (10), e201.

Young, S., & Karr, A. (2011). Deming, data and observational studies: A process out of control and needing fixing. *Significance*, 8 (3), 116–120. doi: 10. 1111/j. 1740- 9713. 2011. 00506. x.

Zhou, M. (2008). Z factor: A new index for measuring academic research output. *Molecular Pain*, 4, 53.